Konzernuntreue

Schriften zum Strafrecht und Strafprozeßrecht

Herausgegeben von Manfred Maiwald

Band 75

PETER LANG
Frankfurt am Main · Berlin · Bern · Bruxelles · New York · Oxford · Wien

Dirk Busch

Konzernuntreue

Eine Untersuchung spezifischer Untreuestrafbarkeit innerhalb von Konzernverbindungen mit Aktiengesellschaften und Gesellschaften mit beschränkter Haftung

PETER LANG
Europäischer Verlag der Wissenschaften

Bibliografische Information Der Deutschen Bibliothek
Die Deutsche Bibliothek verzeichnet diese Publikation in der Deutschen Nationalbibliografie; detaillierte bibliografische Daten sind im Internet über <http://dnb.ddb.de> abrufbar.

Zugl.: Marburg, Univ., Diss., 2004

D4
ISSN 0938-6181
ISBN 3-631-52478-1

www.peterlang.de

Vorwort

Die vorliegende Arbeit hat im Wintersemester 2003/2004 dem Fachbereich Rechtswissenschaften der Philipps-Universität Marburg als Dissertation vorgelegen. Literatur und Rechtsprechung sind bis Januar 2004 berücksichtigt.

Mein aufrichtiger und besonderer Dank gilt meinem Doktorvater, Professor Dr. Henning Radtke, nicht nur für die wertvolle Unterstützung bei der Auswahl des Themas, sondern insbesondere für sein stets offenes Ohr, seine vielfältigen Anregungen und die zahllosen gemeinsamen fruchtbaren Diskussionen. Durch seine engagierte und hervorragende Betreuung hat er in erheblichem Maße zum raschen Gelingen der Arbeit beigetragen. Danken möchte ich ihm auch für die zahlreichen Jahre als Mitarbeiter an seinem Lehrstuhl, die mir nicht nur fachlich, sondern auch persönlich einmalige und hochgeschätzte Erfahrungen eröffnet haben.
Mein Dank gilt ferner Herrn Professor Dr. Johannes Wertenbruch für die zügige Erstellung des Zweitgutachtens.
Herrn Professor Dr. Manfred Maiwald bin ich für die Aufnahme in die von ihm betreute Schriftenreihe verbunden.

Dank gebührt auch der ZEIT-Stiftung Ebelin und Gerd Bucerius, die die Arbeit umfassend finanziell gefördert hat.

Weiterhin möchte ich meinen Eltern danken, die mich während Studium und Promotion in jeder Hinsicht unterstützt haben, vornehmlich meinem Vater für seine Förderung, seine Anstöße und seinen Rat, ebenso wie für seine Präzision und Unermüdlichkeit bei der Korrektur des Manuskriptes. Ihm ist die Arbeit gewidmet.

Zuletzt danke ich meiner Frau Annette für ihr Verständnis, ihre Geduld sowie für die zahlreichen Ablenkungen.

Düsseldorf, im Februar 2004 *Dirk Busch*

Inhaltsverzeichnis

3. Kapitel

Abkürzungsverzeichnis

a.A.	andere(r) Ansicht
a.E.	am Ende
Abs.	Absatz
AG	Aktiengesellschaft
AktG	Aktiengesetz
Anm.	Anmerkung
Art.	Artikel
Aufl.	Auflage
BB	Betriebsberater
BGB	Bürgerliches Gesetzbuch
BGH	Bundesgerichtshof
BGHSt.	Entscheidungen des Bundesgerichtshofs in Strafsachen
BGHZ	Entscheidungen des Bundesgerichtshofs in Zivilsachen
Bull. Crim.	Bulletin des arrêts de la Cour de Cassation. Chambre criminelle
Bull. rap. dr. aff.	Bulletin rapide de droit des affaires
BVerfG	Bundesverfassungsgericht
BVerfGE	Entscheidungen des Bundesverfassungsgerichts
bzw.	beziehungsweise
C. app.	Cour d'appel
C. cass.	Cour de Cassation
C. cass. crim.	Cour de Cassation, Chambre criminelle
C. cass. soc.	Cour de Cassation, Chambre sociale
chron.	Chronique
d.h.	das heißt
DB	Der Betrieb
ders.	derselbe
Die AG	Die Aktiengesellschaft
dies.	dieselbe
DStR	Deutsche Strafrechts-Zeitung
DZWir	Deutsche Zeitschrift für Wirtschaftsrecht
EWiR	Entscheidungen zum Wirtschaftsrecht
f./ff.	folgende Seite(n)
FG	Festgabe
Fn.	Fußnote(n)
FS	Festschrift
GA	Goldtammer's Archiv für Strafrecht
Gaz. Pal.	Gazette du Palais et du Notariat
GG	Grundgesetz
GmbH	Gesellschaft mit beschränkter Haftung
GmbHG	Gesetz betreffend die Gesellschaften mit beschränkter Haftung
GmbHR	GmbH-Rundschau
HGB	Handelsgesetzbuch
Hrsg./hrsg.	Herausgeber/herausgegeben
i.E.	im Ergebnis
JA	Juristische Arbeitsblätter
JCP (E)	Semaine Juridique, édition entreprise et affaires
JCP (G)	Semaine Juridique, édition générale
JK	Jura-Kartei
JR	Juristische Rundschau
jur.	Jurisprudence
Jura	Juristische Ausbildung
JuS	Juristische Schulung
JW	Juristische Wochenschrift
JZ	Juristenzeitung

KG	Kommanditgesellschaft
KStG	Körperschaftssteuergesetz
LM	Lindemaier/Möhring, Entscheidungen des Bundesgerichtshofs
m.w.N.	mit weiteren Nachweisen
MDR	Monatszeitschrift für Deutsches Recht
NJW	Neue Juristische Wochenschrift
Nr.	Nummer
NStZ	Neue Zeitschrift für Strafrecht
NZG	Neue Zeitschrift für Gesellschaftsrecht
NZI	Neue Zeitschrift für das Recht der Insolvenz und Sanierung
OLG	Oberlandesgericht
Recht	Das Recht
Recueil Dalloz	Recueil Dalloz Sirey
Rev. Soc.	Revue des sociétés
Rev. trim. com.	Revue trimestrielle de droit commercial et de droit économique
RG	Reichsgericht
RGSt.	Entscheidungen des Reichsgerichts in Strafsachen
RGZ	Entscheidungen des Reichsgerichts in Zivilsachen
Rn.	Randnummer(n)
soc. com.	Sociétés commerciales
sog.	sogenannte(r)
StGB	Strafgesetzbuch
StuW	Steuer und Wirtschaft
StV	Strafverteidiger
Trib. corr.	Tribunal correctionnel
vgl.	vergleiche
WiB	Wirtschaftsrechtliche Beratung
wistra	Zeitschrift für Wirtschaft, Steuer, Strafrecht
WM	Wertpapier-Mitteilungen
WuB	Entscheidungssammlung zum Wirtschafts- und Bankrecht
ZfhF	Zeitschrift für handelswissenschaftliche Forschung
ZGR	Zeitschrift für Unternehmens- und Gesellschaftsrecht
ZHR	Zeitschrift für das gesamte Handelsrecht und Wirtschaftsrecht
ZInsO	Zeitschrift für das gesamte Insolvenzrecht
ZIP	Zeitschrift für Wirtschaftsrecht
zit.	zitiert
ZStW	Zeitschrift für die gesamte Strafrechtswissenschaft

Einleitung

A. Einführung in den Gegenstand der Untersuchung

Bereits in den fünfziger Jahren bemerkte *Hellmuth Mayer*, dass, sofern nicht einer der klassischen Fälle der Untreue vorliege, kein Gericht und keine Anklagebehörde wisse, ob § 266 StGB vorläge.[1] An der Richtigkeit dieser Feststellung hat sich bis in die heutige Zeit im Grundsatz nicht viel geändert.[2] Die Konturen des § 266 StGB sind immer noch diffus.[3] Dies allein würde eine – nochmalige[4] – wissenschaftliche Auseinandersetzung mit dem Untreuetatbestand bereits für sich rechtfertigen.

Besonders „dunkel" und „verworren" wird die Materie allerdings im Zusammenspiel mit Konzernsituationen.[5] Für diese gilt nach wie vor das Wort *Wiedemanns*: „Im Konzern ist alles anders".[6] Das Konzernrecht ist wie kaum ein anderes Rechtsgebiet durch richterliche Rechtsfortbildung geprägt.[7] Die gesetzlichen Regelungen des AktG und des GmbHG sind als gesetzliches Leitbild auf das selbständige Einzelunternehmen zugeschnitten.[8] Spezifisch konzernrechtliche Regelungen finden sich rechtsformunabhängig lediglich in den §§ 15 ff. AktG und speziell für den AG-Konzern in den §§ 291 ff. AktG. Während für die Einzelgesellschaft das Gesellschaftsrecht detailliert festlegt, wer welche Entscheidungen mit welcher Zielsetzung zu treffen hat, sind diese zentralen Fragen für den Konzern weitgehend umstritten. Immer noch ist ungeklärt, ob die Interessen des Verbundes Vorrang vor den Interessen der beteiligten Einzelgesellschaften haben oder ob dies umgekehrt ist.[9]

Unter anderem diese Frage kann aber erhebliche Auswirkungen auf die Beurteilung der Pflichtwidrigkeit des Täterhandelns im Rahmen von § 266 StGB haben.[10] Möglicherweise ergeben sich sogar Konsequenzen für die Bestimmung

---

[1] *Mayer* Materialien zur Strafrechtsreform, 1. Band, 337.
[2] Vgl. auch LK/*Schünemann* § 266 Rn. 73.
[3] Vgl. nur LK/*Schünemann* § 266 Rn. 1: „muss die Untreue ohne Übertreibung als das dunkelste und verworrenste Kapitel des Besonderen Teils qualifiziert werden."; vgl. auch *Labsch* Untreue, 217 ff.; *Kohlmann* JA 1980, 228 (228); *Sax* JZ 1977, 663, 702 (663).
[4] Beispiele für eine allgemeine Darstellung der Untreue aus neuerer Zeit: *Dierlamm* NStZ 1997, 534 (534 ff.); *Haas* Die Untreue, 17 ff.; *Keuffel-Hospach* Die Grenzen der Strafbarkeit, 1 ff.; *Labsch* Untreue, 1 ff.; *Dunkel* „Vermögensbetreuungspflicht", 1 ff.; *Saliger* ZStW 112 (2000), 563 (563 ff.); *Volhard* FS Lüderssen, 675 (675 ff.); vgl. auch *Nelles* Untreue, 186 ff.
[5] So auch *Tiedemann* GmbH-Strafrecht Vor §§ 82 ff. Rn. 11: „Problematisch wird die Unbestimmtheit und Weite des § 266 StGB vor allem auch im Konzernbereich".
[6] *Wiedemann* Die Unternehmensgruppe, 9; *ders.* Gesellschaftsrecht Band I, 348.
[7] *Lutter* ZHR 151 (1987), 444 (444).
[8] Zu dem Widerspruch zwischen dem gesetzlichen Leitbild einer selbständigen Gesellschaft und der realtypisch gegebenen Situation des verbundenen Unternehmens als dem Prototypen des wirtschaftlich bedeutenden Unternehmens siehe *Timm* JuS 1999, 553, 656, 760, 867, 966 (554) und unten B.
[9] So die Frage von *Lutter* in: Lutter, Ein Konzernrecht für Europa, 15 (16).
[10] Hierzu unten 3. Kapitel, insbesondere B. II. 2.

des Vermögensnachteils bei der Untreue.[11] Schon durch diese Problematisierung wird deutlich, dass die hier sog. *Konzernuntreue* nicht zu den von *Mayer* angesprochenen klassischen Fällen der Untreue zählt – damals nicht und auch nicht heute.

I. Begriff der Konzernuntreue

Für den Begriff der Konzernuntreue gibt es weder eine Legaldefinition, noch ist er in einer gesetzlichen Regelung erwähnt. Die Bezeichnung ist keine strafrechtliche, sondern eine kriminologische, die sich an der Wirklichkeit der Erscheinung orientiert. Soweit der Begriff in der Literatur überhaupt verwendet wird[12], sind Inhalt und Grenzen noch nicht abschließend geklärt. Teilweise wird er im Umfeld der strafrechtlichen Verantwortung der Muttergesellschaft für das Handeln von Organen der Tochtergesellschaft benutzt[13], dem sog. Durchgriff bei verbundenen Unternehmen[14]. Zum Teil wird er auf die Ebene der Untreue gegenüber einer konzern*abhängigen* Gesellschaft reduziert.[15] Umfassend werden darunter Handlungen von Organen der Konzernspitze oder von Organen konzernabhängiger Gesellschaften zum unmittelbaren oder mittelbaren Nachteil eines anderen oder zum mittelbaren Nachteil „ihres“ zum Konzern gehörenden Unternehmens verstanden.[16]

---

[11] Unten 4. Kapitel B.

[12] Der Begriff „Konzernuntreue“ taucht auf bei: Müller-Gugenberger/*Schmid* § 31 Rn. 113; *Tiedemann* NJW 1986, 1842 (1846); *ders.* FS Lackner, 737 (759); *ders.* FS Tröndle, 319 (322); sehr ähnlich *Gübel* Die Auswirkungen, 70; vom – hier synonym verwendeten – Begriff der „Untreue im Konzern“ sprechen *Tiedemann* GmbH-Strafrecht Vor §§ 82 ff. Rn. 22; *Otto* Aktienstrafrecht Vor § 399 Rn. 59; *Richter* GmbHR 1984, 113, 137 (145); *Otto* JK 1997, StGB § 266/13 und nun auch *Ransiek*, FS Kohlmann, 207 (207); von der – ebenfalls synonymen – „Untreue innerhalb konzernrechtlicher Verflechtungen“ sprechen unter anderem *Kohlmann/Löffeler* Die strafrechtliche Verantwortlichkeit, Rn. 360 ff.; Hachenburg/*Kohlmann* Vor § 82 Rn. 306 ff.

[13] *Tiedemann* NJW 1986, 1842 (1845 f.); dem sehr ähnlich *Gübel* Die Auswirkungen, 70.

[14] Vgl. hierzu ausgiebig *Rütsch* Strafrechtlicher Durchgriff, 1 ff.; *Delmas-Marty* in: *Tiedemann*, Multinationale Unternehmen, 71 (71 ff.); *Schroth* wistra 1984, 164 (164 ff.). Ein solcher strafrechtlicher Durchgriff bei verbundenen Unternehmen mit der Folge einer etwaigen Zurechnung strafbarer Handlungen der abhängigen Gesellschaft an das herrschende Unternehmen über die Figur der wirtschaftlichen und haftungsmäßigen Einheit von Mutter und Tochter bzw. die Figur der faktischen Geschäftsführung sowie einer sich eventuell hieraus ergebenden Garantenpflicht mit Auswirkungen auf eine Strafbarkeit wegen Untreue durch Unterlassen soll nach dem hier vertretenen Verständnis der Konzernuntreue nicht Gegenstand der Untersuchung sein. Vgl. auch *Tiedemann* NJW 1986, 1842 (1846).

[15] *Flum* Der Strafrechtliche Schutz, 189 ff.; *Wodicka* Untreue zum Nachteil, 256 ff.; *Fleck* ZGR 1990, 31 (45 ff.); *Bittmann/Terstegen* wistra 1995, 249 (253 f.); *Radtke* GmbHR 1998, 311, 361 (312); *Tiedemann* GmbH-Strafrecht Vor §§ 82 ff. Rn. 23 ff.; *ders.* FS Lackner, 737 (759); *Wellkamp* NStZ 2001, 113 (113 ff.); Krekeler/*Firgau* Untreue, 5 f.; *Anders* ZStW 114 (2002), 467 (499 ff.); vgl. auch *Haas* Die Untreue, 110 f. mit Hinweis auf *H.J. Mertens*, Sachverständigenkommission, Band XIV, Anlage 2, 30; *Waßmer* Untreue bei Risikogeschäften, 96 ff.; *P. Möhring* Das neue Konzernrecht, 29 ff.; *Richter* GmbHR 1984, 113, 137 (145 f.); *Ransiek*, FS Kohlmann, 207 (207 f.).

[16] *Kohlmann/Löffeler* Die strafrechtliche Verantwortlichkeit, Rn. 360 ff.; Hachenburg/*Kohlmann* Vor § 82 Rn. 306 ff.; Müller-Gugenberger/*Schmid* § 31 Rn. 114; *Otto* Aktienstrafrecht

Als Grund für diese unterschiedliche Weite der Begriffsbestimmung lässt sich sinngemäß eine These *Hommelhoffs* aus dem Gesellschaftsrecht anführen: Konzerne verstellen in der Vielfalt ihrer realen Erscheinungsformen nur allzu leicht den Zugang zu den Rechtsproblemen, die sie im Gefolge haben. Im Konzernrecht geht es zunächst einmal und mit Nachdruck darum, die Probleme zu *finden*.[17]

Zerlegt man den Begriff Konzernuntreue in seine Hauptwörter, lassen sich „Konzern" und „Untreue" definieren. Der Konzern bezeichnet die denkbar engste Zusammenfassung mehrerer rechtlich selbständiger Unternehmen zu einer neuen wirtschaftlichen Einheit unterhalb der Schwelle der Fusion (vgl. § 18 AktG).[18] Die Untreue nach § 266 StGB ist durch die vorsätzliche Schädigung fremden Vermögens durch Verletzung einer vermögensbezogenen besonderen Verhaltenspflicht gekennzeichnet.[19]

Als Konzernuntreue kann man demzufolge die vorsätzliche Schädigung des Vermögens eines konzernzugehörigen Unternehmens durch Verletzung konzerninterner Bindungen bei Bestehen einer auf das fremde Vermögen gerichteten besonderen Pflicht bezeichnen. Der Begriff ist somit umfassend zu begreifen.

II. Relevanz der Untersuchung

Die Verzahnung von Untreue und Konzernrecht ist durchaus bekannt. § 266 StGB wird sogar in Teilen die Funktion eines Ersatzes für das fehlende GmbH-Konzernrecht zugeschrieben.[20] Dennoch wird das Thema bislang in der wissenschaftlichen Diskussion wenig und wenn nur knapp behandelt.[21] Der bis-

---

Vor § 399 Rn. 59; LK/*Schünemann* § 266 Rn. 128; *Ewald* Untreue, 1 und 99 ff.; vgl. auch *E. Schneider* Die Untreue, 98 ff. und 107; *Hirmer* Zivil- und strafrechtliches Verbot, 1 ff. Zu mittelbaren Nachteilen im Konzern unten 4. Kapitel A. II.

[17] *Hommelhoff* Die Konzernleitungspflicht, 19. Dabei potenziert sich der von *Wiedemann* Die Unternehmensgruppe, 129 gewonnene Eindruck bezüglich konzernrechtlicher Betrachtungen, wenn Strafrecht in Form von Untreue hinzustößt; es kann dann nicht mehr heißen „Ihr habt die Teile in der Hand, fehlt leider nur das geistige Band", sondern „Weder habt ihr die Teile in der Hand, noch ist vorhanden das geistige Band".

[18] Nachweise unten B. I.

[19] *Labsch* Jura 1987, 343, 411 (344).

[20] *Tiedemann* FS Tröndle, 319 (322); *Tiedemann* GmbH-Strafrecht Vor §§ 82 ff. Rn. 22; *K.H. Maul* DB 1989, 185 (191); *Ransiek*, FS Kohlmann, 207 (210). *Birkholz* Untreuestrafbarkeit, 126 spricht diesbezüglich süffisant von einer „Art Wunderschwert des Konzernrechts".

[21] Vgl. die Nachweise oben Fn. 15 und 16. Die umfassendste Darstellung der Konzernuntreue findet sich in der Dissertation von *Ewald* Untreue, 1 ff. aus dem Jahre 1980, allerdings beschränkt ausschließlich auf den AG-Konzern und zudem mit einer Reduzierung des Themas auf die Begründung von Vermögensbetreuungspflichten im Konzern. Darüber hinaus geht *Ewald* nur kurz (Seiten 236 bis 241) auf die Problematik eines eventuellen Einverständnisses ein. Das Problem einer Schadenssaldierung im Konzern übersieht *Ewald* völlig. Zur Untreue im GmbH-Konzern macht man die ausführlichsten Hinweise noch bei *Kohlmann/Löffeler* Die strafrechtliche Verantwortlichkeit, Rn. 360 ff. auf dreieinhalb DIN-A5 Seiten aus. In den Dissertationen zur Organuntreue von *Wodicka* Untreue zum Nachteil, 127-138, 156-166,170-174, 256-260, 297 und *Flum* Der Strafrechtliche Schutz, 189-217, 222 sind lediglich kurze Aus-

herige strafrechtliche Ansatz wird in der gesellschaftsrechtlichen Literatur sogar dahingehend kritisiert, das Strafrecht suche den Schutz bestimmter Interessen im Konzern unter Zugrundelegung des Gesellschaftsrechts der konzernfreien Gesellschaft.[22] Oft findet man auch resignierend die Aussage, dass die Voraussetzungen der Untreue im Konzern im Einzelnen unklar sind.[23]

Gründe hierfür sind zum einen das Wechselspiel zwischen Zivil- bzw. Gesellschaftsrecht einerseits und Strafrecht andererseits. So können die Grundstrukturen des strafrechtlichen Untreuetatbestandes die Mindestanforderungen an das Verhalten in der Gesellschaftsrechtsform Konzern bedingen.[24] Gleichzeitig kann das Gesellschaftsrecht über die sog. zivilrechtsakzessorische[25] Auslegung der Untreue auf das Strafrecht ausstrahlen. Zum anderen fehlen bislang einschlägige Vorgaben durch die Rechtsprechung. Dort ist die Problematik nur schemenhaft und in Teilaspekten angeklungen. Das OLG Koblenz[26] sowie das OLG Frankfurt[27] beschäftigen sich primär mit dem Erfolgsort der Untreue in Konzernverhältnissen. Nur am Rande werden Vermögensbetreuungspflichten[28] und

---

führungen jeweils zu Vermögensbetreuungspflichten und zur Einverständnis-Problematik im Konzern zu finden. Der Beitrag von *Ransiek*, FS Kohlmann, 207 (207 ff.) aus dem Jahre 2003 verdeutlicht zwar einmal mehr die Aktualität und wissenschaftliche Bedeutung des Themas, indem erstmals eine umfassende Darstellung der „Untreue im GmbH-Konzern“ in Angriff genommen wird, baut allerdings zu sehr auf allgemeinen Problematiken der Organuntreue auf, ohne Konzernspezifika hinreichend zu berücksichtigen. So sei es für die strafrechtliche Fragestellung „jedenfalls nicht erkennbar, dass irgendein Unterschied zwischen noch anderweitig oder nicht anderweitig unternehmerisch tätigem Alleingesellschafter gezogen werden könnte“. Dem mag zwar im Ergebnis beizupflichten sein – vgl. insbesondere die Ausführungen zur Dispositionsbefugnis im (GmbH-) Konzern unten 3. Kapitel B. II. -, dies vermag aber nicht dazu zu führen, die Konstellationen von Pflichtwidrigkeiten im Konzern sowie die Besonderheiten der Kapitalbindung im Konzern zu vernachlässigen und stattdessen allgemein den strafrechtlichen Vermögensschutz der GmbH vor ihren Gesellschaftern zu untersuchen. Ebenso beschäftigt sich *Ransiek* lediglich generell mit der Frage einer Vermögensbetreuungspflicht der Gesellschafter einer GmbH dieser gegenüber, ohne auf die Konzernstruktur als möglichen Anknüpfungspunkt von Vermögensbetreuungspflichten im Konzern einzugehen. Konzernspezifisch sind seine Ausführungen nur insoweit, als er auf die Wirkung von Ausgleichsansprüchen der abhängigen GmbH auf der Grundlage der konzernrechtlichen Verflechtung insbesondere auf das Untreue-Tatbestandsmerkmal des Vermögensnachteils hinweist. Ob hiermit ein Einzel- oder ein Globalausgleich oder gar eine konzernspezifische Nachteilssaldierung – vgl. hierzu umfassend unten 4. Kapitel A. I. und B. -gemeint ist, bleibt allerdings offen.

22 *U.H. Schneider* in: Mestmäcker/Behrens, Das Gesellschaftsrecht der Konzerne, 563 (566).

23 *Tiedemann* GmbH-Strafrecht Vor §§ 82 ff. Rn. 22; Lackner/*Kühl* § 266 Rn. 3; vgl. auch *Radtke* GmbHR 1998, 311, 361 (312); treffend auch *Geilen* Aktienstrafrecht Vorb. § 399 Rn. 12: „problematisches, bis jetzt auch noch kaum erörtertes Kapitel“; *Otto* JK 1997, StGB § 266/13: „in ihren grundsätzlichen Voraussetzungen noch weitgehend unklare Problematik der Untreue im [...] Konzern“.

24 So *Tiedemann* GmbH-Strafrecht Vor §§ 82 ff. Rn. 22.

25 Siehe unten 1. Kapitel A. I.

26 OLG Koblenz 1 Ss 428/83 v. 17.11.1983, wistra 1984, 79 (79 f.).

27 OLG Frankfurt 1 Ws 229/88 v. 12.12.1988, wistra 1989, 112 (112 f.).

28 OLG Koblenz (Fn. 26), wistra 1984, 79 (80); OLG Frankfurt (Fn. 27), wistra 1989, 112 (113).

(un)mittelbare Nachteile[29] im Konzern thematisiert. Der 3. Strafsenat des BGH[30] bejaht zwar letztlich eine Vermögensbetreuungspflicht desjenigen, der über das herrschende Unternehmen[31] faktisch dominierend in die Sphäre der beherrschten Gesellschaft einwirkt, bezieht in seine Überlegungen die Figur des faktischen bzw. qualifizierten faktischen GmbH-Konzerns aber nur indirekt ein.[32] Ob die Konzernstruktur Konsequenzen für die Wirksamkeit eines die Pflichtwidrigkeit im Rahmen der Untreue ausschließenden Einverständnisses hat, spricht der Senat kurz an, begnügt sich dann jedoch ohne weitere strafrechtlichen Ausführungen mit einem Verweis auf die Rechtsprechung des II. Zivilsenats.[33]

Der spektakulärste Fall einer Untreue im Konzern ist – bezeichnenderweise – nicht von einem Strafgericht, sondern vom II. Zivilsenat des BGH[34] entschieden worden. Im Rahmen eines deliktischen Schadensersatzanspruchs gemäß § 823 Abs. 2 BGB in Verbindung mit § 266 Abs. 1 Alt. 2 StGB im Zusammenhang mit dem Zusammenbruch der Bremer Vulkan Verbund AG (BVV)[35] leitet der Senat die Vermögensbetreuungspflicht der BVV gegenüber ihrer 100 %igen Tochter MTW Schiffswerft GmbH (MTW)[36] aus ihrer Stellung als beherrschendes Unternehmen ab, aufgrund derer sie faktischen Einfluss auf ihre Tochter nehmen kann und auch tatsächlich genommen hat.[37] Die Grenzen strafrechtlicher Dispositionsbefugnis über das Vermögen der Tochter bestimmt das Gericht anhand von zuvor aufgestellten gesellschaftsrechtlichen Wertungen, nämlich der Erhaltung des Stammkapitals und der Gewährleistung des Bestandsschutzes der Tochter sowie dem Verbot der Gefährdung ihrer Existenz.[38]

Außer den Faktoren eines ausgedehnten wirtschaftskriminellen Dunkelfeldes[39] ist Ursache für dieses magere Anschauungsmaterial aus der Rechtsprechungspraxis die Tatsache, dass in Konstellationen von Aushöhlungs- und Ausplünderungsverträgen des herrschenden Unternehmens mit einer abhängigen Gesellschaft oder bei Untreue durch Substanzentnahmen oder -verlagerungen aus einer solchen Gesellschaft sowie bei Missbrauch von Weisungsmacht im Konzernver-

---

[29] OLG Koblenz (Fn. 26), wistra 1984, 79 (80).
[30] BGH 3 StR 50/96 v. 10.7.1996, JR 1997, 336 (336 ff.); fortan als sog. „Treuhand"-Urteil bezeichnet.
[31] Zur Terminologie vgl. *Timm* JuS 1999, 553, 656, 760, 867, 966 (554).
[32] BGH (Fn. 30), JR 1997, 336 (338) „Treuhand".
[33] BGH (Fn. 30), JR 1997, 336 (340) „Treuhand".
[34] BGH II ZR 178/99 v. 17.9.2001, BGHZ 149, 10 (10 ff.) „Bremer Vulkan".
[35] Umfassender Erfahrungsbericht zum Bremer Vulkan-Konkurs, darunter auch zur Problematik des zentralen Cash-Managements, bei *Wellensiek* ZGR 1999, 234 (234 ff., 238 f.).
[36] Zuletzt hielt die BVV 2 % der Anteile an MTW unmittelbar und 98 % über ihre 100 %ige Tochter Vulkan Schiffbau Verbund GmbH (VSV).
[37] BGH (Fn. 34), BGHZ 149, 10 (17) „Bremer Vulkan".
[38] BGH (Fn. 34), BGHZ 149, 10 (16, 17 f.) „Bremer Vulkan".
[39] Hierzu *Tiedemann* Wirtschaftsstrafrecht Band 1, 20 ff.; vgl. auch zur Rolle von Wirtschaftsprüfern bei der Nichtaufdeckung etwaiger Untreuehandlungen im Konzern *Tiedemann* in: Tiedemann, Multinationale Unternehmen, 3 (11).

hältnis einschlägige Fälle bei Aufdeckung weitgehend durch interne Abberufung der Verantwortlichen oder allenfalls im Zivilrechtswege oder mittelbar durch das Vorgehen der Steuerverwaltung abgehandelt werden, die Strafjustiz aber nicht befasst wird.[40]

Hieraus auf eine mangelnde Praxisrelevanz des Themas zu schließen wäre allerdings fehlerhaft. Denn zum einen treten schädigende Verhaltensweisen leichter im Zusammenhang mit Zusammenbrüchen einer bzw. mehrerer Konzerngesellschaften zu Tage.[41] Häufig wird von ganzen Unternehmensgruppen berichtet, in denen einzelne Gesellschaften begünstigt und andere dafür „ausgeschlachtet" werden, bis dann alle „wie Kartenhäuser" zusammenfallen.[42] Und zum anderen weisen die in letzter Zeit im Rahmen sog. Wirtschaftsskandale vermehrt eingeleiteten Ermittlungsverfahren wegen Untreue auf eine gestiegene Sensibilisierung der Staatsanwaltschaften hin. Beispielhaft sei nur auf die Verfahren im Zusammenhang mit der Übernahme der Mannesmann AG durch die Vodafone Inc. und mit den wirtschaftlichen Turbulenzen um die KirchMedia AG, die Babcock Borsig AG, die Mobilcom AG oder die Philipp Holzmann AG unter Beteiligung der Westdeutschen Landesbank (WestLB) verwiesen.

Darüber hinaus hat die Untersuchung Relevanz für die Wirtschafts- und Beratungspraxis. Zu denken ist hier nur an die strafrechtskonforme Ausgestaltung von Beherrschungs- und Gewinnabführungsverträgen sowie von Produkt-, Investitions-, Finanz-, Innovations- und Personalmanagement im Konzern. Denn je nach Reichweite des Anwendungsbereiches der Konzernuntreue könnte ansonsten die Aussage *Buchers* Realität werden, dass „die kleinen und großen Wirtschaftsführer unseres Landes[43] ausnahmslos als in höchstem Maße tatverdächtig gelten".[44]

III. Abgrenzung zur Organuntreue

Inhaltlich von der Konzernuntreue abzugrenzen ist die sog. *Organuntreue*. Letztere ist nach Streichung der gesellschaftsrechtlichen Spezialtatbestände der §§ 294 AktG a.F. und 81 a GmbHG a.F.[45] heute – ebenfalls – ausschließlich von § 266 StGB erfasst. Sie umfasst Konstellationen, in denen ein Organ einer juristischen Person, also ein GmbH-Geschäftsführer, ein AG-Vorstand oder ein Auf-

---

[40] Vgl. *Tiedemann* GmbH-Strafrecht Vor §§ 82 ff. Rn. 2 zur GmbH-Kriminalität.

[41] Es beruht nicht auf Zufall, dass in beiden o.g. vom BGH entschiedenen Rechtssachen die Mutter- oder Tochtergesellschaft in Konkurs gefallen war.

[42] *Stimpel* in: Hommelhoff/Stimpel/Ulmer, Heidelberger Konzernrechtstage, 5 (7).

[43] Die Aussage *Buchers* ist bezogen auf die Schweiz, hat für Deutschland aber gleichfalls Geltung.

[44] *Bucher* FG Schultz, 165 (173).

[45] § 294 AktG a.F. fiel bei der Neugestaltung des AktG im Jahre 1965 ersatzlos weg; § 81 a GmbHG a.F. wurde zum 1.4.1970 aufgehoben (Art. 51 Nr. 1 des Ersten Gesetzes zur Reform des Strafrechts vom 25.6.1969, BGBl. I, 1445). Kritisch zur Streichung der Spezialtatbestände unter anderem *Tiedemann* GmbH-Strafrecht Vor §§ 82 ff. Rn. 11; *Geilen* Aktienstrafrecht Vorb. § 399 Rn. 9 ff.

sichtsratsmitglied, durch auf das Vermögen der „eigenen" Gesellschaft bezogene Handlungen „seine" Gesellschaft unmittelbar schädigt.

In Abgrenzung zur Organuntreue fallen unter den Begriff der Konzernuntreue nur solche Fallgruppen, in denen entweder das Gesellschaftsorgan eine andere, verbundene Gesellschaft schädigt oder aber zwar seiner eigenen Gesellschaft einen Nachteil zufügt, dieser aber nur mittelbarer Natur ist, da unmittelbar wiederum eine andere, verbundene AG oder GmbH betroffen ist. Konzernuntreue liegt demnach nur dann vor, wenn konzernspezifische Bindungen durch die Untreue tangiert sind, nicht aber, wenn nur ein rein gesellschaftsinterner Erfolg eintritt.[46]

Hauptprobleme im Bereich der Organuntreue sind die Festlegung der eine Pflichtwidrigkeit im Rahmen von § 266 StGB begründenden Maßstäbe sowie die Frage, ob und inwieweit die Anweisung oder Zustimmung der Gesellschafter- oder Aktionärsgesamtheit oder -mehrheit zu einer von den Verwaltungsorganen zu treffenden, das Gesellschaftsvermögen schädigenden Maßnahme eine Untreuestrafbarkeit gegenüber der GmbH oder AG auszuschließen vermag. Die Organuntreue ist in der obergerichtlichen Rechtsprechung und in der Wissenschaft ausgiebig behandelt worden[47] und aufgrund gesellschaftsrechtlicher Vorgaben heute weitgehend geklärt. Ihre Ergebnisse werden im Folgenden als gegeben vorausgesetzt und nur dort diskutiert, wo dies zum Vergleich oder zur Abgrenzung mit der Konzernuntreue notwendig ist. Aufgrund sich teilweise überschneidender Problemkonstellationen schließt dies nicht aus, dass sich hier gefundene Lösungen zur Konzernuntreue nicht auch auf die schlichte Organuntreue auswirken können.

IV. Ziel der Arbeit

Ziel der Arbeit ist es, den Bereich „spezifischer Untreuestrafbarkeit innerhalb von Konzernverbindungen mit Aktiengesellschaften und Gesellschaften mit beschränkter Haftung"[48] zu bestimmen. Auch wenn es insgesamt zur Durchfüh-

---

[46] Oft werden Organuntreue und Konzernuntreue nicht sauber voneinander getrennt. Vgl. nur den Titel des Aufsatzes von *Wellkamp* NStZ 2001, 113 (113) „Organuntreue zum Nachteil von GmbH-Konzernen und Aktiengesellschaften". Die Vermischung beider Begriffe hängt mit der inhaltlichen Beschränkung der Untersuchung auf das klassische Organuntreue-Problem der Dispositionsgrenzen eines Einverständnisses bei juristischen Personen zusammen. Die Konzernuntreue im hier verstandenen umfassenden Sinne wird dabei nur oberflächlich thematisiert.

[47] Zur Organuntreue vgl. neben den einschlägigen Kommentaren nur *J. Kaufmann* Organuntreue, 1 ff.; *Birkholz* Untreuestrafbarkeit, 19 ff.; *Wodicka* Untreue zum Nachteil, 19 ff.; *Flum* Der Strafrechtliche Schutz, 1 ff.; *Auer* Gläubigerschutz durch § 266 StGB, 1 ff.; *Kohlmann/Löffeler* Die strafrechtliche Verantwortlichkeit, Rn. 170 ff.; *Nelles* Untreue, 1 ff.; *Wehleit* Die Abgrenzung, 15 ff.; *Laskos* Untreue bei der Kreditvergabe, 171 ff.; *Radtke* GmbHR 1998, 311 und 361 (311 ff.); *Maurach/Schroeder/Maiwald* Besonderer Teil, TeilBand 1, § 45 Rn. 43; *Kohlmann* FS Werner, 387 (387 ff.); jeweils mit z.T. ausführlichen Angaben zur einschlägigen Rechtsprechung und den zahlreich erschienenen Aufsätzen und Anmerkungen.

[48] Vgl. den Untertitel der Arbeit.

rung von Strafverfahren im Bereich der Konzernuntreue relativ selten kommt, verbreitet die Norm des § 266 StGB in der Praxis ein erhebliches Maß an Unsicherheit. Denn die Grenze zwischen strafrechtlich erlaubtem und unerlaubtem Verhalten ist infolge ungenügender Abstimmung von Strafrecht und Gesellschaftsrecht außerordentlich undeutlich. Hier geht es darum, durch eine genaue Herausarbeitung der Differenzierungslinien und durch eine weitgehende Berücksichtigung des Gesellschaftsrechts zu einem Mehr an Rechtssicherheit[49] beizutragen.

Es gilt Grundsätze zu gewinnen, die für Richter und Staatsanwälte Anhaltspunkte aufzeigen, um die in der Praxis bestehende Rechtsunsicherheit zurückzudrängen und Strafverfahren auf eine gesicherte Grundlage zu stellen. Den Führungskräften in den Konzernen und ihren Rechtsberatern soll ein verlässlicher Leitfaden zur Überprüfung ihrer konzerninternen Entscheidungen an die Hand gegeben werden.

Bevor im weiteren Rahmen dieser Einleitung die konzernspezifischen Untreue-Beziehungen (C.) sowie die einschlägigen Fallkonstellationen (D.) näher durchleuchtet werden, soll im nächsten Unterpunkt (B.) auf die notwendigen konzernrechtlichen Grundlagen eingegangen werden. Der Fundus des Untreuetatbestandes sowie dessen Einbettung in das Rechtssystem wird hingegen außerhalb dieser Einleitung im Rahmen des 1. Kapitels sowie zu Beginn der weiteren Kapitel thematisiert.

B. Der Konzern in Recht und Praxis

Konzerne als die funktionale Verbindung von zwei oder mehr rechtlich selbständiger Unternehmen zu einer wirtschaftlichen Einheit stellen heute die dominierende Organisationsform unternehmerischer Aktivitäten großer, zunehmend aber auch mittelständischer und kleinerer Unternehmen dar.[50] Bei mindestens 75 % aller[51] AG mit über 90 % des Gesamtkapitals wird in der empirischen Forschung eine Konzernverbundenheit als herrschende oder beherrschte Gesellschaft angenommen. Für die GmbH wird geschätzt, dass rund 50 % in Konzerne eingebunden sind[52].

---

[49] Vgl. zur Rechtsunsicherheit im Rahmen der Konzernuntreue nur *Geilen* Aktienstrafrecht Vorb. § 399 Rn. 12: „sind die Möglichkeiten des § 266 StGB gerade auf diesem Sektor (dem Konzernrecht, *D.B.*) besonders aktuell, andererseits aber auch besonders exemplarisch für das dann bestehende, gefährliche, weil infolge der Unbestimmtheit des § 266 StGB kaum noch zu kalkulierende Strafbarkeitsrisiko".

[50] *Priester* ZIP 1986, 137 (138); *Baumann* Konsolidierung, 1; vgl. auch *Hommelhoff* in: Hommelhoff/Stimpel/Ulmer, Heidelberger Konzernrechtstage, 245 (265): „Fischgeschäft um die Ecke".

[51] Bei börsennotierten AG soll der Konzernierungsgrad sogar 97 % betragen.

[52] *Kern* Die Unbestimmtheit, 11 f.; *Emmerich/Sonnenschein/Habersack* Konzernrecht, 4; *Görling* Die AG 1993, 538 (538 ff.); *Adams* Die AG 1994, 148 (148). Die durch das Gesetz zur Senkung der Steuersätze und zur Reform der Unternehmensbesteuerung vom 23.10.2000,

Die Gründe für Unternehmenszusammenschlüsse in Form von Konzernen sind vielschichtig. In der überwiegenden Zahl der Fälle spielt eine besondere Rolle, dass sich das Gesamtunternehmen durch relativ geringen Kapitaleinsatz vergrößern lässt. So können günstigere Finanzierungsmöglichkeiten, Bezugsquellen und Absatzwege erschlossen sowie Flexibilität und wirtschaftliche Effektivität und Macht gesteigert werden.[53] Dem folgend besteht in der wissenschaftlichen Diskussion zwischen Betriebswirtschaftslehre und Rechtswissenschaft Übereinstimmung, dass eine solche Form der Organisation von Unternehmen für die Rechts- und Wirtschaftsgemeinschaft zweckmäßig und förderungswürdig ist, legt sie doch die wirtschaftlichen Stärken und Schwächen der unterschiedlichen Glieder offen.[54]

In Abhängigkeit von der Rechtsform der Tochtergesellschaft wird zwischen AG-Konzernen und GmbH-Konzernen differenziert. Die ebenfalls denkbaren Personengesellschaftskonzerne sind nicht Gegenstand dieser Untersuchung[55] und spielen in der Wirtschafts- und Rechtsrealität auch keine besondere Bedeutung.[56]

I. Die Gefährdungslage im Konzern

Das entscheidende Wesensmerkmal des Konzerns besteht in der Polarität zwischen der wirtschaftlichen Einheit des Ganzen und der rechtlichen Vielheit der Glieder.[57] Ein Konzern ist dadurch gekennzeichnet, dass er über die rechtlichen Grenzen der Einzelunternehmen wirtschaftlich wie eine Einheitsunternehmung geleitet wird.[58] Zwar hat vom rechtlichen Modellbild aus betrachtet jedes Konzernunternehmen ein autonomes Geschäftsführungsorgan, welches eigenverantwortlich die Geschäftsführung für seine Unternehmung bestimmt. Durch die Möglichkeit, auf diese Geschäftsführung Einfluss zu nehmen, wird das Exekutivorgan des herrschenden Unternehmens allerdings zum Konzerngeschäftsführungsorgan. Die Konzerngeschäftsführung unterscheidet sich von der Geschäftsführung eines Einzelunternehmens dadurch, dass immer die Frage entsteht, ob eine Entscheidung getroffen bzw. etwas angeordnet werden soll, oder ob das Entscheidungsproblem der einzelnen Konzerngesellschaft und dessen Organ überlassen bleibt.[59]

BGBl. I, 1433 neu eingefügte Privilegierung von Gewinnen aus der Veräußerung von Beteiligungen an anderen Gesellschaften in § 8 b Abs. 2 KStG wird allenfalls geringe Auswirkungen auf die Intensität der Verflechtungen, nicht aber auf die Anzahl der Konzerne haben.

53 Hierzu und zur Geschichte der Unternehmenskonzentration ausführlich *Emmerich/Sonnenschein/Habersack* Konzernrecht, 2 ff.

54 *Lutter* in: Hommelhoff/Stimpel/Ulmer, Heidelberger Konzernrechtstage, 183 (187).

55 Vgl. den Untertitel der Arbeit.

56 Vgl. *Versteegen* Konzernverantwortlichkeit, 39.

57 Vgl. bereits *L. Raiser* in: Raiser/Sauermann/Schneider Das Verhältnis, 51, 54 f.

58 *Baumann* Konsolidierung, 7.

59 Ausführlich *Limmer* Die Haftungsverfassung, 90 f.

Der Konzern stellt somit einen Sonderfall dar[60], dem nach herrschender gesellschaftsrechtlicher Ansicht ein außergewöhnliches Gefährdungspotenzial anhaftet. Die Gefahr besteht darin, dass das Eigeninteresse der Gesellschaft durch das von dem beherrschenden Gesellschafter anderweitig verfolgte unternehmerische Interesse überlagert und die abhängige Gesellschaft zu einem Partikularinteressen dienenden Instrument gemacht wird.[61] Der vom Gesetz bei unabhängigen Gesellschaften vorausgesetzte Gleichlauf von Gesellschafts- und Gesellschafterinteresse ist zumindest potenziell gestört.[62] Bei einer Konkurrenztätigkeit des herrschenden Unternehmens verkehrt sich der Interessengleichlauf sogar in einen Interessengegensatz.[63] Im Unterschied zu einer unabhängigen Gesellschaft liegt es eben durchaus nicht selten im Interesse des an einer Vielzahl von Gesellschaften beteiligten beherrschenden Unternehmens, einzelne Tochtergesellschaften zum Wohle des Konzernganzen oder auch nur einzelner Beteilungsgesellschaften zu benachteiligen.[64]

Der herrschenden Auffassung wird zwar entgegengehalten, dass nach gegenwärtigem Erkenntnisstand kein Anlass zu der Vermutung besteht, ein konzernherrschendes Unternehmen übe seine Leitungsmacht typischerweise unter Missachtung konzernrechtlicher Bindungen aus und beeinflusse die Geschäftsleitung der abhängigen Gesellschaft in der Regel oder auch nur überwiegend zu deren Schaden.[65] Einer Auseinandersetzung mit dieser abweichenden Meinung bedarf es allerdings nicht, denn Gegenstand dieser Arbeit sind gerade solche Konstellationen, in denen eine Konzerngesellschaft einer anderen unter Ausnutzung konzernrechtlicher Einflussmöglichkeiten einen Nachteil zufügt.

Das Konzernrecht ist insbesondere Schutzrecht zugunsten der abhängigen Gesellschaften, ihrer Minderheitsgesellschafter, Gläubiger und Arbeitnehmer. Ausgehend von diesem Schutzzweck bestimmt die Rechtsprechung[66] und ihr folgend die nahezu einhellige Ansicht in der Literatur[67] den Begriff des Unternehmens im Sinne der §§ 15 ff. AktG.

---

[60] Dieser Sonderfall wird im gesellschaftsrechtlichen Schrifttum als sog. Konzernkonflikt bezeichnet, vgl. *Wiedemann* Die Unternehmensgruppe, 3; siehe auch bereits oben A.
[61] *Emmerich/Sonnenschein/Habersack* Konzernrecht, 12 f.
[62] *Ulmer* ZHR 148 (1984), 391 (418).
[63] *Burgard* ZIP 2002, 827 (828).
[64] *Ulmer* NJW 1986, 1579 (1580); *Weigl* Die Haftung, 5; *Timm* JuS 1999, 553, 656, 760, 867, 966 (556). Vgl. auch *Veelken* in: Mestmäcker/Behrens, Das Gesellschaftsrecht der Konzerne, 505 (507); *Limmer* Die Haftungsverfassung, 11 f. und 170; *Stimpel* in: Hommelhoff/Stimpel/Ulmer, Heidelberger Konzernrechtstage, 5 (6).
[65] *Kleindiek* ZIP 1991, 1330 (1335) m.w.N.; *Versteegen* Konzernverantwortlichkeit, 159 ff., 168 ff.; *Ziemons* Die Haftung, 115 ff.; kritisch auch *Altmeppen* Abschied, 70; *Schanze* Die AG 1993, 376 (377 f.).
[66] Siehe nur BGH II ZR 123/76 v. 13.10.1977, BGHZ 69, 334 (337 f.) „VEBA/Gelsenberg"; teilweise kritisch hierzu, i.E. aber ähnlich *Priester* ZIP 1986, 137 (141f).
[67] Umfassender Überblick bei *Hommelhoff* ZGR 1994, 395 (397 ff.) m.w.N.; anders *K. Schmidt* ZIP 1991, 1325 (1326).

Unternehmensqualität besitzt jeder Gesellschafter, der nicht nur in, sondern auch außerhalb der Gesellschaft unternehmerische Interessen verfolgt. Denn bereits daraus können typischerweise die Konfliktlagen resultieren, denen das Konzernrecht begegnen soll. Dies bedeutet gleichzeitig, dass die Rechtsform des Gesellschafters keine Rolle spielt. Daher können nicht nur Kapitalgesellschaften, sondern auch Einzelkaufleute, Personengesellschaften, Genossenschaften, Vereine, Stiftungen, Freiberufler sowie Einzelpersonen unter den genannten Voraussetzungen Unternehmen im Sinne des Konzernrechts sein.

Unter Berücksichtigung des im Untertitel dieser Arbeit zum Ausdruck kommenden Schwerpunktes sowie der besseren Übersichtlichkeit und der Vermeidung von Häufungen wegen soll im Folgenden jedoch davon ausgegangen werden, dass herrschendes Unternehmen stets auch[68] eine Gesellschaft in der Rechtsform der AG oder der GmbH ist.

II. Konzernrechtsgestaltungsformen

Bei den Konzernformen werden Gleichordnungskonzerne und Unterordnungskonzerne unterschieden. In der Praxis kommt dem Gleichordnungskonzern nur eine untergeordnete Bedeutung zu.[69] Seine rechtliche Beurteilung ist umstritten. Nach im Vordringen befindlicher Auffassung ist die Situation im Grunde mit der in einem Vertragskonzern, faktischen Unterordnungskonzern oder qualifizierten faktischen Unterordnungskonzern vergleichbar, je nachdem, ob die Gesellschafter der Gründung mit qualifizierter Mehrheit zugestimmt haben oder nicht und wie eng die Gleichordnungsverbindung ausgestaltet ist.[70] Dies rechtfertigt es, die nachfolgende Untersuchung auf die Untreue in Unterordnungskonzernen zu reduzieren.[71]

Der Unterordnungskonzern im aktienrechtlichen Sinne (§ 18 Abs. 1 AktG)[72] ist charakterisiert durch die gesellschaftsrechtlich vermittelte Macht eines herrschenden Unternehmens (§ 17 Abs. 1 AktG), auf eine abhängige Gesellschaft (§ 17 Abs. 1, Abs. 2 AktG) unmittelbar oder mittelbar einen beherrschenden Einfluss zu nehmen – sog. Abhängigkeit –, wobei zusätzlich herrschendes und abhängiges Unternehmen unter der einheitlichen Leitung des herrschenden Unternehmens zusammengefasst sind.

Die in den §§ 17 und 18 AktG enthaltene Trennung der Begriffe der (bloßen) Abhängigkeit und des Konzerns (im engen Sinne) bedeutet, dass nicht jede subordinierte Unternehmensverbindung zugleich einen Konzern im engen Sinne darstellt. Ein solcher entsteht erst dann, wenn das herrschende Unternehmen sei-

68 Vgl. den Untertitel der Arbeit sowie oben in diesem Abschnitt.
69 Zurückhaltender *Jaschinski* Haftung, 91 und 126 m.w.N.
70 *Emmerich/Sonnenschein/Habersack* Konzernrecht, 72 m.w.N.
71 Ohne nähere Begründung *Wellkamp* NStZ 2001, 113 (113): „Abweichungen der strafrechtlichen Wertungen stehen bei Gleichordnungskonzernen nicht zu erwarten". Vgl. zum Gleichordnungskonzern ansatzweise noch unten 2. Kapitel B. II. 2.
72 Davon zu unterscheiden ist der handelsrechtliche Terminus des § 290 HGB.

ne Konzernleitungsmacht tatsächlich mit einer derartigen Intensität ausübt, dass die beteiligten Unternehmen unter einer einheitlichen Leitung zusammengefasst werden (§ 18 Abs. 1 Satz 1 AktG). Demgegenüber genügt für den einfachen Unternehmensverbund in Form schlichter Abhängigkeit, dass das herrschende Unternehmen die Möglichkeit hat, einen beherrschenden Einfluss auf die andere Gesellschaft auszuüben (§ 17 Abs. 1 AktG).

Auch wenn im gesellschaftsrechtlichen Schrifttum die im Aktiengesetz vorzufindende terminologische Differenzierung zwischen Konzern im engen Sinne und bloßer Abhängigkeitslage oft verschwimmt oder sogar ausdrücklich nicht beibehalten wird[73], soll im Folgenden der Begriff Konzern in der engen Bedeutung des § 18 Abs. 1 AktG verstanden werden. Denn für das Strafrecht und insbesondere für die hier behandelten Problemfelder der Vermögensbetreuungspflichten im Konzern[74] sowie der Nachteilsbestimmung im Konzern[75] kann es durchaus von erheblicher Bedeutung sein, ob die beteiligten Unternehmen unter einer tatsächlich ausgeübten einheitlichen Leitung stehen oder ob lediglich die hypothetische Möglichkeit hierzu gegeben ist. Dies schließt aber nicht aus, dass die hier zur Untreue im eng verstandenen Konzern gefundenen Ergebnisse nicht auch zumindest teilweise entsprechend auf rein abhängige[76] Unternehmen im Sinne von § 17 AktG übertragen werden können.

Das zentrale Kriterium des Konzernbegriffs, die einheitliche Leitung, ist nach überwiegender konzernrechtlicher Auffassung weit auszulegen, sog. weiter Konzernbegriff.[77] Einheitliche Leitung liegt danach im Gegensatz zum sog. engen Konzernbegriff[78] nicht erst dann vor, wenn die Konzernspitze für die zentralen unternehmerischen Bereiche einschließlich des Finanzwesens eine einheitliche Planung aufstellt und bei den Konzerngliedern durchsetzt. Es genügt vielmehr, dass eine einheitliche Planung in einem der anderen zentralen Unternehmensbereiche wie etwa Einkauf, Organisation, Personalwesen oder Verkauf

---

[73] Vgl. *Bous* Die Konzernleitungsmacht, 8 f.; *T. Raiser* Kapitalgesellschaften, § 50 Rn. 2; *Timm* JuS 1999, 553, 656, 760, 867, 966 (554); *Emmerich/Sonnenschein/Habersack* Konzernrecht, 1 und 59; *Jaschinski* Haftung, 15. Grund dafür ist unter anderem § 18 Abs. 1 Satz 3 AktG, der verdeutlicht, dass zwischen Abhängigkeitsbegriff und Konzernbegriff enge Beziehungen bestehen. Für das strafrechtliche Schrifttum vgl. *E. Schneider* Die Untreue, 99.

[74] Unten 2. Kapitel.

[75] Unten 4. Kapitel.

[76] Ist im Folgenden von *rein* abhängigen Unternehmen oder Gesellschaften die Rede, sind solche im Sinne von § 17 AktG gemeint. Demgegenüber werden die Begriffe abhängige Unternehmen oder abhängige Gesellschaften synonym mit denen der verbundenen oder konzerneingebundenen Unternehmen/Gesellschaften gebraucht, jeweils also im Sinne von § 18 Abs. 1 AktG.

[77] Unter anderem MüKo/*Bayer* § 18 AktG Rn. 33; *Emmerich/Sonnenschein/Habersack* Konzernrecht, 64 f.; *Hommelhoff* Die Konzernleitungspflicht, 220 ff.; *Limmer* Die Haftungsverfassung, 310 f.; *T. Raiser* Kapitalgesellschaften, § 51 Rn. 29.

[78] Vgl. etwa *Hüffer* § 18 Rn. 8 ff.; KK/*Koppensteiner* § 18 Rn. 16 ff.; Münchener Handbuch/*Krieger* Band 4, § 68 Rn. 67 ff.

existiert, vorausgesetzt, dass die Koordinierung der Unternehmen in den genannten Bereichen Ausstrahlungen oder Rückwirkungen auf den Konzern als Gesamtes hat. Es muss also nicht notwendig einheitlich festgelegt werden, welchen Beitrag jedes Unternehmen zum Konzernerfolg leisten muss, über welche Mittel es verfügen darf und wie diese aufzubringen sind.[79]

Die weite Interpretation des Begriffs der einheitlichen Leitung hat zur Folge, dass ein Konzern nach aktiengesetzlicher Sicht nicht unbedingt auch ein nach einem integrierten Gesamtkonzept geleiteter Konzern im betriebswirtschaftlichen Sinne ist.[80] Dies kann für die strafrechtliche Beurteilung unter Umständen Bedeutung haben.[81]

1. Vertragskonzern

Die Konzernleitungsmacht kann einmal eine rechtlich durchsetzbare Macht zur Beeinflussung der abhängigen Gesellschaft sein. Dann spricht man von einem sog. Vertragskonzern. Dieser ist ausdrücklich nur für die AG im Gesetz geregelt. Nach allgemeiner Meinung[82] folgt aber auch der GmbH-Vertragskonzern in den zentralen Punkten denselben Gesetzmäßigkeiten wie der gesetzlich geregelte vertragliche AG-Konzern.

Grundlagen der rechtlich gesicherten Konzernleitungsmacht können allein ein Beherrschungsvertrag nach § 291 Abs. 1 Satz 1 AktG oder eine Eingliederung im Sinne der §§ 319 und 320 AktG sein.[83] Der Beherrschungsvertrag ist nach heute anerkannter Auffassung ein gesellschaftsrechtlicher Organisationsvertrag mit schuldrechtlichen Elementen.[84] Er modifiziert das körperschaftliche Gefüge der abhängigen Gesellschaft und berechtigt das Geschäftsführungsorgan (vgl. § 309 AktG) des herrschenden Unternehmens zur Erteilung von Weisungen (§ 308 Abs. 1 AktG) an deren Verwaltungsorgan (vgl. § 310 AktG). Gleiches gilt für die Eingliederung mit dem Unterschied, dass das Weisungsrecht der Hauptgesellschaft nach § 323 Abs. 1 Satz 1 AktG deutlich umfassender ausgestaltet ist[85] und hierdurch der eingegliederten Gesellschaft der Charakter einer „rechtlich selbständigen Betriebsabteilung" verliehen wird.[86]

---

[79] *Emmerich/Sonnenschein/Habersack* Konzernrecht, 63.

[80] *Baumann* Konsolidierung, 8 Fn. 7.

[81] Siehe unten 2. Kapitel B. I. 3. b. aa. (1) sowie 4. Kapitel B. II. 1.

[82] BGH II ZB 7/88 v. 24.10.1988, BGHZ 105, 324 (330 ff.) „Supermarkt"; *Altmeppen* Die Haftung, 73; *Emmerich/Sonnenschein/Habersack* Konzernrecht, 480 f.; *Lutter/Hommelhoff* Anh. § 13 Rn. 48; Scholz/*Emmerich* Anhang Konzernrecht Rn. 139 ff.

[83] *Emmerich/Sonnenschein/Habersack* Konzernrecht, 59.

[84] BGH II ZR 170/87 v. 14.12.1987, BGHZ 103, 1 (4 f.) „Familienheim"; BGH (Fn. 82), BGHZ 105, 324 (331) „Supermarkt"; BGH II ZR 187/90 v. 11.11.1991, BGHZ 116, 37 (43) „Stromlieferung"; *K. Schmidt* Gesellschaftsrecht, § 31 III 1 a; *Geßler*/Hefermehl § 291 Rn. 24 f.; *Hüffer* § 291 Rn. 17 f.; KK/*Koppensteiner* Vorbem. zu § 291 Rn. 68 f.; vgl. auch *Kort* ZIP 1989, 1309 (1309).

[85] Aufgrund der weiterreichenden rechtlichen Folgen einer Eingliederung im Vergleich zum Beherrschungsvertrag können sich die nachfolgenden Ausführungen grundsätzlich auf den Beherrschungsvertrag beschränken. Denn wenn das dortige (enger ausgestaltete) Weisungs-

Die Weisung ist somit das Medium der Konzernleitungsmacht im Vertragskonzern. Die Exekutivorgane der beherrschten Gesellschaft sind im Grundsatz zur Befolgung der an sie erteilten Weisungen verpflichtet (§ 308 Abs. 2 Satz 1 AktG) und leiten im Bereich dieser Folgepflicht „ihre" Gesellschaft nicht mehr in eigener Verantwortung (vgl. § 310 Abs. 3 AktG).

2. Faktischer Konzern

Die Konzernleitungsmacht kann aber auch in der bloß faktischen, für das abhängige Unternehmen rechtlich nicht verbindlichen Möglichkeit zur Einflussnahme bestehen, insbesondere wenn sich das unterworfene Unternehmen trotz seiner rechtlichen Autonomie dem besonderen Druck des herrschenden Unternehmens beugt. Dann ist ein sog. faktischer Konzern gegeben. Im Gegensatz zum Vertragskonzern zeichnen sich hierbei gravierende rechtsformabhängige Unterschiede zwischen dem AG-Konzern (§§ 311 ff. AktG) einerseits und dem GmbH-Konzern andererseits ab.

Die AG unterscheidet sich gerade in konzernrechtlicher Hinsicht ganz wesentlich von der GmbH. Für die AG ist die gesetzliche Zuständigkeitsordnung mit der strikten Aufteilung der Kompetenzen auf die drei klar getrennten Organe Vorstand, Aufsichtsrat und Hauptversammlung kennzeichnend. Das Geschäftsführungsorgan, der Vorstand, leitet eigenverantwortlich die Geschicke der AG (§ 76 AktG). Die AG ist damit in gewisser Weise konzernresistent.[87] Hauptproblem faktischer Einflussnahme auf eine abhängige AG ist die über die Bestimmung der personellen Besetzung des Aufsichtsrats durch die Aktionärsmehrheit und dem hiermit einhergehenden mittelbaren Einfluss auf die Bestimmung der einzelnen Vorstandsmitglieder (vgl. §§ 84, 119 Abs. 1 Nr. 1 AktG) hinausgehende informelle Möglichkeit, die Geschäftstätigkeit des Vorstandes detailliert zu bestimmen. Denn aufgrund der in § 76 Abs. 1 AktG verankerten zwingenden verbandsrechtlichen Autonomie und Eigenverantwortlichkeit des Vorstandes haben weder Hauptversammlung noch Aufsichtsrat der abhängigen AG dem eigenen Vorstand gegenüber ein unmittelbares Weisungsrecht.[88] Die Konzernobergesellschaft kann daher allein durch rechtlich unverbindliche Initiativen wie

---

recht bzw. die Lockerung der Gründsätze über die Kapitalaufbringung (die bei beiden Vertragsarten identisch ist, vgl. § 291 Abs. 3 AktG einerseits und § 323 Abs. 2 AktG andererseits) zu einer besonderen strafrechtlichen Wertung führen, gilt dies stets auch für die Eingliederung. Anderes würde allein dann gelten, wenn ausschließlich die umfassenderen Rechtsfolgen der Eingliederung Auswirkungen auf die Untreuestrafbarkeit hätten.

[86] Emmerich/*Habersack* Konzernrecht, § 319 Rn. 3.

[87] *Ensthaler/Kreher* BB 1995, 1422 (1422).

[88] OLG Karlsruhe 15 U 78/84 v. 21.11.1986, WM 1987, 533 (534) bezüglich der Verantwortlichkeit des Vorstands einer abhängigen AG ohne Beherrschungsvertrag für die Bilanzaufstellung; *Altmeppen* Abschied, 22 f.; KK/*Mertens* § 76 Rn. 56; KK/*Koppensteiner* § 311 Rn. 90; Münchener Handbuch/*Krieger* Band 4, § 69 Rn. 24; MüKo/*Kropff* § 311 AktG Rn. 281. Zur Leitungsmacht des herrschenden Unternehmens im faktischen Konzern vgl. instruktiv *Geßler* FS Westermann, 145 (150 f.) und *Altmeppen* DB 1991, 2225 (2225 f.); generell zu Weisungen und faktischen Einflussmöglichkeiten im Aktienrecht *Worch* Treuepflichten, 119 f.

wirtschaftliche oder sonstige Zielvorgaben, Empfehlungen, Bitten, Aufforderungen, Ratschläge, Anregungen oder offenbarte Erwartungen auf die Geschäftsführung der abhängigen AG konkret Einfluss nehmen.[89] Keinesfalls hat sie eine rechtlich durchsetzbare Direktionsbefugnis. Dennoch reicht erfahrungsgemäß die faktische Macht der Muttergesellschaft sehr viel weiter, als es die aktienrechtliche Autonomie des Tochter-Vorstandes vermuten lässt. In der Praxis sind etwa personelle Verflechtung[90] wie Vorstandsdoppelmandate[91] ein effektives und beliebtes Mittel der Konzernspitze, sich eine detaillierte faktische Lenkungsmöglichkeit zu sichern. Zudem kann die Obergesellschaft ihren Initiativen durch das (unausgesprochene) Androhen von Sanktionen besonderen Nachdruck verleihen.[92]

Anders als die AG ist die GmbH als faktisch steuerbare „gefügige" Konzerntochter prädestiniert. Der Geschäftsführer wird von der Gesellschafterversammlung bestellt, er ist von ihren Weisungen, d.h. den Weisungen der Mehrheit, abhängig. Die Gesellschafterversammlung kann nicht nur ohne Vorliegen eines wichtigen Grundes den oder die Geschäftsführer wieder abberufen (§ 38 GmbHG), sie kann sogar mittels direkt verbindlichen Weisungen auf die konkrete Geschäftsführung Einfluss nehmen (§ 37 Abs. 1 a.E. und § 46 Nr. 6 GmbHG) und damit dem Geschäftsführer detailliert vorgeben, wie einzelne Geschäfte der GmbH zu führen sind. Die Gesellschafter sind mithin allzuständig in dem Sinne, dass sie, wenn die Satzung nichts anderes bestimmt, jede Angelegenheit an sich ziehen und für den Geschäftsführer im Innenverhältnis bindend entscheiden können.[93] Allein- oder Mehrheitsherrschaft in der GmbH lässt sich deshalb mühelos in Leitungsmacht überführen. Man spricht von einer „natürlichen Konzernoffenheit" der GmbH.[94]

Innerhalb faktischer Konzerne trennt man – jedenfalls bis zur „Bremer Vulkan"-Entscheidung[95] des BGH – je nach dem Ausmaß der einheitlichen Leitung zwi-

---

[89] Vgl. auch *Geßler* FS Westermann, 145 (155); einen Überblick über die zahlreichen Instrumentarien, auf die Geschicke der AG einzuwirken bietet *Bous* Die Konzernleitungsmacht, 76 f.

[90] Zur Praxis der Personalverflechtungen vgl. ausgiebig *Limmer* Die Haftungsverfassung, 196 ff.

[91] Zur Zulässigkeit und zu den Konsequenzen von Doppelmandaten vgl. unter anderem OLG Hamm 8 U 59/86 v. 3.11.1986, NJW 1987, 1030 (1030 f.) „Banning"; *Altmeppen* Abschied, 5 ff.; *Weigl* Die Haftung, 184 ff.; *Deilmann* Die Entstehung, 71.

[92] *Bous* Die Konzernleitungsmacht, 77 f.

[93] Baumbach/Hueck/*Zöllner* § 46 Rn. 60 ff. und § 37 Rn. 10.

[94] *Ensthaler/Kreher* BB 1995, 1422 (1422), die zutreffend anmerken, dass von der „formlosen" Beherrschung der GmbH auch reichlich Gebrauch gemacht wird, so dass GmbH-Konzerne in der Regel faktische Konzerne sein dürften; vielfach bestehe – abgesehen von der steuerrechtlichen Bedeutung eines Unternehmensvertrages – auch kein Grund, dass der Mehrheitsgesellschafter oder gar der Alleingesellschafter sich durch einen Beherrschungsvertrag an einen bestimmten Konzernzweck bindet.

[95] BGH (Fn. 34), BGHZ 149, 10 „Bremer Vulkan".

schen einfachen und qualifizierten faktischen Konzernen. Diese Terminologie soll hier beibehalten werden. Welche Rechtsfolgen mit ihr im Einzelnen verbunden sind, wird später[96] zu klären sein.

III. Eingrenzung des Untersuchungsgegenstandes

Neben der Differenzierung zwischen Vertrags- und faktischem Konzern, AG- und GmbH-Konzern kann zwischen einstufigen und mehrstufigen Konzernen unterschieden werden.

Ein Konzern wird als einstufiger bezeichnet, wenn zwischen dem Mutterunternehmen und jeder verbundenen Gesellschaft ausschließlich direkte, unmittelbare Verbindungen bestehen. Ist demgegenüber mindestens eine Tochtergesellschaft wiederum an einem oder mehreren, der Konzernspitze gegenüber als sog. Enkelunternehmen zu bezeichnenden Konzernunternehmen oder an einem anderen unmittelbaren Tochterunternehmen der Mutter beteiligt, handelt es sich um einen mehrstufigen Konzern.[97] Insgesamt circa 43 % bzw. im Falle börsennotierter Gesellschaften 72 % der AG und circa 13 % der konzernierten GmbH sind mehrstufig verbunden.[98]

Für die folgenden Ausführungen soll auf diese Differenzierung verzichtet werden. Nicht nur aus Gründen der besseren Übersichtlichkeit, sondern insbesondere aufgrund des einzelfallbezogenen Ansatzes des Strafrechts und damit des Begriffs der Konzernuntreue ist die Untersuchung auf eine Zweier-Ebene im Konzern beschränkt. Es geht stets um konkrete Handlungen eines bestimmten konzerninternen Organs zulasten einer bestimmten konzernverbundenen Gesellschaft. Dass dabei mehrere Gesellschaften des Konzerns auf verschiedenen Ebenen nachteilig betroffen sein können, ist unerheblich, denn strafrechtlich entscheidend ist die konkrete Einzelbeziehung. Aus gesellschaftsrechtlicher Sicht spricht für diesen Ansatz die Tatsache, dass zum einen in ein und demselben Konzern mehrere der Konzernrechtsgestaltungsformen Vertragskonzern oder faktischer Konzern nebeneinander bestehen können, und dass zum anderen in demselben Konzern Tochtergesellschaften in den Rechtsformen sowohl der AG als auch der GmbH anzutreffen sein können. Zudem ist – unabhängig von der jeweiligen rechtlichen Gestaltung als Vertrags- oder faktischer Verbindung – Grundlage aller konzernrechtlichen Regelungen ein zweiseitiges Verhältnis mit der abhängigen Gesellschaft auf der einen Seite und dem herrschenden Unternehmen auf der anderen.[99]

Der Klarheit wegen und zur Vermeidung von Wiederholungen soll im Rahmen der Zweierbeziehungen eine weitere Begrenzung des Themas auf das Verhältnis Mutter-Tochter bzw. Tochter-Mutter sowie Tochter-Tochter bzw.

---

[96] Siehe unten 2. Kapitel B. I. 3. b. bb. (2).
[97] *Baumann* Konsolidierung, 9 f.
[98] *Görling* Die AG 1993, 538 (545 ff).
[99] *Limmer* Die Haftungsverfassung, 67.

gleichbedeutend Schwester-Schwester stattfinden. Die Verbindungen von zum Beispiel Mutter-Enkel, Mutter-Urenkel etc. bleiben außer Betracht, wobei zum Teil die Folgerungen für das Verhältnis auf vorgelagerter Ebene (im Beispiel also der Mutter-Tochter-Ebene) entsprechende Gültigkeit besitzen können. Denn § 18 Abs. 1 AktG fordert nicht unbedingt ein unmittelbares Verhältnis, sondern begnügt sich über § 17 Abs. 1 AktG mit mittelbarer Abhängigkeit, die ebenso unternehmerische Leitungsmacht vermittelt.

Die Konzentration auf den Mutter-Tochter-Konzern führt darüber hinaus zu der Annahme, dass die Mutter in jeglicher Form hier angesprochener Konzerne stets zumindest Mehrheitsgesellschafterin, wenn nicht sogar Alleingesellschafterin des Tochterunternehmens ist. Dies hat für die Ausgestaltung von Weisungsrechten im faktischen GmbH-Konzern sowie bei der Problematik des tatbestandsausschließenden Einverständnisses juristischer Personen[100] Bedeutung.

Nur geringe Relevanz für die Thematik haben die weiteren Kriterien zur Charakterisierung eines Konzerns. Dies gilt beispielsweise für die Differenzierung zwischen Holdingkonzernen[101] und Stammhauskonzernen anhand der von der Muttergesellschaft wahrgenommenen betrieblichen Funktionen[102] sowie für die Unterteilung in Sparten-, Divisional-, Matrix-, Tensor- und Hybridkonzerne anhand der jeweiligen Aufbauorganisation.[103]

Letztlich stellt die Differenzierung zwischen nationalen, bilateralen und multinationalen Konzernen für diese Arbeit keinen Problempunkt dar. Die Beurteilung richtet sich ausschließlich nach deutschem Strafrecht. Zu dessen Anwendbarkeit genügt es, wenn entweder der Handlungs- bzw. Unterlassungsort oder der Erfolgsort im Inland liegt (§ 9 Abs. 1 StGB). Ist in einem bilateralen oder multinationalen Konzern das Opfer eine deutsche AG oder GmbH – egal ob in der Rolle als Mutter-, Tochter- oder Schwesterunternehmen –, oder ist zwar eine ausländische Verbundgesellschaft geschädigt, allerdings durch ein Handeln eines in Deutschland handelnden/unterlassenden Organs, liegt eine Inlandstat vor, so dass über § 3 StGB deutsches Strafrecht und damit § 266 StGB gilt.[104]

Besonderheiten des Auslandsbezuges können sich daher allein aufgrund im Einzelfall gegebenenfalls anwendbarem ausländischen Gesellschaftsrecht ergeben. So verlangt beispielsweise der US-Revenue-Service aus Gründen des amerikanischen Steuerrechts Konzernumlagen für die Leistungen eines Konzerns mit amerikanischer Muttergesellschaft an ihre deutsche Tochtergesellschaft we-

---

[100] Unten 3. Kapitel B.

[101] Zum Begriff der Holding – auch im Unterschied zum Stammhauskonzern – vgl. *Lutter* Holding-Handbuch, Rn. A 11 ff.

[102] Hierzu noch unten 4. Kapitel B. II. 2.

[103] Vgl. hierzu ausführlich *Baumann* Konsolidierung, 13.

[104] Zum Erfolgsort der Untreue in Konzernverhältnissen siehe oben die Nachweise in Fn. 26 und 27.

gen deren Integrierung in den Konzern.[105] Eventuell kann hieraus eine Veränderung der Beurteilung deutscher Untreuestrafbarkeit resultieren. Dies ist allerdings primär eine Frage des internationalen Privatrechts. Trotz rechtsvergleichender Ansätze[106] kann und soll im Rahmen dieser Untersuchung darauf nicht eingegangen werden. Insofern ist die Untersuchung auf nationale Konzerne beschränkt.

C. Konzernspezifische Untreue-Beziehungen

Konzernspezifische Untreue-Beziehungen meint die Darstellung derjenigen Verbindungen, die allein aufgrund der Tatsache einer Konzernierung Untreuerelevanz besitzen können, ohne dass damit zugleich eine Aussage über eine eventuelle Strafbarkeit getroffen ist. Der klassischen strafrechtlichen Einteilung folgend soll zwischen möglichen Opfern (I.), Tätern (II.) und Tathandlungen (III.) differenziert werden.

I. Opfer

1. Die abhängige, die herrschende und die Schwester-AG oder GmbH

In der Terminologie der hier erfolgten Beschränkung auf Konzern-Zweierbeziehungen kommen als Opfer einer Untreue im Konzern die Tochter-Gesellschaft, die Mutter-Gesellschaft und die Schwester-Gesellschaft in Frage.

Opfer im Rahmen des § 266 StGB ist stets der Vermögensinhaber. Als mit Rechtspersönlichkeit ausgestatteten juristischen Personen ist sowohl der AG als auch der GmbH das Gesellschaftsvermögen formaljuristisch zugeordnet. Für ihre Anteilseigner und folglich für die Konzernmutter in Bezug auf ihre Tochter handelt es sich um Fremdvermögen, selbst dann, wenn – wie bei einer 100 %-igen Tochter – alle Anteile in einer Hand vereinigt sind.[107] Wenn demgegenüber unter Rückgriff auf wirtschaftliche Aspekte[108] der Vermögensbestand der Gesellschaften dem Vermögen ihrer Aktionäre oder Gesellschafter zugeschrieben wird[109], so bedeutet dies die Negierung der Konstruktion juristischer Personen

[105] Vgl. *Meilicke* BB 1988, 1261 (1262).
[106] Unten 2. Kapitel Fn. 193, 2. Kapitel Fn. 286, 3. Kapitel B. II. 1. b. bb. und 4. Kapitel B. II. – jeweils zum französischen Recht des „abus de biens sociaux“.
[107] LK/*Schünemann* § 266 Rn. 47, 70 u 125; *Kohlmann/Löffeler* Die strafrechtliche Verantwortlichkeit, Rn. 201; *Seher* Die aktienrechtliche Untreue, 29 (zu § 294 AktG a.F.).
[108] Zu den praktischen Folgen einer wirtschaftlichen Betrachtungsweise für die Untreuestrafbarkeit siehe *Wodicka* Untreue zum Nachteil, 194.
[109] So – jedenfalls für den Treubruchstatbestand – *Labsch* wistra 1985, 1, 59 (7 f.); zurückhaltender bei der Missbrauchsalternative *ders.* JuS 1985, 602 (604); vgl. auch *E. Schneider* Die Untreue, 37; zu ähnlichen Ergebnissen gelangt *Nelles* Untreue, 276 ff. mittels eines genuin strafrechtlichen, speziell aus dem Tatbestand des § 266 StGB abgeleiteten Rechtsbegriff der Vermögensinhaberschaft; hiernach ist nicht die juristische Person als solche, sondern die Gesamtheit der Gesellschafter Vermögenssubjekt im Sinne von § 266 StGB; vgl. hierzu kritisch unter anderem die Besprechung von *Schäfer* GmbHR 1992, 509 (509 ff.); *Ziemons* Die Haftung, 189 Fn. 19; instruktiv gegen *Nelles* auch *Radtke* GmbHR 1998, 311, 361 (362); demgegenüber *Nelles* sich annähernd *Zielinski* wistra 1993, 6 (6).

und damit der Realität.[110] AG und GmbH sind nun einmal eigenständige Vermögenssubjekte. Eine wirtschaftliche Zuordnung des Gesellschaftsvermögens ist daher unerheblich.[111] § 266 StGB schützt die AG und die GmbH selbst als Vermögensinhaber.[112] Eine andere Frage ist hingegen, inwiefern Aktionäre und Gesellschafter in Bezug auf das Gesellschaftsvermögen dispositionsbefugt sind. Die Fragen der Vermögensinhaberschaft und die der rechtlich eingeräumten Dispositionsbefugnis über fremdes Vermögen sind voneinander unabhängig.[113]

Unter Zugrundelegung des weiten Begriffs der Konzernuntreue[114] können demnach strafbarkeitsrelevant sein sowohl Schädigungen der Mutter gegenüber der Tochter[115], Schädigungen der Tochter gegenüber der Mutter, als auch Schädigungen der Tochter gegenüber ihrer Schwester.

2. Der „Konzern" als Opfer

Fraglich ist, ob auch der Konzern als Ganzes taugliches Tatopfer einer Untreue sein kann. Dies lassen manche strafrechtswissenschaftlichen Ausführungen vermuten, wenn beispielsweise gefragt wird, „inwieweit sich der GmbH-Geschäftsführer [...] auch gegenüber dem Konzern wegen Untreue strafrechtlich zu verantworten hat", ob besondere Pflichten bzw. Treuepflichten „gegenüber dem Konzern" übernommen wurden und ob der Geschäftsführer „zum unmittelbaren Nachteil des Konzerns als solchen" handelt.[116] An anderer Stelle findet sich etwa die Aussage, dass die Untreuevorschrift sowohl den „Gesamtkonzern" als auch die Konzernmitglieder schütze.[117]

Hierfür scheint zu sprechen, dass Gesetzgeber und Wissenschaft mittels der Konzernrechnungslegung (§§ 290 ff. HGB), der Konzernmitbestimmung (§ 5 MitbestG) und der sog. konzerndimensionalen Betrachtung des Arbeitsverhältnisses[118] Konsequenzen aus der wirtschaftlichen Einheit des Konzerns ziehen. So ist im Konzernabschluss die Vermögens-, Finanz- und Ertragslage der einbezogenen Unternehmen so darzustellen, als ob diese Unternehmen insgesamt ein einziges Unternehmen wären (§ 297 Abs. 3 Satz 1 HGB), sog. Einheits-

---

110 *Brummsen* DB 1989, 1609 (1610); vgl. auch *Gribbohm* ZGR 1990, 1 (25); *Birkholz* Untreuestrafbarkeit, 245.

111 Vgl. Müller-Gugenberger/*Schmid* § 31 Rn. 16.

112 Ebenso BGH 1 StR 153/52 v. 24.6.1952, BGHSt 3, 32 (40); BGH 3 StR 626/54 v. 12.1.1956, BGHSt 9, 203 (216); BGH 3 StR 242/86 v. 29.5.1987, BGHSt 34, 379 (385); *Radtke* GmbHR 1998, 311, 361 (362 ff.); *Schäfer* GmbHR 1993, 717, 780 (788 f.); *Gribbohm* ZGR 1990, 1 (11 f.); *J. Kaufmann* Organuntreue, 14; *Wodicka* Untreue zum Nachteil, 198 ff.; *Schnauder/Müller-Christmann* JuS 1998, 980, 1080 (1082); *Otto* JZ 1985, 21, 69 (74); Schönke/Schröder/*Lenckner/Perron* § 266 Rn. 6; *Ziemons* Die Haftung, 189 f.

113 Hierzu unten 3. Kapitel B. I.

114 Vgl. oben A. I.

115 Auf dieses Verhältnis wird teilweise die Konzernuntreue reduziert, vgl. Fn. 15.

116 *Kohlmann/Löffeler* Die strafrechtliche Verantwortlichkeit, Rn. 361; *E. Schneider* Die Untreue, 100; *Otto* Aktienstrafrecht Vor § 399 Rn. 60.

117 Müller-Gugenberger/*Schmid* § 31 Rn. 114.

118 *Emmerich/Sonnenschein/Habersack* Konzernrecht, 61 m.w.N.

fiktion. Aus betriebswirtschaftlicher Warte wird hieraus teilweise die rechtliche Einheit des Konzerns fingiert.[119] Die betriebswirtschaftliche Einheitstheorie[120] geht sogar so weit, dass sie den Konzernabschluss als „Quasi-Einzelabschluss" des Konzerns betrachtet, dieser also im Ergebnis so aussehen soll, wie ein Einzelabschluss aufzustellen wäre, wenn der Konzern tatsächlich eine rechtliche Einheit darstellen würde.[121]

Die Notwendigkeit einer Fiktion verdeutlicht aber, dass rechtlich die Unternehmensgruppe als solche gerade keine Einheit ist. Ausgangspunkt der rechtlichen Betrachtung ist das vorgegebene Faktum der rechtlichen Selbständigkeit der verbundenen Gesellschaften. Den Konzern selbst als ein Unternehmen oder ein sonstiges Konstrukt anzuerkennen würde bedeuten, die rechtliche und organisatorische Eigenständigkeit der einzelnen Konzernunternehmen zu gefährden.[122] Unstreitig besitzt der Konzern nach geltendem Recht zudem keine Rechtsfähigkeit, ist damit folglich auch kein Rechtssubjekt.[123]

Zwar kommen auch Gesellschaftsrechtswissenschaft und gegebenenfalls Strafrechtswissenschaft[124] nicht umher, die Wirtschaftseinheit des Konzerns in ihren Überlegungen zu berücksichtigen. Aus diesem Erfordernis resultiert die Kontroverse um die gesellschaftsrechtliche Einheitstheorie[125]. Selbst die klassische Einheitstheorie im Sinne *Isays* und *Kronsteins* erachtete jedoch den Konzern im Ganzen nur als Rechtsobjekt, nicht hingegen als Rechtssubjekt.[126] Eine als moderne Einheitstheorie bezeichnete Lehre, die den Konzern als „Korporation sui generis"[127] bezeichnet, geht ebenfalls nicht so weit, dass sie ihn als (teil)rechtsfähiges Gebilde anerkennt. Vielmehr soll die Muttergesellschaft als Konzernspitze Träger der wirtschaftlichen Einheit Konzern sein.[128] Dieser Sicht trägt auch die im Vordringen befindliche betriebswirtschaftliche Interessentheo-

---

119 *Baumann* Konsolidierung, 35 f. m.w.N.

120 Entity Theory, vgl. *Münstermann* ZfhF 1957, 435 (437); *Klein* in: Küting/Weber, Konzernrechnungslegung, II Anm. 850 f..

121 *Baumann* Konsolidierung, 44 f.

122 *Wiedemann* Die Unternehmensgruppe, 15; *T. Raiser* Kapitalgesellschaften, § 51 Rn. 27; Münchener Handbuch/*Krieger* Band 4, § 68 Rn. 66; *Jaschinski* Haftung, 38.

123 *Timm* JuS 1999, 553, 656, 760, 867, 966 (554); *Lutter* FS Stimpel, 825 (832 f.); vgl. auch *Zöllner* Die Schranken, 81 ff.; *U.H. Schneider* BB 1981, 249 (249).

124 Siehe unten 4. Kapitel B.

125 Hierzu *Emmerich/Sonnenschein/Habersack* Konzernrecht, 61; *Drexl* ZHR 161 (1997), 491 (498 f.); ausführlich *Jaschinski* Haftung, 29 ff.; *Hommelhoff* Die Konzernleitungspflicht, 10 ff.; *Deilmann* Die Entstehung, 22 ff.

126 Dies hat erst kürzlich wieder *Jaschinski* Haftung, 29 ff. überzeugend nachgewiesen. Vgl. aber auch die Hinweise auf die Gegenansicht bei *Jaschinski* Haftung, 34 Fn. 56.

127 *Lutter* FS Stimpel, 825 (828, 831); weitere Nachweise bei *Wiedemann* Die Unternehmensgruppe, 16 Fn. 43.

128 *Lutter* ZGR 1987, 324 (324); *ders.* FS Stimpel, 825 (827 f.); vgl. auch *Emmerich/Sonnenschein/Habersack* Konzernrecht, 61; dagegen *Bork* ZGR 1994, 237 (243 ff.); vgl. auch *K. Schmidt* FS Lutter, 1167 (1169 ff.).

rie[129] Rechnung, die in dem Konzernabschluss einen erweiterten Abschluss des Mutterunternehmens sieht.[130]

Für die strafrechtliche Betrachtung ist entscheidend, dass der Konzern als solcher aufgrund mangelnder Rechtsfähigkeit nicht Träger eigenen Konzernvermögens und demzufolge auch nicht taugliches Tatopfer nach § 266 StGB sein kann. Betriebswirtschaftliche oder gesellschaftsrechtliche Fiktionen oder Analogien einer Rechtssubjektivität sind für das Strafrecht wegen Art. 103 Abs. 2 GG – da über die Annahme eines gesetzlich nicht normierten Tatopfers als täterbelastend wirkend – unerheblich.

Die oben referierten Aussagen zur Opfertauglichkeit des Konzerns enthalten demnach nur dann einen vertretbaren Sinn, wenn sie dahingehend verstanden werden, dass nicht der Gesamtkonzern, sondern jeweils die Konzernmutter angesprochen ist. Hierauf deuten auch die Aussagen von *E. Schneider* hin, der zwar zunächst pauschal vom „unmittelbaren Nachteil des Konzerns“ bzw. “Treuepflichten gegenüber dem Konzern“ spricht, in seinen näheren Ausführungen aber die „Verletzung dieser Treuepflicht gegenüber der 'Konzernmutter`“ als tatbestandsmäßig annimmt.[131]

Jedenfalls ist der Konzern als solcher kein taugliches Tatopfer der Konzernuntreue.[132]

II. Täter

Täter der Konzernuntreue können nur natürliche Personen sein.[133] Sie müssen in einem der Konzernunternehmen eine Funktion ausfüllen, die sie in die von § 266 StGB geforderte besondere Beziehung zum fremden Vermögen versetzt. In Betracht kommen insbesondere die jeweiligen Organe der AG oder GmbH, also deren Vorstandsmitglieder bzw. Geschäftsführer und Aufsichtsratsmitglieder.

Dabei gilt es stets zu beachten, dass die Verbindung zum Fremdvermögen ein Konzernspezifikum aufweisen muss, soll nicht ein Fall schlichter Organuntreue vorliegen.[134] Dies ist beim Handeln der Organe der Muttergesellschaft zum Nachteil der Tochtergesellschaft, der Organe der Tochter zum Nachteil der Mutter sowie der Organe der Tochter zum Nachteil der Schwester, stets der Fall. Handelt das jeweilige Organ hingegen zulasten der „eigenen“ Gesellschaft, so sind nur dann konzernspezifische Bindungen berührt, wenn unmittelbar eine an-

---

[129] Auch als „Parent company“ point of view bezeichnet, vgl. *Dreger* Der Konzernabschluss, 41.
[130] *Baumann* Konsolidierung, 46 ff.
[131] *E. Schneider* Die Untreue, 100.
[132] Ebenso *Ewald* Untreue, 233.
[133] Zur fehlenden Kriminalstrafe gegen juristische Personen oder andere Vereinigungen siehe MüKo/*Radtke* § 14 StGB Rn. 123.
[134] Zur Abgrenzung vgl. oben A. III.

dere Konzerngesellschaft geschädigt und der „eigene" Nachteil rein mittelbarer Art ist oder wenn dieser Nachteil zwar unmittelbar eintritt, dadurch jedoch mittelbar nun ein anderes Konzernunternehmen Schaden davonträgt.[135]

III. Tathandlungen

Die Tathandlungen der Konzernuntreue können in einem aktiven Tun oder in einem garantenpflichtwidrigen Unterlassen bestehen. Es gelten die allgemeinen Regeln.[136] Besonderheiten tauchen im Verhältnis zwischen Konzernmutter und -tochter auf, wenn man mit der gesellschaftsrechtlichen Literatur eine Pflicht zur Konzernleitung bejaht und im Falle ihres Unterlassens daraus strafrechtliche Konsequenzen im Sinne einer tauglichen Tathandlung zieht. Der Untreuetatbestand ist sodann verwirklicht, wenn seine übrigen Voraussetzungen vorliegen, wobei die Garantenstellung schon aus der die Täterqualifikation ausmachenden Vermögensbetreuungspflicht[137] resultiert, sog. Pflichtdeliktslehre.[138]

Während sich die Untersuchungen im Hauptteil dieser Arbeit vornehmlich mit den Grenzen rechtlich erlaubter Konzernleitung beschäftigen, ist für die Frage einer spezifischen Konzernuntreue durch Unterlassen eine andere Seite der Konzernleitungsmacht von Bedeutung, nämlich die sog. Konzernleitungspflicht. Im gesellschaftsrechtlichen Schrifttum haben namentlich *Lutter*[139], *Hommelhoff*[140], *U.H. Schneider*[141] und *Timm*[142] herausgearbeitet, dass der Konzern nicht nur aus der Perspektive der abhängigen Gesellschaft, sondern als Organisationseinheit auch „von oben" aus dem Blickwinkel der Konzernspitze auf die Tochtergesellschaft beleuchtet werden muss. Hauptgedanke ist dabei, dass dem Geschäftsführungsorgan der Obergesellschaft aus seiner Stellung nicht nur Rechte zur Konzernleitung, sondern auch Leitungs- und Überwachungspflichten erwachsen. Im Anschluss an diese Lehre entspricht es mittlerweile herrschender Auffassung, dass den Organen der Konzernspitze in den Grenzen rechtlich zulässiger Konzernleitung eine Pflicht zur Konzernleitung obliegt.[143] Lediglich im Hinblick auf Umfang und Intensität der obligatorischen Konzernherrschaft besteht Uneinigkeit.[144] Dogmatisch beruht die Pflicht, seinen potenziellen Einfluss

---

[135] Vgl. oben A. III.

[136] Zur Untreue durch Unterlassen vgl. nur LK/*Schünemann* § 266 Rn. 54 f., 85, 91, 93 und 161.

[137] Hierzu unten 2. Kapitel.

[138] Die Untreue ist Garantensonderdelikt, vgl. LK/*Schünemann* § 266 Rn. 55 und 161. Zur Herleitung der Garantenstellung aus der Vermögensbetreuungspflicht des Täters siehe auch *E. Schneider* Die Untreue, 76 f.

[139] *Lutter* FS Westermann, 347 (349 ff.).

[140] *Hommelhoff*, Die Konzernleitungspflicht, 1 ff.

[141] *U.H. Schneider* ZHR 143 (1979), 485 (485 ff.); *ders.* BB 1981, 249 (249 ff.).

[142] *Timm* Die AG 1980, 172 (172 ff.).

[143] *Götz* ZGR 1998, 524 (526) m.w.N.; *Bous* Die Konzernleitungsmacht, 116.

[144] Einen sehr weiten Standpunkt nehmen *Hommelhoff* Die Konzernleitungspflicht, 76 f., 178 ff., 419, 424 und weitgehend auch *Timm* Die AG 1980, 172 (181) ein, wonach das Verwaltungsorgan des herrschenden Unternehmens von der gesamten ihm potenziell zu Gebote

auf die abhängige Gesellschaft auch tatsächlich zu nutzen, auf der Verpflichtung des Verwaltungsorgans, sämtliche der Obergesellschaft zur Verfügung stehenden produktiven Ressourcen zur Erreichung des Gesellschaftszwecks aktiv und möglichst gewinnbringend einzusetzen.[145]

An diesen Vorgaben kann die strafrechtliche Beurteilung anknüpfen. Wird die Konzernleitungspflicht nämlich in der gesellschaftsrechtlichen Lehre fast[146] ausschließlich als gesellschaftsinterne Pflicht des Exekutivorgans gegenüber der eigenen Gesellschaft angesehen, keinesfalls jedoch als externe Pflicht im Verhältnis gegenüber der abhängigen Gesellschaft[147], so kann eine Untreue durch Unterlassen allein gegenüber der eigenen Gesellschaft in der Rolle der Konzernspitze in Betracht kommen. Ausnahmen gelten lediglich in Fällen, in denen aufgrund vorangegangener Weisungen eine für die abhängige Gesellschaft gefahrbringende Lage geschaffen wurde, die nur durch Erteilung weiterer Weisungen beseitigt werden kann. Darin ist allerdings kein Konzernspezifikum mehr zu erblicken. Vielmehr greifen die allgemeinen Ingerenzregeln.

Gegenüber der eigenen Gesellschaft gilt hingegen: Allein aufgrund ihrer Qualität als Konzernspitze und der daraus resultierenden Qualifikation der Geschäftsführungsorgane als Konzernvorstand bzw. Konzerngeschäftsführer resultiert deren Verpflichtung, die Beteiligung an anderen Konzerngesellschaften ziel- und planvoll unter der einheitlichen Leitung zusammenzufügen und das rechtlich zulässige Einflusspotenzial auszuüben. Jedes Unterlassen dieser Verpflichtung stellt eine Pflichtverletzung im Sinne von § 266 StGB dar, ist damit taugliche, konzernspezifische Tathandlung und kann demnach eine Strafbarkeit wegen Untreue begründen.

Allerdings können Inhalt und Umfang der Konzernleitungspflicht im konkreten Unternehmensverbund gegenüber der gesetzlichen Aufgabenstellung zurückgenommen werden, wenn dies konzernverfassungsrechtlich in den organisationsrechtlichen Bestimmungen des Beherrschungsvertrages oder einer gegebenenfalls erfolgten Konzernierungserklärung abgesichert ist. Als mögliche Fixierungspunkte kommen die konzerninterne Aufteilung der Aktivitäten, die Betei-

---

stehenden Leitungsmacht möglichst umfassend und detailliert Gebrauch machen muss. Sehr viel zurückhaltender äußern sich hingegen etwa *U.H. Schneider* BB 1981, 249 (250); KK/*Mertens* § 76 Rn. 54 f.; *Geßler*/Hefermehl § 18 Rn. 6 ff.; *Altmeppen* Die Haftung, 32 f.; *Götz* ZGR 1998, 524 (525 ff.); *Schauß* Das Weisungsrecht, 19, 37; *K. Schmidt* FS Lutter, 1167 (1175 f.); *Wiedemann* Die Unternehmensgruppe, 76 f.

145 Ausführlich *Bous* Die Konzernleitungsmacht, 117; *Hommelhoff* Die Konzernleitungspflicht, 53 ff.

146 Anders *U.H. Schneider* ZHR 143 (1979), 485 (490 f.); *ders.* BB 1981, 249 (257), der die Konzernleitungspflicht an die organisationsrechtliche Stellung der konzernierten Gesellschaften zueinander bindet und so das herrschende Unternehmen zur Ausübung seiner Leitungsmacht auch gegenüber der abhängigen Gesellschaft und in deren Interesse verpflichtet.

147 Vgl. zusammenfassend *Hommelhoff* Die Konzernleitungspflicht, 417 ff.; vgl. auch *Bous* Die Konzernleitungsmacht, 118 m.w.N.

ligungsquote der Konzernspitze an der Tochter und insbesondere der Dezentralisierungsgrad des Gesamtkonzerns in Frage.[148] Eine solche konzernverfassungsrechtliche Zementierung hat sodann Auswirkungen auf die Beurteilung des gebotenen Handlungsprogrammes und des Pflichtwidrigkeitsmaßstabes und demzufolge auf eine Strafbarkeit wegen Untreue durch Unterlassen.

D. Fallkonstellationen der Konzernuntreue

Es wäre verfehlt und zweifellos wenig interessant, alle möglicherweise schädigenden Handlungen beschreiben zu wollen, die innerhalb eines Konzerns auftreten können. Demgegenüber ist es vorzuziehen, das Augenmerk auf bestimmte grobe Fallkonstellationen zu richten und zu untersuchen, wodurch eine etwaige strafrechtliche Haftung ausgelöst werden kann. Die Situationen lassen sich in folgende fünf verschiedene Gruppen einteilen.

I. Konzernierung als solche

Es wird zu untersuchen sein, ob nicht bereits der Tatbestand der Konzernierung als solcher oder seine konkrete Ausgestaltung im Einzelfall zu einer Untreuestrafbarkeit der Organe der dann herrschenden oder abhängigen Gesellschaft führen kann.

Beispielhaft sei genannt der Abschluss eines Beherrschungsvertrags verbunden mit einem Gewinnabführungsvertrag (§ 291 Abs. 1 Satz 1 Alt. 2 AktG), sog. Organschaftsvertrag im Sinne von § 14 KStG.[149] Ob hieran strafrechtliche Konsequenzen zu knüpfen sind, wird unter anderem von der Frage abhängen, inwieweit die strafrechtliche Bewertung von der gesellschaftsrechtlichen Würdigung des Konzernabschlusses abweichen darf.[150] Im Rahmen der Ausgestaltung des Konzernzusammenschlusses stellt sich für einen etwaigen strafrechtlichen Präventivschutz vor Konzernierung die identische Problematik der Bindung der strafrechtlichen Bewertung an die Leitlinien einer gesellschaftsrechtlichen Konzernbildungskontrolle.

II. Strukturmaßnahmen

Erhebliche Gefährdungspotenziale für die beteiligten Konzerngesellschaften liegen in Konzern-Strukturmaßnahmen. Sie werden etwa in der Form vollzogen, dass bestimmte Produktgruppen, die zuvor von mehreren Konzerngesellschaften hergestellt wurden, nach einer Umstrukturierung nur noch von einem Mitglied zentral produziert werden. Die Maßnahme kann dabei in einem reinen Tausch von bestimmten Produktgruppen oder in der einseitigen Abgabe von Produktlinien bestehen.[151] Unter Umständen verfolgt die Konzernleitung mit der Struk-

---

[148] Ausgiebig *Hommellhoff* Die Konzernleitungspflicht, 265 ff.
[149] *Emmerich/Sonnenschein/Habersack* Konzernrecht, 170 f.
[150] Vgl. unten 2. Kapitel.
[151] *Hoffmann-Becking* in: Ulmer, ZHR Beiheft Nr. 62 (1989), 68 (79) mit Illustration aus der Praxis anhand der Neustrukturierung des damaligen Daimler-Benz Konzerns, bei dem zur

turmaßnahme allein das Ziel, durch die Zuweisung von besonders risikobehafteten Geschäften an eine bestimmte Tochter im Falle des wirtschaftlichen Scheiterns den Verlust auf das eingelegte Kapital dieser Gesellschaft zu reduzieren.[152]

Ähnliche Probleme tauchen bei der Neugestaltung von Einkaufs- und Vertriebskanälen, bei der Zentralisierung des Marketings unter Ausblendung des Goodwills der abhängigen Gesellschaft, bei der Aufgabe oder dem Transfer von wesentlichen Geschäftsfeldern auf Anforderung der Konzernspitze oder bei sonstigen organisatorischen Neustrukturierungen auf.[153] Zu Letzteren ist beispielsweise die Einbindung in ein konzernweites EDV-System zu zählen, wenn es hierdurch zur Ausgliederung der gesamten EDV-Abteilung aus den jeweiligen Konzernunternehmen zugunsten der Bündelung sämtlicher EDV-Aktivitäten in einer Konzerngesellschaft kommt. Hierdurch ergibt sich für die ausgliedernden Gesellschaften eine Kostenreduktion aufgrund sinkender Personal- und Materialkosten. Auf der anderen Seite werden sie mit einer an die EDV-Gesellschaft zu entrichtenden Gebühr für die von dieser erbrachten Dienstleistungen belastet. Für den Gesamtkonzern entstehen durch die Konzentrierung der Datenverarbeitung Rationalisierungseffekte. In die strafrechtliche Bewertung werden all diese Aspekte einfließen müssen.

Aufgrund ihrer engen Verkettung mit der Konzernstruktur lassen sich ferner solche Veranlassungen seitens der Konzernleitung unter die Strukturmaßnahmen subsumieren, in denen eine Konzerngesellschaft auf Marktchancen[154], auf die Neuentwicklung eines Produkts oder auf ein Wettbewerbsverbot, auf die spätere Verwertung neu entwickelter Produktlinien[155] oder die gerichtliche Geltendmachung von Ansprüchen[156] zugunsten anderer Gesellschaften „verzichtet".

Gleiches gilt für das konzerninterne Management personeller Ressourcen. Hierunter fällt die „Abwerbung" einer wesentlichen Führungskraft der einen Konzerngesellschaft durch die andere[157], aber auch das generelle Phänomen der personellen Verflechtungen zwischen den Leitungsorganen im Konzern[158].

Verminderung der durch Beteiligungskäufe verursachten konzerninternen Konkurrenzsituation auf gleichen Märkten die Produktpaletten zwischen den Gesellschaften neu gegliedert wurden. Vgl. auch das – hypothetische – Beispiel bei *Lutter* ZGR 1982, 244 (258).

152 Ähnliche Gefahren tauchen bei den in der Praxis häufig vorkommenden sog. Betriebsaufspaltungen auf. Hierzu vgl. unter anderem *Donle* DStR 1995, 1918 (1921); *Bittmann/Terstegen* wistra 1995, 249 (253).

153 Vgl. *Lutter* DB 1994, 129 (130).

154 *Veelken* in: Mestmäcker/Behrens, Das Gesellschaftsrecht der Konzerne, 505 (507).

155 Vgl. Beispiel bei *Weigl* Die Haftung, 3 f.

156 Vgl. hierzu BGH II ZR 89/93 v. 13.12.1993, NJW 1994, 446 (446 ff.) „EDV-Peripherie".

157 Baumbach/Hueck/*Zöllner* Schlussanhang I Rn. 89.

158 Zu den sog. Doppelmandaten vgl. bereits oben Fn. 91.

III. Finanzmanagement

Ein weites Problemfeld stellt ein mit einem Abzug von Gesellschaftsvermögen aus einzelnen Konzerngesellschaften verbundenes Finanzmanagement dar.[159] Die konkreten Gestaltungsmöglichkeiten sind zahlreich: Die Konzernspitze ermächtigt etwa die Hausbank mittels einer sog. Saldenverrechnungsvereinbarung, dass die Bank die Kontostände unter Bildung eines Gesamtsaldos der verschiedenen Konzernunternehmen jeweils vor Saldenaufnahme miteinander verrechnet.[160] Hierdurch kann einer Verbundgesellschaft ein objektiv nachweisbarer Schaden entstehen, indem sie nicht nur für eigene Schulden, sondern auch für die Verbindlichkeiten anderer Unternehmen des Konzerns in Anspruch genommen wird. Oder: Eine Gesellschaft gewährt auf Drängen der Obergesellschaft an eine andere finanzschwache Verbundgesellschaft ein Darlehen, ohne genügende Sicherheit und zu einem ungünstigen Zinssatz.[161]

Ähnlich gelagert sind Fälle einer Gewinnverlagerung im Konzern auf der Grundlage enger Liefer- und Leistungsbeziehungen mit der Folge der Transferierung der Ergebnisse zwischen den einzelnen Gesellschaften, um übergeordnete Ziele des Gesamtkonzerns – meist die Minimierung der Steuerbelastung – zu verfolgen.[162] Dabei ist es durchaus denkbar, dass es zu einem ständigen Abfluss von finanziellen Ressourcen bei ein und derselben Konzerngesellschaft kommt. Der Abfluss kann dazu führen, dass die Konzerngesellschaft – womöglich über einen längeren Zeitraum hinweg – Verluste erleidet.

Entsprechende Auswirkungen können im Rahmen eines Cash-Managements/Cash-Pools eintreten. Hierunter ist die Steuerung des Transfers und der Verlagerung von liquiden Mitteln zwischen Konzerngesellschaften zu verstehen, mit dem Ziel, einen möglichst geringen Bestand an Liquidität in den einzelnen Unternehmen vorzuhalten, um die finanziellen Ressourcen des Gesamtkonzerns unter möglichst geringer Fremdfinanzierung und – umgekehrt – möglichst hohem Zinsertrag rentabel zu nutzen.[163] Auf dem konzerninternen „Geldmarkt“ werden Finanzmitteldefizite und -überschüsse ausgeglichen. Wirtschaftliche Nachteile oder den Bestand der abhängigen Gesellschaft bedrohende Gefährdungslagen können auftreten, wenn finanzielle Mittel abgeführt werden müssen, die für den Eigenbedarf benötigt werden, etwa um betriebsnotwendige Investitionen zu tätigen oder um Verbindlichkeiten nachzukommen. Ebenso tauchen besondere Schwierigkeiten bei Liquiditätsproblemen auf der Ebene der Konzernleitung auf, da das Schicksal der Töchter auf das Engste mit dem der Mutter verknüpft ist.[164]

---

[159] Vgl. *Lutter* DB 1994, 129 (130).
[160] BGH II ZR 265/91 v. 29.3.1993, BGHZ 122, 123 (131) „TBB“.
[161] Beispiel frei nach *Richter* GmbHR 1984, 113, 137 (145).
[162] Beispiel nach *Ensthaler/Kreher* BB 1995, 1422 (1427).
[163] Vgl. *Bayer* FS Lutter, 1011 (1012 ff.); *Römermann/Schröder* GmbHR 2001, 1015 (1019 f.); *Ensthaler/Kreher* BB 1995, 1422 (1428); *Brandes* FS Kellermann, 25 (29 ff.).
[164] *Hoffmann-Becking* in: Ulmer, ZHR Beiheft Nr. 62 (1989), 68 (81).

Dies verdeutlicht der dem „Bremer Vulkan"-Urteil[165] zugrunde liegende Sachverhalt: Die MTW war dem zwischen der BVV und den Beteiligungsgesellschaften geschlossenen Vertrag über konzerninterne Finanzierungen und Geldanlagen – einem Cash-Management-System – beigetreten und dadurch verpflichtet, ihre liquiden Mittel ausschließlich im Cash-Pool anzulegen und Betriebsmittelkredite nur bei diesem aufzunehmen. Die Krise des BVV führte schließlich dazu, dass Zahlungsanforderungen der MTW an das zentrale Cash-Management nicht mehr bedient werden konnten und MTW mit Forderungen aus dem Liquiditätsverbund in Millionenhöhe ausfiel. Hierdurch wurden MTW die zur Befriedigung ihrer Gläubiger erforderlichen Mittel entzogen.

Weitere Gefahren bestehen bei der Gestaltung der zwischen den Konzerngesellschaften abgerechneten Zinsen, die im Rahmen vor allem dezentralisierter Cash-Pools anfallen. Angesprochen ist damit die generelle Problematik der Bewertung und Werthaltigkeit sog. Konzernverrechnungspreise bzw. Konzernumlagen. Konzernverrechnungspreise treten bei der Hingabe von Leistungen für andere Konzernunternehmen auf. Die Leistungserbringung kann vielgestaltig erfolgen. Sie kann in der tatsächlichen Ausführung von Dienstleistungen liegen, in der Übernahme der Mithaftung für fremde Forderungen, der Besicherung fremder Schulden oder der Verrechnung eigener Forderungen mit Ansprüchen Dritter gegen andere Konzernunternehmen.[166] Hierbei besteht die Gefahr, dass die Leistungen entweder gar nicht oder nur zu unter dem tatsächlichen Wert liegenden Preisen vergütet werden.[167]

Eng verknüpft mit der Problematik der Konzernverrechnungspreise sind letztlich gezielte Schädigungen eines Konzernunternehmens durch die Mutter, indem diese ihre Tochter anweist, Leistungen zu erbringen oder auch Gegenstände zu erwerben, die als solche für die Tochtergesellschaft nutzlos, für den Konzern oder das Mutterunternehmen hingegen wertvoll sind.[168]

IV. Aushöhlung von Gesellschaften

Der Begriff der „Unternehmensaushöhlung" ist durch *Lampe*[169] geprägt. Er spielt insbesondere im Zusammenhang mit der Konzernierung von GmbH eine Rolle.[170] Umfasst wird eine Vielzahl von Maßnahmen, die zum Großteil bereits in den vorgenannten Fallgruppen benannt sind, an deren Ende hier jedoch regelmäßig die Insolvenz des übernommenen Unternehmens steht, nachdem seine

---

165 BGH (Fn. 34), BGHZ 149, 10 (11 ff.) „Bremer Vulkan".
166 So *Michalski/Zeidler* NJW 1996, 224 (228).
167 Vgl. *Lutter* ZGR 1982, 244 (263): „Diktat schlechter Konzernverrechnungspreise"; ebenso *Emmerich/Sonnenschein/Habersack* Konzernrecht, 13.
168 Vgl. *Tiedemann* in: Tiedemann, Multinationale Unternehmen, 3 (10).
169 *Lampe* GA 1987, 241 (241).
170 So treffend *Radtke* GmbHR 1998, 311 und 361 (314).

wirtschaftlich wertvollen Vermögensbestandteile entzogen worden und dem Gesellschafter zugeflossen sind.[171]

Hauptbeispiele sind der Erwerb einer Gesellschaft mit Mitteln, die im Ergebnis aus deren eigenem Vermögen stammen.[172] Des Weiteren die sog. GmbH-Stafette, also die systematische Austrocknung einer GmbH durch Abzug von Finanzmitteln oder von Geschäftsaktivitäten und deren Verlagerung auf neu gegründete oder bereits bestehende Konzerntöchter außerhalb eines geordneten Liquidationsverfahrens.[173] Ebenso die sog. „Aschenputtel-Gesellschaften" bzw. „Sterbehauskonstruktionen", die durch die Belassung nur des defizitären Geschäfts bei der Gesellschaft und die Übertragung des profitablen Geschäfts auf andere Gesellschaften gekennzeichnet sind.[174]

Der Unterschied zu den „reinen" Strukturmaßnahmen oder Maßnahmen im Rahmen des Finanzmanagements liegt in der Charakterisierung der Aushöhlung durch die subjektive Seite des Täters. Dieser legt es hier gerade darauf an, mittels der schädlichen Handlungen die Konzerngesellschaft bis zur Insolvenzreife zu ruinieren.[175] Die Einzelhandlungen sind Teil eines von einer „Aushöhlungsabsicht" getragenen Gesamtverhaltens.[176] Im Gegensatz zu den zuvor genannten betriebswirtschaftlichen bzw. gesellschaftsrechtlichen Gruppen handelt es sich um eine ausschließlich strafrechtliche Kategorie.

V. Nichtbefolgung von Weisungen

Sind die bisherigen Fallkonstellationen größtenteils, wenn auch nicht ausschließlich, dadurch gekennzeichnet, dass die schädigende Handlung die Konzerntochter seitens der Muttergesellschaft trifft, so sind in der umgekehrten Richtungsfolge zusätzliche strafrechtsrelevante Situationen denkbar. Sie lassen sich grob mit der Nichtbefolgung von Weisungen kennzeichnen.

Hierzu zählt das Hinwegsetzen über Weisungen im engeren Sinne im Rahmen von Beherrschungsverträgen, ebenso das Nichtabführen von Gewinnen oder gegebenenfalls die bewusste Reduzierung von Gewinnen bei Gewinnabführungsverträgen sowie generell – soweit diese Verhaltensweisen nicht durch die soeben genannten speziellen Kategorien erfasst sind – die Verhinderung einer effektiven Ausübung einheitlicher Leitung in jeder Art von Konzern.

---

[171] Vgl. *Radtke* GmbHR 1998, 311 und 361 (314).

[172] *Lampe* GA 1987, 241 (242 f.); Einzelheiten zu den verschiedenen Übernahmemodellen bei *Wodicka* Untreue zum Nachteil, 49 ff.; zu dem mit diesen Übernahmen eng verbundenen Phänomen der „gewerbsmäßigen Firmenbestatter" vgl. *Goltz/Klose* NZI 2000, 108 (108 ff.); *Hey/Regel* GmbHR 2000, 115 (115 ff.); *Ogiermann* wistra 2000, 250 (250 ff.).

[173] Vgl. BGH II ZR 135/90 v. 23.9.1991, BGHZ 115, 187 (187 ff.) „Video"; *Drygala* GmbHR 1993, 317 (325); *Decher* ZInsO 2002, 113 (114); *Burgard* WuB II C. § 13 GmbHG 1.02, 152.

[174] *Decher* ZInsO 2002, 113 (114); *Burgard* WuB II C. § 13 GmbHG 1.02, 152.

[175] Vgl. *Gribbohm* DStR 1991, 248 (248, 250) zur synonymen „Ausplünderung": „gezielt".

[176] So BGH (Fn. 30), JR 1997, 336 (340) „Treuhand".

E. Gang der Untersuchung

Die vorstehenden Ausführungen haben verdeutlicht, was den Gegenstand der Arbeit ausmacht, welche Relevanz und Besonderheiten ihn ausweisen und in welchen Situationen er einschlägig ist. Stets war dabei von dem Konzernspezifikum die Rede, in Abgrenzung zur einfachen Organuntreue. Dieses Konzernspezifikum dient aber nicht nur als abstrakte Demarkation, es zeichnet vielmehr den Gang der Untersuchung vor und wird dadurch letztlich mit Leben gefüllt. Denn in allen Punkten der Arbeit geht es um die Frage, inwieweit die Konzerneingebundenheit Auswirkungen auf die Beurteilung der Strafbarkeit nach § 266 StGB hat.[177] Anknüpfungspunkte können zwangsläufig nur die Tatbestandsmerkmale der Untreuenorm selbst sein.

Es wird demnach innerhalb aller konzernspezifischen Untreue-Beziehungen und innerhalb aller Fallkonstellationen der Konzernuntreue zu untersuchen sein, inwieweit sich der Tatbestand der Konzernierung auf die Annahme von Vermögensbetreuungspflichten (2. Kapitel), auf den Maßstab der Pflichtwidrigkeit des Organhandelns und die Grenzen eines eventuellen Einverständnisses des Vermögensinhabers (3. Kapitel) sowie auf die Bestimmung des Nachteils als Tatbestandserfolg des § 266 StGB (4. Kapitel) auswirkt.

Zuvor soll in einem 1. Kapitel der Untreuetatbestand in seiner Stellung im Rechtssystem betrachtet werden, um anhand seiner Beziehungen zum Zivilrecht sowie zu den Insolvenzdelikten Vorfragen für das Verständnis der Konzernuntreue zu klären.

---

[177] Vgl. als Beispiel einer konzernspezifischen Darstellung für den Bereich der zivilrechtlichen Haftung *Lutter* ZGR 1982, 244 (245 f.).

1. Kapitel: Der Untreuetatbestand im Rechtssystem

Die Einbettung des Untreuetatbestandes in das Rechtssystem hat Bedeutung für die Beurteilung des Einflusses konzern- und gesellschaftsrechtlicher Wertungen einerseits und immanent strafrechtlicher Wertungen andererseits auf den Anwendungsbereich der Konzernuntreue. Insbesondere für die Bestimmung der Pflichtwidrigkeit des Täterhandelns im Konzern könnten konzernrechtliche Leitungsbefugnisse, Weisungsrechte, sonstige Gesellschafterbefugnisse sowie die Einschränkung der gesetzlichen Vermögensbindung erhebliche Auswirkungen haben. Ähnliches Einflusspotenzial auf die Vor- und Nachteilsberechnung ist nicht auszuschließen. Eine zur Behandlung der weiteren Kapitel zentrale Frage ist demnach, inwieweit von einer Akzessorietät der strafrechtlichen von der zivilrechtlichen Sichtweise auszugehen ist (A.), vor allem, ob der strafrechtliche Schutz zulässigerweise über die gesellschaftsrechtliche Sicherung des Gesellschaftsvermögens hinausgehen kann.

Aus strafrechtlicher Warte taucht die Frage des systematischen Verhältnisses von Untreuetatbestand und Insolvenzstraftaten der §§ 283 ff. StGB auf (B.). Dieser Problembereich kennzeichnet bereits die Basis verschiedener Diskussionsansätze zur Anwendung des § 266 StGB auf Organhandeln im Rahmen der Organuntreue bei Zustimmung der Gesellschafter. Ausgangspunkt ist die Beurteilung der Einwirkung von Gläubigerschutzgesichtspunkten auf den Tatbestand der Untreue. Je nach Verständnis des Verhältnisses der Tatbestände zueinander können kriminalpolitisch unerwünschte Strafbarkeitslücken entstehen.[1] Für den Bereich der Konzernuntreue stellt sich die identische Problematik von Wirksamkeit und Ausmaß einer Zustimmung der Konzernmutter als Gesellschafterin zu dem Handeln der Organe der abhängigen Gesellschaft bzw. der des Mutterunternehmens selbst.[2] Ob und inwieweit die gläubigerschützenden Insolvenzdelikte hierauf Einfluss nehmen, bedarf der vorherigen Klärung.

A. Der Tatbestand des § 266 StGB im Verhältnis zum Zivilrecht

Das Verhältnis zum Zivilrecht hat über den Begriff der Zivilrechtsakzessorietät im Unterschied zur strafrechtsautonomen Gestaltung bzw. zur „Befreiung des Strafrechts vom zivilistischen Denken"[3] eine erhebliche Bedeutung. Für den Untreuetatbestand manifestiert sich diese unter anderem anhand der Diskussion um die zivilrechtskonforme Ausgestaltung des Missbrauchstatbestandes[4], die Beurteilung der Fremdheit des Vermögens[5] sowie die Konzeption des Vermögensbegriffs[6]. Diese Komplexe spielen für die vorliegende Untersuchung nur eine

---

1 Vgl. *Flum* Der Strafrechtliche Schutz, 138 f.; *Wodicka* Untreue zum Nachteil, 342, 349.
2 Siehe unten 3. Kapitel B.
3 So der Titel der grundlegenden Habilitationsschrift von *Bruns* aus dem Jahre 1938.
4 LK/*Schünemann* § 266 Rn. 32 f. m.w.N.; *Arzt* FS Bruns, 365 (365 ff.).
5 Siehe oben Einleitung C. I. 1.
6 LK/*Schünemann* § 266 Rn. 133 ff. und knapp unten 4. Kapitel A.

untergeordnete Bedeutung und bedürfen daher keinen näheren Ausführungen. Vielmehr geht es um die Klärung der Frage, ob und inwieweit unterschiedliche Wertungen der Disziplinen Strafrecht und Konzernrecht nebeneinander bestehen können. Von ihrer Beantwortung hängt es ab, ob alle gesellschaftsrechtlich gegenüber einer konzernverbundenen Gesellschaft rechtmäßigen Handlungen auch strafrechtlich nicht als Untreue zum Nachteil der Gesellschaft gewertet werden können. Angesprochen ist damit das grundlegende Verhältnis von Strafrecht und Zivilrecht.

I. Herleitung einer negativen Zivilrechtsakzessorietät des Untreuestrafrechts

Im Grundsatz folgt das Strafrecht eigenen Regeln und Prinzipien.[7] Strafrechtliche Begriffe und Rechtsfolgen müssen am Schutzzweck der jeweiligen Strafrechtsnorm ausgerichtet sein, außerstrafrechtliche Normen und Wertungen dürfen nicht unbesehen übernommen werden.[8] Andererseits ist das Strafrecht der Einheit und Widerspruchsfreiheit der Rechtsordnung verpflichtet.[9] Eine eigenständige strafrechtliche Betrachtung muss dort ihre Grenze finden, wo Wertungswidersprüche zu anderen Rechtsgebieten auftreten.[10] Gleichzeitig ist die Subsidiarität[11] des Strafrechts zu berücksichtigen. Kriminalstrafe ist „ultima ratio" staatlicher Sanktionen.[12] Insbesondere für den Bereich der Wirtschaftskriminalität gilt, dass strafrechtliche Mittel nur dann im Sinne des verfassungsrechtlichen Verhältnismäßigkeitsgrundsatzes geeignet und erforderlich sind, wenn andere weniger beeinträchtigende Mittel, vor allem eine zivilrechtliche Haftung, nicht ausreichen.[13]

---

[7] Vgl. BGH 1 StR 438/57 v. 19.11.1957, BGHSt 11, 102 (103 ff.); *Cadus* Die faktische Betrachtungsweise, 19 m.w.N.

[8] *Jescheck/Weigend* Lehrbuch des Strafrechts, § 7 II 2.

[9] *Flum* Der Strafrechtliche Schutz, 7; *Engisch* Die Einheit, 55, 58; *ders.* Einführung, 162 f.; vgl. auch *Cramer* Vermögensbegriff, 78: „die sogenannte Akzessorietät des Strafrechts im vermögensrechtlichen Bereich" ist „nichts anderes als das rechtstechnische Mittel zur Vermeidung von Normwidersprüchen".

[10] *Wodicka* Untreue zum Nachteil, 186; *Flum* Der Strafrechtliche Schutz, 7; *Fleck* ZGR 1990, 31 (35).

[11] *A. Kaufmann* FS Henkel, 89 (102 ff.); *Tiedemann* Wirtschaftsstrafrecht Band 1, 76; SK/*Rudolphi* Vor § 1 Rn. 14; *Maiwald* FS Maurach, 9 (9 ff.) spricht im Anschluss an *Binding* von einem „fragmentarischen Charakter" des Strafrechts; *Maurach/Zipf* Allgemeiner Teil, TeilBand 1, § 2 III A. Rn. 11 f. wählen den Begriff der „Sekundarität" des Strafrechts. Das strafrechtliche Subsidiaritätsprinzip ist in letzter Zeit gerade für das Gebiet des Wirtschafts- und Umweltstrafrechts im Verhältnis zu verwaltungsrechtlichen Mechanismen nicht unumstritten geblieben, vgl. unter anderem *Tiedemann* FS Stree/Wessels, 530 (530 f.). Für den hier angesprochenen Bereich des Verhältnisses von Straf- und Zivilrecht kann dies außer Acht bleiben.

[12] BVerfG 1 BvF 1/74 v. 25.2.1975, BVerfGE 39, 1 (47); vgl. auch *Köhler* Strafrecht AT, 30 f.

[13] Vgl. *Tiedemann* Wirtschaftsstrafrecht Band 1, 76.

Versucht man diese drei zunächst gegensätzlichen Prinzipien in Einklang zu bringen, bietet sich folgende Differenzierung an: Die Wertungswidersprüche des Strafrechts zum Gesellschaftsrecht können sowohl positiver als auch negativer Natur sein. „Positive" Widersprüchlichkeit heißt – aus strafrechtlicher Perspektive –, dass ein und dieselbe Handlung rein zivilrechtliche, nicht aber strafrechtliche Folgen auslöst. Umgekehrt bedeutet „negative" Antinomie, dass die strafrechtliche Haftung für ein Verhalten über diejenige des Zivilrechts hinausreicht.

Den Unterschied veranschaulicht das Beispiel einer Normambivalenz bei wirtschaftsrechtlicher und strafrechtlicher Auslegung:[14] Bei der für das Nebenstrafrecht typischen Trennung von Verhaltensnorm und Strafandrohung können trotz äußerer Identität die Norminhalte beider Vorschriften divergieren. Dabei ist eine „Normspaltung" dahingehend legitim, dass die strafrechtliche Beurteilung einen *engeren* Inhalt als die außerstrafrechtliche erfährt. Denn die außerstrafrechtliche Norm verbietet oder gebietet selbständig und knüpft strafrechtliche Folgen nur sekundär an. Konsequenz ist, dass die oben postulierte Einheit der Rechtsordnung insoweit nicht durchzuhalten ist.[15] Dies gilt generell im Bereich positiver Unterschiede. Ursache sind strengere verfassungsrechtliche Vorgaben für das Strafrecht[16] sowie dessen beschriebene Subsidiarität. Strafrechtliche Tatbestände erfassen nur einen geringen Ausschnitt dessen, was im Hinblick auf die Gesamtrechtsordnung als rechtswidrig gilt.[17] „Positive" Wertungswidersprüche sind demnach unschädlich. Aus der Tatsache, dass ein Verhalten zivilrechtlich rechtswidrig ist, ist für das Strafrecht nichts notwendig herzuleiten.[18] Zugleich kann auch die bloße Tatsache, dass ein Verhalten vom Strafrecht nicht als tatbestandsmäßig anzusehen ist, keine Konsequenzen für die Grenze zwischen Recht und Unrecht im Zivil- bzw. Konzernrecht haben.[19] In diesen Bereichen sind sowohl Strafrecht als auch Zivilrecht autonom.

Nichts anderes gilt für den Untreuetatbestand. Die zum Teil behauptete strikte Zivilrechtsakzessorietät[20] des § 266 StGB auf allen Ebenen des Tatbestandes wird bei näherer Betrachtung von ihren Vertretern selbst nicht durchgehalten. So wird zwar Sympathie für ein Gebot voller Anbindung der Untreuenorm an die zivil- bzw. gesellschaftsrechtlichen Vorgaben geäußert mit der Folge, dass tatbestandsmäßiges Handeln nur vorliegen kann – *„aber dann auch immer vorliegen wird"*[21] –, wenn das Zivil- bzw. Gesellschaftsrecht der AG oder GmbH ein

---

[14] Hierzu *Tiedemann* Wirtschaftsstrafrecht Band 1, 188 f.

[15] Anders in einem vergleichbaren Zusammenhang *Sandrock* Die Einheit der Wirtschaftsordnung, 54 ff.; vgl. ebenso die Nachweise bei *Tiedemann* Wirtschaftsstrafrecht Band 1, 188 f.

[16] So verlangen beispielsweise Gesellschafts- bzw. Konzernrecht keine im Detail bestimmten Kriterien, wie sie das Strafrecht unter der Geltung des Art. 103 Abs. 2 GG voraussetzt.

[17] Vgl. *Maiwald* FS Maurach, 9 (9).

[18] *Birkholz* Untreuestrafbarkeit, 88; vgl. auch *Flum* Der Strafrechtliche Schutz, 7.

[19] *Birkholz* Untreuestrafbarkeit, 89.

[20] *J. Kaufmann* Organuntreue, 13 ff., 153.

[21] Hervorhebungen durch den Verfasser.

durch § 266 StGB geschütztes Vermögensinteresse zugesteht.[22] Sodann wird behauptet, dass eine erst unterhalb der Grenze gesellschaftsrechtlicher (Dispositions-) Verbote einsetzende strafrechtliche Relevanz von Organhandlungen die Rechtssubjektivität der Kapitalgesellschaften zwar „nicht vollständig", dann aber wohl immerhin teilweise negiert.[23] Allerdings zeigt bereits der Hinweis auf das durch § 266 StGB geschützte Vermögensinteresse, dass stets der Telos der Untreuevorschrift in die Überlegungen einzustellen ist. Letztendlich erfolgt das Zugeständnis, dass es „eher" unproblematisch ist, dass das Strafrecht bei der Auslegung zivilrechtlicher Begriffe weniger weit geht als das Zivilrecht selbst.[24]

Auch der BGH hat in seiner „Sport-Sponsoring"-Entscheidung[25] zum Verhältnis von Straf- und Zivilrecht im Rahmen von § 266 StGB Stellung bezogen. Für die Annahme einer Pflichtwidrigkeit im Sinne des Untreuetatbestandes genüge nicht jede gesellschaftsrechtliche Pflichtverletzung. Diese müsse vielmehr gravierend sein.[26] Grundlage dieser These ist die Zulässigkeit positiver Widersprüche auf der Basis der Subsidiarität des Strafrechts. Wenn demgegenüber eingewendet wird, im Strafrecht würden dann andere Maßstäbe gelten als im Gesellschaftsrecht mit der Konsequenz, dass die Vergabe einer Spende unter Umständen nach Gesellschaftsrecht zwar eine Überschreitung der Geschäftsführungsbefugnis des Vorstandes, nicht aber eine Pflichtwidrigkeit im Sinne des § 266 StGB darstellt[27], so ist dies gerade logische Folge der Subsidiarität.[28] Hierfür spricht, dass bereits die naheliegende Gefahr einer rein zivilrechtlichen Schadensersatzpflicht im Grenzbereich von Spendenpraktiken Aufgaben übernehmen kann, die an sich strafrechtlicher Generalprävention oblägen.[29]

---

[22] *J. Kaufmann* Organuntreue, 19.
[23] *J. Kaufmann* Organuntreue, 20.
[24] *J. Kaufmann* Organuntreue, 25.
[25] BGH 1 StR 215/01 v. 6.12.2001, BGHSt 47, 187 (187 ff.) „Sport-Sponsoring".
[26] BGH (Fn. 25), BGHSt 47, 187 (193) „Sport-Sponsoring".
[27] *Beckemper* NStZ 2002, 324 (326).
[28] Ob dem von *Beckemper* (Fn. 27) widersprochen wird, kann bezweifelt werden. Ihr geht es vielmehr um die Verteidigung einer strikt zivilrechtsakzessorischen Auslegung des Missbrauchstatbestandes. Hierzu bedarf es allerdings keiner Stellungnahme, denn die Ausführungen des BGH haben jedenfalls Gültigkeit im Rahmen des Treubruchstatbestandes. *Beckempers* Ausgangsthese von der Bejahung des Treubruchstatbestandes allein mit dem „einfachen Hinweis" auf das pflichtwidrige Überschreiten der Vertretungsmacht ist hingegen unzutreffend, da ansonsten von der schlichten Verletzung vertraglicher bzw. organschaftlicher Pflichten auf die Strafbarkeit geschlossen würde. Stets bedarf es einer untreuespezifischen Pflichtverletzung. Gleichfalls fehl geht *Beckempers* Hinweis auf LK/*Schünemann* § 266 Rn. 94 zur Unterstützung ihrer These, der Missbrauch der Geschäftsführungsbefugnis sei zivilrechtsakzessorisch auszulegen. Zum einen handelt die zitierte Randziffer von einer mehrerer Möglichkeiten der Bestimmung der Pflichtwidrigkeit im Rahmen des Treubruchstatbestandes, zum anderen beschränkt sich das Spenden-Vergabe-Beispiel auf eine negative Zivilrechtsakzessorietät, so dass hieraus nicht geschlossen werden kann, eine positive Widersprüchlichkeit sei ausgeschlossen. Vgl. auch Tröndle/*Fischer* § 266 Rn. 46 c; *Otto* JK 11/02, StGB § 266/22.
[29] Vgl. auch *Gehrlein* NZG 2002, 463 (464).

Anders ist dies im umgekehrten Fall des negativen Widerspruchs. Ansonsten käme dem Strafrecht die Funktion zu, Befugnisse im Hinblick auf das Vermögen der Gesellschaften im Konzern zu bestimmen. Es hätte seinen Charakter als sekundäre Sanktion verloren, wäre vielmehr primäres Mittel zur Bildung von Konzernrecht.[30] Dem mag zwar auf den ersten Blick die erwähnte[31], dem § 266 StGB zum Teil zugeschriebene Funktion als (GmbH-) Ersatzkonzernrecht beipflichten. Einer solchen Funktion kann aber nur insoweit gefolgt werden, als nicht gegenteilige, zwingende gesellschaftsrechtliche Wertungen konterkariert werden.[32] Denn im Falle negativer Unvereinbarkeit prävaliert das Prinzip der Einheit und Widerspruchsfreiheit der Rechtsordnung. Die den Rechtsunterworfenen erreichenden Aussagen der Rechtsordnung müssen aufeinander abgestimmt sein, Normkollisionen müssen aufgelöst werden. Ansonsten wären sie wenig geeignet, dem Zweck von Rechtsnormen entsprechend als Grundlage einer Verhaltensorientierung zu dienen.[33] Die Einheit der Rechtsordnung schließt eine besondere „Strafrechtswidrigkeit" aus.[34] Kurz gesagt darf strafrechtlich nicht geahndet werden, was gesellschaftsrechtlich erlaubt ist.[35]

Der um der Wahrung privater Vermögensinteressen willen statuierte Straftatbestand des § 266 StGB kann somit nur in Betracht gezogen werden, wenn auch ein privatrechtlicher Schutz dieser Vermögensinteressen gegeben ist.[36] Dieser Schutz kann dabei nicht durch den Umweg über § 823 Abs. 2 BGB statuiert werden. Sonst besteht die Gefahr der Umgehung gesellschaftsrechtlicher wie strafrechtlicher Wertungen. So besitzt die Untreuenorm unstreitig Schutzgesetzcharakter zugunsten des Vermögensträgers selbst, hier also der geschützten Gesellschaften.[37] Sollten sich darüber hinaus eines Tages in der gesellschaftsrechtlichen Rechtsprechung bzw. im gesellschaftsrechtlichen Schrifttum – wie heute bereits vereinzelt vertreten[38] – Stimmen durchsetzen, die die Schutzgesetzeigenschaft der Untreuevorschrift auch zugunsten der Gläubiger des Vermögensinhabers bejahen[39] – was angesichts der Erfahrungen aus der Praxis mit der Beurteilung der §§ 263 und 266 a StGB nicht völlig undenkbar erscheint –, wäre es zur Sicherung der zuvor beschriebenen Funktion des Strafrechts und seiner Un-

[30] Vgl. die ähnliche Argumentation bei *Birkholz* Untreuestrafbarkeit, 90.
[31] Siehe oben Nachweise in Einleitung Fn. 20.
[32] Kritisch zur vermeintlichen Ordnungsfunktion des Strafrechts im Bereich des Gesellschaftsrechts auch *Bucher* FG Schultz, 165 (186 f.).
[33] *Birkholz* Untreuestrafbarkeit, 90.
[34] *Waßmer* Untreue bei Risikogeschäften, 88; *Wodicka* Untreue zum Nachteil, 186.
[35] *Tiedemann* GmbH-Strafrecht Vor §§ 82 ff. Rn. 15.
[36] Vgl. *Bucher* FG Schultz, 165 (184 f.).
[37] BGH VI ZR 8/52 v. 14.1.1953, BGHZ 8, 276 (284); BGH VI ZR 28/62 v. 4.12.1962, NJW 1963, 486 (486); BGH VI ZR 282/85 v. 17.3.1987, BGHZ 100, 190 (192 f.); BGH VI ZR 300/86 v. 29.9.1987, NJW-RR 1988, 671 (671 f.).
[38] *Stapelfeld* Die Haftung, 274 ff.; *ders.* BB 1991, 1501 (1502 ff.); vgl. auch *H. Schneider* GmbHR 1954, 75 (75) (zu § 81 a a.F. GmbHG).
[39] Dagegen die heute ganz herrschende Meinung: *Dannecker* NZG 2000, 243 (243) m.w.N.; *Gribbohm* DStR 1991, 248 (251) m.w.N.; *Meilicke* BB 1988, 1261 (1262).

treuenorm dennoch nicht gangbar, zu einer Ausweitung ihres Anwendungsbereiches zu gelangen. Denn fraglos bezweckt § 266 StGB keinen (unmittelbaren) Gläubigerschutz.[40] Geschütztes Rechtsgut ist nach herrschender Meinung[41] allein das Vermögen des Geschädigten, zu dem der Täter in der vom Tatbestand geforderten besonderen Pflichtensituation steht.[42]

Für das Bestehen eines über den zivilrechtlichen hinausgehenden strafrechtlichen Schutz des Gesellschaftsvermögens lässt sich auch nicht anführen, dass § 266 StGB eine gesetzliche Grundlage für die Herleitung einer strafrechtlichen Treuepflicht aus tatsächlichen, unabhängig von gesetzlichen oder rechtsgeschäftlichen Regelungen bestehenden Umständen durch den Strafrichter bietet und insofern bei den Gesellschaftsorganen strafrechtliche Treuepflichten aus dem Innenverhältnis durchschlagen.[43] Aus der Einbeziehung tatsächlicher Treueverhältnisse als Quelle von Vermögensbetreuungspflichten kann nicht geschlossen werden, dass zivilrechtlich erlaubtes Verhalten strafrechtlich sanktioniert werden darf.[44] Der Gesetzgeber hat durch die Aufnahme des Treueverhältnisses[45] in den Untreuetatbestand die – schon vom Reichsgericht gewonnene – Erkenntnis übernommen, dass die Untreuekonstellation bei einer im Einverständnis mit dem Vermögensinhaber übernommenen Herrschaftsposition unabhängig davon ist, ob die Übernahme zu einem zivilrechtlich gültigen Vertragsverhältnis geführt hat oder nicht.[46] Die „Befreiung des Strafrechts vom zivilistischen Denken“ hat dabei nur Auswirkungen auf die Begründung strafrechtlicher Vermögensbetreuungspflichten[47], nicht jedoch auf die Beurteilung des Pflichtenkreises des Täters. Bei fehlendem oder rechtsunwirksamem gesetzlichen oder rechtsgeschäftlichen Innenverhältnis sind die für den Fall des Bestehens oder der Wirksamkeit festgelegten Maßstäbe der Pflichtwidrigkeit entsprechend heranzuziehen. So unterliegt zum Beispiel der faktische Geschäftsführer, der unstreitig gegenüber dem von ihm verwalteten Gesellschaftsvermögen zur Betreuung verpflichtet ist[48], identischen Pflichtenanforderungen wie der rechtswirksam bestellte Geschäftsführer. In all diesen Fällen handelt es sich stets um „strafrechtliche Treuepflichten“ aus dem Innenverhältnis. Hierzu zählt als Grundpflicht –

[40] Ganz überwiegende Auffassung, vgl. nur *Kohlmann* FS Werner, 387 (398).
[41] Siehe nur LK/*Schünemann* § 266 Rn. 28 m.w.N.
[42] Vgl. für den umgekehrten Fall, dass der strafrechtlichen Auslegung des § 266 StGB deshalb Grenzen gesetzt sind, weil ansonsten über § 823 Abs. 2 BGB deliktische Ansprüche der AG oder GmbH anzunehmen wären, wo nach ständiger Rechtsprechung des II. Zivilsenats die Haftungsgrundlagen des Gesellschaftsrechts nicht greifen, *Winter* ZGR 1994, 570 (577) und *Gribbohm* ZGR 1990, 1 (4).
[43] So aber *Gribbohm* ZGR 1990, 1 (15 ff.).
[44] So auch *Wodicka* Untreue zum Nachteil, 189.
[45] Durch die Novelle vom 26.5.1933, RGBl. I 295; hierzu LK/*Schünemann* § 266 Entstehungsgeschichte und Rn. 7.
[46] LK/*Schünemann* § 266 Rn. 61.
[47] Siehe LK/*Schünemann* § 266 Rn. 61.
[48] Vgl. nur LK/*Schünemann* § 266 Rn. 125 b.

wenn auch nicht unbestritten[49] – das (strafrechtliche) Verbot, den Geschäftsherrn zu schädigen, allerdings nur „in der Regel" und nur dort, wo anhand gesellschaftsrechtlicher Standards für den Einzelfall kein eindeutiges Gebot feststellbar ist.[50] Die strafrechtlichen Bindungen finden ihre allgemeine Grenze damit in der Wertungswidersprüchlichkeit zum gesellschaftsrechtlich Erlaubten.
Im Anschluss an die hier gewählte Terminologie kann man demzufolge von einer notwendigen „negativen" Zivilrechtsakzessorietät der strafrechtlichen Beurteilung sprechen. Im Bereich der Konzernuntreue bedeutet sie, dass das Strafrecht nicht so weit gehen muss wie die konzernrechtliche Regelung, aber auch nicht weitergehen darf als diese. Der strafrechtliche Schutz darf somit nicht über den zivilrechtlich vorgesehenen Schutz des Gesellschaftsvermögens hinausreichen.[51]

Eine Ausnahme von diesem Prinzip ergibt sich allein aus zwingend vorgegebenen unterschiedlichen Blickwinkeln von Straf- und Zivilrecht. Das Strafrecht hat im Gegensatz zum Privatrecht nicht bloß eine ex post wirkende Wiedergutmachung zum Gegenstand, sondern kann auch dann eingreifen, wenn die Benachteiligung des geschützten Rechtsguts in dessen Gefährdung[52] besteht.[53] Zugleich kann eine negative Divergenz der beiden Rechtsgebiete aus dem im Strafrecht geltenden Koinzidenzprinzip resultieren, nach dem zivilrechtliche Rückwirkungsgebote unberücksichtigt bleiben.

II. Bedeutung der negativen Zivilrechtsakzessorietät für die Konzernuntreue

Der Grundsatz negativer Zivilrechtsakzessorietät hat Auswirkungen auf den Anwendungsbereich der Konzernuntreue. Diese findet ihre Grenze in der negativen Konkordanz zum Konzern-Gesellschaftsrecht. So können etwa mit einem gesellschaftsrechtskonformen Abschluss bzw. einer derartigen Ausgestaltung von Beherrschungs- und Gewinnabführungsverträgen oder mit der Ausübung gesellschaftsrechtslegitimer Weisungsbefugnisse keine untreuestrafrechtlichen Konsequenzen verbunden werden.[54]

---

[49] *Saliger* ZStW 112 (2000), 563 (569 f.).
[50] Vgl. nur LK/*Schünemann* § 266 Rn. 94.
[51] Im Ergebnis ebenso *P. Möhring* NJW 1967, 1 (8); *ders.* Das neue Konzernrecht, 29; LK/*Schünemann* § 266 Rn. 125 c. bb.; *Birkholz* Untreuestrafbarkeit, 90 f.; *Wodicka* Untreue zum Nachteil, 186, 191; *Auer* Gläubigerschutz durch § 266 StGB, 209, 213, 221 f., 232; *Fleck* ZGR 1990, 31 (32); *Waßmer* Untreue bei Risikogeschäften, 88; vgl. auch *Flum* Der Strafrechtliche Schutz, 7 f., 77; *Nelles* Untreue, 265 ff.; *J. Kaufmann* Organuntreue, 24 ff.; *Winter* Mitgliedschaftliche Treubindungen, 210; *Hirmer* Zivil- und strafrechtliches Verbot, 98; *Tiedemann* in: Tiedemann, Multinationale Unternehmen, 63 und 66; *Schnauder/Müller-Christmann* JuS 1998, 980, 1080 (980); *Ziemons* Die Haftung, 199.
[52] Stichwort „schadensgleiche Vermögensgefährdung", hierzu LK/*Schünemann* § 266 Rn. 146.
[53] Vgl. *Bucher* FG Schultz, 165 (184).
[54] Tendenziell anders Krekeler/*Firgau* Untreue, 5.

Für einen untreuestrafrechtlichen Präventivschutz vor Konzernierung als strafrechtlichem Pendant zur gesellschaftsrechtlichen Konzernbildungskontrolle bedeutet dies, dass das geschäftsleitende Organ zum Nachteil seiner Gesellschaft nur dann Untreue begehen kann, wenn es ohne die gesellschaftsrechtlich erforderlichen Kautelen und Mehrheiten die Gesellschaft der Leitung eines anderen Unternehmens unterstellt. Dann wird sein Handeln regelmäßig pflichtwidrig sein.[55] Ob allein in dem Umstand der Konzerneinbindung bereits ein Vermögensnachteil bzw. eine diesem gleichstehende konkrete Vermögensgefährdung des Gesellschaftsvermögens liegt, wird in der Regel aufgrund der zu diesem Zeitpunkt schwerlich zu beurteilenden Vermögensbilanz von Vor- und Nachteilen der Konzernierung zu verneinen sein, hängt jedoch letztlich von den Umständen des einzelnen Falles ab.[56] Außerhalb eines Verstoßes gegen die gesellschaftsrechtlichen Kontrollinstrumente kommt hingegen eine Untreuestrafbarkeit nicht in Betracht.

Auf welcher Ebene der Untreuenorm eine Strafbarkeit dann auszuscheiden ist, wird unterschiedlich beurteilt. So erfolgt teilweise eine Zuordnung zur allgemeinen Rechtswidrigkeit, wenn es heißt, dass das, was das AktG (bzw. GmbHG) erlaubt, „nicht rechtswidrig und somit auch nicht strafbar sein" kann[57]. Dem kann in dieser Pauschalität nicht gefolgt werden. Vielmehr können die konzernrechtlichen Regelungen bereits Auswirkungen auf die Verneinung der Pflichtwidrigkeit, deren Ausschluss durch ein wirksames Einverständnis des Vermögensinhabers sowie auf die Zurückweisung eines Nachteils und demzufolge auf den Tatbestand des § 266 StGB haben.[58] Im Rahmen der Rechtswidrigkeit kommt konzernrechtlichen Wertungen hingegen im Rahmen der allgemeinen Rechtfertigungsgründe Bedeutung zu, beispielsweise bei § 34 StGB durch die Berücksichtigung der Rettung des Gesamtkonzerns unter Schädigung eines seiner Mitglieder, falls nicht bereits die Voraussetzungen der Verneinung der Tatbestandsmäßigkeit im Einzelfall erfüllt sind.

B. Das Verhältnis des Untreuetatbestandes zu den Insolvenzstraftaten des StGB

Nimmt ein Organ zulasten einer Konzerngesellschaft eine schädigende Handlung vor, zu der es – dies sei hier zunächst unterstellt – in einem besonderen Pflichtenverhältnis im Sinne einer Vermögensbetreuungspflicht gemäß § 266 StGB steht[59], und kommt es daraufhin zumindest zu einer Zahlungseinstellung dieser Gesellschaft gegenüber ihren Gläubigern, so fragt sich, ob eine Schädigung fremden Vermögens und damit eine Untreue, eine gläubigergefähr-

---

[55] Allgemein zu den Pflichtwidrigkeiten im Konzern vgl. unten 3. Kapitel A.
[56] So auch *Flum* Der Strafrechtliche Schutz, 215.
[57] *P. Möhring* NJW 1967, 1 (8); *ders.* Das neue Konzernrecht, 29.
[58] Einzelheiten unten 3. Kapitel A. I. 3. und allgemein im 3. und 4. Kapitel.
[59] Zu den Vermögensbetreuungspflichten im Konzern ausführlich unten 2. Kapitel.

dende Verringerung des Gesellschaftsvermögens und damit ein Bankrott oder beides gegeben sein kann. Das Verhältnis des Untreuetatbestandes zu den Insolvenzdelikten des StGB im Bereich von Organhandeln ist geprägt durch die mittlerweile klassische Diskussion zwischen Rechtsprechung und Literatur, geführt unter den – groben – Stichworten Interessenformel einerseits und Lehre vom funktionalen Zusammenhang andererseits. Die Abgrenzung kann Auswirkungen auf den Anwendungsbereich des jeweiligen Deliktes haben und ist insbesondere für den Täter von existentieller Bedeutung, da nur eine Verurteilung wegen Bankrotts die einschneidende Konsequenz eines fünfjährigen Berufsverbotes nach § 76 Abs. 3 AktG bzw. § 6 Abs. 2 GmbHG nach sich führt.

I. Überblick über die verschiedenen Abgrenzungstheorien

Dogmatischer Ausgangspunkt der Beurteilung ist § 14 Abs. 1 Nr. 1 StGB. Seine Anwendung wird von Rechtsprechung und Lehre mittels einer berichtigenden Auslegung der sprachlich ungenauen objektiven Strafbarkeitsbedingung des § 283 Abs. 6 StGB ermöglicht. Dort wo von „Täter" die Rede ist, ist „Schuldner" gemeint.[60] Folglich wird auf handelnde Organe einer AG oder GmbH deren Schuldnereigenschaft mittels § 14 Abs. 1 Nr. 1 StGB übergewälzt, wenn sie „als vertretungsberechtigtes Organ" handeln. An dieser Stelle setzen nun Rechtsprechung und herrschende Lehre unterschiedlich an.

Nach der Interessenformel[61] des BGH soll Bankrott vorliegen, wenn das Organ mindestens auch – so die Weiterentwicklung der Formel[62] – im Interesse der Gesellschaft, also uneigennützig das Gesellschaftsvermögen beiseite schafft.[63] Demgegenüber liege Untreue vor, wenn die Tat eigennützig bzw. im Interesse der Anteilseigner motiviert ist. Für die Feststellung des Interesses stellt die Rechtsprechung auf eine rein wirtschaftliche Betrachtungsweise ab. Jeder der Gesellschaft objektiv entstehende Nachteil schließt danach ein Interesse der Gesellschaft an der Vermögensverschiebung aus.[64] Mindestens als Orientierungs-

---

[60] LK/*Tiedemann* Vor § 283 Rn. 60; Schönke/Schröder/*Stree/Heine* § 283 Rn. 59 a.; Tröndle/*Fischer* Vor § 283 Rn. 21; anders *Labsch* wistra 1985, 1, 59 (4) unter Hinweis auf das Analogieverbot des Art. 103 Abs. 2 GG; gegen *Labsch* zu Recht *Lampe* GA 1987, 241 (249 f. Fn. 17).

[61] Gesamtüberblick bei MüKo/*Radtke* § 14 StGB Rn. 59.

[62] Zur ursprünglichen Fassung der Interessentheorie, nach der ein Handeln ausschließlich im Interesse der Gesellschaft erforderlich war, siehe BGH 2 StR 447/54 v. 5.10.1954, BGHSt 6, 314 (316 f.) zu § 83 GmbHG a.F. unter Bezugnahme auf RG III 877/08 v. 29.3.1909, RGSt 42, 278 (282).

[63] BGH 5 StR 324/78 v. 3.11.1978, GA 1979, 311 (313); BGH 3 StR 488/78 v. 4.4.1979, BGHSt 28, 371 (372); BGH 3 StR 94/81 v. 20.5.1981, BGHSt 30, 127 (128); BGH 2 StR 613/90 v. 3.5.1991, NJW 1992, 250 (252). Aus der Literatur folgen dem unter anderem LK/*Roxin* (10. Aufl.) § 14 Rn. 30 m.w.N.; Tröndle/*Fischer* § 14 Rn. 5.

[64] BGH 4 StR 27/69 v. 21.4.1969, NJW 1969, 1494 (1494); BGH (Fn. 63), GA 1979, 311 (313); BGH (Fn. 63), BGHSt 30, 127 (128) m.w.N.; weitere Beispiele aus der Rechtsprechung bei *Arloth* NStZ 1990, 570 (571). In der Literatur wird demgegenüber vorgeschlagen, das Interesse rein subjektiv aus der Perspektive des agierenden Organs zu bestimmen, vgl. *Blauth* „Handeln für einen anderen", 140 f.

hilfe dient der Eintritt eines Nachteils im Sinne des Untreuetatbestandes.[65] Folge ist die weitgehende Unanwendbarkeit der Bankrottdelikte auf schädigendes Organhandeln und die daraus resultierende Verlagerung der Strafbarkeit auf den Untreuetatbestand, um eigennützige und zugleich gesellschafts- und gläubigerschädigende Handlungen nicht straflos zu stellen.[66]

Der vorherrschende Teil des Schrifttums lehnt die Ausrichtung der Abgrenzung an der Zielsetzung des Täters ab. Maßgebendes Kriterium ist hiernach vielmehr die Funktion des Organs im Unternehmen, sog. Lehre vom funktionalen Zusammenhang.[67] Im Detail bestehen insofern Unterschiede, als teilweise sämtliche Handlungen des Organs in der Gesellschaft über § 14 Abs. 1 Nr. 1 StGB zugerechnet werden[68], zum Teil der Zurechnungsbereich auf durch die Organstellung ermöglichte oder wenigstens erleichterte Maßnahmen beschränkt wird[69], während andere nur funktionsspezifische, durch die jeweilige Organstellung eingeräumte wesensgemäße Einwirkungsmöglichkeiten berücksichtigen, im Gegensatz zur bloßen Gläubigergefährdung „bei Gelegenheit"[70]. Eine Strafbarkeit nach § 283 StGB scheidet danach dann, aber auch nur dann aus, wenn kein funktionaler Zusammenhang mit der Organfunktion des Handelnden vorliegt.

Ursache der Divergenzen ist unter anderem die verschiedenartige Beurteilung der Möglichkeit von Tateinheit zwischen Untreue und Bankrott. Aufgrund der Dysfunktion des Rechtsgüterschutzes beider Delikte – § 266 StGB dient allein dem Schutz des Vermögensinhabers[71], § 283 StGB dem der Gläubiger[72] – wird eine solche Tateinheit zumeist mit dem Argument abgelehnt, dasselbe Verhalten könne nicht zugleich als ein gegen das Vermögen des Schuldners wie auch gegen die Gläubigerinteressen gerichtetes Delikt angesehen werden.[73]

---

65 *Schäfer* GmbHR 1993, 717, 780 (797).
66 Vgl. *Reiß* wistra 1989, 81 (84); *J. Kaufmann* Organuntreue, 63 f.
67 Generelle Darstellung bei MüKo/*Radtke* § 14 StGB Rn. 60.
68 So *Lampe* GA 1987, 241 (252).
69 Vgl. *Wehleit* Die Abgrenzung, 69, 91 f.
70 *Arloth* NStZ 1990, 570 (574); *Labsch* wistra 1985, 1, 59 (60); SK/*Samson* § 14 Rn. 8; LK/*Tiedemann* Vor § 283 Rn. 80; Schönke/Schröder/*Lenckner/Perron* § 14 Rn. 26; tendenziell auch *Schäfer* GmbHR 1993, 717, 780 (797).
71 Vgl. den Nachweis oben in Fn. 41.
72 Die zu den §§ 283 ff. StGB weiter aufgeführten Rechtsgüter des Schutzes der Gesamtwirtschaft oder der Kreditwirtschaft, vgl. Schönke/Schröder/*Stree/Heine* Vor § 283 Rn. 2 m.w.N., spielen hier keine Rolle.
73 *Reiß* wistra 1989, 81 (84, 86); *Flum* Der Strafrechtliche Schutz, 143 f.; *Wodicka* Untreue zum Nachteil, 349, 352 f.; für die Möglichkeit von Tateinheit sprechen sich hingegen *Arloth* NStZ 1990, 570 (574); *Lampe* GA 1987, 241 (252); *Wehleit* Die Abgrenzung, 102; vgl. auch *Labsch* wistra 1985, 1, 59 (61). Der BGH hat ausdrücklich Idealkonkurrenz zwischen Untreue und Bankrott angenommen, allerdings für den Fall, in dem der Täter eine sowohl fremd- wie auch eigennützige Handlung vornimmt, vgl. BGH (Fn. 63), BGHSt 28, 371 (372 ff.) und BGH (Fn. 63), BGHSt 30, 127 (130 – obiter dictum); hierzu instruktiv *Weyand* Insolvenzdelikte, 81 und *Schäfer* GmbHR 1993, 717, 780 (797), die davon ausgehen, man müsse in solchen Konstellationen unter Zugrundelegung einer materialen Betrachtungsweise zwei selbständige, in Tatmehrheit zueinander stehende Handlungen annehmen.

Auf der Annahme des Ausschlusses von Tateinheit zwischen Untreue und Bankrott baut gleichfalls eine neuere Lehre[74] auf, die als Kriterium die Zustimmung des Vermögensinhabers in das Organhandeln heranzieht. Liege eine Zustimmung der Gesellschaft vor, handelt der Täter für diese, mit der Folge der Überwälzung der Schuldnereigenschaft gemäß § 14 Abs. 1 Nr. 1 StGB und der daraus resultierenden Eröffnung des Anwendungsbereiches von § 283 StGB. Ansonsten sei allein der Untreuetatbestand eröffnet[75]. Denn eine Maßnahme, die auf einer Zustimmung des Vermögensinhabers beruht, könne allein Gläubigerinteressen, keinesfalls aber Gesellschaftsinteressen verletzen.

Unterschiedlich weit werden die Grenzen der Zurechnung der Zustimmung an die Gesellschaft gezogen. Nach einer Ansicht blockiert der Verstoß gegen die den Anteilseignern gezogenen gesellschaftsrechtlichen Dispositionsgrenzen die Zurechnung der Zustimmung und demzufolge die Überleitung der Schuldnereigenschaft auf deren Organ[76]. Anderen zufolge soll jede Zustimmung, auch eine gegen gesetzliche Vorgaben verstoßende, der Gesellschaft zuzurechnen sein, mit der Konsequenz, dass § 266 StGB im Grundsatz unanwendbar ist[77]. Als Grund für letztere Ansicht wird genannt, ein Strafbedürfnis bestünde ausschließlich in den Fällen einer Gefährdung des Vermögens, in denen es tatsächlich zu einem Zusammenbruch der Gesellschaft komme. Das Vermögen der Gesellschaft sei wie beim Einzelkaufmann nicht gegen eigenvermögensschädigende Handlungen gesichert[78]. Ähnlich lautet die Argumentation, es sei nicht einzusehen, warum die Gesellschaftsorgane und gegebenenfalls die Anteilseigner strenger bestraft werden sollten als ein Einzelkaufmann, der bei gläubigergefährdender Reduzierung seines Vermögens nur unter den strengen Voraussetzungen von § 283 StGB strafbar ist, wohingegen eigenschädigendes Verhalten unterhalb dieser Grenze nicht von § 266 StGB aufgrund Tatbestandsausschlusses erfasst wird[79].

II. Die These von der Unabhängigkeit der Tatbestände

Wie gesehen sind die Meinungen zum Verhältnis von Untreue und Bankrott zahlreich und extrem divergent. Ausgangspunkt einer jeden Betrachtung muss die am Schutzzweck ausgerichtete Prämisse sein, dass § 266 StGB das Gesellschaftsvermögen, § 283 StGB hingegen die Interessen der Gesellschaftsgläubiger schützt. Nun sind aber durchaus Konstellationen denkbar, in denen das Or-

---

[74] Vgl. unten die Nachweise in den Fn. 76 und 77.

[75] Einen Mittelweg geht *Flum* Der Strafrechtliche Schutz, 140 ff.: bei fehlender Zustimmung greift er auf die Interessenformel der Rechtsprechung zurück, sog. modifizierte Interessentheorie.

[76] *Wodicka* Untreue zum Nachteil, 349, 353; *Radtke* GmbHR 1998, 311, 361 (369).

[77] *Reiß* wistra 1989, 81 (84 f.).

[78] *Reiß* wistra 1989, 81 (84 f.).

[79] So *Wehleit* Die Abgrenzung, 22 im Rahmen der von ihm vertretenen oben erwähnten Auffassung.

gan nicht nur die Gläubiger der Gesellschaft benachteiligt, sondern auch gleichzeitig das Gesellschaftsvermögen schädigt[80]. Zwar ist das jeweils geschützte Rechtsgut unterschiedlich. Daraus folgt jedoch nicht, dass die Rechtsgüter sich gegenseitig ausschließen und nicht gleichzeitig verletzt werden können. Das Vermögen wird lediglich von zwei verschiedenen Seiten aus betrachtet: Einmal aus Sicht der Gesellschaft, einmal allein aus Sicht der Gläubiger[81]. Es ist daher möglich, insolvenzstrafrechtliche Bestimmungen auf ein Verhalten des Organs anzuwenden, das letztlich auch zulasten der von ihm vertretenen Gemeinschuldnerin geht[82].

Aus § 14 Abs. 1 Nr. 1 StGB kann nichts Gegenteiliges abgeleitet werden. Denn diese Vorschrift begründet nicht die Strafbarkeit der – auch – geschädigten Gesellschaft in der Rolle der Schuldnerin, sondern erlaubt die Ausdehnung des Anwendungsbereiches der Insolvenzdelikte, die bestimmte Eigenschaften des Normadressaten voraussetzen, auf das Gesellschaftsorgan, das selbst nicht sonderpflichtig ist[83]. Die zum Teil vertretene Exklusivität der Tatbestände mit der Folge der ausschließlichen Anwendbarkeit nur eines von ihnen ist daher abzulehnen[84]. Hierfür spricht ebenso, dass Untreue und Bankrott aufgrund der völlig unterschiedlichen Schutzrichtung einen jeweils eigenständigen Unrechtsgehalt aufweisen. Ob man daraus folgert, dass die Verletzung unterschiedlicher Rechtsgüter im Tenor im Sinne von Idealkonkurrenz zum Ausdruck kommen muss, liegt zumindest nahe[85].

---

[80] So auch *D. Geerds* FS Geerds, 689 (693); *Ransiek* Unternehmensstrafrecht, 91; *Lampe* GA 1987, 241 (252).

[81] *Ransiek* Unternehmensstrafrecht, 91.

[82] *D. Geerds* FS Geerds, 689 (693).

[83] Instruktiv *Radtke* GmbHR 1998, 311, 361 (369); zur Funktion von § 14 StGB vgl. auch *Labsch* wistra 1985, 1, 59 (59 f.).

[84] Inkonsequent ist beispielsweise die zur Exklusivität der Tatbestände führende Argumentation von *Waßmer* Untreue bei Risikogeschäften, 19, es sei widersprüchlich, zum einen von einem *mangels* wirksamer Einwilligung gegen die Gesellschaft gerichteten Vermögensdelikt auszugehen, gleichzeitig aber von einer *mit* Einwilligung der Gesellschaft als Vermögensinhaberin und Schuldnerin vorgenommenen gläubigerschädigenden Bankrotthandlung zu sprechen. Im Rahmen von § 283 StGB kommt es tatbestandsmäßig gerade nicht auf eine im Rechtssinne wirksame Einwilligung der Gesellschaft, sondern allein auf eine Zurechnung ihrer Schuldnereigenschaft auf ihr Organ über § 14 Abs. 1 Nr. 1 StGB an. Das mag zwar letztlich nicht ausschließen, dass man als Kriterium dieser Zurechnung die Merkmale einer „Einwilligung" heranzieht. Logisch zwingend wird der von *Waßmer* behauptete Zusammenhang dadurch allerdings nicht, denn zwischen einem tatbestandsausschließenden Einverständnis im Rahmen von § 266 StGB und einer Konsentierung als Zurechnungsmerkmal bei § 14 Abs. 1 Nr. 1 StGB bestehen rechtstechnisch immer noch Unterschiede. Vgl. auch *Radtke* GmbHR 1998, 311, 361 (369), der sich dort der Linie *Waßmers* annähert, in MüKo/*Radtke* § 14 StGB Rn. 61 hingegen ausdrücklich betont, dass die Anforderungen an den Zurechnungsbezug einerseits und das Konkurrenzverhältnis zwischen Untreue und Bankrott andererseits auf völlig unterschiedlichen Ebenen liegen.

[85] Vgl. instruktiv *D. Geerds* FS Geerds, 689 (711 f.).

Fest steht jedenfalls, dass es sich bei dem dargestellten Problem des Verhältnisses von Untreue zu den Insolvenzstraftaten gar nicht um eine eigentliche Abgrenzungsfrage handelt[86]. Die Tatbestände sind vielmehr von einander unabhängig. Aus der These der Unabhängigkeit beider Tatbestände voneinander folgt, dass die Anwendbarkeit des einen oder des anderen keine Folgerungen auf die Reichweite der angeblich deshalb nicht anwendbaren anderen Norm zulässt. Jeder Tatbestand ist gesondert für sich zu untersuchen. Für die Beurteilung der Konzernuntreue ergibt sich hieraus, dass auf der einen Seite der Rückgriff auf die enge Interessenformel im Rahmen der Auslegung des § 283 StGB kein Argument für die Ausdehnung des § 266 StGB auf unmittelbar gläubigerschädigendes Verhalten sein kann, dass aber auf der anderen Seite ein Abstellen auf eine der Theorien des funktionalen Zusammenhangs auch nicht dazu führen kann, den Anwendungsbereich des § 266 StGB aus Gründen der Vermeidung vermeintlicher systematischer Widersprüche zu reduzieren.

Das Gegenteil folgt auch nicht aus der vermeintlichen Schlechterstellung von Organen – sei es von verbundenen oder unverbundenen Gesellschaften – im Vergleich zur Situation von Einzelkaufleuten. Die unterschiedliche Beurteilung ist Konsequenz einer völlig anders gearteten Vermögenszuordnung. Der Einzelkaufmann ist in der Dispositionsbefugnis über sein eigenes Vermögen allein durch § 283 StGB beschränkt. AG und GmbH sind hingegen selbst mit Vermögen ausgestattet, so dass sich Vorstand und Geschäftsführer, auch der geschäftsführende Alleingesellschafter, in einer völlig anderen Beziehung zum – nun fremden – Vermögen befinden[87]. Dass sie in der Eigenschaft als Gesellschafter gegebenenfalls eine der Gesellschaft zurechenbare Zustimmung erteilen können,[88] nivelliert diese Unterschiede nicht, sondern gleicht lediglich die Rechtsfolgen an die der Beurteilung der Strafbarkeit des Einzelkaufmannes an. Aus ähnlichen Gründen geht die umgekehrte Argumentation fehl, bei Benutzung der Rechtsform AG oder GmbH im Wirtschaftsverkehr bestünde ein nachdrücklicheres Schutzbedürfnis der betroffenen Gesellschaftsgläubiger[89]. § 266 StGB hat keine unmittelbar gläubigerschützende Funktion[90]. Dies mag zwar nicht ausschließen, dass gesetzliche Wertungen, die über den unmittelbaren Schutz des Gesellschaftsvermögens auch – mittelbar – einen Gläubigerschutz intendieren, zur Bestimmung des Anwendungsbereiches von § 266 StGB herangezogen werden können[91]. Ein direktes Abstellen auf Gläubigerschutzgesichtspunkte unabhängig von dem unmittelbaren Vermögensschutz der juristischen Person ist dadurch allerdings ausgeschlossen. § 266 StGB ist kein Gläubigerschutzinstrument.

---

86 So auch *J. Kaufmann* Organuntreue, 67.
87 Vgl. bereits oben Einleitung C. I 1.
88 Hierzu unten 3. Kapitel B. I.
89 So aber *Flum* Der Strafrechtliche Schutz, 137 f.
90 Nachweise oben Fn. 40.
91 Siehe unten 3. Kapitel Text bei und Nachweise in Fn. 236.

III. Zusammenfassung

Zusammenfassend lässt sich konstatieren, dass dem Verhältnis der Untreue zu den Insolvenzstraftaten für die Frage des Bereiches strafbarer Konzernuntreue nur insofern Bedeutung zuzumessen ist, als verdeutlicht wurde, welchen unterschiedlichen Aufgabenbereich beide Tatbestände ausfüllen und dass hierdurch eine auf unmittelbare Gläubigerschutzgedanken abstellende Argumentationslinie für § 266 StGB ausscheidet.

Ansonsten ist der Anwendungsbereich der Konzernuntreue völlig eigenständig und ohne Rücksicht auf die Gefahr angeblicher Strafbarkeitslücken zu untersuchen, unter Rückgriff auf den originären Wortlaut und Telos des § 266 StGB sowie die maßgebenden gesellschafts- und konzernrechtlichen Wertungen. Für die weitere Untersuchung bedeutet dies, dass von der Beantwortung der Frage, unter welchen Voraussetzungen eine Strafbarkeit von Konzernorganen wegen Bankrottdelikten in Betracht kommt, abgesehen werden kann und wird.

2. Kapitel: Die Vermögensbetreuungspflichten im Konzern

§ 266 StGB ist Sonderdelikt.[1] Täter[2] einer Untreue kann nur sein, wer in der von § 266 StGB geforderten besonderen Beziehung zum fremden Vermögen steht. Dass diese Beziehung innerhalb von Konzernverbindungen nicht stets einfach zu bestimmen ist, hat der Abriss über die zur Konzernuntreue ergangene Rechtsprechung[3] verdeutlicht. Eines der Hauptprobleme der Konzernuntreue besteht deshalb in der Klärung der Vermögensbetreuungspflichten auf den verschiedenen Konzernebenen, also der des Organs gegenüber der „eigenen" sowie gegenüber einer anderen Konzerngesellschaft bzw. der des Mutterunternehmens gegenüber seiner Tochter und umgekehrt sowie der der Tochter gegenüber ihrer Schwester.

Hierzu bedarf es zunächst eines einleitenden Überblicks, wie die Stellung des Täters zum fremden Vermögen generell beschaffen sein muss (A.). Vornehmliches Ziel der Arbeit ist es darüber hinaus, Kriterien für Vermögensbetreuungspflichten im Konzernverhältnis zu entwickeln (B.).

A. Notwendigkeit und Merkmale von Vermögensbetreuungspflichten

Im Rahmen der Bestimmung des den Sonderdeliktscharakter ausmachenden Innenverhältnisses des Untreuetäters zum fremden Vermögen stellen sich die Fragen der Notwendigkeit und der Merkmale von Vermögensbetreuungspflichten. Mit der Notwendigkeit einer Betreuungspflicht ist das klassische Problem der Abgrenzung von Missbrauchs- und Treubruchsvariante des § 266 StGB aufgeworfen (I.). Die Merkmale von Vermögensbetreuungspflichten sind trotz fortwährender Diskussion und weitgehender Übereinstimmung in Rechtsprechung und Wissenschaft bis heute nicht abschließend konkretisiert. Für die anstehende Ausarbeitung der Kriterien von Vermögensbetreuungspflichten im Bereich der Konzernuntreue ist zweistufig zu verfahren. Zum einen müssen allgemeine Kriterien von Vermögensbetreuungspflichten anhand den Anforderungen des § 266 StGB bestimmt werden (II.). Zum anderen sind womöglich davon unabhängig bestehende Besonderheiten in Gesellschaftsrechtsverhältnissen zu berücksichtigen (III.).

I. Abgrenzung von Missbrauchs- und Treubruchstatbestand

§ 266 StGB sieht zwei Deliktsalternativen vor, den sog. Missbrauchstatbestand (§ 266 Abs. 1 Alt. 1 StGB) und den sog. Treubruchstatbestand (§ 266 Abs. 1

---

[1] *H. Schröder* JR 1960, 105 (105); *E. Schneider* Die Untreue, 21; Krekeler/*Firgau* Untreue, 1; *Tiedemann* GmbH-Strafrecht Vor §§ 82 ff. Rn. 13.

[2] Auf diese Täterstrafbarkeit beschränkt sich die folgende Untersuchung aufgrund der allein dort auftauchenden besonderen Rechtsprobleme. Dies schließt nicht aus, dass bei Fehlen einer Vermögensbetreuungspflicht das jeweilige Organ nach allgemeinen Regeln Anstifter oder Gehilfe an einer fremden vorsätzlichen, rechtswidrigen Untreue-Haupttat sein kann.

[3] Siehe oben Einleitung A. II.

Alt. 2 StGB). Der Missbrauchstatbestand schützt davor, dass der Täter die ihm unter anderem durch Gesetz oder Rechtsgeschäft eingeräumte Befugnis, über fremdes Vermögen zu verfügen oder einen anderen zu verpflichten, missbraucht, also im Rahmen seiner Rechtsmacht[4] überschreitet. Demgegenüber setzt der Treubruchstatbestand voraus, dass der Täter die ihm kraft Gesetzes, Rechtsgeschäfts oder eines Treueverhältnisses obliegende Pflicht, fremde Vermögensinteressen wahrzunehmen, verletzt. Er greift somit dann ein, wenn dem Täter keine Verfügungs- oder Verpflichtungsmacht zukommt oder er keine wirksamen[5] rechtsgeschäftlichen Handlungen tätigt und stellt ein weitreichendes allgemeines Schädigungsverbot[6] dar.

Ihre Abgrenzung voneinander und ihr Verhältnis zueinander stellt eines der klassischen, auf die früher miteinander konkurrierenden Lehrmeinungen der Missbrauchs[7]- und Treubruchstheorie[8] zurückgehenden Probleme der Untreuevorschrift dar. Sie hat Auswirkungen für die Ausdehnung und inhaltliche Gestaltung der vor dem bahnbrechenden „Scheckkartenurteil"[9] des BGH allein für den Treubruchstatbestand thematisierten Vermögensbetreuungspflicht auf beide Tatbestandsalternativen entsprechend dem Relativsatz „dessen Vermögensinteressen er zu betreuen hat".

Der unter den Stichworten[10] „streng monistische Theorie" (im Gegensatz zur älteren „streng dualistischen Theorie"), „neuere dualistische Theorie" und „eingeschränkt monistische Theorie" geführte Streit hat für die vorliegende Untersuchung der Untreuestrafbarkeit im Konzern allerdings nahezu keine Bedeutung.[11] Denn die für den Missbrauchstatbestand erforderliche Verfügungs- oder Verpflichtungsbefugnis über fremdes Vermögen besitzt im Kapitalgesellschafts-Konzernverhältnis stets und ausschließlich der Vorstand (§ 78 Abs. 1 AktG) bzw. der Geschäftsführer (§ 35 Abs. 1 GmbHG) in Bezug auf seine „eigene"

---

[4] So die herrschende Meinung, nach der ein Missbrauch vorliegt, wenn sich der Täter im Rahmen seines rechtlichen Könnens bewegt, also wirksam ein Rechtsgeschäft vornimmt, dabei aber die Grenzen seines rechtlichen Dürfens überschreitet, Schönke/Schröder/*Lenckner*/*Perron* § 266 Rn. 17 m.w.N.; teilweise anders LK/*Schünemann* § 266 Rn. 34 und 50; anders insbesondere *Arzt* FS Bruns, 365 (370 ff.), der für die Missbrauchsuntreue lediglich voraussetzt, dass der Täter in Ausübung bzw. in engerem Zusammenhang mit seiner Sonderstellung eine Schädigung des fremden Vermögens begeht; dagegen zutreffend Schönke/Schröder/*Lenckner*/*Perron* § 266 Rn. 17. Zur Rechtsmacht des Vorstandes bzw. Geschäftsführers vgl. § 82 AktG und § 37 Abs. 2 GmbHG.

[5] Vgl. hierzu oben Fn. 4.

[6] Vgl. *Kohlmann/Löffeler* Die strafrechtliche Verantwortlichkeit, Rn. 258; Schönke/Schröder/*Lenckner/Perron* § 266 Rn. 36; *Tiedemann* FS Tröndle, 319 (322 f.); kritisch *Dierlamm* NStZ 1997, 534 (535); vgl. auch bereits den Nachweis oben 1. Kapitel Fn. 52.

[7] LK/*Schünemann* § 266 Rn. 5 m.w.N.

[8] LK/*Schünemann* § 266 Rn. 6 m.w.N.

[9] BGH 2 StR 62/72 v. 26.7.1972, BGHSt 24, 386 (386 ff.) „Scheckkartenurteil".

[10] Gesamtüberblick bei LK/*Schünemann* § 266 Rn. 8 ff.

[11] Für eine umfassende Darstellung des Abgrenzungsstreites vgl. neben den einschlägigen Kommentaren beispielsweise *Ayasse* Untreue im Bankenbereich, 2 ff.; *Munz* Haushaltsuntreue, 25 ff.

Gesellschaft. Gegenüber dieser seiner Gesellschaft ist jedoch völlig unstreitig, dass dem Geschäftsführungs- und Vertretungsorgan eine Vermögensbetreuungspflicht im Sinne der am engsten formulierten Lehre, der streng monistischen Theorie[12], obliegt.[13] Im Hinblick auf andere Konzerngesellschaften, bei denen wiederum allein das eigene Organ vertretungsbefugt ist, verfügt das nun „fremde" Organ hingegen – außerhalb im Einzelfall rechtsgeschäftlich eingeräumter Macht – über keine wirksame Verfügungs- oder Verpflichtungsbefugnis, egal welchen Einfluss es rechtlich oder tatsächlich auf das verbundene Unternehmen und deren Geschäftsleitung ausübt. Das Vorstandsmitglied oder der Geschäftsführer des Mutterunternehmens kann sich demzufolge gegenüber der Tochter nur nach der Treubruchsvariante strafbar machen, falls überhaupt eine Vermögensbetreuungspflicht zu bejahen ist. Gleiches gilt in den übrigen denkbaren konzernspezifischen Untreue-Beziehungen. Für die Treubruchsalternative ist die Theoriendebatte hingegen indifferent, da dort sowieso die strengeren Kriterien für die Annahme eines Betreuungsverhältnisses zum fremden Vermögen gegeben sein müssen.[14]

Der herrschenden[15] monistischen Theorie soll denn auch ohne kritische Reflektion für den Zweck der Arbeit gefolgt werden, so dass sich die folgenden Ausführungen zum Vorliegen und zum Inhalt der Vermögensbetreuungspflichten im Konzern neben dem Treubruchstatbestand auch auf die Missbrauchsalternative beziehen. Das Augenmerk kann folglich darauf fokussiert werden, welcher Art die Kriterien der Vermögensbetreuungspflichten sind.

II. Allgemeine Kriterien der Vermögensbetreuungspflichten

Wie Vermögensbetreuungspflichten zu kennzeichnen sind, ist heute trotz langjähriger weitgehender Übereinkunft über die einzelnen begrenzenden Merkmale in der praktischen wie theoretischen Anwendung immer noch unsicher.

---

12 Sie verlangt eine Vermögensbetreuungspflicht neben dem Treubruchstatbestand auch für den Missbrauchstatbestand, und zwar bei inhaltlicher Identität, vgl. *Dunkel* „Vermögensbetreuungspflicht", 236.

13 Vgl. *Hirmer* Zivil- und strafrechtliches Verbot, 87 und 92 f.; *E. Schneider* Die Untreue, 25 für den AG-Vorstand. *Brammsen* DB 1989, 1609 (1613); *Kohlmann/Löffeler* Die strafrechtliche Verantwortlichkeit, Rn. 172 und 178; Hachenburg/*Kohlmann* Vor § 82 Rn. 64 ff.; *Tiedemann* GmbH-Strafrecht Vor §§ 82 ff. Rn. 14 f.; OLG Stuttgart 1 Ss (6) 173/78 v. 31.3.1978, MDR 1978, 593 für den GmbH-Geschäftsführer.

14 Der Verzicht auf eine „Abgrenzungsdebatte" bedeutet daher nicht, dass die Frage, ob die Missbrauchs- oder die Treubruchsalternative zur Anwendung kommt, einfach offen gelassen werden kann, wie es die Rechtsprechung mehrfach getan hat; vgl. BGH 4 StR 571/74 v. 27.2.1975, NJW 1975, 1234 (1234); BGH 4 StR 406/82 v. 11.11.1982, NJW 1983, 461 (461). Vielmehr ist allein für die Zwecke der Darstellung der Konzernuntreue klar, dass nur die Treubruchsvariante in Betracht kommt, es sei denn, die Konzernuntreue umfasst ausnahmsweise den Fall der Untreue des Gesellschaftsorgans gegenüber der eigenen AG oder GmbH. Hier ist dann – im Falle wirksamen rechtsgeschäftlichen Handelns – der Missbrauchstatbestand zweifelsfrei einschlägig.

15 Vgl. die Nachweise bei LK/*Schünemann* § 266 Rn. 9 Fn. 39 f.

Die Unsicherheit setzt bereits im Vorfeld bei der verwendeten Terminologie ein. So liegt je nach vertretenem Standpunkt die Akzentuierung auf „Vermögensbetreuungspflicht“, „Vermögenswahrnehmungspflicht“[16], „Vermögensfürsorgepflicht“ sowie auf allen drei Begriffen[17]. Unter Zugrundelegung des hier vertretenen Verständnisses – die Anforderungen der Täterbeziehung zum fremden Vermögen sind bei Alt. 1 und Alt. 2 identisch – sind Vermögenswahrnehmungspflicht und Vermögensbetreuungspflicht inhaltlich synonym.[18] Der Begriff Vermögensfürsorgepflicht dient daneben lediglich als Umschreibung der Vermögensbetreuungspflicht.[19] Des einfacheren Verständnisses wegen soll auf ihn verzichtet werden. Maßgebend im Rahmen von § 266 StGB ist ausschließlich die Vermögensbetreuungspflicht. Wenn hier größtenteils von „Vermögensbetreuungspflichten“[20] im Plural die Rede ist, so bedeutet dies nicht, dass dem Täter mehrere Pflichtenbeziehungen im Sinne eines Pflichtenbündels zum fremden Vermögen obliegen müssen, sondern, dass ein und derselbe Täter im Konzern zu verschiedenen Vermögensträgern in einem solchen Pflichtenverhältnis stehen kann. Die Vermögensbetreuungspflicht im Konzern kann somit auf den unterschiedlichen Ebenen multipel sein.

Inhaltlich werden die Unsicherheiten von Pauschalbegriffen[21] wie „Fremdnützigkeit“, „gewisse Selbständigkeit“, „Dauer, Umfang und Art der Tätigkeit“ sowie „typischer und wesentlicher Inhalt“ bzw. „Hauptpflicht des Rechtsverhältnisses“ überdeckt. Diese Begriffe werden mit unterschiedlicher Wertigkeit von den verschiedenen Positionen herangezogen. Während zum Teil darauf abgestellt wird, ob es sich bei dem zwischen Täter und Opfer bestehenden Innenverhältnis um Vorgänge von gewissem Gewicht und gewisser Bedeutung handelt, bei denen die Pflicht des Täters den typischen und wesentlichen Inhalt ausmacht,[22] betonen andere den Charakter der Vermögensbetreuungspflicht als

---

[16] In Anlehnung an die „Pflicht, fremde Vermögensinteressen wahrzunehmen“ (§ 266 Abs. 1 Alt. 2 StGB).

[17] Vgl. im Überblick *Bringewat* GA 1973, 353 (361 f.).

[18] Vgl. hierzu ausführlich LK/*Schünemann* § 266 Rn. 71 m.w.N.; zu den Ergebnissen auf der Grundlage anderer als der monistischen Theorie vgl. Schönke/Schröder/*Lenckner/Perron* § 266 Rn. 2 und *Eisele* GA 2001, 377 (380 f.).

[19] Vgl. *Hirmer* Zivil- und strafrechtliches Verbot, 88 f.: „aus dem generalisierenden Begriff der Vermögensfürsorgepflicht“.

[20] Vgl. etwa den Titel dieses Kapitels.

[21] Drastischer *Dierlamm* NStZ 1997, 534 (534): „wenig hilfreich und nicht mehr als eine Worthülse.“

[22] So das RG in ständiger Rechtsprechung seit RG 1 D 865/34 v. 14.12.1934, RGSt 69, 58 (61 f.); fortgeführt unter anderem in RG 2 D 57/35 v. 25.2.1935, RGSt 69, 146 (148); RG 1 D 382/35 v. 13.8.1935, RGSt 69, 279 (280 f.). Daran anschließend auch die frühe Rechtsprechung des BGH, vgl. zum Beispiel BGH 1 StR 171/51 v. 8.5.1951, BGHSt 1, 186 (188 ff.); BGH 1 StR 441/52 v. 4.11.1952, BGHSt 3, 289 (293 f.); BGH 1 StR 5/53 v. 3.3.1953, BGHSt 4, 170 (172); BGH 2 StR 481/57 v. 11.12.1957, BGHSt 13, 315 (317 ff.). Weitere Nachweise bei Tröndle/*Fischer* § 266 Rn. 28.

Geschäftsbesorgung im zivilrechtlichen Sinne.[23] Hiernach muss es sich um eine typischerweise fremdnützige, eigene Überlegungen im Sinne von Selbständigkeit und Bewegungsfreiheit erfordernde Tätigkeit wirtschaftlicher Art für den Vermögensinhaber handeln. Nach ähnlicher Meinung ist die Vermögensbetreuungspflicht eine auf die Verfolgung der wirtschaftlichen Ziele des Geschäftsherrn gerichtete Garantenpflicht für das fremde Vermögen, die der Täter, mit gewisser Entscheidungsfreiheit ausgestattet, zu erfüllen hat.[24]

Besteht auf den ersten Blick weitgehend Einigkeit über die abstrakten Grundlagen von Vermögensbetreuungspflichten, ergibt ein Vergleich der praktischen Ergebnisse ein anderes Bild: So ist das Beispiel der Bejahung der Vermögensbetreuungspflicht eines bloßen Kassierers durch die Rechtsprechung[25] kein Einzelfall und ließe sich fortsetzen.[26] Auch heute gilt daher – zumindest für weite Teile der Materie – noch die Feststellung, dass es weder Rechtsprechung noch Lehre gelungen ist, sichere und verallgemeinerungsfähige Kriterien zur Feststellung der Vermögensbetreuungspflicht herauszufinden, was in der Praxis auf eine nicht kalkulierbare und deshalb unbefriedigende Einzelfalllösung hinausläuft.[27]

Das Problem ist dabei methodischer Art. Die abstrakten Begriffe „Fremdnützigkeit" etc. können stets – auch für den Rahmen dieser Arbeit – als Orientierungspunkte oder als allgemeiner Rahmen dienen. Sie mit Leben zu füllen ist die Schwierigkeit. Zumeist stehen die Termini für bestimmte, mittlerweile klassische Problemkreise wie die Abgrenzung des Boten und ähnlichen Handlangern zu Vertretern anhand des Merkmals der „Selbständigkeit" oder die Abgrenzung von Untreue zu bloß zivilrechtlichen Vertragsverletzungen mittels des „typischen und wesentlichen Vertragsinhalts". Hier erfüllen die Begriffe ihre Zwecke. Bei anderen als diesen klassischen Einzelfällen fehlt es hingegen an der Möglichkeit ihrer konkreten Ausgestaltung. Daher werden die Merkmale in solchen Grenzbereichen oftmals unreflektiert und ohne nähere Begründung verwendet. Es bleibt das unwohle Gefühl des „dunkelsten und verworrensten Kapitels im Besonderen Teil"[28].

---

[23] BGH 1 StR 266/76 v. 15.6.1976, GA 1977, 18 (19); BGH 4 StR 662/83 v. 18.11.1983, NStZ 1984, 118 (119); Lackner/*Kühl* § 266 Rn. 11; *Otto* Aktienstrafrecht Vor § 399 Rn. 31; ähnlich LK/*Schünemann* § 266 Rn. 72 ff.; Tröndle/*Fischer* § 266 Rn. 29.

[24] Schönke/Schröder/*Lenckner/Perron* § 266 Rn. 23a; SK/*Samson/Günther* § 266 Rn. 27 ff.; vgl. auch LK/*Schünemann* § 266 Rn. 58 f. und 85.

[25] Vgl. nur OLG Hamm 5 Ss 519/73 v. 22.5.1973, NJW 1973, 1809 (1810).

[26] Vgl. hierzu auch die – zum Teil heftig kritisierte – Subsumtion der Treuhandpflichten des Vermieters bezüglich der Mietkaution unter den Treubruchstatbestand in BGH 5 StR 371/95 v. 23.8.1995, BGHSt 41, 224 (228).

[27] So grundlegend die Kritik von *Labsch* Untreue, 157 ff. und 175 f.; ähnlich *Kohlmann* JA 1980, 228 (229).

[28] Siehe bereits oben Einleitung Fn. 3.

Die Lösung lautet: Weg vom Begrifflichen, hin zum Telos[29] der Untreue. Dieser besteht in dem Schutz des Vermögensinhabers gegen eine „von innen“[30] heraus, also von einer in seinem Lager stehenden Person bewerkstelligten Schädigung; oder – anders formuliert – in dem Schutz gegen einen unkontrollierten Zugriff des Treunehmers auf das für ihn fremde Vermögen des Treugebers;[31] bzw. – in den Worten *Bindings*[32] – in dem Schutz gegenüber dem „Feind gerade in der Person, der es [das Vermögen, *D.B.*] von Rechts wegen unterstellt ist“. Denn gegenüber Personen, denen der jederzeitige Zugriff auf das Vermögen eines anderen von Rechts wegen eröffnet ist, versagen alle sonst üblichen faktischen Schutzvorkehrungen. Insbesondere das Zivilrecht kann hier keinen Schutz präsentieren, da es ja genau umgekehrt gerade den ungehinderten Zugriff auf das fremde Vermögen ermöglicht.[33]

Zentrales Merkmal des Typus „Untreueunrecht“[34] für den Bereich der Vermögensbetreuungspflichten ist damit die Herrschaft über fremdes Vermögen.[35] Herrschaft bedeutet das Vorhandensein einer Machtstellung, die in der rechtlichen oder faktischen Ein- und Zugriffsmöglichkeit auf fremdes Vermögen besteht. Hierin erschöpft sich die Vermögensbetreuungspflicht jedoch nicht. § 266 StGB schützt nicht allein das Vermögen, sondern setzt zusätzlich als Angriffsmittel auf das geschützte Rechtsgut einen Vertrauensbruch voraus. Vertrauen besteht wiederum innerhalb einer Beziehung zwischen Personen „von innen“. Zwar wird nach herrschender Auffassung[36] das Vertrauensverhältnis im Rahmen des Untreuetatbestandes nicht als solches, also nicht um seiner selbst geschützt, jedoch stellt es eine Beziehung vermögensrechtlicher Art her und wird innerhalb dieser Vermögensbeziehung bewahrt. Vermögensrechtlich orientiertes Vertrauen ist gekennzeichnet durch die Gewährung einer bestimmten Position zum Vermögen sowie die darauf folgende Abwesenheit von Kontrolle durch den Vermögensinhaber selbst.

---

[29] Vgl. bereits oben Einleitung A. I und 1. Kapitel B. II. Methodisch ähnlich *Birkholz* Untreuestrafbarkeit, 146; ebenso LK/*Schünemann* § 266 Rn. 17 ff. Der von *Schünemann* gewählte Terminus des „Typus“ ist jedoch in seinen Inhalten rechtstheoretisch weitgehend ungeklärt und soll daher hier vermieden werden, zumal *Schünemann* inhaltlich den Typusbegriff – jedenfalls in dem hier interessierenden Zusammenhang – zweckgerichtet benutzt.

[30] Im Gegensatz zum Vermögensschutz „nach außen“, der von den §§ 242, 246, 303, 253, 263 StGB gewährleistet ist.

[31] So *Kohlmann* FS Werner, 387 (394).

[32] *Binding* Grundriss, 397.

[33] So treffend LK/*Schünemann* § 266 Rn. 18.

[34] So LK/*Schünemann* § 266 Rn. 20.

[35] Ebenso LK/*Schünemann* § 266 Rn. 20; vgl. auch *Haas* Die Untreue, 30: „Ausnutzung seiner Machtbefugnis“.

[36] Anders beispielsweise *Dunkel* „Vermögensbetreuungspflicht“, 41 ff., 109 ff., 112, 169, der außer dem Vermögen als geschütztem Rechtsgut auch das Vertrauen in die Redlichkeit des Rechts- und Wirtschaftsverkehrs ansieht.

Verbindet man nun Herrschaft und Vertrauen im Vermögensbereich, so ergibt sich daraus das bereits von *Schünemann* – wenn auch tendenziell anders –[37] entwickelte Merkmal der „eingeräumten Zugriffsmöglichkeit auf fremdes Vermögen bei Abwesenheit von Kontrolle". Hiermit korrespondiert auf der Seite des Vermögensinhabers die zumindest über einen gewissen Zeitraum und einer gewissen Qualität fortwährende Einschränkung der Handlungsmöglichkeiten in Bezug auf sein Vermögen bzw. Teile davon. Faktisch erfolgt so eine Verschiebung der Pflichtigkeit im Hinblick auf die Betreuung des Vermögens vom späteren Opfer zum Täter. Hieraus erklärt sich, dass unter Kontrolle nicht die Frage einer späteren Nachprüfung, sondern die gleichzeitige Steuerung und Überwachung zu verstehen ist.[38]

In diesem Zusammenhang werden auch die von Rechtsprechung und Literatur verwendeten Begriffe verständlich. „Selbständigkeit" ist ein Attribut von Herrschaft und der aus dem Vertrauensverhältnis fließenden Abwesenheit von Kontrolle. „Fremdnützigkeit" umschreibt die Verlagerung der faktischen Zuständigkeit für die Wahrnehmung von Vermögensangelegenheiten vom Inhaber auf den Täter im Interesse des Ersteren. „Typischer, wesentlicher Inhalt" fordert eine bestimmte Qualität der Einräumung von Vertrauen und Herrschaft über bloße Schuldrechtsverhältnisse hinaus. Und letztlich will das Dauerkriterium die Einbeziehung von Situationen in den Untreuetatbestand verhindern, in denen die Handlungsmöglichkeiten des Vermögensinhabers nur derart kurz beeinträchtigt werden, dass daraus keine Einwirkungsverlagerung resultiert.

Gleichzeitig ergibt sich, dass mit den hier vertretenen Kriterien der Vermögensbetreuungspflicht keine Ausdehnung des Untreuetatbestandes intendiert ist. Der Versuch einer restriktiven, eingrenzenden Auslegung im Anschluss an die Vorarbeiten des Reichsgerichts[39] ist nach wie vor unumstritten,[40] auch wenn sie in der gerichtlichen Praxis nicht immer umgesetzt wird.[41] So muss die besonders qualifizierte Pflichtenstellung des Täters über eine allein tatsächliche Einwir-

---

[37] „Eingeräumte Zugriffsmöglichkeit bei Abwesenheit von Kontrolle" wird hier – anders als bei LK/*Schünemann* § 266 Rn. 20, 58 f. und 72 ff., insbesondere Rn. 85 – nicht als primäres Kriterium im Rahmen der Abgrenzung von Missbrauchs- und Treubruchstatbestand aufgefasst, sondern dient der Bestimmung der Vermögensbetreuungspflicht. Zum anderen sind die Ausführungen – entgegen *Schünemann* – nicht auf den Treubruchstatbestand beschränkt. Denn auch der Missbrauch von Verfügungs- oder Verpflichtungsmacht setzt anvertraute Herrschaft voraus. Weiterhin sieht *Schünemann* das Herrschafts-Kontroll-Kriterium lediglich als Grundlage der von ihm geforderten Garantenpflicht für das fremde Vermögen und verfällt letztlich durch das Abstellen auf die Fremdnützigkeit in die „alten" abstrakten Kategorien, die sich in Grenzbereichen gerade als untauglich erwiesen haben. Nicht Fremdnützigkeit ist das Kriterium, sondern die „eingeräumte Zugriffsmöglichkeit auf fremdes Vermögen bei Abwesenheit von Kontrolle" selbst. Vgl. auch *Sax* JZ 1977, 663, 702 (702 ff.).

[38] So auch LK/*Schünemann* § 266 Rn. 85, jedoch ohne nähere Begründung.

[39] Die Wurzeln der restriktiven Interpretation, insbesondere des Treubruchstatbestandes, gehen auf RG (Fn. 22), RGSt 69, 58 (61 f.) zurück.

[40] Vgl. *Arzt* FS Bruns, 365 (367, 371); *Labsch* Untreue, 348.

[41] Vgl. nur die Nachweise oben Fn. 25 und 26.

kungsmöglichkeit deutlich hinausgehen.[42] Dies bedeutet nicht, dass dem Täter eine rechtliche Einwirkungsmöglichkeit auf das fremde Vermögen eingeräumt sein muss. Denn der Treubruchstatbestand erfasst unstreitig und gerade solche Situationen, in denen aufgrund eines (tatsächlichen) Treueverhältnisses faktisch Vermögensmacht ausgeübt wird. Der Schlüssel liegt vielmehr – über *Schünemann* hinaus – in der (rechtlichen oder tatsächlichen) Verschiebung der Pflichtigkeit im Hinblick auf die Betreuung des Vermögens. Diese wird bedingt durch die eingeräumte Herrschaft auf Seiten des Täters und die Zurücknahme des Einflusses auf das Vermögen seitens des Inhabers bzw. – im hier interessierenden gesellschaftsrechtlichen Zusammenhang – derjenigen Personen, die für diesen organmäßig Vermögenseinfluss aufgrund der gesetzlichen Ordnung wahrnehmen. Hierin liegt das verbindende Vertrauen.

Im Rahmen der Vermeidung einer konturen- und uferlosen Ausdehnung des Tatbestandes und zur Kennzeichnung des spezifischen Untreueunrechts ist weiterhin mit der herrschenden Meinung[43] zu fordern, dass der so vermögensbetreuungspflichtige Täter auch eine aus dem Treueverhältnis fließende spezifische Treuepflicht verletzt. Dies bedeutet, dass trotz einer generell bestehenden Vermögensbetreuungspflicht die Möglichkeit besteht, dass der Treuepflichtige Maßnahmen tätigt, die nicht unter den Straftatbestand des § 266 StGB fallen, sondern allein einen Verstoß gegen eine beliebige allgemeine Schuldnerpflicht bedeuten. Zu fordern ist deshalb stets, dass der einmal Betreuungspflichtige in Ausübung der ihm eingeräumten Herrschaft handelt und innerhalb seines Aufgabenbereichs tätig wird.[44]

Sind nunmehr allgemein gültige Kriterien für die Beurteilung von Vermögensbetreuungspflichten gefunden, die auch für Konzernverhältnisse Geltung beanspruchen, so müssen letztlich noch – bevor die gesellschaftsrechtlichen Wurzeln der Konzernbeziehung ins Blickfeld treten – die möglichen Entstehungstatbestände von Vermögensbetreuungspflichten beleuchtet werden.

Für Missbrauchs- und Treubruchstatbestand einheitlich bestehen diese in Gesetz, Rechtsgeschäft oder behördlichen Auftrag, wobei Letzterer im Rahmen der anvisierten Konzernsituationen keine Rolle spielt. Für den Treubruchstatbestand kommt das tatsächliche[45] „Treueverhältnis" hinzu. Dass hierunter insbesondere rechtsunwirksame Rechtsverhältnisse zu subsumieren sind, ist unumstritten.

---

[42] Vgl. auch *Dierlamm* NStZ 1997, 534 (534 f.).

[43] Vgl. nur LK/*Schünemann* § 266 Rn. 89 f. m.w.N.; anders Schönke/Schröder/*Lenckner/Perron* § 266 Rn. 36 a.E.; dagegen *Tiedemann* FS Tröndle, 319 (325).

[44] Da von einem Handeln des jeweiligen Geschäftsleiters der einem Konzern zugehörigen Gesellschaft in seiner Organ-Eigenschaft ausgegangen wird, kommt diesem Punkt für den weiteren Untersuchungsgegenstand keine Bedeutung zu.

[45] Bzw. „sozialethische" Treueverhältnis. So *Welzel* Das deutsche Strafrecht, 388, der die Formulierung „tatsächliches" Treueverhältnis als unglücklich bezeichnet.

Problematisch ist allerdings, wie sich Vermögensbetreuungspflicht und Treueverhältnis zueinander verhalten. Teils wird ausgeführt, dass nicht aus einem vorweg bestimmbaren Treueverhältnis das Bestehen der Vermögensbetreuungspflicht gefolgert werden kann, sondern dass umgekehrt aus der begründeten besonderen Pflicht das Bestehen des Treueverhältnisses folgt.[46] Die herrschende Auffassung fordert demgegenüber eine derartige Pflicht, die auf einem Treueverhältnis beruht.[47] Letztlich ist dies zirkulöse Begriffsreiterei. Das Treueverhältnis dient wie Gesetz und Rechtsgeschäft als Rechtsquelle für die Vermögensbetreuungspflicht. Im Gegensatz zu Gesetz und Rechtsgeschäft stellt es allerdings keine über die Vermögensbetreuungspflicht hinausgehenden spezifischen Anforderungen auf. Es bedarf keiner rechtswirksamen Beziehung, sondern allein einem auf Vertrauen basierenden Verhältnis zwischen Täter und Opfer, das zwar tatsächlicher Art ist, durchaus aber rechtliche Folgen zeitigt, indem es die Pflichtigkeit zur Vermögensbetreuung auf den Täter verlagert.[48] Inhaltlich sind Treueverhältnis und Vermögensbetreuungspflicht demnach identisch.[49]

III. Vermögensbetreuungspflichten im Gesellschaftsrechtsverhältnis

Die GmbH- und aktienrechtliche Untreue (§ 81 a GmbHG a.F. und § 294 AktG a.F.) als nebenstrafrechtliche Sondertatbestände haben heute nur noch historische Bedeutung.[50] Allerdings enthielten sie indirekt Regelungen von Vermögensbetreuungspflichten im Gesellschaftsrechtsverhältnis.

§ 81 a GmbHG a.F.[51] bestimmte: "(1) Wer als Geschäftsführer, Liquidator oder Mitglied eines Aufsichtsrates oder eines ähnlichen Organs einer Gesellschaft mit beschränkter Haftung vorsätzlich zum Nachteil der Gesellschaft handelt, wird mit Gefängnis und mit Geldstrafe bestraft [...]". Ähnlich formulierte § 294 AktG a.F.[52]: „(1) Wer als Mitglied eines Vorstandes oder Aufsichtsrats oder als Abwickler vorsätzlich zum Nachteil der Gesellschaft handelt, wird mit Gefängnis bestraft [...]".

---

46 *Sax* JZ 1977, 663, 702 (705f).
47 Instruktive Kritik an Sax bei LK/*Hübner* (10. Aufl.) § 266 Rn. 76.
48 Prägnant formulieren dies *Maurach/Schroeder/Maiwald* Besonderer Teil, TeilBand 1, § 45 Rn. 27: „Gemeint ist vielmehr ein tatsächliches Verhältnis, das rechtlich eine Pflicht zur Vermögensbetreuung begründet".
49 Anders die herrschende Meinung: So folgert beispielsweise LK/*Hübner* (10. Aufl.) § 266 Rn. 75 aus der gleichrangigen Aufzählung des Treueverhältnisses neben Gesetz und Rechtsgeschäft, dass „Treueverhältnis" nicht mit „Vermögensbetreuungspflicht" gleichgesetzt werden kann. Dies schließt allerdings nicht aus, dass beide Begriffe inhaltsgleich sind. So räumt auch *Hübner* ein, dass das Treueverhältnis „doch die Kraft hat, rechtlich zu verpflichten", indem es die Pflicht „zur Wahrnehmung fremder Vermögensinteressen" statuiert.
50 Vgl. oben Einleitung Fn. 45.
51 In der Fassung des Gesetzes zur Änderung strafrechtlicher Vorschriften vom 26.5.1933, RGBl. I, 295 ff.
52 In der Fassung des Gesetzes über Aktiengesellschaften und Kommanditgesellschaften auf Aktien (Aktiengesetz) vom 30.1.1937, RGBl. I, 107 ff.

Im Gegensatz zur abstrakten Beschreibung des Täterkreises in § 266 StGB mittels des besonderen Pflichtenverhältnisses zählten die Sondertatbestände die tauglichen Täter abschließend auf. Auch wenn die Anwendungsbereiche von Sondertatbestand und § 266 StGB nicht notwendig deckungsgleich waren,[53] so bedeutete die enumerative Aufzählung doch eine Konkretisierung der vom allgemeinen Untreuetatbestand geforderten Vermögensbetreuungspflicht. Diese sollte Organe im Hinblick auf die eigene Gesellschaft treffen. Dass dies im Rahmen von § 266 StGB ebenso zu beurteilen ist, ist unstreitig.[54] Darüber hinaus jedoch zu folgern, im Hinblick auf dritte, konzernangehörige Gesellschaften oblägen den Führungs- und Aufsichtspersonen nach § 266 StGB keine solchen Pflichten, geht fehl. Zum einen umfassten die Sondertatbestände keine Konzernsituationen in ihrem Anwendungsbereich. Zum anderen regelten sie ausschließlich das Verhältnis von besonderem Leitungspersonal zur „eigenen" Gesellschaft. Aussagen über daneben eventuell bestehende Pflichtenpositionen waren weder positiv noch negativ bezweckt. Die diesbezügliche Klärung verblieb allein § 266 StGB, der neben den Sondertatbeständen weiterhin Anwendung fand[55] und nur in deren beschränkten Anwendungsbereich im Wege der Spezialität[56] verdrängt wurde. Daher sind kritische Anmerkungen[57] des Inhalts nicht verständlich, die Streichung der Sondertatbestände führe im Rahmen von § 266 StGB zu einer zweifelhaften Strafbarkeitsausweitung durch Eröffnung der Annahme einer Vermögensbetreuungspflicht des (beherrschenden Mehrheits-) Gesellschafters oder im Konzernbereich.[58] Auch unter dem zweigleisigen alten Recht war eine solche Annahme im Rahmen des allgemeinen Untreuetatbestandes de iure möglich und wurde gegenüber in den Sondertatbeständen nicht ge-

---

[53] Vgl. *Waßmer* Untreue bei Risikogeschäften, 12; *Tiedemann* GmbH-Strafrecht Vor §§ 82 ff. Rn. 11.

[54] Siehe oben Fn. 13 für Vorstand und Geschäftsführer. Für Aufsichtsratsmitglieder vgl. *Tiedemann* FS Tröndle, 319 (319 ff.); *Otto* Aktienstrafrecht Vor § 399 Rn. 23 f.; *E. Schneider* Die Untreue, 44; BGH (Einleitung Fn. 112), BGHSt 9, 203 (210).

[55] So die herrschende Auffassung, vgl. beispielsweise *Seher* Die aktienrechtliche Untreue, 26, während zum Beispiel *Geilen* Aktienstrafrecht Vorb. § 399 Rn. 12 zweifelhaft von einer „de facto wirksame[n] Sperrfunktion" des Sondertatbestandes spricht. Im Anschluss an diese Aussage wird *Geilen* vorsichtiger und stellt auf den „immerhin denkbare[n], wenn auch im Ergebnis vielleicht nicht durchschlagende[n] Hinweis auf den geschlossenen Täterkatalog des § 294 a.F. und den durch diese Spezialregelung auch für § 266 StGB nahegelegten Umkehrschluß" ab.

[56] *Tiedemann* GmbH-Strafrecht Vor §§ 82 ff. Rn. 11.

[57] *Tiedemann* GmbH-Strafrecht Vor §§ 82 ff. Rn. 11 a.E.; *Geilen* Aktienstrafrecht Vorb. § 399 Rn. 12.

[58] Ebenso wenig verständlich ist die Folgerung von *Hartung* NJW 1996, 229 (232), die Annahme einer Vermögensbetreuungspflicht des Gesellschafters sei deshalb ausgeschlossen, weil dies eindeutig dem früheren Gesetzgeber widerspreche, der in dem früher geltenden Spezialtatbestand der GmbH-Untreue (§ 81 a GmbHG a.F.) den Gesellschafter gerade nicht als Sondertatbestandsadressanten aufgenommen hatte, sondern nur den Geschäftsführer. Erstens ist dies die Intention des *früheren* Gesetzgebers, dessen Regelung mittlerweile aufgehoben wurde, und zweitens bestand durchaus die Möglichkeit, schon damals den Gesellschafter als Täter des allgemeinen § 266 StGB zu betrachten.

nannten Personen durchaus praktiziert.[59] Der (Mehrheits-) Gesellschafter war in den §§ 81 a GmbHG a.F. und 294 AktG a.F. deshalb nicht aufgezählt, weil er im Gegensatz zu Vorstand, Geschäftsführer, Aufsichtsrat und Liquidator bzw. Abwickler keine gesetzlich-typische Leitungsfunktion in der Gesellschaft einnimmt.

Für Konzernsachverhalte von Bedeutung sind des Weiteren § 183 des sog. Alternativentwurfes[60], der mit der Regelung des Missbrauchs gesellschaftsrechtlicher Befugnisse eine Wiedereinführung aktien- und GmbH-rechtlicher Untreuesondertatbestände befürwortete, sowie insbesondere die diesbezügliche Stellungnahme *H.J. Mertens* in seinem Gutachten für die Sachverständigenkommission zur Bekämpfung der Wirtschaftskriminalität[61]. Es sei problematisch – so *Mertens* –, dass § 183 AE denjenigen nicht als Täter erfasse, der die Geschäftsführungsorgane zu pflichtwidrigen Gefährdungen des Gesellschaftsvermögens veranlasse. Dass nur derjenige, der eine unzulässige nachteilige Weisung befolge, nicht aber der, der sie gebe, bestraft werde, erscheine jedenfalls innerhalb *verbundener Unternehmen*[62] unvertretbar.[63] Daher schlug *Mertens* vor, falls man sich entgegen seiner generellen Empfehlung für die Wiedereinführung gesellschaftsrechtlicher Untreuetatbestände entscheide, so sollte der Sondervorschrift (des § 183 AE) die Formulierung hinzugefügt werden: „Die gleiche Strafe trifft denjenigen, der kraft seines Einflusses die in Abs. 1 Nr. 1–4 genannten Organe und Personen zu dem pflichtwidrigen Handeln veranlasst."[64] Gleichzeitig bemerkt er, dass insgesamt eine dem § 183 AE entsprechende Vorschrift im Hinblick auf die in strafwürdigen Fällen durchweg gegebene Funktionsfähigkeit des (allgemeinen) Untreuetatbestandes nicht erforderlich erscheine.[65]

Letztere Aussage verdeutlicht, dass aus der Forderung *Mertens* hinsichtlich der Aufnahme einer Täterstrafbarkeit der Konzernobergesellschaft bzw. ihrer Organe in § 183 AE nicht gefolgert werden kann, dass solche Situationen von § 266 StGB nicht erfasst sind. Vielmehr deuten seine Ausführungen darauf hin, dass das Gegenteil der Fall ist.

---

[59] Vgl. BT-Drucks. IV/171, 260; siehe auch das unserer Thematik nahekommende Beispiel bei *E. Schneider* Die Untreue, 45, wonach unter Geltung des § 294 AktG a.F. im Falle juristischer Personen als Abwickler dieser Sondertatbestand nicht zur Anwendung kommen konnte, da nur die juristische Person, nicht aber die sie vertretende natürliche Person Abwickler und damit in Betracht kommender „Täter" der besonderen aktienrechtlichen Untreue war. Die Lösung erfolgte unter Rückgriff auf § 266 StGB als „lex generalis"; vgl. auch *E. Schneider* Die Untreue, 100 zur Heranziehung des § 266 StGB zur Schließung eventueller Strafbarkeitslücken in Fällen von Konzernuntreue.

[60] Alternativentwurf (AE)/BT, Straftaten gegen die Wirtschaft, 61.

[61] *Mertens* Sachverständigenkommission, Band XIV, Anlage 2, 24 (24 ff.).

[62] Hervorhebungen hier.

[63] *Mertens* Sachverständigenkommission, Band XIV, Anlage 2, 24 (30).

[64] *Mertens* Sachverständigenkommission, Band XIV, Anlage 2, 24 (31).

[65] *Mertens* Sachverständigenkommission, Band XIV, Anlage 2, 24 (32).

Insgesamt lassen sich weder aus den §§ 81 a GmbHG a.F. und 294 AktG a.F. noch aus § 183 AE für die Klärung von Vermögensbetreuungspflichten im Konzernverhältnis Gedanken fruchtbar machen. Es bedarf somit einer allein an den Vorgaben von § 266 StGB orientierten Bestimmung von Kriterien für Vermögensbetreuungspflichten im Konzern.

B. Kriterien für Vermögensbetreuungspflichten im Konzern

Bei der Betrachtung von Vermögensbetreuungspflichten im Konzernverhältnis ist zwischen zwei Ebenen zu differenzieren. Auf der Stufe des herrschenden Unternehmens bzw. der seines geschäftsleitenden Organs kommen Vermögensbetreuungspflichten gegenüber der abhängigen Gesellschaft in Betracht (I.). Die daneben denkbaren konzernspezifischen Pflichtensituationen, in denen ausnahmsweise eine Konzernuntreue durch ein Organ gegenüber seiner „eigenen" Gesellschaft verwirklicht werden kann, weisen demgegenüber keine Schwierigkeiten auf und können deshalb ausgespart werden. Dass dem Vorstand, Geschäftsführer oder Aufsichtsrat gegenüber der „eigenen" AG oder GmbH eine besondere Pflichtenstellung im Sinne einer Vermögensbetreuungspflicht zukommt, ist unbestritten.[66] Gleiches gilt für die Geschäftsleitung des abhängigen Unternehmens. Diese kann darüber hinaus – nun umgekehrt – gegenüber der herrschenden Gesellschaft vermögensbetreuungspflichtig sein. Zugleich ist eine besondere Pflichtenstellung im Hinblick auf das Vermögen der Schwestergesellschaft zu untersuchen (beides II.).

I. Die Vermögensbetreuungspflichten des herrschenden Unternehmens bzw. seines geschäftsleitenden Organs gegenüber der abhängigen Gesellschaft

Vermögensbetreuungspflichten der herrschenden Gesellschaft bzw. ihrer Organe gegenüber der abhängigen Gesellschaft sind bisher selten in Rechtsprechung und Literatur thematisiert worden. Mit dem „Treuhand"-Urteil[67] stellt der BGH auf das Kriterium der faktischen Dominanz des herrschenden Unternehmens in der Sphäre der beherrschten Gesellschaft ab. Ausführungen zur Herleitung eines solchen Kriteriums sowie zur Feststellung faktischen Einflusses lässt der 3. Strafsenat allerdings vermissen. Ein wenig mehr Licht ins Dunkel bringt die „Bremer Vulkan"-Entscheidung[68], die die Vermögensbetreuungspflicht der Mutter aus ihrer Stellung als beherrschendes Unternehmen ableitet, aufgrund derer sie faktischen Einfluss auf ihre Tochter nehmen kann und auch tatsächlich genommen hat. Grundlage faktischer Herrschaft ist hiernach die Position als herrschendes Unternehmen als solche, unter der Voraussetzung, dass diese gesellschaftsrechtliche Macht auch tatsächlich ausgeübt wird.

---

[66] Siehe bereits oben Text vor und Nachweise in Fn. 13 und 54.
[67] Oben Einleitung Fn. 30.
[68] Oben Einleitung Fn. 34.

Es stellt sich die Frage, ob dies nicht bei jedem Konzern (im engen Sinne des § 18 AktG) von sich aus der Fall ist, denn der Begriff der einheitlichen Leitung setzt notwendig voraus, dass das herrschende Unternehmen von seiner Konzernleitungsmacht Gebrauch macht.[69] Fraglich ist weiterhin, inwiefern von Bedeutung ist, dass es sich – wie im Fall „Bremer Vulkan" – um eine 100 %ige Tochtergesellschaft handelt oder ob dieselben Grundsätze auch für schlichte Mehrheitsbeteiligungen gelten. Letztlich ist zu hinterfragen, ob mit dem Kriterium faktischer Dominanz wirklich der entscheidende Ansatz gefunden ist.

Betrachtet man das Konzernverhältnis, so wird deutlich, dass das herrschende Unternehmen stets Gesellschafter[70] im Sinne von Anteilseigner bzw. Aktionär der abhängigen Gesellschaft ist. In der strafrechtlichen Literatur findet sich verstärkt die Tendenz, dem Gesellschafter bereits aus dieser Stellung eine Vermögensbetreuungspflicht aufzuerlegen. Für das Konzernverhältnis kommt hinzu, dass die Muttergesellschaft eine qualifizierte Gesellschafterstellung[71] einnimmt, mit der im Vergleich zum einfachen Gesellschafter bestimmte besondere Rechte und Pflichten verbunden sind. Demzufolge lassen sich drei mögliche Grundlagen für Vermögensbetreuungspflichten der Muttergesellschaft gegenüber ihrer Tochter ausmachen: Die Stellung als Gesellschafter (1.), das konzernrechtliche Verhältnis (2.) und die rechtliche oder faktische Geschäftsleitung (3.).

1. Vermögensbetreuungspflichten aus der Stellung als Gesellschafter

Bei der Frage der Vermögensbetreuungspflicht des Gesellschafters sind für den Zweck der Untersuchung Konstellationen auszuscheiden, in denen der Gesellschafter zugleich rechtlich bestellter oder faktischer GmbH-Geschäftsführer oder AG-Vorstand ist. Denn dann resultiert die Vermögensbetreuungspflicht unstreitig aus der rechtlichen Organstellung oder ihrer faktischen Innehabung,[72] nicht hingegen aus der Gesellschafterposition als solcher. Vor diesem Hintergrund fehlen ausdrückliche Stellungnahmen der Rechtsprechung zur Frage der Vermögensbetreuungspflicht des Gesellschafters. In allen zu dieser Frage veröffentlichten Entscheidungen war der wegen Untreue verurteilte Gesellschafter nämlich gleichzeitig zumindest faktischer Geschäftsführer.[73] In der Literatur

---

[69] Siehe oben Einleitung B. II.

[70] Und im Regelfall – auf den sich die Untersuchung beschränkt – Mehrheitsgesellschafter, vgl. nur Münchener Handbuch/*Decher* Band 3, § 69 Rn. 29.

[71] Siehe auch oben Einleitung B. III.

[72] Zur Vermögensbetreuungspflicht des faktischen Geschäftsführers vgl. nur *Tiedemann* GmbH-Strafrecht Vor §§ 82 ff. Rn. 15.

[73] Irreführend in diesem Zusammenhang ist die Bemerkung von *Gribbohm* ZGR 1990, 1 (22), in der Rechtsprechung bestünde kein Zweifel daran, dass auch ein Gesellschafter in dieser Stellung tauglicher Täter einer Untreue sein könne. Die von *Gribbohm* genannten Entscheidungen stellen entweder auf die Stellung als Geschäftsführer ab (vgl. BGH 3 StR 488/78 v. 4.4.1979, BGHSt 28, 371 [372]) oder betonen ausdrücklich, dass Täter lediglich der Geschäftsführer, nicht aber ein Gesellschafter sein kann (so RG 5 D 524/37 v. 20.9.1937, RGSt 71, 353 [355] zu § 81 a GmbHG a.F.).

finden sich demgegenüber zunehmend Stellungnahmen, die eine Vermögensbetreuungspflicht des Gesellschafters aus verschiedenen Ansätzen herleiten.

a. Mitgliedschaft

Naheliegendster Ansatz für die Begründung einer Vermögensbetreuungspflicht des Gesellschafters ist dessen Mitgliedschaft in der Gesellschaft selbst.[74] Gesellschaftsrechtlich steht heute außer Zweifel, dass die Gesellschafter ihrer Gesellschaft nicht wie Dritte gegenüberstehen,[75] sondern bestimmten, aus der Mitgliedschaft folgenden Pflichten unterliegen.[76] Strafrechtlich wird als Grundlage der nach klassischer Ansicht für die Vermögensbetreuungspflicht notwendigen Kriterien der Fremdnützigkeit und Selbständigkeit das Kapitalerhaltungsgebot genannt. Aus ihm folge, dass es sich bei dem dem Stamm- bzw. Grundkapital entsprechenden Gesellschaftsvermögen um für die Gesellschafter indisponibles Fremdvermögen handele. Zu dessen rechnerischem Erhalt sei die Gesellschaftergesamtheit gesellschaftsrechtlich verpflichtet, so dass ihre Allzuständigkeit im Hinblick auf die Verwendung des Gesellschaftsvermögens insoweit gerade begrenzt sei.[77]

Hiergegen ist eingewandt worden, die Gesellschafter nähmen ihre Funktion im eigenen, auf Gewinnerzielung gerichteten Interesse wahr, verfolgten also (ausschließlich) Eigeninteressen und nicht Fremdinteressen.[78] Die Mitgliedschaft sei auch unter Berücksichtigung der Vorschriften über den Erhalt des Stammkapitals kein fremdnütziges Verhältnis, da die Gesellschafter nur wegen im Einzelfall gegenläufiger Interessen der Gläubiger geringfügige Beschränkungen ihrer Befugnisse hinnehmen.[79]

Beide Argumentationslinien sind vor dem Hintergrund der Auseinandersetzung mit der „wirtschaftlichen Betrachtungsweise“[80] verständlich, leiden dadurch aber an Einseitigkeit. Den Befürwortern gelingt lediglich aufzuzeigen, dass für

---

[74] So etwa *Radtke* GmbHR 1998, 311, 361 (367 f.); *Richter* GmbHR 1984, 113, 137 (144); *Gribbohm* DStR 1991, 248 (250); *Ziemons* Die Haftung, 200 ff.; ähnlich *Gribbohm* ZGR 1990, 1 (21 f.); *Mihm* Strafrechtliche Konsequenzen, 110; ablehnend *Arloth* NStZ 1990, 570 (575); *Hartung* NJW 1996, 229 (232); Schönke/Schröder/*Lenckner/Perron* § 266 Rn. 25 und 26; *Tiedemann* GmbH-Strafrecht Vor §§ 82 ff. Rn. 17; LK/*Schünemann* § 266 Rn. 107 (Stichwort Aktiengesellschaft); *E. Schneider* Die Untreue, 66; *Birkholz* Untreuestrafbarkeit, 254 ff.; i.E. auch *Flum* Der Strafrechtliche Schutz, 221 ff.

[75] So noch die Konsequenz der überwundenen historischen Vorstellung von dem Gesellschaftseigentum als Miteigentum der Aktionäre und GmbH-Gesellschafter, nach der es unvereinbar war, die Gesellschafter selbst als Träger von Verantwortung in der Gesellschaft anzusehen. Haftungstechnisch hatten die Gesellschafter zur Gesellschaft die Stellung von unverbundenen Dritten – vgl. ausführlich *Wilhelm* DB 1986, 2113 (2113).

[76] *Ulmer* ZGR 1985, 598 (604).

[77] *Radtke* GmbHR 1998, 311, 361 (367).

[78] *Flum* Der Strafrechtliche Schutz, 230 f., 240; vgl. auch aus gesellschaftsrechtlicher Sicht *Burgard* ZIP 2002, 827 (829, 831) m.w.N.

[79] *Flum* Der Strafrechtliche Schutz, 231.

[80] Vgl. oben Einleitung C. I. 1.

die Gesellschafter indisponibles Fremdvermögen besteht.[81] Die generelle Stellung der Gesellschafter zum Gesellschaftsvermögen wird hingegen nicht beleuchtet. Die Begrenzung der Zuständigkeit zur Vermögensverwendung seitens der Gesellschaftergesamtheit ist nur Teilaspekt dieser Stellung und besagt, dass im Hinblick auf die eventuelle Beurteilung der Pflichtwidrigkeit des Handelns – eines bereits Vermögensbetreuungspflichtigen – im Rahmen von § 266 StGB eine Grenze existieren könnte. Allein aus ihr eine Vermögensbetreuungspflicht herzuleiten geht zu weit, da solche Begrenzungen zivilrechtlicher Natur in jeder Art von vertraglicher Bindung oder tatsächlicher Beziehung vorkommen können, ohne dass daraus strafrechtlich notwendigerweise Konsequenzen zu ziehen sind. Ansonsten liefe man Gefahr, aus jeder (einfachen) Vertragsverletzung oder Überschreitung gesetzlicher Grenzen eine Vermögensbetreuungspflicht zu konstruieren. Dies hingegen würde der Notwendigkeit einer restriktiven Auslegung[82] des Untreuetatbestandes zuwiderlaufen.[83]

Der Gegenmeinung ist vorzuhalten, dass die Fremdheit des Gesellschaftsvermögens für die Aktionäre und Anteilseigner bereits auf vorgelagerter Ebene geklärt wurde.[84] Von der dortigen Ablehnung der wirtschaftlichen Betrachtungsweise nun abzuweichen und davon auszugehen, im Rahmen der Vermögensbetreuungspflicht prävaliere das wirtschaftliche Interesse der Gesellschafter, geht unabhängig von etwaigen gesellschaftsrechtlichen Dispositionsgrenzen fehl. Zwar haben die Gesellschafter ein eigenes Interesse am wirtschaftlichen Erfolg der Unternehmung, dieses Interesse wird jedoch nur indirekt vermittelt durch Dividende oder sonstige Ausschüttungen sowie den finanziellen Wert des Gesellschaftsanteils. Unmittelbar agieren die Gesellschafter hingegen für einen von ihnen personenverschiedenen Vermögensträger zur Erhaltung und Mehrung dessen Vermögens und damit rechtlich im Fremdinteresse.[85]

Hieran knüpft eine Meinung an, die in Bezug auf die GmbH argumentiert, die Gesellschafter hätten als Mitglieder der Gesellschafterversammlung die Vermögensinteressen der GmbH, jedenfalls in dem von § 46 GmbHG vorgegebenen

[81] Hierzu ausführlich unten 3. Kapitel B. II.

[82] Nachweise oben Fn. 39 und 40.

[83] Es ist allgemein anerkannt, dass § 266 StGB nicht jegliche Vertragsverletzung, die zu einem Vermögensschaden führt, unter Strafe stellen will; vgl. nur SK/*Samson/Günther* § 266 Rn. 27.

[84] Vgl. oben Einleitung C. I. 1.

[85] Daran ändert auch die Tatsache nichts, dass den Gesellschaftern nach vorherrschender gesellschaftsrechtlicher Ansicht Informations- und Weisungsrechte im eigenen Interesse gegeben sind, nicht hingegen im Interesse der Gesellschaft; vgl. *K. Schmidt* ZIP 1988, 1497 (1506) und *Burgard* ZIP 2002, 827 (831). Denn insgesamt werden die Gesellschafter für einen von ihnen verschiedenen eigenständigen Vermögensträger tätig, so dass sie bei der Ausübung ihrer Befugnisse auch auf fremde Interessen Einfluss nehmen. Eine Meinung im gesellschaftsrechtlichen Schrifttum geht sogar noch weiter, indem sie darauf abstellt, dass im Rahmen des GmbH-Rechts der Umstand, dass die Geschäftsführung Sache der Gesellschafterversammlung ist nichts daran ändert, dass der Gesellschafter fremde Geschäfte führt, wenn er die Geschicke der GmbH lenkt; hierzu *Altmeppen* Abschied, 60 Fn. 45 und unten B. I. 2. b.

Rahmen wahrzunehmen. Hierzu gehöre hauptsächlich die Überwachung der Geschäftsführung und die Geltendmachung von Ansprüchen gegen die Geschäftsführer.[86] Eine Verschiebung der Pflichtigkeit im Hinblick auf die Betreuung des fremden Vermögens durch den einzelnen Gesellschafter resultiert allein daraus jedoch ebenso wenig wie dessen zu fordernde qualifizierte Zugriffsmöglichkeit auf das Vermögen. Unklar ist weiterhin, wie aus der Pflichtenstellung der Gesellschaftergesamtheit strafrechtliche Pflichten einzelner Gesellschafter entstehen sollen.

Dies bedeutet nicht, dass aus der Mitgliedschaft als solcher keinerlei Konsequenzen für die Annahme von Vermögensbetreuungspflichten zu ziehen wären. Aus dem Eigentum an der Gesellschaft fließen verschiedenartige Rechte und Einflusspositionen, die es zu beachten und insbesondere zu bewerten gilt. Dabei darf aber weder aus dem Blickwinkel der Zuständigkeitsbeschränkungen argumentiert werden noch darf die Stellung der Gesellschaftergesamtheit im Vordergrund stehen. Die strafrechtliche Beurteilung hat immer an der Einzelperson anzusetzen. Nur diese kann sich nach § 266 StGB strafbar machen. In das Blickfeld rückt damit – zumindest für den Zweck dieser Arbeit – der Allein- oder Mehrheitsgesellschafter. Dann aber liegt der Kriterienschwerpunkt nicht mehr auf der Mitgliedschaft als solcher, sondern auf der durch diese sicherlich mitbestimmten rechtlichen und tatsächlichen Einflussposition auf das Gesellschaftsvermögen. Diese wird hier als eigenständige Grundlage von Vermögensbetreuungspflichten behandelt.[87]

b. Gesellschaftsrechtliche Treuepflicht

Im gesellschaftsrechtlichen Schrifttum und in der Rechtsprechung der Zivilsenate des BGH ist weitgehend anerkannt, dass dem Gesellschafter gegenüber der Gesellschaft eine gesellschaftsrechtlich begründete Treuepflicht[88] obliegt. Diese verlangt von dem Gesellschafter, sich gegenüber der Gesellschaft loyal zu verhalten, ihre Zwecke aktiv zu fördern und Schaden von ihr abzuhalten.[89] Lediglich die Grenzen dieser Treuepflicht bzw. die ihrer Disponibilität seitens der Gesellschaftergesamtheit bzw. seitens des Alleingesellschafters sind strittig.[90]

[86] *Mihm* Strafrechtliche Konsequenzen, 110.
[87] Siehe unten B. I. 1. c.
[88] Für die strafrechtliche Betrachtung ist zunächst unerheblich, auf welcher dogmatischen Grundlage diese Pflicht beruht – vgl. hierzu instruktiv *Dreher* DStR 1993, 1632 (1633) und *Ziemons* Die Haftung, 76 ff. – und welche Unterschiede – wenn überhaupt – zur von *K. Schmidt* vertretenen Sonderrechtsverbindung zwischen Gesellschaftern und Gesellschaft bestehen; vgl. *K. Schmidt* BB 1985, 2074 (2077); *K. Schmidt* ZIP 1986, 146 (148 f.); *K. Schmidt* ZIP 1988, 1497 (1505 f.); zuletzt *K. Schmidt* NJW 2001, 3577 (3579 f.).
[89] Baumbach/Hueck/*Hueck* § 13 Rn. 22.
[90] *Henze* GmbHR 2000, 1069 (1072); *Dreher* DStR 1993, 1632 (1633); *T. Raiser* Kapitalgesellschaften, § 12 Rn. 44 ff., § 38 Rn. 36 ff.; *Ulmer* ZHR 148 (1984), 391 (420); *Winter* Mitgliedschaftliche Treubindungen, 190 ff.; *Ziemons* Die Haftung, 97 ff.; zur neueren Entwicklung vgl. nun auch BGH (Einleitung Fn. 34), BGHZ 149, 10 (16) „Bremer Vulkan" mit

Teilweise wird versucht, strafrechtliche Vermögensbetreuungspflicht und gesellschaftsrechtliche Treuepflicht der Gesellschafter gleichzusetzen,[91] zumindest in dem Umfang, wie den Gesellschaftern die Wahrung des Stamm- bzw. Grundkapitals anvertraut ist.[92] Auch für *Wodicka* scheint die Vermögensbetreuungspflicht zunächst in der gesellschaftsrechtlichen Treuepflicht der Gesellschafter begründet zu sein, allerdings begrenzt mit dem Inhalt eines Existenzgefährdungsverbotes.[93] Da jedoch von dem Gesellschafter eine laufende Kontrolle der Geschäftsleitung nicht verlangt werden könne,[94] sei die Treuepflicht als Existenzgefährdungsverbot in Geschäftsführungsangelegenheiten auf solche Fälle beschränkt, in denen der Gesellschafter auf die Geschäftsführung aktiven Einfluss nimmt.[95]

Dann ist allerdings nicht mehr die Treuepflicht Grundlage der Vermögensbetreuungspflicht, sondern die faktische Einflussnahme des Gesellschafters mit gesellschaftsrechtlichen Mitteln. Dies entspricht den neueren Erkenntnissen zum Geltungsgrund der gesellschaftsrechtlichen Treuepflicht, die zunehmend als Korrelat für gesteigerte Einwirkungsmöglichkeiten auf fremde Interessen aufgrund Gesellschaftsvertrag/Satzung und Gesetz verstanden wird.[96] Gegen den

---

Rezension *Mödl* JuS 2003, 14 (16); insgesamt ablehnend *Römermann/Schröder* GmbHR 2001, 1015 (1018).

[91] Im Ansatz zutreffend, wenn auch ohne überzeugende Begründung – denn die dogmatische Grundlage der gesellschaftsrechtlichen Treuepflicht ist gerade nicht ausschließlich der allgemeine § 242 BGB; vgl. Nachweise in Fn. 88 und insbesondere *Jaschinski* Haftung, 162 –, macht *E. Schneider* Die Untreue, 65 f. gegen eine solche Gleichsetzung geltend, die zivilrechtliche Treuepflicht sei wesentlich weiter zu fassen als die dem § 266 StGB immanente Vermögensbetreuungspflicht, an deren Annahme erheblich höhere Anforderungen zu stellen sind; ebenso lehnt *Otto* Aktienstrafrecht Vor § 399 Rn. 35 ausdrücklich die gesellschaftsrechtliche Treuepflicht als Grundlage von Vermögensbetreuungspflichten der Gesellschafter ab.

[92] Vgl. *Gribbohm* ZGR 1990, 1 (13 ff., 21 f.); im Ansatz ebenso, i.E. jedoch ablehnend *Arloth* NStZ 1990, 570 (575); weitergehend *Mödl* JuS 2003, 14 (16 f.) unter – zweifelhafter – Berufung auf BGH (Einleitung Fn. 34), BGHZ 149, 10 (17) „Bremer Vulkan": „Die gesellschaftsrechtliche Treuepflicht ist Vermögensbetreuungspflicht bei § 266 I Alt. 2 StGB". Im „Bremer Vulkan"-Urteil wird jedoch die Vermögensbetreuungspflicht der Mutter aus deren Position als herrschendes Unternehmen abgeleitet – wie hier *Wilken* DB 2001, 2383 (2384). *Mödl* verwechselt zudem die Begründung der Vermögensbetreuungspflicht mit der Einverständnisproblematik im Rahmen der Pflichtwidrigkeit des Verhaltens des Vermögensbetreuungspflichtigen. Die von ihm zitierten Entscheidungen des BGH in Strafsachen nehmen gerade keine Stellung zur Vermögensbetreuungspflicht der Gesellschafter, sondern allein zu einem eventuellen, die Strafbarkeit des Geschäftsleitungsorgans im Rahmen der klassischen Organuntreue ausschließenden Einverständnis der Gesellschaftergesamtheit.

[93] *Wodicka* Untreue zum Nachteil, 303 ff.

[94] Vgl. hierzu aus gesellschaftsrechtlicher Sicht beispielsweise *K. Schmidt* ZIP 1988, 1497 (1506): „Die Gesellschafter sind nicht verpflichtet, über die Geschäftsführung zu wachen. Sie sind kein Aufsichtsratssurrogat.".

[95] *Wodicka* Untreue zum Nachteil, 304.

[96] *Winter* Mitgliedschaftliche Treubindungen, 62, 77 ff.; *Winter* ZGR 1994, 570 (581); *Hüffer* FS Steindorff, 59 (73 ff.); *Lutter/Hommelhoff* § 14 Rn. 15; *Immenga* FS 100 Jahre GmbHG, 189 (203 ff.); *Zöllner* Die Schranken, 341 ff.; *T. Raiser* Kapitalgesellschaften, § 28 Rn. 37: „die Möglichkeit, auf die Gesellschaft und das von ihr betriebene Unternehmen [...] einzuwirken".

Treuepflichtgedanken als Anhalt strafrechtlicher Pflichten muss daher nicht einmal eingewandt werden, aufgrund der nur rechtsbegrenzenden, nicht aber rechtserzeugenden Funktion der Treuepflicht ließen sich keine Vermögensbetreuungspflichten ableiten.[97] Entscheidend ist vielmehr, dass sich die Frage nach der möglichen Vermögensbetreuungspflicht der Gesellschafter auf der Grundlage einer Analyse der Stellung der Gesellschafter zum Gesellschaftsvermögen vollziehen muss. Rechtliche und faktische Einflussmöglichkeiten können zwar wiederum durch die gesellschaftsrechtliche Treuepflicht determiniert werden. Als alleinige Basis für Vermögensbetreuungspflichten scheidet die Treuepflicht hingegen aus, zumal sie bloße mitgliedschaftliche Nebenpflicht[98] ist.

c. Organhaftung

Ein weiterer denkbarer Ansatz für die Annahme einer Gesellschafter-Vermögensbetreuungspflicht ist die von *Wilhelm*[99] für die GmbH begründete sog. Organhaftungslehre. Ihr Ausgangspunkt ist die strikte Trennung der GmbH als juristischer Person von ihren Gesellschaftern und die vehemente Ablehnung der Vorstellung vom Gesellschaftseigentum als in eine besondere Rechtsfigur gekleidetes Miteigentum der Gesellschafter.[100] Daher dürften die Gesellschafter auch nicht frei und willkürlich über das Gesellschaftsvermögen verfügen. Die Einräumung eines Weisungsrechts der Gesellschafterversammlung in Geschäftsführungsangelegenheiten sei keine Ermächtigung zu kaufmännisch nicht vertretbarem Wirtschaften.[101] Die Gesellschafter handelten bei Weisungsbeschlüssen als Mitglieder eines Organs für eine von ihnen verschiedene Rechtspersönlichkeit.[102] Jede Entscheidung, die das Gesellschaftsvermögen betreffe, sei als fremdbezogene Machtausübung pflichtgebunden.[103] Demnach treffe die einflussnehmenden Gesellschafter nach dem „Rechtsgrundsatz der Pflichtgebundenheit fremdbezogener Machtausübung die Vertreter- oder Organverantwortlichkeit" analog § 43 GmbHG.[104]

Aufgrund der prinzipiellen Gleichbehandlung von Gesellschafter und Geschäftsführer ist die Nähe zur strafrechtlichen Vermögensbetreuungspflicht unverkennbar. Gesellschaftsrechtlich ist die Organhaftungslehre allerdings auf hef-

---

[97] So zweifelhaft *Flum* Der Strafrechtliche Schutz, 232 f.; aus gesellschaftsrechtlicher Perspektive vgl. demgegenüber *Ziemons* Die Haftung, 75: „sie sowohl rechtsbegrenzende als auch pflichtenbegründende Wirkungen entfaltet, und dass sie sowohl gesellschafts- als auch gesellschafterbezogen ist.".

[98] *Dreher* DStR 1993, 1632 (1633); vgl. auch *K. Schmidt* ZIP 1988, 1497 (1505) für den von ihm vertretenen Sonderrechtsverbindungs-Ansatz.

[99] *Wilhelm* Rechtsform und Haftung, 285 ff., 337 ff.; *ders.* DB 1986, 2113 (2117 ff.); ähnlich *Flume* Die juristische Person, 86, 88 ff.; *U.H. Schneider* BB 1981, 249 (257); vgl. auch Roth/*Altmeppen* § 13 Rn. 71 ff., § 43 Rn. 54 ff.

[100] *Wilhelm* DB 1986, 2113 (2113).

[101] *Wilhelm* DB 1986, 2113 (2119); *Wilhelm* FS Flume, 337 (344).

[102] *Wilhelm* FS Flume, 337 (391).

[103] *Wilhelm* Rechtsform und Haftung, 337 f.

[104] *Wilhelm* Rechtsform und Haftung, 337, 339, 353, 355 f.

tigste Ablehnung gestoßen.[105] Aus strafrechtlicher Sicht kommt hinzu, dass sich nicht eindeutig ermitteln lässt, welche Gesellschafter der Organhaftung unterworfen sein sollen. Fest steht lediglich, dass in Anlehnung an die Savigny'sche Unterscheidung zwischen universitas ordinata und universitas inordinata diejenigen Gesellschafter, die rein als „Abstimmungsgremium" fungieren, nicht der Haftung unterliegen.[106] Darüber hinaus spricht vieles dafür, dass *Wilhelm* nur den sog. „bestimmungsmächtigen" Gesellschafter – dies ist in der Regel der Allein- oder Mehrheitsgesellschafter – der Organhaftung unterwerfen will.[107]

Dann aber knüpft die Organhaftung nicht primär an die Gesellschafterstellung, sondern an die Einflussnahme aufgrund dieser Stellung an. Die Grundlage der Organhaftungslehre liegt demzufolge darin, dass das eigentlich zuständige Organ aufgrund der Einflussnahme durch die Gesellschafter zumindest partiell aus der Leitungsfunktion und damit auch aus der Verantwortlichkeit verdrängt wird. Es unterliegt gerade nicht jeder Gesellschafter der Haftung, so dass aus der Organhaftungslehre auch nicht die Vermögensbetreuungspflicht eines jeden Gesellschafters gefolgert werden kann.

d. Zwischenergebnis

Insgesamt sind folglich Vermögensbetreuungspflichten allein aus der Stellung als Gesellschafter abzulehnen. Weder die aus der Gesellschafterposition resultierende Mitgliedschaft als solche, noch die gesellschaftsrechtliche Treuepflicht, noch die gesellschaftsrechtliche Organhaftung dienen für sich allein als Grundlage von Vermögensbetreuungspflichten. Sie können jedoch – separat oder kumuliert – über die Vermittlung von rechtlichen bzw. faktischen Einflusspotenzialen Vermögensbetreuungspflichten bedingen. Ansatz für die Annahme von Vermögensbetreuungspflichten ist aber stets die konkrete Beziehung zum Gesellschafts-Fremdvermögen.

2. Vermögensbetreuungspflichten aus konzernrechtlichem Verhältnis

a. Pflicht zur Konzernleitung

Als Grundlage für Vermögensbetreuungspflichten aus konzernrechtlichem Verhältnis kommt insbesondere eine Konzernleitungspflicht des herrschenden Unternehmens in Betracht. Im Zusammenhang mit der konzernspezifischen Darstellung einer Untreue durch Unterlassen[108] ist die Anerkennung einer solchen Pflicht zur Konzernleitung in den Grenzen rechtlich zulässiger Konzernleitung

---

[105] *Schanze* Die AG 1982, 42 (42 ff.); *Vonnemann* BB 1990, 217 (218 f.); *L. Möhring* Schutz der Gläubiger, 76 ff.; *Priester* ZGR 1993, 512 (524 f.); *Röhricht* FS 50 Jahre Bundesgerichtshof, 83 (103); *Ulmer* ZHR 148 (1984), 391 (414 ff.); *Römermann/Schröder* GmbHR 2001, 1015 (1018); *Mödl* JuS 2003, 14 (16); zum Teil nun auch *Altmeppen* ZIP 2001, 1837 (1843).
[106] *Wilhelm* DB 1986, 2113 (2118); *Wilhelm* Rechtsform und Haftung, 355.
[107] Vgl. *Wilhelm* Rechtsform und Haftung, 355.
[108] Oben Einleitung C. III.

durch die herrschende Meinung bereits dargelegt worden. Nochmals ist hier – nun im Zusammenhang mit der Begründung von Vermögensbetreuungspflichten – ihr dogmatischer Fundus zu rekurrieren.

Im gesellschaftsrechtlichen Schrifttum vereinzelt geblieben ist die Ansicht, die die Konzernleitungspflicht an die organisationsrechtliche Stellung der konzernierten Unternehmen zueinander anknüpft,[109] mit der Folge, dass das herrschende Unternehmen zur Ausübung seiner Leitungsmacht auch gegenüber der abhängigen Gesellschaft und in deren Interesse verpflichtet ist.

Aus strafrechtlicher Perspektive scheint hieraus eine Vermögensbetreuungspflicht der Mutter gegenüber der Tochter zu resultieren. Die Pflicht zur Ausübung von Leitungsmacht drückt eine gesteigerte, zugestandene Zugriffsmöglichkeit der herrschenden Gesellschaft auf das für sie fremde Vermögen der abhängigen AG oder GmbH aus. Nun bedeutet die Erstreckung der Leitungsaufgabe der Geschäftsleitung der Konzernobergesellschaft auf die übrigen Konzernunternehmen keineswegs, dass sie gegenüber der Geschäftsführung der Tochter die gleiche Leitungsintensität ausüben muss wie hinsichtlich der Geschäfte ihrer eigenen Gesellschaft. Die Tochtergesellschaften verfügen ihrerseits über Vorstände bzw. Geschäftsführer, deren Eigenverantwortlichkeit nur insoweit eingeschränkt ist, als von der Konzernobergesellschaft Weisungen erteilt werden.[110] In Fällen von Weisungen erfolgt allerdings eine gesetzlich normierte Kontrolle des Vermögenszugriffs seitens der Muttergesellschaft, der durch die notwendigen Ausführungshandlungen der Tochtergeschäftsleitung mediatisiert ist. Das Instrument der Weisung ist dabei weitaus schwerfälliger als beispielsweise eine nach allgemeiner Ansicht[111] durch die gesetzliche Regelung ausgeschlossene Generalvollmacht für die herrschende Gesellschaft, vermöge derer sie unmittelbar für und gegen die Untergesellschaft ohne jeglichen Kontrollmechanismus handeln könnte.[112] Betrachtet man jedoch die Regelung des § 308 Abs. 2 AktG im Rahmen von Beherrschungsverträgen, so zeigt sich, dass die Überwachung seitens des abhängigen Exekutivorgans auf eine Willkürkontrolle – der offensichtlichen Konzernundienlichkeit der Weisung – beschränkt ist, die den Zugriff auf das Tochtervermögen nicht wirksam im Vorhinein verhindert. Für die strafrechtliche Wertung ist nicht entscheidend, ob die Geschäftsleitung der Untergesellschaft eventuell nachträglich persönlich haftet (vgl. § 310 AktG), sondern dass im Vorfeld eine lückenlose Kontrolle nicht gewährleistet ist. Aus diesem Umstand folgt zugleich die Einschränkung der Handlungsmöglichkeiten des abhängigen Unternehmens in Bezug auf sein Vermögen. Schließlich ergibt sich

---

[109] Vgl. Nachweise in Einleitung Fn. 146.
[110] *Götz* ZGR 1998, 524 (530) m.w.N.
[111] Vgl. nur *Emmerich*/Habersack Konzernrecht § 308 Rn. 32 m.w.N.; anders *Altmeppen* Die Haftung, 16.
[112] So die Argumentation von *Bous* Die Konzernleitungsmacht, 179.

aus der Pflicht zur Konzernleitung im Fremdinteresse die Verlagerung der Pflichtigkeit im Hinblick auf die Vermögensbetreuung.

Nun könnte man argumentieren, dass die gesellschaftsrechtlich herrschende Ansicht die Konzernleitungspflicht ausschließlich als gesellschaftsinterne Pflicht der Geschäftsleitung des herrschenden Unternehmens gegenüber der eigenen Gesellschaft betrachtet, und damit keine Folgen im externen Verhältnis gegenüber der abhängigen AG oder GmbH herleitet.[113] Strafrechtlich entscheidend ist aber ein anderer Punkt. Die Konzernleitungspflicht kann nur einen Teilaspekt zur Begründung einer Vermögensbetreuungspflicht darstellen. Maßgebend für die Vermögensbetreuungspflicht ist nicht die Pflicht zur Ausübung von Leitungsmacht, sondern dass eine solche Leitungsmacht im Sinne einer Vermögens-Zugriffsmöglichkeit überhaupt existiert. Hierzu nimmt die Lehre von der Konzernleitungspflicht nur indirekt Stellung, als eine solche Leitungsmacht notwendige Voraussetzung einer Leitungspflicht ist. Ausgangspunkt ist die Theorie von der Konzernleitungsmacht. Diese beschäftigt sich mit den rechtlichen und faktischen Einflusspotenzialen der Mutter auf die Tochter. Dann kann Grundlage einer Vermögensbetreuungspflicht in diesem Verhältnis auch nur eine solche Dominanz sein.

b. Geschäftsbesorgung

Zum Großteil auf den Vertragskonzern[114] zugeschnitten ist die denkbare Argumentation, aus dem Charakter des Beherrschungsvertrages als Geschäftsbesorgungsvertrag lasse sich die Vermögensbetreuungspflicht des herrschenden Unternehmens ableiten. Es entspricht verbreiteter – durch die zuvor herausgearbeiteten allgemeinen Kriterien von Vermögensbetreuungspflichten nicht ausgeschlossener – Begriffsbestimmung der Vermögensbetreuungspflicht, dass diese bei einem fremdnützig typisierten (Schuld-) Verhältnis vorliegt, welches dem Pflichtigen eine nicht völlig unselbständige Wahrnehmung der wirtschaftlichen Interessen des betreuten Vermögens auferlegt.[115] Teilweise wird in der gesellschaftsrechtlichen Literatur[116] der Aspekt aufgeworfen, Beherrschungsverträge hätten eine unverkennbare Verwandtschaft mit Geschäftsbesorgungsverträgen. Die abhängige Gesellschaft vertraue sich der Obergesellschaft an, indem sie dieser die Leitungsmacht über sich selbst übertrage. Dem herrschenden Unternehmen oblägen dadurch – ebenso wie anderen fremden Geschäftsbesorgern nach

[113] Vgl. oben Einleitung C. III.

[114] Vgl. aber auch die ähnliche Position von *Flume* Die juristische Person, 88 für den faktischen GmbH-Konzern.

[115] Vgl. die Nachweise in Fn. 23 f. und *Radtke* GmbHR 1998, 311, 361 (367).

[116] *Emmerich/Sonnenschein/Habersack* Konzernrecht, 163; ebenso *Stimpel* Die AG 1986, 117 (121), der § 302 AktG als besondere Ausgestaltung der Führung fremder Geschäfte als Eigengeschäfte begreift; erfolge die Fremdgeschäftsführung gegen den Willen der Gesellschaft und außenstehender Gesellschafter, so lasse sich der Gedanke des § 678 BGB dahin verwerten, dass das herrschende Unternehmen die aus der „Fremdgeschäftsführung" entstehenden Verluste tragen müsse.

§§ 675 Abs. 2, 662, 276 BGB – bestimmte Schutz- und Fürsorgepflichten, da das Vermögen der abhängigen Gesellschaft für das herrschende Unternehmen fremdes Vermögen ist und bleibt. Dies besage § 309 Abs. 1 BGB, dem zufolge die gesetzlichen Vertreter des herrschenden Unternehmens wie dieses selbst (vgl. § 31 BGB) gegenüber der Tochter bei der Erteilung von Weisungen die Sorgfalt eines ordentlichen und gewissenhaften Geschäftsleiters anzuwenden haben.

Gegen die Wertung dieser gesetzlichen Regelung können sicherlich keine Einwände geltend gemacht werden. Dennoch folgt hieraus nicht zwangsläufig, dass die Obergesellschaft eine Fremdgeschäftsführerin der Untergesellschaft ist. Zwar ist historisch der Beherrschungsvertrag durchweg als Dienstvertrag mit Geschäftsbesorgungscharakter begriffen worden[117], allerdings mit umgekehrten Rollen: Die abhängige Gesellschaft und nicht die Obergesellschaft wurde als Fremdgeschäftsführerin angesehen, die aufgrund der an ihr Exekutivorgan erteilten Weisungen im Interesse des herrschenden Unternehmens tätig zu sein habe.[118]

Insbesondere spricht gegen die Einordnung des herrschenden Unternehmens als Fremdgeschäftsführer, dass die Konzernleitung unmittelbar nicht der Förderung verbandsrechtlicher Eigeninteressen der abhängigen Gesellschaft dient, sondern dem Interesse des Konzernganzen (vgl. § 308 Abs. 1, Abs. 2 AktG).[119] Zwar vermag nach vereinzelt vertretener Ansicht das Konzerninteresse indirekt durch das Eigeninteresse der Verbundgesellschaft mitbestimmt zu werden.[120] Ist ein Konzerninteresse aber erst einmal ausgemacht, hat sich die abhängige Gesellschaft im Konfliktfall bei gleichzeitiger Aufgabe ihrer individuellen Eigeninteressen dem unterzuordnen. Damit wird der Untergesellschaft eine dienende Rolle dem Konzern gegenüber zugeschrieben. Schutzpflichten der Konzernspitze sind dogmatisch mit dieser dienenden Funktion verknüpft und begleiten den Beherrschungsvertrag folglich als rein sekundäre Nebenpflichten.[121]

Das Wesen typischer Geschäftsbesorgungsverhältnisse besteht demgegenüber in der Pflicht des Geschäftsführers, die ihm anvertrauten fremden Interessen als primäres Vertragsziel in bestmöglicher Weise zu fördern. Daher unterscheidet sich der Beherrschungsvertrag elementar vom Urbild eines Geschäftsbesorgungsverhältnisses. Ein solches kann nicht Grundlage einer Vermögensbetreuungspflicht der beherrschungsvertraglich verbundenen Konzernmutter sein.

---

[117] Hierzu ausführlich unten B. II. 1. b. aa. (1).

[118] So *Bous* Die Konzernleitungsmacht, 162 ff. und 177 f.

[119] Enger ist das Konzernverständnis bei *Bous* Die Konzernleitungsmacht, 178, der die abhängige Gesellschaft als untergeordnetes, ausführendes Organ des herrschenden Unternehmens begreift.

[120] Zum Konzerninteresse vgl. unten 3. Kapitel B. II. 2.

[121] Instruktiv *Bous* Die Konzernleitungsmacht, 178.

c. § 309 Abs. 1 AktG

Ebenfalls auf den Vertragskonzern beschränkt ist die Ableitung einer Vermögensbetreuungspflicht des herrschenden Unternehmens aus § 309 Abs. 1 AktG,[122] der die gesetzlichen Vertreter des herrschenden Unternehmens verpflichtet, bei der Erteilung von Weisungen die Sorgfalt eines ordentlichen und gewissenhaften Geschäftsleiters anzuwenden. Die Vermögensbetreuungspflicht soll daraus folgen, dass die mit § 309 Abs. 1 AktG begründete Verantwortung ihrer *Qualität* nach mit der Organverantwortung des Vorstandes einer unabhängigen AG gemäß § 93 AktG identisch ist.[123] Denn der Beherrschungsvertrag unterstellt den von § 76 AktG umfassten Bereich - zumindest partiell -[124] dem herrschenden Unternehmen, so dass dessen Zuständigkeit für die Leitung der abhängigen Gesellschaft eröffnet und die Organzuständigkeit des Tochtervorstandes verdrängt wird, soweit das Unternehmen von der Weisungsbefugnis Gebrauch macht.[125] Daraus folgert *Ewald*, dass die gesetzlichen Vertreter der Mutter bei der Weisungserteilung *der Sache nach* als Organe der Tochtergesellschaft handeln und dieser Verschiebung der Organzuständigkeit die Überleitung der Organverantwortlichkeit durch § 309 Abs. 1 AktG entspricht.[126] Da das Weisungsrecht, das die Grundlage für die Annahme dieser Verantwortlichkeit bildet, gemäß § 308 Abs. 1 Satz 1 AktG dem herrschenden Unternehmen als solchem zusteht, obliege die Vermögensbetreuungspflicht (auch) der herrschenden Gesellschaft als solcher.[127]

Zuzugeben ist dieser Auffassung, dass § 309 AktG häufig als weiterer, neben den §§ 93 und 116 AktG bestehender Fall der Organhaftung interpretiert wird.[128] Dennoch beschränkt sich § 309 Abs. 1 AktG auf die Konkretisierung des Sorgfaltsmaßstabes, den die gesetzlichen Vertreter des herrschenden Unternehmens bei der Erteilung von Weisungen zu beachten haben.[129] Diesen rechtsbegrenzenden Inhalt hat bereits *Tiedemann*[130] zur Ablehnung einer Vermögensbetreuungspflicht aus § 309 Abs. 1 AktG angeführt.

Dogmatisch liegt dem die Trennung zwischen der Begründung von Vermögensbetreuungspflichten einerseits und dem Maßstab der Pflichtwidrigkeit des Verhaltens des Vermögensbetreuungspflichtigen andererseits zugrunde. *Ewald* übersieht, dass die von ihm der „Qualität" bzw. „der Sache nach" angenommene – tatsächliche –[131] Organstellung der Vertreter des Mutterunternehmens nicht

[122] So *Ewald* Untreue, 108 ff.
[123] *Ewald* Untreue, 109.
[124] So einschränkend *Emmerich*/Habersack Konzernrecht, § 309 Rn. 4.
[125] *Ewald* Untreue, 109.
[126] *Ewald* Untreue, 109.
[127] *Ewald* Untreue, 110.
[128] Siehe die Begründung zum RegE bei *Kropff* Aktiengesetz, 404.
[129] *Emmerich*/Habersack Konzernrecht, § 309 Rn. 2.
[130] *Tiedemann* GmbH-Strafrecht Vor §§ 82 ff. Rn. 25.
[131] Eine rechtliche Organstellung innerhalb der Tochter wird weder durch den Beherrschungsvertrag als solchen, noch durch die §§ 308 oder 309 AktG begründet. Rechtlich be-

aus § 309 Abs. 1 AktG resultieren kann, sondern allein aus dem Beherrschungsvertrag als solchen bzw. den in seinem Rahmen eingeräumten gesetzlichen und rechtsgeschäftlichen Einflussmöglichkeiten auf die Tochtergesellschaft, deren Geschäftsleitung und deren Vermögen. Entstammen die tatsächliche Organstellung bzw. die dadurch begründete Machtposition nicht dem § 309 Abs. 1 AktG, bedeutet dies zugleich, dass diese Vorschrift nicht Grundlage von Vermögensbetreuungspflichten weder der Muttergeschäftsleitung noch der Muttergesellschaft selbst sein kann.

Erst in einem zweiten Schritt gewinnt § 309 Abs. 1 AktG bei der strafrechtlichen Beurteilung Geltung. Legt nämlich § 309 Abs. 1 AktG gesellschaftsrechtlich den Maßstab der Pflichtwidrigkeit des Vertreterhandelns fest, so folgt daraus unter Berücksichtigung des Grundsatzes der negativen Zivilrechtsakzessorietät des Untreuestrafrechts,[132] dass zumindest diejenigen Verhaltensweisen, die gesellschaftsrechtlich keine Organhaftung auslösen, auch strafrechtlich im Rahmen von § 266 StGB kein pflichtwidriges Gebaren darstellen können.[133] Letztlich liegt der Regelungsgehalt von § 309 Abs. 1 AktG also nicht auf der für die Annahme von Vermögensbetreuungspflichten ausschlaggebenden Organstellung bzw. Machtposition, sondern auf der Behandlung der „Organ-*Haftung*" bzw. – nach den eigenen Aussagen *Ewalds* – der „Organ-*Verantwortlichkeit*".[134]

d. Schädigungsverbot

Wurde zuvor vornehmlich auf den durch Beherrschungsvertrag gekennzeichneten Konzern abgestellt, so finden sich im Rahmen insbesonderer faktischer (GmbH-) Konzerne verschiedenartige Herleitungen eines allgemeinen Schädigungsverbotes zum Schutze der abhängigen Gesellschaft und – zumindest reflexartig – ihrer außenstehenden Gläubiger, an die die Begründung von Vermögensbetreuungspflichten womöglich anknüpfen kann.

Teilweise wird als dogmatische Basis für die Haftung des herrschenden Unternehmens bzw. für das Schädigungsverbot eine aus der Mitgliedschaft erwachsene Sonderrechtsbeziehung zwischen herrschender und abhängiger Gesellschaft herangezogen.[135] Nach anderer Auffassung ist die abhängige Gesellschaft über den Rechtsgedanken der §§ 30 ff., 60 ff. GmbHG bzw. § 317 AktG zu schützen.[136] Eine andere Ansicht knüpft an den Gedanken der Organhaftung an, da

---

stelltes Organ – wenn auch mit Weisungsbefolgungspflichten (§ 308 Abs. 2 AktG) und dadurch beschränkter Haftung (§ 310 Abs. 3 AktG) – bleibt nach wie vor und alleine der Vorstand bzw. der/die Geschäftsführer der Tochtergesellschaft.

132 Siehe oben 1. Kapitel A. I. und II.

133 Siehe unten 3. Kapitel A. I. 2. a. und e.

134 Vgl. noch unten 3. Kapitel A. I. 2. a.

135 *Limmer* Die Haftungsverfassung, 64 ff., 106 ff., 156 ff.; vgl. auch *K. Schmidt* Gesellschaftsrecht, § 39 III 2 c).

136 *Assmann* FS 100 Jahre GmbHG, 657 (707); Münchener Handbuch/*Decher* Band 3, § 70 Rn. 28; *Lutter/Hommelhoff* Anh. § 13 Rn. 41; vgl. auch Rowedder/*Koppensteiner* Anh. nach § 52 Rn. 74 ff.; Scholz/*Emmerich* Anhang Konzernrecht Rn. 73.

der Mehrheitsgesellschafter durch seine Einflussnahme an die Stelle eines Geschäftsführers trete und dementsprechend dieselben haftungsauslösenden Pflichten wie ein ordentlicher Geschäftsführer beachten müsse.[137]

Alle drei Ansatzpunkte sind konzernrechtsspezifische Fortführungen des Mitgliedschafts-, Treuepflichts- bzw. Organhaftungsgedankens der Gesellschafter.[138] Gegen sie lässt sich wiederum anführen, dass das Schädigungsverbot nicht für die Begründung der Vermögensbetreuungspflicht erheblich ist, sondern auf der Ebene der Beurteilung der Pflichtwidrigkeit eines Verhaltens des Vermögensbetreuungspflichtigen eine Rolle spielt.

e. Zwischenergebnis

Somit lassen sich auch aus dem konzernrechtlichen Verhältnis als solchem, verstanden als die über die mit der Konzernleitungsmacht einhergehenden rechtlichen und faktischen Einflussmöglichkeiten hinausreichende Zusammenfassung spezifischer Konzernhaftungsinstrumente, keine alleinigen Anhaltspunkte für die Begründung von Vermögensbetreuungspflichten im Konzern ableiten.

3. Vermögensbetreuungspflichten aus Rechtsmacht oder faktischer Beherrschung

Es hat sich gezeigt, dass die Beurteilung von Vermögensbetreuungspflichten im Konzern weder ausschließlich an die Gesellschafterstellung der Konzernobergesellschaft noch an ein durch den Konzernverbund vermitteltes besonderes konzernrechtliches Verhältnis anknüpfen kann. Entscheidend ist vielmehr die jeweilige Position der Muttergesellschaft zum Vermögen ihrer Tochter. Zum Großteil wird diese Position in Rechtsprechung und Literatur im Rahmen der Diskussion von Vermögensbetreuungspflichten auf den Begriff der faktischen Geschäftsführung bzw. -leitung reduziert (a.). Vieles spricht hingegen dafür, unabhängig von diesem klassischen Streitbegriff der Gesellschaftsrechts- und Strafrechtslehre, eine umfassendere und detailliertere Prüfung unter Einbeziehung der unterschiedlichen Situationen in den verschiedenen Konzernierungsformen vorzunehmen (b.).

a. Vermögensbetreuungspflichten aus faktischer Geschäftsführung?

Die Frage, wann die Muttergesellschaft bzw. deren Geschäftsleitung durch Einflussnahme auf die Geschäftsführung des (abhängigen) Unternehmens zu dessen „faktischen" Geschäftsführer und damit ihm gegenüber im Sinne von § 266 StGB treuepflichtig wird, wird als weitgehend ungeklärt bezeichnet und dennoch wiederholt gestellt.[139] Andere gehen sogar einen Schritt weiter und

---

[137] *Schulze-Osterloh* ZGR 1983, 123 (158 f.); vgl. ebenso die Ausführungen bei Scholz/*Emmerich* Anhang Konzernrecht Rn. 74 sowie generell die Nachweise oben Fn. 99 ff.

[138] Siehe ausführlich oben B. I. 1. a. bis c.

[139] Vgl. *Tiedemann* JuS 1989, 689 (695).

übertragen unversehens die zur strafrechtlich relevanten faktischen Geschäftsführung entwickelten Grundsätze auf die Konzernleitung. Sei die Entscheidungsbefugnis der Vertreter der abhängigen Gesellschaft derart eingeschränkt, dass von einer eigenverantwortlichen Geschäftsführung kaum noch die Rede sein kann, liege die strafrechtliche Verantwortlichkeit in erster Linie bei den die Geschäftspolitik bestimmenden Organen der Konzernspitze, die als faktische Geschäftsführer der Tochter anzusehen seien.[140]

Damit wird in die Klärung der Vermögensbetreuungspflichten im Konzern der komplette Streitgegenstand faktischer Geschäftsführung integriert (aa.), ohne die spezifischen Anforderungen des hier einschlägigen Treubruchstatbestandes zu berücksichtigen (bb.).

aa. Leitlinien faktischer Geschäftsführung

Im Bereich faktischer Geschäftsführung ist zwischen zwei Fällen zu unterscheiden. Unproblematisch sind Konstellationen, in denen es zwar zu einem förmlichen Bestellungsakt gekommen ist, diese Bestellung sich jedoch als zivilrechtlich unwirksam erweist.[141] Hingegen ist die strafrechtliche Verantwortung des nicht bestellten „faktischen" Geschäftsführers problematisch. Das Fehlen einer förmlichen Bestellung entspricht der Situation im Rahmen der Konzernuntreue, wo weder die Konzernspitze noch ihre Organe zum Vorstand oder Geschäftsführer der Tochtergesellschaft bestellt werden.

Rechtsprechung und weite Teile des Schrifttums haben auf der Grundlage einer wirtschaftlichen Betrachtungsweise unter rechtspolitischen Erwägungen Grundsätze entwickelt, nach denen faktische Geschäftsführung trotz Fehlens einer förmlichen (aber unwirksamen) Bestellungshandlung dennoch zu strafrechtlichen Konsequenzen führt.[142] Hierzu muss die als Täter in Betracht kommende Person die Stellung des AG-Vorstandes oder GmbH-Geschäftsführers tatsächlich ausgeübt haben. Dies ist erfüllt, wenn sowohl betriebsintern als auch nach außen alle Dispositionen weitgehend von ihr ausgehen und sie im Übrigen

---

[140] *Kohlmann/Löffeler* Die strafrechtliche Verantwortlichkeit, Rn. 364.

[141] Vgl. für die Fälle der Organhaftung nach § 14 StGB die ausdrückliche Regelung in § 14 Abs. 3 StGB. Siehe auch bereits aus der Rechtsprechung des Reichsgerichts RG II 22/29 v. 6.2.1930, RGSt 64, 81 (84 f.).

[142] Unter anderem BGH (Einleitung Fn. 112), BGHSt 3, 32 (37 f.); BGH (1. Kapitel Fn. 62), BGHSt 6, 314 (315 f.); BGH 1 StR 414/65 v. 28.6.1966, BGHSt 21, 101 (101 ff.); BGH 5 StR 426/69 v. 14.10.1969, bei *Herlan* GA 1971, 35 (36); BGH 3 StR 287/82 v. 22.9.1982, BGHSt 31, 118 (118 ff.); BGH 3 StR 192/84 v. 25.7.1984, BGHSt 33, 21 (24); BGH 1 StR 736/83 v. 17.4.1984, StV 1984, 461 (461); OLG Düsseldorf 5 Ss 193/87 v. 16.10.1987, NJW 1988, 3167; *Bruns* GA 1982, 1 (19 ff.); LK/*Roxin* § 14 Rn. 44; Tröndle/*Fischer* § 14 Rn. 1, 18; Erbs/Kohlhaas/*Schaal* G 131 § 82 Rn. 7 und § 84 Rn. 5; Müller-Gugenberger/*Schmid* § 30 Rn. 10 ff.; *Gübel* Die Auswirkungen, 79 ff.; *Kohlmann/Löffeler* Die strafrechtliche Verantwortlichkeit, 13 ff. m.w.N.

auf sämtliche Geschäftsvorgänge bestimmenden Einfluss nimmt.[143] Dabei kommt es nicht auf die Rechte an, die der betreffenden Person formell zukommen, sondern vielmehr auf ihre tatsächliche Verfügungsmacht.

Als weiteres Erfordernis verlangt die herrschende Ansicht, dass der Betreffende mit dem Einverständnis der zuständigen Gesellschaftsorgane tätig geworden ist, im Gegensatz zur einseitigen Anmaßung der Unternehmensführung, die zur Begründung faktischer Geschäftsführung im strafrechtlichen Sinne nicht genügt.

Letztlich wird die Beherrschung des formell bestellten Geschäftsführers gefordert, was der Fall ist, wenn der faktische Geschäftsführer die Unternehmensleitung allein bestimmt, er eine überragende Stellung in der Geschäftsführung einnimmt oder als die „Seele des Geschäfts" bestimmenden Einfluss auf alle Geschäftsvorgänge hat.[144] Ob hierzu ein bloßes Übergewicht gegenüber dem formellen Geschäftsführer ausreicht, ist weitgehend ungeklärt.[145] Gleiches gilt für den Zustand, in dem der faktische Geschäftsführer die Geschäftsführung lediglich mittelbar durch Einflussnahme auf das Verhalten des formell und ordnungsgemäß bestellten Leitungsorgans mitbestimmt.

Neben der generellen Kritik[146] an den genannten Grundsätzen, die sich insbesondere auf verfassungsrechtliche Bedenken im Hinblick auf das strafrechtliche Bestimmtheitsgebot und Analogieverbot (Art. 103 Abs. 2 GG) sowie auf die Wertung des § 14 Abs. 3 StGB stützt, bietet im vorliegenden Zusammenhang insbesondere der letzte Punkt der Beherrschung des formell bestellten Geschäftsführers Anhalt für Reflexionen.

So erheben *Kohlmann/Löffeler* im Anschluss an ihre allgemeinen Ausführungen zum „faktischen Geschäftsführer" ausdrücklich „erhebliche" Bedenken gegen die Einbeziehung des aktiv einflussnehmenden Mehrheitsgesellschafters in den Kreis der strafrechtlich verantwortlichen Unternehmensführung, sofern sich dessen Aktivitäten ausschließlich auf interne Anweisungen beschränken.[147] Die Ausübung einer (mehr oder weniger) umfassenden Weisungsgewalt sei nur ein

---

[143] MüKo/*Radtke* § 14 StGB Rn. 45 und 114; eingehende Rechtsprechungsanalyse bei *Dierlamm* NStZ 1996, 153 (154 f.); weitere Einzelheiten bei *Kohlmann/Löffeler* Die strafrechtliche Verantwortlichkeit, Rn. 14.

[144] BGH (Fn. 142), BGHSt 21, 101 (102); BGH (Einleitung Fn. 112), BGHSt 3, 32 (37).

[145] Dafür etwa BGH (Fn. 142), StV 1984, 461 (461); ablehnend *Otto* StV 1984, 462 (462 f.); *Dierlamm* NStZ 1996, 153 (156); zweifelnd *Kohlmann/Löffeler* Die strafrechtliche Verantwortlichkeit, Rn. 19.

[146] Unter anderem MüKo/*Radtke* § 14 StGB Rn. 10, 47, 118 f.; *Stein*, Das faktische Organ, 130 ff., 183 ff.; *Tiedemann* NJW 1986, 1842 (1845 f.); *Tiedemann* GmbH-Strafrecht § 84 Rn. 27 ff.; LK/*Tiedemann* Vor § 283 Rn. 66; vgl. auch *Keuffel-Hospach* Die Grenzen der Strafbarkeit, 132 ff.; *Biletzki* NStZ 1999, 537 (538); *Dierlamm* NStZ 1996, 153 (155 ff.); *Weimar* GmbHR 1997, 473, 538 (474 ff.); ausführliche Nachweise sowie eine Auseinandersetzung mit den verschiedenen Ansichten etwa bei *Gübel* Die Auswirkungen, 88 ff. und *Montag* Die Anwendung der Strafvorschriften, 49 ff.

[147] *Kohlmann/Löffeler* Die strafrechtliche Verantwortlichkeit, Rn. 19.

Vorgang mittelbarer Geschäftsführung, da die Ausführung der erteilten Weisungen wie auch die verbleibenden Unternehmensentscheidungen nach wie vor dem formell bestellten Geschäftsleiter oblägen. Auch wenn dieser im Einzelfall ein „Marionetten-Dasein“ führe, so träfe ihn als nach außen allein vertretungsbefugtes Organ die alleinige strafrechtliche Verantwortung. Anders wäre die strafrechtliche Bewertung nur, wenn der formell bestellte Geschäftsleiter seinen vollen Verantwortungsbereich endgültig verloren oder nie erlangt hat.[148]

Auch wenn diese Aussagen vornehmlich im Zusammenhang mit der unterlassenen Stellung eines Insolvenzantrages bzw. unterlassener Buchführung stehen[149], so verwundert umso mehr die globale Verweisung auf sie im Rahmen der Behandlung der „Untreue innerhalb konzernrechtlicher Verflechtungen“.[150] Ohne im Einzelnen den Ausführungen zur Leitungsbefugnis in den verschiedenen Konzernierungsformen vorwegzugreifen,[151] ist in der Praxis nahezu keine, jedenfalls aufgrund ihrer dann extremen Form keine problematische Konstellation[152] von Konzernuntreue vorstellbar, in der die Geschäftsführung der Tochter ihrem gesamten Aufgabenbereich und insbesondere der Außenvertretung ihrer Gesellschaft „endgültig“ verlustig wird. In Vertragskonzernen und faktischen GmbH-Konzernen ist die rechtlich durchsetzbare Macht auf die abhängige Gesellschaft seitens der Konzernobergesellschaft auf die Erteilung von Weisungen beschränkt,[153] in faktischen AG-Konzernen fehlt jedwede rechtlich durchsetzbare Direktionsbefugnis.[154] Die darüber hinaus bestehende informelle Möglichkeit von Einflussnahmen[155] bedarf – ebenso wie die Ausführung von Weisungen – stets interner und gegebenenfalls nach außen gerichteter Umsetzung durch die Organe der abhängigen Gesellschaft.

---

[148] *Kohlmann/Löffeler* Die strafrechtliche Verantwortlichkeit, Rn. 19.

[149] Vgl. die Unterscheidung zwischen Rn. 17 und 18 bei *Kohlmann/Löffeler* Die strafrechtliche Verantwortlichkeit sowie die Aussage in Rn. 19: „neben seiner strafrechtlichen Verantwortlichkeit für seine Tätigkeit zusätzlich auch eine strafbewehrte Handlungspflicht für die sonstigen Organpflichten“.

[150] Titel der Rn. 360 ff. bei *Kohlmann/Löffeler* Die strafrechtliche Verantwortlichkeit, in deren Zusammenhang die Autoren auch auf die Vermögensbetreuungspflicht der Organe der Konzernspitze eingehen und insoweit in Rn. 364 Fn. 372 auf ihre Ausführungen in Rn. 19 pauschal verweisen; vgl. schon oben Text vor Fn. 140.

[151] Unten B. I. 3. b.

[152] Eine solche extreme Form wäre beispielsweise gegeben, wenn die Geschäftsleitung der Obergesellschaft nach innen und außen auch als solche der Tochtergesellschaft auftreten sowie alle wesentlichen Entscheidungen treffen und selbst durchführen würde. Aufgrund der gesellschaftsrechtlichen Publizitäts-, Transparenz-, Kontroll- und Zuständigkeitsregelungen ist eine solche Lage in der Praxis wohl nicht vorstellbar. Sollte sie dennoch einmal vorkommen, so wäre ihre strafrechtliche Beurteilung im Sinne der Annahme einer Vermögensbetreuungspflicht (auch) bezüglich des Tochtervermögens insoweit unproblematisch, als eine stärkere Form der eingeräumten Zugriffsmöglichkeit auf fremdes Vermögen bei fehlender Kontrolle und fehlender Handlungsmöglichkeit seitens des Vermögensträgers nicht denkbar ist.

[153] Vgl. § 308 Abs. 1, Abs. 2 AktG (analog) bzw. §§ 37 Abs. 1 a.E., 46 Nr. 6 GmbHG.

[154] Siehe oben Einleitung B. II. 2.

[155] Vgl. oben Einleitung B. II. 2.

Als möglicherweise relevante und praktisch beachtenswerte Situation verbleibt somit allein die der personellen Verflechtungen zwischen den Unternehmen, etwa in Form von Vorstandsdoppelmandaten[156]. In diesen Fällen bedarf es jedoch nicht einmal der Diskussion der Figur faktischer Geschäftsführung, da hier eine rechtlich wirksame Organstellung auch auf Seiten des Tochterunternehmens besteht, aus der als solcher eine Vermögensbetreuungspflicht resultiert.[157]

Das von Teilen der Literatur[158] verwendete Kriterium faktischer Geschäftsführung zur Bestimmung der Vermögensbetreuungspflichten der Konzernmutter und ihrer Organe gegenüber der Tochter entbehrt somit jeglicher dogmatischen sowie praktischen Greifbarkeit. Dies räumen *Kohlmann/Löffeler* zum Abschluss ihrer Untersuchung der Konzernuntreue indirekt selbst ein, indem sie feststellen, dass es „vom Einzelfall abhängen wird", „ob und in welchem Umfang solche Untreuehandlungen neben oder an Stelle einer strafrechtlichen Verantwortlichkeit des [Tochter-, *D.B.*] GmbH-Geschäftsführers treten".[159] Dass solche Einzelfälle ihrer Ansicht nach vorkommen – und dies nicht nur selten – zeigt ihre vorher getätigte Aussage, dass „eine strafrechtliche Verantwortlichkeit [...] daneben *regelmäßig*[160] auch die zuständigen Mitglieder der Konzernleitung" trifft.[161]

Eine Bestimmung der Einzelfälle auf der Grundlage ihres Kriteriums ist allerdings nicht durchführbar, zumal in der Konsequenz ihrer Auffassung – entgegen dem vorherigen Zitat – solche Einzelfälle der Strafbarkeit und damit der Vermögensbetreuungspflicht überhaupt nicht existieren dürften. Denn der formell bestellte und tätige Vorstand bzw. Geschäftsführer der Tochtergesellschaft wird seinen vollen Verantwortungsbereich innerhalb der hier in Betracht genommenen Konzernkonstellationen nie vollständig verlieren.

Nun spricht dies nicht generell gegen das Kriterium faktischer Geschäftsführung als Grundlage von Vermögensbetreuungspflichten der herrschenden Gesellschaft. Es wäre durchaus möglich, dass die aufgezeigte Widersprüchlichkeit ausschließlich auf den Schlussfolgerungen im Rahmen der Übertragung des Kriteriums faktischer Geschäftsführung auf die Konzernuntreue basiert, dass also letztlich das – sehr enge – Kriterium stimmig ist und nur die behaupteten Einzelfälle von Vermögensbetreuungspflichten und damit von Strafbarkeit nicht bestehen.

---

[156] Hierzu oben Einleitung B. II. 2.
[157] Vgl. *Tiedemann* GmbH-Strafrecht Vor §§ 82 ff. Rn. 25 a.E.
[158] Siehe unten Fn. 174.
[159] *Kohlmann/Löffeler* Die strafrechtliche Verantwortlichkeit, Rn. 364 a.E.
[160] Hervorhebungen hier.
[161] *Kohlmann/Löffeler* Die strafrechtliche Verantwortlichkeit, Rn. 363. Aus dem Kontext heraus können *Kohlmann/Löffeler* nur eine Täterstrafbarkeit meinen und nicht allein eine solche als Anstifter oder Gehilfe.

bb. Spezifische Anforderungen des Treubruchstatbestandes

Bei der Überprüfung der vorstehenden These erlangen die spezifischen Anforderungen des Treubruchstatbestandes an Bedeutung. Wie gesehen ist § 266 StGB Sonderdelikt.[162] Tauglicher Täter kann nur sein – ist dann aber auch immer –, wer in der von § 266 StGB geforderten besonderen Beziehung im Sinne einer Vermögensbetreuungspflicht zum fremden Vermögen steht. Diese besondere Beziehung ist unabhängig von der formalen Stellung des Täters zum Fremdvermögen. Der Untreuetatbestand ist folglich kein Delikt, dass – bezogen auf Gesellschaftsvermögen – nur von einem Organ oder von diesem gleichgestellten Personen begangen werden kann.[163] Maßgeblich für die Bejahung einer Vermögensbetreuungspflicht ist vielmehr die tatsächliche Verfügungsmacht der jeweiligen Person über das Gesellschaftsvermögen und nicht seine Rechtsstellung innerhalb der Gesellschaft.[164] Denn bereits die tatsächliche, eingeräumte Machtstellung führt zu einem schützenswerten Vertrauen in eine pflichtgemäße Wahrnehmung der Vermögensinteressen der Gesellschaft und begründet damit eine vermögensbezogene Pflichtenstellung gegenüber dieser. Ob die betreffende Person faktischer Geschäftsführer im Sinne der zu den sog. Geschäftsführer- und Organdelikten entwickelten Grundsätze ist, ist für den Untreuetatbestand unerheblich. Die Untreue ist gerade kein Geschäftsführer- bzw. Organdelikt.

Insofern ist es begrüßenswert, dass der BGH in seinem „Treuhand"-Urteil[165] nicht mehr[166] auf das Kriterium faktischer Geschäftsführung abstellt,[167] sondern davon losgelöst eine faktische Dominanz des herrschenden Unternehmens in der Sphäre der abhängigen Gesellschaft fordert.[168] Folgerichtige Konsequenz dieser Auffassung ist, dass es zur Bestimmung der Vermögensbetreuungspflichten im Konzern keiner Feststellungen bedarf, ob der Betroffene die Geschicke der Ge-

---

162 Siehe oben Fn. 1.

163 Anders ist dies etwa bei §§ 283 StGB, 84 GmbHG. Hier ist – bei ersterem Tatbestand wegen § 14 Abs. 1 Satz 1 StGB – die Geschäftsführerstellung erforderlich. Nach dem BGH soll es allerdings nicht auf den – möglicherweise rechtsunwirksamen – Bestellungsakt ankommen, sondern allein darauf, ob der Täter – mit oder ohne Bestellung – im Einvernehmen oder zumindest mit Duldung des vertretungsberechtigten Organs tatsächlich die Funktion eines Geschäftsführers ausübt, sei es auch neben dem bestellten Organ; Nachweise vgl. oben B. I. 3. a. aa.

164 *D. Geerds* JR 1997, 340 (340).

165 Oben Einleitung Fn. 30 und Text danach; weiterhin oben B. I.

166 Zur „alten" Rechtslage vgl. instruktiv die Aussage von *Keuffel-Hospach* Die Grenzen der Strafbarkeit, 67: „Nach Ansicht des BGH sind die Voraussetzungen für die Bejahung der faktischen Organstellung in allen Fällen die gleichen, es gibt einen Begriff des 'faktischen Organs', der für § 14 Absatz 3 StGB genauso gilt wie etwa für §§ 82, 84, 85 GmbHG [...] und § 266 StGB."; vgl. auch *Dierlamm* NStZ 1996, 153 (153 ff.).

167 So ausdrücklich BGH (Einleitung Fn. 30), JR 1997, 336 (337) „Treuhand".

168 Zustimmend ebenso *D. Geerds* JR 1997, 340 (340); Müller-Gugenberger/*Schmid* § 30 Rn. 19; kritisch hingegen *Langkeit* WiB 1996, 1131 (1131); verhaltend *Dierlamm* NStZ 1997, 534 (535), der die dadurch – angeblich – entstehende Rechtsunsicherheit und Unvorhersehbarkeit kritisiert, das Urteil jedoch im Ergebnis nur als terminologische, nicht aber als inhaltliche Neuerung betrachtet.

sellschaft allein bestimmt, ein Übergewicht gegenüber dem formellen Geschäftsführer besitzt, eine überragende Stellung in der Geschäftsführung einnimmt oder die Geschäfte in weiterem Umfang als der formelle Geschäftsführer wahrnimmt.[169] Denn im Gegensatz zu den Organdelikten tauchen im Zusammenhang mit der Untreue keine Gefahren der Strafbarkeitsausweitung[170] oder -verschiebung[171] vom formal bestellten Organ auf die tatsächlich handelnde Person auf. Im Rahmen von § 266 StGB ist ein jeder Täter, der in der beschriebenen Sonderbeziehung zum Gesellschaftsvermögen steht. Dies ist unstreitig die Geschäftsleitung der Tochtergesellschaft. Daneben bestehen aufgrund der Deliktsstruktur von § 266 StGB keinerlei Bedenken, auch die Obergesellschaft bzw. ihre Vertreter als vermögensbetreuungspflichtig anzusehen, falls sie in der geforderten Beziehung zum Fremdvermögen stehen, und zwar unabhängig davon, ob sie die Organe des abhängigen Unternehmens rechtlich oder faktisch aus deren Verantwortungsbereich verdrängen.[172] Die hieraus resultierende eventuelle „Doppel"-Betreuungspflicht kann allenfalls aufgrund gesellschaftsrechtlicher wie strafrechtlicher Wertungen auf der Tatbestandsebene der Pflichtwidrigkeit Auswirkungen auf die Pflichtenstellung und somit auf die Strafbarkeit der in Betracht gezogenen Täter haben.[173]

Wenn demgegenüber im Schrifttum bislang vornehmlich auf das Vorliegen faktischer Geschäftsführung Bezug genommen wird,[174] so beruht dies auf einer

---

[169] Im kritischen Zusammenhang insofern *Langkeit* WiB 1996, 1131 (1131).

[170] So die herrschende Auffassung, vgl. Nachweise in Fn. 142.

[171] Diesen Aspekt betonend *Kratzsch* ZGR 1985, 506 (526 ff.); vgl. auch *Tiedemann* GmbH-Strafrecht § 84 Rn. 31, der die ursprüngliche Lückenschließungsfunktion der faktischen Betrachtungsweise hervorhebt.

[172] Vgl. auch *Achenbach* NStZ 1997, 536 (537): „Obwohl auch der Geschäftsführer H der S-GmbH umfangreiche Aktivitäten entfalte, schreibt der BGH dem Angekl. (ebenfalls) die Pflicht zu, die Vermögensinteressen der S-GmbH fürsorglich wahrzunehmen."

[173] Vgl. unten 3. Kapitel A. Hiervon zu unterscheiden ist die Problematik der gespaltenen Pflichtwidrigkeitsbeurteilung im Konzern, die dann relevant ist, wenn ein und demselben Organ Vermögensbetreuungspflichten gegenüber zwei (oder mehreren) Gesellschaften zukommen; hierzu unten 3. Kapitel C.

[174] So *Kohlmann/Löffeler* Die strafrechtliche Verantwortlichkeit, Rn. 364; Krekeler/*Tiedemann* GmbH-Strafrecht, 5; *ders.* NJW 1986, 1842 (1846); Müller-Gugenberger/*Schmid* § 31 Rn. 80 und 114 a (vgl. demgegenüber aber Müller-Gugenberger/*Schmid* § 30 Rn. 19); ähnlich *Tiedemann* GmbH-Strafrecht Vor §§ 82 ff. Rn. 23, 25; *Otto* Aktienstrafrecht Vor § 399 Rn. 61; *ders.* JK 1997, StGB § 266/13; *Flum* Der Strafrechtliche Schutz, 239 ff.; vgl. auch *Hartung* NJW 1996, 229 (232 Fn. 41): „ etwas anderes kann natürlich [...] gelten, wenn er beherrschender Mehrheitsgesellschafter ist [...], was aber einem faktischen Geschäftsführer oftmals sehr nahe kommt."; *Weigl* Die Haftung, 62 f.; differenzierend LK/*Schünemann* § 266 Rn. 128, 125 b: faktische Geschäftsführung ist nur im faktischen Konzern erforderlich, während hingegen im Vertragskonzern die Vermögensbetreuungspflicht gegenüber dem beherrschten Unternehmen unmittelbar aus der „rechtlich anerkannten und deshalb durchsetzbaren Herrschaftsposition" folgt; unklar *E. Schneider* Die Untreue, 100 ff., der die Vermögensbetreuungspflicht „in der Regel" aus „dem Vertrag" zwischen den verbundenen Unternehmen ableitet, in der zu dieser Textstelle zugehörenden Fußnote dann aber behauptet, dass es nicht darauf ankomme, ob die „Unternehmensverbindung auf Vertrag beruht oder auf rein tatsächlichen Verhältnissen (sog. faktischer Konzern)"; hierzu bereits kritisch *Ewald* Untreue, 231 f.

rein begrifflich orientierten, von den Anforderungen des § 266 StGB losgelösten Argumentation. So gesteht *Schünemann* ein, dass das Problem faktischer Geschäftsführung sich „in erster Linie“ für die formellen Geschäftsführerdelikte der §§ 82, 84 GmbHG stellt und bei § 266 StGB auch unterhalb der Geschäftsführungsebene jede das Gesellschaftsvermögen schädigende Ausübung einer Obhutsherrschaft tatbestandsmäßig ist.[175] Begegnet es nun – wie *Schünemann* fortführt – für § 266 StGB keinen Bedenken, die oben dargestellten weiten Rechtsprechungsgrundsätze faktischer Geschäftsführung heranzuziehen,[176] so folgt doch lediglich daraus, dass jedenfalls aus faktischer Geschäftsführung in diesem Sinne eine Vermögensbetreuungspflicht resultiert, dass „unterhalb“ dieser Schwelle jedoch weitere Vermögenspositionen angesiedelt sind, aus denen sich ebenfalls eine solche Pflicht ergeben kann. *Schünemann* folgert nun aber, dass allein der aktive Mehrheitsgesellschafter als Täter in Betracht kommt, nicht hingegen derjenige Gesellschafter, der sich „unterhalb“ dessen auf Weisungen an den Geschäftsführer beschränkt und damit „seine gesetzliche Rolle nicht überschreitet“.[177] Letztere These ergibt sich keinesfalls zwingend aus seinen vorherigen Aussagen, denn unterhalb faktischer Geschäftsführung hat *Schünemann* gerade kein verlässliches Kriterium von Vermögensbetreuungspflichten aufgestellt. Zudem kann ein solche Weisungen erteilender Gesellschafter ebenfalls „aktiv“ in das Fremdvermögen eingreifen und aus seiner Weisungsmacht kann ebenfalls eine Herrschaftsposition resultieren. *Schünemann* übersieht weiterhin, dass dem Einhalten der „gesetzlichen Rolle“ keine Relevanz für die Annahme von Vermögensbetreuungspflichten, sondern allein für die Beurteilung der Pflichtwidrigkeit des Täterhandelns nach den Grundsätzen negativer Zivilrechtsakzessorietät des Untreuetatbestandes zukommt.[178] Seine Argumentation ist damit – bezogen auf die faktische Geschäftsführung – zwar zunächst stimmig. Generell ist sie im Zusammenhang mit der Bestimmung von Vermögensbetreuungspflichten allerdings nicht zielführend und kann deshalb auch nicht unversehens auf den faktischen Konzern[179] übertragen werden.

Ähnliches ist *Tiedemann* zu entgegnen. Auch seine Feststellungen verdienen uneingeschränkte Zustimmung, wenn er die erforderliche Vermögensbetreuungspflicht „insbesondere“ für das Verhältnis des Geschäftsführers zur Gesellschaft und „auch“ für den „nur“ faktischen Geschäftsführer bejaht, wobei die von ihm im Zusammenhang mit den §§ 14 StGB, 82, 84 GmbHG entwickelten Bedenken gegenüber einer Ausdehnung des Begriffes des faktischen Geschäftsführers im Strafrecht für § 266 StGB keine Geltung haben, „da es hier nicht um

[175] LK/*Schünemann* § 266 Rn. 125 b.
[176] LK/*Schünemann* § 266 Rn. 125 b.
[177] LK/*Schünemann* § 266 Rn. 125 b.
[178] Ausführlich hierzu unten 3. Kapitel A. I.
[179] LK/*Schünemann* § 266 Rn. 128.

die Organfrage, sondern um die Treueposition geht."[180] Dennoch geht *Tiedemann* für die „Untreue im Konzern"[181] davon aus, dass die Vermögensbetreuungspflicht daraus resultiert, dass der Mehrheitsgesellschafter[182] „infolge der Intensität seiner Einflussnahme auf das beherrschte Unternehmen als dessen faktischer Geschäftsführer anzusehen ist".[183] Zwar tritt insofern eine gewisse Relativierung ein, indem später nur noch vom „faktischen Eindringen in die beherrschte Gesellschaft" und von ihrer „faktischen Leitung" die Rede ist, und es anders als bei § 84 GmbHG[184] nicht darauf ankommen solle, ob die Verantwortlichen des herrschenden Unternehmens nach außen für das beherrschte Unternehmen auftreten und so zum „faktischen Geschäftsführer" werden.[185] Es gilt allerdings zu beachten, dass *Tiedemann* im Vergleich zur herrschenden Auffassung[186] den Begriff „faktischer Geschäftsführung" generell enger definiert[187] und etwa durch den Verzicht auf die Außenvertretung im Bereich des § 266 StGB sich nur dieser weiten Ansicht annähert.[188] Terminologisch lässt er zwar von „seinem" Begriff des „faktischen Geschäftsführers" zur Bestimmung von Vermögensbetreuungspflichten im Konzern ab, inhaltlich weicht er mit den von ihm nicht näher spezifizierten[189] Ausdrücken „faktisches Eindringen" und

---

[180] *Tiedemann* GmbH-Strafrecht Vor §§ 82 ff. Rn. 15; vgl. auch *Tiedemann* NJW 1986, 1842 (1845).

[181] *Tiedemann* GmbH-Strafrecht Vor §§ 82 ff. Rn. 22.

[182] So *Tiedemann* GmbH-Strafrecht Vor §§ 82 ff. Rn. 23, 25, der in der Abgrenzung zwischen Allein- und Mehrheitsgesellschafter stark unklar bleibt. Entgegen *Tiedemann* aaO wird nicht nur „bei bloßer Mehrheitsbeteiligung" „die Frage relevant, ob die für das herrschende Unternehmen Handelnden eine Vermögensbetreuungspflicht im Hinblick auf das beherrschte Unternehmen haben". Das gleiche Problem taucht auch für den Alleingesellschafter auf. Es geht allgemein um die Tätertauglichkeit der Obergesellschaft bzw. ihrer Organe. Die Differenzierung von *Tiedemann* erlangt hingegen erst für die Frage eines eventuellen Einverständnisses kraft Dispositionsbefugnis des Alleingesellschafters einerseits bzw. des „bloßen" Mehrheitsgesellschafters andererseits im Rahmen der Pflichtwidrigkeitsbeurteilung Bedeutung; vgl. hierzu unten 3. Kapitel B. I. 1. a.

[183] *Tiedemann* GmbH-Strafrecht Vor §§ 82 ff. Rn. 23.

[184] Vgl. hierzu aber *Tiedemann* GmbH-Strafrecht § 84 Rn. 33.

[185] *Tiedemann* GmbH-Strafrecht Vor §§ 82 ff. Rn. 25; vgl. demgegenüber die auf das Kriterium des faktischen Geschäftsführers im Zusammenhang mit dem Tatbestand der Konzernuntreue ausdrücklich Bezug nehmenden Ausführungen von *Tiedemann* NJW 1986, 1842 (1846).

[186] Vgl. Nachweise in Fn. 142 einerseits (herrschende Meinung) und in Fn. 146 (Kritik) andererseits.

[187] Ausführlich *Tiedemann* GmbH-Strafrecht § 84 Rn. 27 ff.

[188] Unklar bleibt, ob *Tiedemann* das von ihm vertretene Erfordernis einer zivilrechtlich-faktischen Bestellung zur Annahme „faktischer Geschäftsführung" (vgl. *Tiedemann* GmbH-Strafrecht § 84 Rn. 16 f., 33) auf § 266 StGB übertragen will. Hierfür spricht, dass *Tiedemann* ausdrücklich nur auf die Notwendigkeit externen Auftretens verzichtet. Das würde allerdings bedeuten, dass nach *Tiedemann* eine strafrechtliche Betrachtung zumindest des beherrschenden Mehrheitsgesellschafters als faktischer Geschäftsleiter ausscheiden würde (vgl. *Tiedemann* FS Dünnebier, 519 (530) und *Tiedemann* GmbH-Strafrecht § 84 Rn. 33) und infolgedessen auch eine Täterstrafbarkeit nach § 266 StGB nicht in Betracht käme.

[189] Kritisch hierzu bereits *Birkholz* Untreuestrafbarkeit, 145: „unklar, welches Ausmaß die Herrschaft des Gesellschafters über die Gesellschaft einnehmen muss, um Grundlage für eine

„faktische Leitung“ aber nicht von *Schünemann* ab, da sie als allgemeine Umschreibung faktischer Geschäftsführung im weiten Sinne der herrschenden Auffassung dienen. Mit seiner Aussage, dass es nicht um die Organfrage, sondern um die Treueposition gehe, hat diese Lösung nichts gemein. Dies verdeutlicht die von *Tiedemann* an anderer Stelle getätigte Feststellung, die faktische Betrachtungsweise sei dort unbedenklich, wo das Gesetz den Täterkreis nicht an eine Organstellung bindet, so dass für § 266 StGB die faktische Einwirkungsmöglichkeit auf das Gesellschaftsvermögen ausreiche, sofern eine tatsächliche Vermögensbetreuungspflicht besteht.[190] Letzteres zu beurteilen ist gerade die zu bewältigende Aufgabe, die mit Hilfe der Figur faktischer Geschäftsführung nicht zu lösen ist.

cc. Zusammenfassung

Zusammenfassend gilt es festzuhalten, dass weitgehende Übereinstimmung darüber besteht, dass die Fragestellung bei § 266 StGB eine andere ist als die der faktischen Geschäftsführung: Der Begriff des faktischen Geschäftsführers hat dort Bedeutung, wo die Strafbarkeit an die Eigenschaft des Täters als Organ anknüpft, indem entweder ein die Gesellschaft treffendes besonderes persönliches Merkmal über § 14 Abs. 1 Nr. 1, Abs. 3 StGB dem Organ zugerechnet wird oder indem – ohne den Umweg über § 14 StGB – der Straftatbestand selbst an die Organeigenschaft anknüpft. Beides ist bei § 266 StGB nicht der Fall. Die Organeigenschaft ist nicht Tatbestandsmerkmal und die Zurechnung besonderer persönlicher Merkmale spielt keine Rolle.[191]

Zieht man aus dieser Erkenntnis die folgerichtige Konsequenz, ist die Figur des faktischen Geschäftsführers für die Auslegung des Tatbestandsmerkmals „Vermögensbetreuungspflicht“ ohne Bedeutung, jedenfalls insofern, als dass aus ihr nicht abschließend der taugliche Täterkreis der Untreue bestimmt werden kann.[192] [193] Dies schließt nicht aus, mit der herrschenden Auffassung eine Ver-

---

Vermögensbetreuungspflicht zu sein. Auch begründet *Tiedemann* nicht, warum die Herrschaft über die Gesellschaft zu einer Vermögensbetreuungspflicht führen soll.“.

190 Krekeler/*Tiedemann* GmbH-Strafrecht, 5.

191 So auch *Flum* Der Strafrechtliche Schutz, 235; *Löffeler* wistra 1989, 121 (122); tendenziell anders *Dierlamm* NStZ 1997, 534 (534), der schlicht und einfach feststellt, dass die Frage der faktischen Geschäftsführung zunehmend auch im Rahmen des Untreuetatbestandes Bedeutung erlangt, da in Rechtsprechung und Lehre weitgehend anerkannt sei, dass nicht nur der tatsächlich bestellte, sondern auch der faktische Geschäftsführer einer besonderen Vermögensbetreuungspflicht nach § 266 StGB im Hinblick auf das Vermögen der GmbH unterliegen kann; vgl. auch *Siegmann/J. Vogel* ZIP 1994, 1821 (1822): „Jedenfalls im Bereich der Sonderpflichtdelikte, die außerstrafrechtliche Pflichtenstellungen in Bezug nehmen, [...], nämlich bei der Untreue (§ 266 StGB)“.

192 Auch im Gesellschaftsrecht hat sich die in der Literatur vorgeschlagene Haftung der Muttergesellschaft als faktisches Organ der Tochtergesellschaft als konzernbezogener Haftungsansatz nicht durchzusetzen vermocht und bleibt auf das Spezialgebiet der Insolvenzverschleppung beschränkt; vgl. ausführlich *A. Vogel* Die Haftung der Muttergesellschaft, 125 sowie allgemein zur Organhaftungslehre oben B. I. 1. c.

mögensbetreuungspflicht im Konzern auf jeden Fall in Konstellationen faktischer Geschäftsführung aufgrund deren Nähe zum unzweifelhaft vermögensbetreuungspflichtigen förmlich und wirksam bestellten Geschäftsleiter zu bejahen.[194]

b. Rechtsmacht und faktische Beherrschung in den verschiedenen Konzernierungsformen

Geht es nunmehr in einem weiteren Schritt darum, unabhängig von dem Begriff „faktischer Geschäftsführung" bzw. darüber hinaus Situationen von Vermögensbetreuungspflichten der Konzernmutter gegenüber ihrer Tochter festzuhalten, so bedeutet dies eine Umorientierung von der Organfunktion hin zur Herrschaftsfunktion. Ins Blickfeld gerät die Stellung der Obergesellschaft zum Fremdvermögen des abhängigen Unternehmens.

Diese Stellung muss derjenigen Position entsprechen, die nach dem Telos der Norm des § 266 StGB die Auferlegung von Vermögensbetreuungspflichten rechtfertigt. Wie gesehen[195] knüpft der Straftatbestand der Untreue an die (Vermögens-) Herrschaft des Täters bei Einflusslosigkeit des Tatopfers an.[196] Das

---

[193] Anders ist die Rechtslage etwa in Frankreich, wo die Spezialtatbestände des „abus de biens sociaux" (Art. 425 und 437 L.66 [L.66 = französisches Gesetz über die Handelsgesellschaften vom 24.7.1966]), die eine Art „Gesellschaftsuntreue" regeln, indem sie das Gesellschaftsvermögen vor Eingriffen seitens bestimmter Organmitglieder schützen, auch auf die Organe der Konzernmuttergesellschaft anwendbar sind, soweit diese die Position eines faktischen Geschäftsführers (*dirigeant de fait*) einnehmen, sich also in den Funktionsprozess der Tochtergesellschaft aktiv einmischen. Dies beruht allerdings darauf, dass im Gegensatz zum deutschen Strafrecht einerseits die strafrechtliche Haftung des *dirigeant de fait* in Frankreich heute gesetzlich in den Art. 431 und 463 L. 66 geregelt ist (für die Zeit vor der gesetzlichen Statuierung vgl. aber bereits ähnlich C. cass. crim., 16.1.1964, Recueil Dalloz 1964, jur., 194), und dass andererseits die tauglichen Täter enumerativ aufgelistet sind, in Frankreich somit gerade kein allgemeines Erfordernis einer Vermögensbetreuungspflicht existiert; vgl. hierzu *S. Maul* NZG 1998, 965 (966); *Anders* ZStW 114 (2002), 467 (475 f.); *Ebenroth/Reiner* BB 1992 Beilage 13, 1 (10 ff., 14 f.); aus der französischen Literatur siehe nur *Renucci/Cardix* L'abus de biens sociaux, 74 f. m.w.N.

[194] Keine Geltung für das deutsche Gesellschaftsrecht hat die von *A. Vogel* Die Haftung der Muttergesellschaft, 427 für die Schweiz aufgestellte These, die Muttergesellschaft werde durch die Wahrnehmung einheitlicher Leitung zwangsläufig zum faktischen Organ der Tochtergesellschaft. *A. Vogel* ist zwar zuzugeben, dass die Einrichtung einheitlicher Leitung zwingend die Übertragung gewisser Organfunktionen der Tochtergesellschaft an die Konzernspitze erfordert, namentlich im Bereich der finanziellen, strategischen und normativen Führung. Der Begriff einheitlicher Leitung begnügt sich nach in Deutschland herrschender Ansicht jedoch mit der Ausübung solcher Funktionen in einem der zentralen Unternehmensbereiche. Der gesellschafts- wie strafrechtliche Begriff des faktischen Geschäftsführers setzt demgegenüber voraus, dass betriebsintern und nach außen alle Dispositionen weitgehend von der betreffenden Person ausgehen und sie im Übrigen auf sämtliche Geschäftsvorgänge bestimmenden Einfluss nimmt. Dies ist nach oben genannter Definition durch die Aufstellung einheitlicher Leitung nicht per se der Fall. Der Inhalt faktischer Geschäftsführung ist damit enger als der einheitlicher Leitung.

[195] Oben A. II.

[196] Ausgehend von der eigenständigen Unterscheidung zwischen Missbrauchs- und Treubruchstatbestand auf der Grundlage seiner „typologischen Theorie" gelangt *Schünemann* Un-

hierauf basierende Sonderdelikt kann von jedem erfüllt werden, der diese Herrschaft in rechtlicher oder faktischer Hinsicht ausübt. Letztlich erweist sich in Konzernkonstellationen somit das entwickelte Kriterium der eingeräumten Zugriffsmöglichkeit auf fremdes Vermögen bei Abwesenheit von Kontrolle und bei Verschiebung der Pflichtigkeit zur Vermögensbetreuung aufgrund einer Einschränkung der Handlungsmöglichkeiten des Vermögensinhabers in Bezug auf sein Vermögen als allein maßgebend. Die zuvor dargestellten, bislang verwendeten oder eventuell in Betracht zu ziehenden Kriterien können durchaus zur Bestimmung einzelner dieser Merkmale dienlich sein, insbesondere zur Begründung der Herrschaftsposition seitens des Mutterunternehmens. Sie sind jedoch jeweils nur Teilausschnitt und damit für sich allein nicht zielführend.

Dass die Stellung der Konzernspitze zu der verbundenen Gesellschaft und damit auch zu deren Vermögen generell von besonderer Art ist, ist heute unbestritten. Besonders anschaulich verdeutlicht dies die bereits erwähnte gesellschaftsrechtliche moderne Einheitstheorie[197], die eine Konzernbinnenordnung dadurch herstellt, dass die Organe des herrschenden Unternehmens zugleich die Rolle von Konzernorganen übernehmen und etwaige Unternehmensverträge Bestandteile einer konzernrechtlichen Grundordnung enthalten.[198] Dieser Gedankengang wird teilweise so weit fortgeführt, dass erwogen wird, gesellschaftsübergreifende Kompetenzen zu schaffen, also beispielsweise der Gesellschafterversammlung des herrschenden Unternehmens Stimmrechte in der abhängigen Gesellschaft einzuräumen.[199]

Auch wenn sich die moderne Einheitstheorie im gesellschaftsrechtlichen Schrifttum nicht hat vollständig durchsetzen können,[200] so liegt ihr Verdienst darin, die Aufmerksamkeit auf Veränderungen von Zuständigkeiten und Interessengefüge in der herrschenden sowie der abhängigen Gesellschaft gelenkt zu haben, die heute allgemein anerkannt sind.[201] So wirkt sich die Stellung als Konzernobergesellschaft durch zusätzliche Rechte, Aufgaben und Einflussmög-

---

ternehmenskriminalität und Strafrecht, 128 f. für die – hier allein relevante – Treubruchsvariante zu einem ähnlichen Ergebnis. Seiner Ansicht nach knüpft der Treubruchstatbestand an die Herrschaft des Täters über die Hilflosigkeit des Opfers und damit an eine Garantenstellung an, so dass das Sonderdelikt von jedem erfüllt werden kann, der diese Herrschaft in rein faktischer Hinsicht übernimmt. Das von ihm im Anschluss offenbarte allgemeine Problem strafrechtlicher Vertreterhaftung, das der mangelnden Deckung der „eigentlichen" Unrechtsstruktur des Tatbestandes und seiner sprachlichen Fassung im Gesetz, trifft auf den Treubruchstatbestand gerade nicht zu, denn dort hat der Gesetzgeber die Täterstellung eben nicht durch den statischen Begriff eines „personalen Statuts" umschrieben, sondern durch ein „dynamisches Herrschaftsverhältnis" („Wer [...]").

[197] Siehe Text vor und nach sowie Nachweise in Einleitung Fn. 127 f.

[198] *Lutter* FS Stimpel, 825 (829 ff.); *Timm* Die AG 1980, 172 (172).

[199] *U.H. Schneider* ZHR 143 (1979), 485 (485 ff.); *ders.* BB 1981, 249 (249 ff.); ablehnend *Lutter* FS Stimpel, 825 (842).

[200] Zur Kritik vgl. etwa *Wiedemann* Die Unternehmensgruppe, 16 f. sowie die Nachweise in Einleitung Fn. 128 a.E.

[201] *Wiedemann* Die Unternehmensgruppe, 16.

lichkeiten als Konzernleitungsmacht im Hinblick auf die abhängige Gesellschaft aus, die hier bei rechtlicher Fundierung als „Rechtsmacht" und bei rein tatsächlicher Ausübung als „faktische Beherrschung" bezeichnet werden. Da Rechtsmacht und faktische Beherrschung unterschiedlich ausgestaltet sind, je nachdem, ob ein Vertragskonzern (aa.) oder faktischer Konzern (bb.) bzw. ein AG- oder GmbH-Konzern gegeben ist, muss für die weitere Untersuchung der Stellung der Konzernspitze zum Tochtervermögen nach diesen Konzernierungsformen differenziert werden.[202]

aa. Vertragskonzern

(1) Beherrschungsvertrag

Ein Beherrschungsvertrag ist dadurch gekennzeichnet, dass er dem herrschenden Unternehmen eine rechtlich durchsetzbare Macht zur Beeinflussung der abhängigen Gesellschaft verschafft. Als Organisationsvertrag modifiziert er das körperschaftliche Gefüge der abhängigen Gesellschaft, also Zuständigkeiten und Interessenlage. Mit der beherrschungsvertraglichen Unterstellung der beherrschten Gesellschaft unter die Leitung der Obergesellschaft (vgl. § 291 Abs. 1 Satz 1 Halbsatz 1 AktG) geht auf Letztere die verbandsrechtliche Option über, die Geschicke der abhängigen Gesellschaft zu bestimmen. Die gesetzlichen Vertreter der Obergesellschaft rücken gegenüber der abhängigen Gesellschaft in eine ähnliche Stellung ein, die zuvor die gesetzlichen Vertreter der Untergesellschaft selbst innehatten. Unter Verdrängung des ursprünglichen satzungsmäßigen Eigeninteresses der Untergesellschaft statuiert der Beherrschungsvertrag den Vorrang des Konzerninteresses.[203]

Grundlage der rechtlich gesicherten Konzernleitungsmacht ist das Weisungsrecht der Geschäftsleitung des herrschenden Unternehmens gemäß § 308 Abs. 1 AktG für den AG-Vertragskonzern bzw. gemäß § 308 Abs. 1 AktG analog für den GmbH-Vertragskonzern. Aufgrund der in den zentralen Punkten identischen Rechtssituation bedarf es hier keiner Unterscheidung zwischen AG- und GmbH-Vertragskonzern. Aus dem Regelungszusammenhang des § 308 AktG mit den Vorschriften der §§ 18 Abs. 1 Satz 2, 219, 309 und 310 AktG folgt, dass das Gesetz als Mittel der einheitlichen Leitung der durch einen Beherrschungsvertrag in einem Vertragskonzern verbundenen Unterneh-

[202] Da ausschließliches Ziel der Arbeit die Darstellung der Konzernuntreue ist, beschränken sich die weiteren Ausführungen naturgemäß auf Vermögensbetreuungspflichten im Konzern. Dies schließt nicht aus, dass neben den gefundenen Ergebnissen für den einfachen Gesellschafter bzw. Aktionär ebenfalls im Einzelfall Vermögensbetreuungspflichten bestehen können. Vgl. hierzu beispielhaft die Argumentation von *Ziemons* Die Haftung, 201 f.: „die Vermögensbetreuungspflicht ist Korrelat zur Einflussunterworfenheit – und diese besteht unabhängig von der Qualifikation des Gesellschafters als Unternehmen oder als Privatmann."; zum Unternehmensbegriff der herrschenden Meinung vgl. oben Einleitung B. I.

[203] *Kort* ZIP 1989, 1309 (1309 f.); *U.H. Schneider* BB 1981, 249 (254); *Bous* Die Konzernleitungsmacht, 180 f.

men allein die von dem herrschenden Unternehmen an die Geschäftsleitung der abhängigen Gesellschaft gerichtete Weisung hinsichtlich der Leitung ihrer Gesellschaft kennt. Zwar werden andere Leitungsmittel dadurch nicht ausgeschlossen, sie begründen aber im Gegensatz zur Weisung keine Folgepflicht der Organe der abhängigen Gesellschaft.[204]

Der Ausspruch einer Weisung hat zur Folge, dass an die Stelle der Leitung der abhängigen Gesellschaft durch ihren eigenen Vorstand oder Geschäftsführer die Leitung durch das herrschende Unternehmen tritt, womit diesem die einheitliche Leitung des von ihm geführten Konzerns ermöglicht werden soll (§ 18 Abs. 1 Satz 2 AktG).[205] Soweit hingegen das herrschende Unternehmen von seinem Weisungsrecht keinen Gebrauch macht, bleibt es bei der Leitung der abhängigen Gesellschaft unter eigener Verantwortung.[206] Weisung ist damit jede Maßnahme des herrschenden Unternehmens, durch die dieses über die Geschäftsleitung der abhängigen Gesellschaft Einfluss auf die Leitung der Gesellschaft nehmen will.[207] „Leitung der Gesellschaft" umfasst dabei den gesamten weiten Bereich der Geschäftsführung und der Vertretung der Gesellschaft, so dass die herrschende Gesellschaft der Geschäftsleitung der abhängigen Gesellschaft Weisungen hinsichtlich aller Fragen der Geschäftsführung und der Vertretung ihrer Gesellschaft erteilen kann, wobei nicht weiter unterschieden wird, ob es sich um grundsätzliche Fragen oder Einzelfragen des laufenden Tagesgeschäfts handelt.[208] Notwendigerweise werden hierdurch weite Materien von Vermögensrelevanz im Außen- wie Innenverhältnis[209] umfasst, so dass dem herrschenden Unternehmen mittels seiner Rechtsmacht zugleich Zugriff auf das fremde Vermögen der Tochtergesellschaft eingeräumt wird. Somit verschafft der Beherrschungsvertrag der Obergesellschaft das Recht zur Leitung der Untergesellschaft und zu Dispositionen über das Vermögen derselben.[210]

Das Weisungsrecht besteht allerdings nicht grenzenlos.[211] § 308 Abs. 1 Satz 2 AktG bestimmt, dass – falls der Vertrag nichts Engeres vorsieht – nachteilige Weisungen zwar zulässig sind, allerdings nur unter der Voraussetzung

[204] *Emmerich*/Habersack Konzernrecht, § 308 Rn. 2.
[205] *Emmerich*/Habersack Konzernrecht, § 308 Rn. 22.
[206] Zum Gesamtkomplex umfassend *Schauß* Das Weisungsrecht, 28; vgl. auch *Beuthien* DB 1969, 1781 (1782).
[207] Ausführlich zum Weisungsbegriff *Emmerich*/Habersack Konzernrecht, § 308 Rn. 23 ff. m.w.N.
[208] *Bous* Die Konzernleitungsmacht, 70 f. m.w.N.
[209] Im innenkorporativen Bereich fallen nach herrschender Auffassung beispielsweise die Ausübung von Bewertungswahlrechten bei der Aufstellung des Jahresabschlusses sowie die Bildung anderer Gewinnrücklagen im Sinne von § 272 Abs. 3 Satz 2 HGB unter den vom Weisungsrecht erfassten Leitungsbereich; vgl. MüKo/*Altmeppen* § 308 AktG Rn. 88 ff.; *Hüffer* § 308 Rn. 12; KK/*Koppensteiner* § 308 Rn. 21; Münchener Handbuch/*Krieger* Band 4, § 70 Rn. 133.
[210] *Würdinger* DB 1972, 1565 (1565).
[211] Gesamtüberblick über die Grenzen des Weisungsrecht im Vertragskonzern unter anderem bei *Bous* Die Konzernleitungsmacht, 72 f. m.w.N.

zung, dass sie den Belangen des herrschenden Unternehmens oder dem mit ihm und der Gesellschaft konzernverbundenen Unternehmen dienen. Nachteilig sind dabei Weisungen, die Maßnahmen betreffen, die der ordentliche und gewissenhafte Geschäftsleiter einer unabhängigen Gesellschaft, der sich ausschließlich an den Interessen seiner Gesellschaft orientiert, nicht vorgenommen hätte.[212] Nachteilige Weisungen, die ausschließlich den Interessen beliebiger Dritter dienen, sind rechtswidrig und deshalb nichtig.[213] Gleiches gilt, falls die Nachteile für die abhängige Gesellschaft gegenüber den Vorteilen anderer Konzernunternehmen unverhältnismäßig sind.[214] In letzterer Konstellation trifft den Geschäftsleiter der abhängigen Gesellschaft trotz Nichtigkeit der Weisung dennoch eine Folgepflicht – wie sie sowieso generell für rechtmäßige Weisungen besteht (§ 308 Abs. 2 Satz 1 AktG) – es sei denn, die Weisung dient „offensichtlich“ nicht den Konzerninteressen (§ 308 Abs. 2 Satz 2 AktG).

Im Falle der Weisungserteilung tritt die herrschende Gesellschaft bzw. deren Organe – obgleich nicht mit Vertretungsbefugnis ausgestattet – an die Stelle des Geschäftsleiters des abhängigen Unternehmens, der zum Ausführenden degradiert wird. Es entsteht eine auf dem Vertragsverhältnis beruhende organisationsrechtliche, jedoch nicht organschaftliche Sonderverbindung zwischen herrschender Gesellschaft und geleitetem Unternehmen. Mit der Leitung sind für den Geleiteten besondere vermögensrechtliche Gefahren verbunden.[215] Hinzu kommt, dass die §§ 308 ff. AktG gesellschaftsrechtlich die Kopplung von Leitungsmacht mit entsprechender Verantwortlichkeit bezwecken.[216] Tragender Grund für die Schaffung eines besonderen Konzernrechts war die besondere Konzerngefahr[217], die unter anderem darin liegen soll, dass Weisungen von einer Stelle außerhalb der Gesellschaft kommen, die gesellschaftsrechtlich keine Verantwortung trägt.[218]

Diese gesellschaftsrechtlichen Wertungen lassen sich für die Annahme einer Vermögensbetreuungspflicht der Konzernobergesellschaft heranziehen, unabhängig von einem organschaftlichen Verhältnis.

Die Zugriffsmöglichkeit des herrschenden Unternehmens bzw. seiner Organe auf das Fremdvermögen der Tochter folgt aus der Wahrnehmung der ihnen rechtlich zugewiesenen Entscheidungskompetenzen. Selbst bei Übertretung der

---

212 *Hüffer* § 308 Rn. 15; KK/*Koppensteiner* § 308 Rn. 26; *Emmerich*/Habersack Konzernrecht, § 308 Rn. 45.

213 *Emmerich*/Habersack Konzernrecht, § 308 Rn. 50, 52.

214 Münchener Handbuch/*Krieger* Band 4, § 70 Rn. 134; *Hüffer* Rn. 17; *Altmeppen* Die Haftung, 21.

215 Vgl. aus gesellschaftsrechtlicher Sicht zu den rechtlichen Konsequenzen der Ausübung von Weisungsrechten – am Beispiel der nicht konzernierten GmbH – *Krebs* Geschäftsführungshaftung, 233 ff.

216 Begründung zum RegE bei *Kropff* Aktiengesetz, 402.

217 Vgl. bereits oben Einleitung B. I.

218 Begründung zum RegE bei *Kropff* Aktiengesetz, 373.

Grenzen rechtlicher Zulässigkeit besteht in Teilbereichen eine Befolgungspflicht der Organe der abhängigen Gesellschaft, aus der auf jeden Fall eine Einschränkung ihrer vermögensbezogenen Handlungsmöglichkeiten bei nur beschränktem Kontrollmechanismus[219] resultiert. Aber selbst in dem verbleibenden Teilgebiet nichtiger Weisungen oder sonstiger Lenkungsmaßnahmen ohne Folgepflicht, in welchem zudem kein Weisungsrecht des herrschenden Unternehmens besteht, das die Durchsetzung der nichtigen Weisungen rechtlich ermöglichen würde, herrscht durchaus die Chance, dass sich das Tochterorgan, unabhängig oder in Anbetracht persönlich angedrohter Konsequenzen – bis hin zur Abberufung – sowie der im Extremfall ins Auge gefassten eigenhändigen Ausführung der Maßnahme, der Weisung letztlich beugt und damit auf eigene Vermögensentscheidungen verzichtet.

Dem herrschenden Unternehmen kommt damit sowohl eine Rechtsmacht als auch eine Möglichkeit faktischer Beherrschung zu. Beide sind von Seiten der abhängigen Gesellschaft „im Vertrauen" eingeräumt worden, im ersten Fall rechtsgeschäftlich aufgrund des Vertragsabschlusses, im zweiten Fall mittelbar auf diesem Rechtsgeschäft aufbauend aufgrund Treueverhältnisses.

War bislang hauptsächlich von der Möglichkeit der Ausübung von Rechtsmacht bzw. faktischer Beherrschung die Rede, so fragt sich nun, ob die Begründung von Vermögensbetreuungspflichten im Konzernverhältnis sich hiermit begnügt oder ob sie – wie es der BGH im „Bremer Vulkan"-Urteil für den faktischen Konzern gefordert hat –[220] voraussetzt, dass das herrschende Unternehmen von dieser Möglichkeit auch tatsächlich Gebrauch macht.

Die Frage scheint zunächst einen rein theoretischen Sinngehalt aufzuweisen, denn die Untersuchung von Untreuestrafbarkeit setzt notwendigerweise eine Anknüpfung an die konkrete Ausübung rechtlicher oder faktischer Vermögensmacht voraus. Relevant kann die Frage jedoch für das Erfordernis einer gewissen Dauer der Ausübung von Leitungsmacht sein. So entspricht es traditioneller Begrifflichkeit, bei der Beurteilung von Vermögensbetreuungspflichten auch auf „Dauer, Umfang und Art der Tätigkeit" abzustellen.[221] Hierdurch soll eine gewisse Qualität der Täter-Opfer-Beziehung sichergestellt werden, indem vermieden wird, nur einzelne oder einmalige Vermögenstätigkeiten dem Untreuetatbestand zu unterwerfen.

Dem Rechnung tragend könnte man argumentieren, dass im Konzernbereich ein solches qualifiziertes Täter-Opfer-Verhältnis nicht erst durch die tatsächliche Ausübung rechtlich oder faktisch bestehender Macht entsteht, sondern dass eine „dauerhafte" Beziehung – auch im Vermögensbereich – bereits durch den Abschluss des Beherrschungsvertrages bzw. generell durch den Erwerb einer ge-

---

[219] Siehe bereits oben B. I. 2. a.
[220] Vgl. oben B. I.
[221] Oben A. II.

sellschaftsrechtlich vermittelten Position sichergestellt wird, aufgrund derer das herrschende Unternehmen auf das abhängige einen beherrschenden Einfluss ausüben kann. Zwar bleiben die Gesellschaften rechtlich unabhängig, wirtschaftlich verschmelzen sie aber doch zu einer wirtschaftlichen Einheit.[222]

Aus teleologischer Sicht hat das Dauerkriterium allerdings noch einen anderen Inhalt. Erst durch eine gewisse Dauer der Betreuung entsteht ein vermögensrechtlich orientiertes Vertrauen, dass den Täter zu dem Lager des Opfers zählen lässt und zu einer Einwirkungsverlagerung, also zu einer Verschiebung der Vermögensbetreuungs-Pflichtigkeit führt.[223] Allein durch die Zustimmung zum Beherrschungsvertrag begibt sich die abhängige Gesellschaft jedoch nicht zwangsläufig in eine Einschränkung ihrer Handlungsmöglichkeiten in Bezug auf ihr Vermögen. Hierzu bedarf es vielmehr einer tatsächlichen Ausübung der eingeräumten Machtposition seitens des herrschenden Unternehmens. Gleiches gilt, falls das herrschende Unternehmen ohne Beherrschungsvertrag eine Allein- oder Mehrheitsposition erwirbt, kraft derer es beherrschenden Einfluss ausüben kann. Auch hier ist ein Gebrauchmachen der faktischen Herrschaft durch die Obergesellschaft notwendig, wobei stets das Gebrauchmachen eine solche Qualität aufweisen muss, dass auch tatsächlich die Handlungsmöglichkeiten der abhängigen Gesellschaft eingeschränkt werden.

Letzteres ist im Rahmen von Vertragskonzernen aufgrund der weitreichenden Befolgungspflichten sowie dem darüber hinaus existierenden Verzicht auf Vermögensentscheidungen gegeben. Weiterhin entspricht es der hier aufgestellten Prämisse des Konzernbegriffs im engen Sinne von § 18 Abs. 1 Satz 1 AktG,[224] dass die abhängige Gesellschaft unter einheitlicher Leitung steht.[225] Diese setzt eine tatsächliche Ausübung der Herrschaftsmöglichkeiten durch das herrschende Unternehmen voraus. Zwar folgt die herrschende Auffassung dabei dem weiten Konzernbegriff,[226] für die Vermögensrelevanz der Herrschaftsausübung ist es jedoch unerheblich, ob sich diese auf alle zentralen unternehmerischen Bereiche einschließlich des Finanzwesens erstreckt (so der enge Konzernbegriff), oder ob sie nur zumindest auf einen der zentralen Unternehmensbereiche bezogen ist, wie etwa Einkauf, Organisation, Personalwesen oder Verkauf, jeweils mit Gesamtausstrahlung. Denn auch in diesen zentralen Bereichen fallen zum Teil erhebliche vermögensbezogene Entscheidungen an.

---

[222] Dazu bereits Einleitung A. I. und Einleitung B. I.
[223] Ausführlich zu den allgemeinen Kriterien von Vermögensbetreuungspflichten oben A. II.
[224] Oben Einleitung B. II.
[225] Ohne eine solche Prämisse würde sich das Problem stellen, inwieweit das Strafrecht an die gesellschaftsrechtliche unwiderlegliche Vermutung einheitlicher Leitung bei Bestehen unter anderem eines Beherrschungsvertrages durch § 18 Abs. 1 Satz 2 AktG anzuknüpfen vermag. Angesprochen sind hierbei einerseits Anforderungen an die richterliche Überzeugungsbildung sowie an den strafrechtlichen Beweis und andererseits die Reichweite des Grundsatzes „in dubio pro reo"; vgl. zur Vermutungswirkung des § 18 Abs. 1 Satz 3 AktG im Rahmen von § 400 Abs. 1 Nr. 2 AktG KK/*Geilen* Vorb. § 400 Rn. 88 m.w.N.
[226] Vgl. Einleitung B. II.

Unter Berücksichtigung des Kriteriums tatsächlicher Machtausübung ergibt sich weiterhin eine Klärung der oben aufgeworfenen Frage,[227] ob bei der Annahme von Vermögensbetreuungspflichten des Mutterunternehmens zwischen mehrgliedrigen und eingliedrigen Tochtergesellschaften unterschieden werden muss, also danach, ob die Obergesellschaft den Status einer Mehrheits- oder Alleingesellschafterin aufweist. Da die rechtliche Herrschaftsposition unabhängig von diesem Status ist und auch eine faktische Beherrschung durch einen Mehrheitsgesellschafter dieselbe Qualität aufweisen kann wie die eines Alleingesellschafters[228], ist eine Unterscheidung jedenfalls auf dieser Ebene der Untersuchung[229] nicht erforderlich.

Einer Annahme von Vermögensbetreuungspflichten bei Ausübung von Rechtsmacht durch die Mutter als Gesellschafterin steht nicht entgegen, dass diese bei ihrem Handeln mitgliedschaftliche Befugnisse ausübt. Denn zum einen ändern diese Befugnisse nichts an der rechtlichen Trennung von Gesellschafts- und Gesellschaftervermögen, so dass gesetzliche und statutarische Regelungen zum Schutz des Gesellschaftsvermögens eingehalten werden müssen, und zum anderen hat sich die Obergesellschaft im Konzern nicht an den Eigeninteressen, sondern an dem Konzerninteresse zu orientieren, das zwar wiederum durch ihr eigenes Interesse prävaliert wird, jedoch ebenso von den einzelnen Interessen der abhängigen Unternehmen beeinflusst werden kann.[230]

Letztlich ist fraglich, ob die Vermögensbetreuungspflicht der Obergesellschaft oder allein ihren geschäftsleitenden Organen obliegt. Für die Zuweisung der Vermögensbetreuungspflicht unmittelbar an die Gesellschaftsorgane scheint die gesetzliche Ausgestaltung des Weisungsrechts (vgl. § 309 AktG) zu sprechen. § 309 Abs. 1 AktG, der davon spricht, dass „die gesetzlichen Vertreter" Weisungen erteilen, ist allerdings ausschließlich Folge der Handlungsunfähigkeit der juristischen Person AG oder GmbH als solcher. Rechtlich steht das Weisungsrecht dem „herrschenden Unternehmen" zu, wie die Formulierung von § 308 Abs. 1 Satz 1 AktG verdeutlicht. Das Weisungsrecht wird unmittelbar durch den Beherrschungsvertrag begründet, dessen Partei – neben der abhängigen Gesellschaft – die herrschende Gesellschaft als solche ist. Deren gesetzliche Vertreter üben das Weisungsrecht für diese lediglich in Vertretung aus. Knüpft nun die Begründung von Vermögensbetreuungspflichten im Vertragskonzern gerade an die durch den Vertragabschluss rechtlich eingeräumte Macht an, so muss die Frage nach der Trägerschaft der Vermögensbetreuungspflicht entspre-

---

227 Oben B. I.

228 Minimal anders kann dies allenfalls bei Erreichen bestimmter Minderheitenquoren sein.

229 Zur Differenzierung bei den formalen Erfordernissen einer Einverständniszurechnung siehe unten 3. Kapitel B. I. 1. a.

230 So zumindest eine Ansicht der zum Konzerninteresse vertretenen Auffassungen; siehe unten 3. Kapitel B. II. 2.

chend der zivilrechtlichen Konstruktion beantwortet werden. Damit ist (zunächst)[231] die Muttergesellschaft selbst Trägerin der Vermögensbetreuungspflicht gegenüber ihrer Tochter.

Somit treffen die Obergesellschaft eines jeden auf Beherrschungsvertrag beruhenden Vertragskonzerns im engen Sinne des § 18 AktG Vermögensbetreuungspflichten gegenüber ihrer Tochter.

(2) Eingliederung

Nichts anderes kann für den Fall der Eingliederung nach den §§ 319 ff. AktG gelten.[232] Der von *Schünemann*[233] im Anschluss an *Ewald*[234] geäußerte Einwand, das Vermögen der eingegliederten Gesellschaft stünde völlig zur Disposition der Hauptgesellschaft, so dass deren Pflichtenstellung im Gegensatz zur Situation beim Beherrschungsvertrag entfalle, ist – auf *Schünemann* bezogen – sinnwidrig. Denn dieser begründet die Vermögensbetreuungspflicht der Personen, die für das aufgrund eines Beherrschungsvertrags herrschende Unternehmen handeln, gerade mit der unmittelbar aus dem Vertrag fließenden rechtlich anerkannten und deshalb durchsetzbaren Herrschaftsposition. Diese Herrschaftsposition über das – trotz der Eingliederung weiterhin – fremde Vermögen der eingegliederten Gesellschaft besteht bei einer „völligen Disposition" aber gerade fort.

Nach § 323 Abs. 1 Satz 1 AktG ist die Hauptgesellschaft berechtigt, dem Vorstand der eingegliederten Gesellschaft hinsichtlich der Leitung der Gesellschaft Weisungen zu erteilen. Das Weisungsrecht ist im Gegensatz zur für Beherrschungsverträge geltenden Regelung des § 308 Abs. 1 Satz 2 und Abs. 2 Satz 2 AktG grundsätzlich unbeschränkt. Rechtswidrig sind lediglich Weisungen, die Maßnahmen betreffen, welche dem Vorstand einer AG aktienrechtlich oder nach sonstigen Gesetzen verboten sind. Die Dispositionsmöglichkeiten der Hauptgesellschaft über das Vermögen der eingegliederten Gesellschaft sind zudem dadurch umfangreicher als bei Bestehen eines Beherrschungsvertrags, als dort der Verlustausgleich (§ 302 AktG) zwingend ist und nicht wie im Rahmen der Eingliederung durch eine vereinfachte Kapitalherabsetzung umgangen werden kann.[235]

---

[231] Zur Überleitung der Vermögensbetreuungspflicht auf das geschäftsleitende Gesellschaftsorgan vgl. unten B. II. 4.

[232] Vgl. bereits generell zum Verhältnis von Eingliederung und Beherrschungsvertrag – auch im strafrechtlichen Bereich – oben Einleitung B. I. 1. Fn. 85.

[233] LK/*Schünemann* § 266 Rn. 128. Noch zugespitzter formuliert Müller-Gugenberger/*Schmid* § 31 Rn. 114: „Im Fall der Eingliederung ist infolge der engen vertraglichen Bindung jedoch keine rechtliche Selbständigkeit der Konzernmitglieder gegeben."; welche Konsequenzen für *Schmid* hieraus zu ziehen sind, führt er nicht aus. Seine These scheint jedoch in die Richtung der Ablehnung von Vermögensbetreuungspflichten bei der Eingliederung zu weisen. Ihr kann mit dieser Begründung aufgrund der Verkennung der konzernrechtlichen Grundlagen (oben Einleitung B. II. 1. mit Nachweis in Einleitung Fn. 86) keinesfalls gefolgt werden.

[234] *Ewald* Untreue, 136 ff.

[235] *Ewald* Untreue, 137.

Die hierdurch begründete Rechtsmacht der Hauptgesellschaft spricht nicht gegen, sondern gerade für das Bestehen einer Vermögensbetreuungspflicht im Verhältnis zur eingegliederten Gesellschaft. Denn auch hier besteht eine – sogar noch gesteigerte – Zugriffsmöglichkeit der herrschenden Gesellschaft auf das Fremdvermögen ihrer Tochter, wobei auf deren Seite der bestehende Kontrollmechanismus (vgl. den Verweis von § 323 Abs. 1 Satz 2 AktG auf § 310 AktG) durch den in seiner Stellung erheblich geschwächten Vorstand aufgrund der Übermacht der Hauptgesellschaft weitgehend versagt.

Das von *Ewald* angebrachte Argument, die weitreichende Dispositionsbefugnis und das hieraus resultierende Recht der Hauptgesellschaft zur Nachteilszufügung in Bezug auf das Tochterfremdvermögen schließe mangels Pflicht zur Nachteilsabwendung die Annahme von Vermögensbetreuungspflichten gegenüber der eingegliederten Gesellschaft aus,[236] mag in Anbetracht seiner Ableitung von Vermögensbetreuungspflichten des herrschenden Unternehmens aus der Quasi-Organverantwortung der gesetzlichen Vertreter der Mutter nach § 309 Abs. 1 AktG[237] vertretbar[238] sein, unterliegt allerdings denselben Bedenken, die bereits gegenüber dem generellen Ansatz *Ewalds* vorgebracht wurden.[239]

Die Zulässigkeit von Weisungen sowie generell die rechtlich zugestandene Disposition über fremdes Vermögen besagen nichts im Hinblick auf die Begründung von Vermögensbetreuungspflichten, sondern dienen allein als Maßstab der Pflichtwidrigkeit des Verhaltens des Vermögensbetreuungspflichtigen. So legt § 323 Abs. 1 Satz 1 AktG ähnlich wie § 309 Abs. 1 AktG – nur diesmal positiv formuliert – den gesellschaftsrechtlichen Maßstab der Pflichtwidrigkeitsbeurteilung fest. Weisungen, die gesellschaftsrechtlich erlaubt sind, können unter Zugrundelegung des Grundsatzes der negativen Zivilrechtsakzessorietät des Untreuestrafrechts[240] strafrechtlich keine Pflichtverletzung im Sinne von § 266 StGB darstellen. Auf dieser Pflichtwidrigkeitsebene finden damit die von *Schünemann* und *Ewald* angeführten Punkte ihre Berücksichtigung. Ein Argument dafür, dass die „Pflichtenstellung" der für die Hauptgesellschaft handeln-

---

236 *Ewald* Untreue, 139.

237 *Ewald* Untreue, 108 ff.; vgl. bereits oben B. I. 2. c.

238 Allerdings ließe sich auf der Grundlage der Ansicht *Ewalds* durchaus auch vertreten, dass aufgrund der hier nicht nur partiell, sondern umfassend erfolgten „Verschiebung der Organzuständigkeit" auf die gesetzlichen Vertreter der Mutter bei Weisungserteilung und des generellen Verweises auf § 309 Abs. 1 AktG in § 323 Abs. 1 Satz 2 AktG gerade auch „der Sache nach" ein Organhandeln für die eingegliederte Gesellschaft mit dadurch bedingter Überleitung der Organverantwortlichkeit besteht. Allein der Umstand, dass hier nicht nur der Verantwortungsbereich der Organe der Hauptgesellschaft umfangreicher ist als bei Bestehen eines Beherrschungsvertrags, sondern auch der Bereich der Zulässigkeit von Vermögenseinflussnahmen, lässt nicht zwingend den Schluss zu, dass nun ein Quasi-Organhandeln ohne Überleitung der Organverantwortlichkeit vorliegt.

239 Oben B. I. 2. c.

240 Oben 1. Kapitel A. I. und II.

den Vertreter entfällt, ergibt sich hieraus nicht. Wohl aber kann die Pflichtwidrigkeit ihres Handelns entfallen.[241]

Folglich obliegt auch der Hauptgesellschaft in der Konstellation einer Eingliederung gegenüber der eingegliederten Gesellschaft eine Vermögensbetreuungspflicht.

bb. Faktischer Konzern

Aus den vorstehenden Darstellungen zur Vermögensbetreuungspflicht im Vertragskonzern lassen sich einige Anhaltspunkte für die Beurteilung einer solchen Pflicht der Konzernmutter im faktischen Konzern ableiten. Es bedarf einer Vermögensherrschaftsposition des herrschenden Unternehmens über das Fremdvermögen der Tochter, die dieser gegenüber tatsächlich ausgeübt wird, und zwar in einer Weise, die die Handlungsmöglichkeiten der abhängigen Gesellschaft auf ihr Vermögen zeitlich-qualitativ einschränkt.

Zwischen Vertragskonzern und faktischem Konzern existieren zum Teil erhebliche Unterschiede, wobei innerhalb der faktischen Konzerne aufgrund der gravierenden rechtsformabhängigen Differenzen[242] zwischen faktischem AG-Konzern einerseits und faktischem GmbH-Konzern andererseits getrennt werden muss. Daneben wurde von bislang herrschender gesellschaftsrechtlicher Ansicht nach dem Ausmaß der einheitlichen Leitung zwischen einfachem und qualifiziertem faktischen Konzern abgestuft.

Entscheidungsmacht und Einwirkungsverschiebung im Vertragskonzern beruhen insbesondere auf der organisationsrechtlichen Sonderverbindung von herrschender und abhängiger Gesellschaft. Faktische Einflussmöglichkeiten spielen nur eine untergeordnete Rolle. Der faktische Konzern ist demgegenüber dadurch gekennzeichnet, dass die Konzernleitungsmacht in der bloß faktischen, für das abhängige Unternehmen rechtlich nicht verbindlichen Möglichkeit zur Einflussnahme besteht.[243] Dies wird relativiert im Bereich des faktischen GmbH-Konzerns, wo die Obergesellschaft über die Gesellschafterversammlung mittels direkt verbindlichen Weisungen auf die laufende und strategische Geschäftsführung Einfluss nehmen kann. Hieraus resultiert, ebenso wie im faktischen AG-Konzern über die §§ 311 ff. AktG, ein gewisser organisationsrechtlicher Gehalt, der dem herrschenden Unternehmen eine Einbindung der abhängigen Gesellschaft in das Konzerninteresse gestattet.[244] Eine so tiefgreifende organisationsrechtliche Modifizierung von Zuständigkeiten und Interessenlage wie im Falle des Abschlusses eines Beherrschungsvertrages findet allerdings nicht

---

[241] Dazu unten 3. Kapitel A. I. 2. d.
[242] Oben Einleitung B. II. 2.
[243] Vgl. oben Einleitung B. II. 2.
[244] Vgl. für die §§ 311 ff. AktG Emmerich/*Habersack* Konzernrecht, § 311 Rn. 2 m.w.N. und 77 ff. Über die Zulässigkeit des (einfachen) faktischen Konzerns ist sich die neuere Lehre zu Recht weitgehend einig; vgl. unter anderem *Bous* Die Konzernleitungsmacht, 78 f. m.w.N.

statt. Es wird lediglich einheitliche Leitung der Untergesellschaft durch die Obergesellschaft erlaubt, wobei die Geschäftsleitung der abhängigen Gesellschaft – außerhalb von Weisungen durch die GmbH-Gesellschafterversammlung – nicht verpflichtet ist, der Einflussnahme nachzugehen, sondern ihr es vielmehr weiterhin obliegt, die Interessen ihrer Gesellschaft zu vertreten. An die Stelle rechtlich abgesicherter Konzernleitungsmacht tritt daher die Notwendigkeit einer Abstimmung und Kooperation zwischen den verbundenen Unternehmen.[245]

(1) Einfacher faktischer AG-Konzern

Im faktischen AG-Konzern kann die Obergesellschaft aufgrund der in § 76 Abs. 1 AktG verankerten zwingenden verbandsrechtlichen Autonomie und Eigenverantwortlichkeit des Vorstandes allein durch rechtlich unverbindliche Initiativen auf die Geschäftsführung der abhängigen AG und damit auf deren Vermögen konkret Einfluss nehmen.[246] Die oben[247] als besonders effektives und beliebtes Lenkungsmittel bezeichneten Vorstandsdoppelmandate sind für die strafrechtliche Betrachtung der Vermögensbetreuungspflichten der Mutter bzw. deren Organe aus Herrschaftsposition unerheblich, da bereits aus der Organstellung auf Seiten des Tochterunternehmens eine Vermögensbetreuungspflicht des Doppelvorstands resultiert.[248]

Für die strafrechtliche Wertung bedeutet dies, dass trotz bestimmter Einwirkungsmöglichkeiten und trotz tatsächlich ausgeübter einheitlicher Leitung der herrschenden Mutter im einfachen faktischen AG-Konzern keine Vermögensbetreuungspflichten obliegen.

Herrschaftsposition und ausgeübte Herrschaft sind nicht von einer solchen Qualität, dass sie die abhängige AG bzw. deren rechtlich bestellte Organe aus deren Sorge und Handlungsmöglichkeiten für das Gesellschaftsvermögen zeitlich-qualitativ verdrängen. In Einzelfällen mag die ausgeübte Druckkulisse des herrschenden Unternehmens gegenüber dem Organ der abhängigen Gesellschaft dieses aus seiner Vermögenseinflussposition faktisch verdrängen, aufgrund der Art der Ausübung einheitlicher Leitung handelt es sich aber eben um Einzelfälle, die nicht zu der erforderlichen Einwirkungsverlagerung führen. Denn generell besteht auf Seiten der abhängigen Gesellschaft eine wirksame gleichzeitige Kontrolle vermögensbezogener Einflussnahmen des herrschenden Unternehmens, die über § 76 Abs. 1 AktG rechtlich abgesichert ist. Der Vorstand der abhängigen AG wird gerade nicht zum bloßen Ausführungsorgan entwertet.[249]

[245] Emmerich/*Habersack* Konzernrecht, § 311 Rn. 77.
[246] Beispiele oben Einleitung B. II. 2.
[247] Einleitung B. II. 2.
[248] Dazu bereits oben B. I. 3. a. aa.
[249] Anderer Ansicht ist *Kropff* DB 1967, 2147, 2204 (2204); gegen ihn zutreffend *Ewald* Untreue, 185 f.

(2) Qualifizierter faktischer AG- bzw. GmbH-Konzern

Für den sog. qualifizierten faktischen Konzern könnte die Bewertung allerdings anders ausfallen. Unter dem Begriff „qualifizierter faktischer Konzern" verstand man nach bisheriger herrschender gesellschaftsrechtlicher Auffassung eine Qualität einheitlicher Leitung, bei der sich einzelne Nachteilszufügungen nicht mehr isolieren oder in ihren nachteiligen Folgen für die abhängige Gesellschaft bewerten lassen.[250] Dabei war es weithin anerkannt, dass sich Einflussnahmen dieser Art allein auf der Grundlage eines Beherrschungsvertrages vornehmen lassen. Aus diesem Grunde stimmte die nachher überwiegende Literaturmeinung[251] der zwar in den einzelnen Tatbestands- und Beweisanforderungen stets novellierten, im dogmatischen Ansatz jedoch unverändert gebliebenen und dadurch gefestigt erscheinenden Rechtsprechung des BGH zu, die sich über so klassische Urteile wie „Autokran"[252], „Tiefbau"[253], „Video"[254] und „TBB"[255] erstreckte[256]. Für den dogmatischen Ansatz sprach die Überlegung, dass andernfalls das herrschende Unternehmen, das jenseits der Funktionsvoraussetzungen des aktien- oder GmbH-rechtlichen Systems des Einzelausgleichs Leitungsmacht in Anspruch nimmt, gegenüber einem Unternehmen, das den gesetzlich vorgegebenen Weg des Abschlusses eines Beherrschungsvertrags mit all seinen Konsequenzen wählt, in unerträglicher Weise privilegiert würde.[257] Genau diese Wirkung qualifizierter faktischer Machtausübung ist es, die auch bei der strafrechtlichen Einschätzung hellhörig werden lässt. Nun widerspricht es eindeutig verfassungsrechtlichen Anforderungen an das Strafrecht (Art. 103 Abs. 2 GG), allein aufgrund einer möglicherweise „unerträglichen Privilegierung" denjenigen, der eine abhängige Gesellschaft qualifiziert faktisch leitet, mit demjenigen gleichzusetzen, der mittels eines Beherrschungsvertrages Leitungsmacht innehat. Anknüpfungspunkt kann aber die tatsächliche Ausübung von Herrschaft in qualifizierter faktischer Weise und ihre Wirkung auf die abhängige Gesellschaft bzw. deren Organe sein. Dazu im Einzelnen:

In der gesellschaftsrechtlichen Diskussion hat eine Veränderung der Kriterien des qualifizierten faktischen Konzerns bis hin zu „TBB" stattgefunden. In der

---

[250] Vgl. nur *Stimpel* Die AG 1986, 117 (122).
[251] Gesamtüberblick bei *Hirte* Der qualifizierte faktische Konzern.
[252] BGH II ZR 175/84 v. 16.9.1985, BGHZ 95, 330 (330 ff.) „Autokran".
[253] BGH II ZR 167/88 v. 20.2.1989, BGHZ 107, 7 (7 ff.) „Tiefbau".
[254] BGH (Einleitung Fn. 173), BGHZ 115, 187 (187 ff.) „Video".
[255] BGH (Einleitung Fn. 160), BGHZ 122, 123 (123 ff.) „TBB".
[256] Alle genannten Urteile befassen sich mit dem sog. qualifizierten faktischen GmbH-Konzern, der sowohl in der Praxis als auch in der wissenschaftlichen Diskussion gegenüber dem qualifizierten faktischen AG-Konzern eine überragende Rolle einnimmt bzw. einnahm. Dennoch gelten die dort gemachten Ausführungen nahezu in ihrer Gesamtheit auch für Tatbestand und Rechtsfolgen des qualifizierten faktischen AG-Konzerns; vgl. beispielsweise *Weigl* Die Haftung, 179ff; *Deilmann* Die Entstehung, 125 ff.; *Stimpel* Die AG 1986, 117 (121 f.); *Lutter* ZGR 1982, 244 (262 ff.).
[257] So prägnant Emmerich/*Habersack* Konzernrecht, Anh. II § 318 Rn. 1.

„Autokran“-Entscheidung bejahte der BGH eine Ausfallhaftung des herrschenden Unternehmens gegenüber den Gläubigern der abhängigen und vermögenslosen Gesellschaft für den Fall, dass das herrschende Unternehmen die Geschäfte der abhängigen Gesellschaft dauernd und umfassend selbst geführt hat.[258] Knapp dreieinhalb Jahre später präzisierte der II. Zivilsenat den Tatbestand der dauernden und umfassenden Leitung[259] und nahm als Rechtsfolge eine Verlustübernahmepflicht des herrschenden Unternehmens analog §§ 302, 303 AktG an. Das „Video“-Urteil löste mit einem zu weit formulierten Leitsatz[260] und vor allem einiger weitreichender Vermutungsregeln eine heftige Diskussion[261] in der Wissenschaft aus, die in dem als bloße „Klarstellung“ bezeichneten, in der Sache aber eine Wende einleitenden „TBB“-Urteil mündete. Das die Qualifizierung begründende Merkmal war danach nicht mehr die dauernde und umfassende Leitung der abhängigen Gesellschaft, sondern der objektive Missbrauch der Leitungsmacht durch das herrschende Unternehmen. Ein solcher liege vor, „wenn der die GmbH beherrschende Unternehmensgesellschafter die Konzernleitungsmacht in einer Weise ausübt, die keine angemessene Rücksicht auf die eigenen Belange der abhängigen Gesellschaft nimmt“.[262] Dieser Ansatz wurde in der Folgezeit vom BGH mehrfach bestätigt[263]. Äußerungen von Mitgliedern des II. Zivilsenats[264] deuteten jedoch bald eine neue Richtung an, die des „Abschied[s] vom ´qualifiziert faktischen` Konzern“[265]. Waren die Auswirkungen des dahin gehenden obiter dictums in der „Bremer Vulkan“-Entscheidung[266] noch umstritten,[267] so scheint endgültig mit „KBV“[268] die „Haftungsbegründung

---

[258] BGH (Fn. 252), BGHZ 95, 330 (344) „Autokran“.
[259] Einer näheren Konkretisierung bedurfte es im „Autokran“-Urteil nicht, da der dortige Beklagte die Selbständigkeit seiner 100 %igen Töchter in beispielloser Weise negiert hatte.
[260] So *Stodolkowitz* ZIP 1992, 1517 (1523).
[261] Überblick bei Hommelhoff/Stimpel/Ulmer, Heidelberger Konzernrechtstage, 1 (1 ff.) und bei *Hirte* Der qualifizierte faktische Konzern, 1 (1 ff.).
[262] BGH (Einleitung Fn. 160), BGHZ 122, 123 (130) „TBB“.
[263] Unter anderem durch BGH (Einleitung Fn. 156), NJW 1994, 446 (446 ff.) „EDV-Peripherie“; BGH II ZR 352/95 v. 25.11.1996, NJW 1997, 943 (944).
[264] *Röhricht* FS 50 Jahre Bundesgerichtshof, 83 (121); *Röhricht* ZGR 1999, 445 (466 ff.); *Goette* DStR 2000, 1066 (1068).
[265] So schon der Titel der Arbeit aus dem Jahre 1991 von *Altmeppen* Abschied, 1 (1 ff.).
[266] BGH (Einleitung Fn. 34), BGHZ 149, 10 (16 und Leitsatz a) „Bremer Vulkan“.
[267] Die meisten Autoren bewerten das „Bremer-Vulkan“-Urteil als – endgültigen – Abschied von dem bisherigen Verständnis der Haftung im qualifizierten faktischen (GmbH-) Konzern: So *Altmeppen* ZIP 2001, 1837 (1838); *ders.* NJW 2002, 321 (321); *Bitter* WM 2001, 2133 (2133, 2135); *Burgard* WuB II C. § 13 GmbHG 1.02, 150; *Goette* DStR 2001, 1857 (1857); *Hoffmann* NZG 2002, 68 (68); *Keßler* GmbHR 2001, 1095 (1095); *Lampert* JA 2002, 355 (358); *Römermann/Schröder* GmbHR 2001, 1015 (1015); *Ulmer* ZIP 2001, 2021 (2022); vgl. auch *Wilken* DB 2001, 2383 (2383 f.); vorsichtiger *Goette* Die GmbH, § 9 Rn. 22; *Luttermann* BB 2001, 2433 (2437). Anders hingegen *Cahn* ZIP 2001, 2159 (2160) und *K. Schmidt* NJW 2001, 3577 (3578, 3580 f.); *Cahn* nimmt an, dass sich für die AG und die mehrgliedrige GmbH aus der Entscheidung keine Folgen ableiten lassen und insoweit von der Fortgeltung der Grundsätze über den qualifizierten faktischen Konzern auszugehen ist; auch *K. Schmidt* ist der Auffassung, der BGH habe die Rechtsfigur des qualifizierten faktischen Konzern keineswegs endgültig verabschiedet; siehe auch *Mülbert* DStR 2001, 1937 (1943 f.). Den Ab-

aus der Figur des qualifizierten faktischen Konzerns aufgegeben"[269] zu sein und damit die Rechtsfigur als solche.[270] Denn ihre Begründung erlebte diese Figur gerade als Grundlage der Haftung des herrschenden Unternehmensgesellschafters auf konzernrechtlicher Basis. Entfällt nun dieser konzernrechtliche Ansatz dadurch, dass es keinen Sachgrund für eine Differenzierung der Haftungsregime in Abhängigkeit von der Qualifikation des Gesellschafters als Unternehmen oder als Privatmann gibt[271], so dass nicht mehr die qualifizierte Ausübung von Leitungsmacht oder deren Missbrauch, sondern der sog. existenzvernichtende Eingriff[272] haftungsauslösend wirkt, so steht der qualifizierte faktische Konzern im Gesellschaftsrecht im luftleeren Raum und ist damit hinfällig.

Nun soll es hier nicht darum gehen, die Wirren, die der „qualifizierte faktische Konzern" zweifelsfrei im Gesellschaftsrecht gestiftet hat, auf das Strafrecht zu übertragen oder den qualifizierten faktischen Konzern sogar im Strafrecht „weiterleben" zu lassen und damit diesem Rechtsgebiet die Rolle des Totengräbers zuzuweisen. Dafür sind schon die Ausgangssituationen zu verschieden. Allerdings bietet der qualifizierte faktische Konzern einen Ansatz, der durchaus für die Beurteilung strafrechtlicher Vermögensbetreuungspflichten im Konzernverhältnis fruchtbar sein kann. Dieser Ansatz ist nicht im später verwendeten Kriterium des objektiven Missbrauchs von Leitungsmacht begründet. Denn für die Annahme von Vermögensbetreuungspflichten ist nicht der Missbrauch bzw. die Pflichtwidrigkeit von Herrschaftsausübung maßgebend, sondern die Qualität der

---

schied vom qualifizierten faktischen Konzern für die mehrgliedrige GmbH offen lassend *Altmeppen* ZIP 2001, 1837 (1838); ausdrücklich bejahend *Hoffmann* NZG 2002, 68 (72 f.) und *Römermann/Schröder* GmbHR 2001, 1015 (1019).

268 BGH II ZR 300/00 v. 24.6.2002, BGHZ 151, 181 (181 ff.) „KBV"; davor ist noch das Urteil BGH II ZR 196/00 v. 25.2.2002, BGHZ 150, 61 (67 f.) erwähnenswert, das das Problem des Haftungsdurchgriffs auf die Gesellschafter berührt, jedoch mit wenigen Hinweisen, allerdings unter Konkretisierung der Haftung wegen Existenzvernichtung, abweist; hierzu *Altmeppen* ZIP 2002, 961 (962 ff.).

269 *Wilhelm* NJW 2003, 175 (178).

270 War nach „Bremer Vulkan" noch zweifelhaft, ob sich die Grundsätze dieses Urteils auch auf mehrgliedrige Gesellschaften übertragen ließen sowie darüber hinaus auf den Bereich von Aktiengesellschaften, stellt „KBV" nicht nur mittels der dogmatischen Verankerung der Gesellschafterhaftung, sondern auch durch die Sachverhaltskonstellation klar – in Rede stand die Haftung von zwei allerdings familiär verbundenen und einverständlich handelnden Gesellschaftern, die zu 40 % bzw. zu 60 % an der insolventen GmbH beteiligt waren –, dass Ersteres der Fall ist, indem nämlich das Einverständnis mit dem Vermögensabzug rein für die Mitwirkung an der Existenzvernichtung der Gesellschaft Bedeutung hat (BGHZ 151, 181 [187 f.]), woraus zu schließen ist, dass ansonsten der Mehrheitsgesellschafter aufgrund der von ihm initiierten Existenzvernichtung auch alleine gehaftet hätte. Daneben ist schon aufgrund der Übertragbarkeit der GmbH-Rechtsprechung zum qualifizierten faktischen Konzern auf die Aktiengesellschaft (vgl. Nachweise oben Fn. 256) unzweifelhaft, dass auch für diesen Komplex an der Haftungsbegründung aus qualifizierter faktischer Leitung bzw. objektiven Missbrauch der Leitungsmacht nicht mehr festgehalten wird.

271 So *Wilhelm* NJW 2003, 175 (176 Fn. 7.).

272 BGH (Fn. 268), BGHZ 151, 181 (186 f.) „KBV".

Herrschaftsausübung als solche. Diese Qualität wird durch das ursprüngliche Kriterium dauernder und umfassender Leitung erfasst. Nur in diesem Sinne soll der Begriff „qualifizierter faktischer Konzern" – nun aus strafrechtlicher Sicht –[273] im weiteren Verlauf der Arbeit verstanden werden, ohne damit die haftungsrechtlichen Fragen des Gesellschaftsrechts sowie die dortige Entwicklung einzubeziehen.[274]

Dauernde und umfassende Leitung setzt die zentrale Ausübung der Leitungsmacht in einzelnen für das Unternehmen wichtigen Funktionsbereichen voraus, wie etwa dem Finanzwesen.[275] Mit „dauernd" soll die Abgrenzung zum – wenn auch wiederholten – Einzeleingriff erreicht werden. Nicht die punktuellen Maßnahmen, nicht die Übernahme temporärer Verantwortung etwa im Zusammenhang mit einer Sanierung der abhängigen GmbH sind gemeint, sondern die ständige Einbindung in den Konzern und dessen Interessen.[276] Mit „umfassend" soll die häufige Form der zwar strikten Finanzkontrolle über die abhängige Gesellschaft bei im Übrigen aber selbständiger Führung der Gesellschaft durch ihre Geschäftsleitung ausgenommen sein.[277] Eine Zentralisierung sämtlicher Unternehmensfunktionen in der abhängigen Gesellschaft ist zwar nicht erforderlich.[278] Eine personelle Verflechtung in der Geschäftsführung reicht als solche aber nicht aus.[279] Beispiel für eine zentrale Ausübung von Leitungsmacht ist, dass nicht die operative Geschäftsleitung, sondern ausschließlich vom Vertrauen des herrschenden Unternehmens abhängige Mitglieder der Geschäftsleitung Schecks und Überweisungen ausstellen „dürfen" und auf Weisung der Konzernführung den gesamten Zahlungsverkehr der Untergesellschaft kontrollieren.[280] Ausschlaggebender Gesichtspunkt ist damit die weitreichende Zentralisierung von Entscheidungskompetenzen in wesentlichen Unternehmensbereichen, aus der ein Verlust der Selbständigkeit des abhängigen Unternehmens resultiert, der zugleich eine Verantwortung der Muttergesellschaft für die Geschicke ihrer Tochter zur Folge hat.[281]

---

[273] Für eine Anerkennung qualifiziert faktischer Unternehmensverbindungen im Strafrecht spricht, dass es – unabhängig von der gesellschaftsrechtlichen Diskussion und ihren Rechtsfolgen – qualifiziert faktische Konzernverbindungen rechtstatsächlich gibt; vgl. *Burgard* WuB II C. § 13 GmbHG 1.02, 150.

[274] Eine solche Trennung des „qualifizierten faktischen Konzerns" von seiner haftungsrechtlichen Bedeutung ist auch für das Gesellschaftsrecht keine Besonderheit. So legt beispielsweise *Bous* Die Konzernleitungsmacht, 109 seinen Ausführungen ein Begriffsverständnis des qualifiziert faktischen Konzerns (dort als „faktischer GmbH-Konzern mit unisolierbarer Einflussintensität" bezeichnet) zugrunde, das lediglich eine Konzernherrschaft von besonderer Intensität ausdrückt und dabei von jeder haftungsrechtlichen Aussage frei ist.

[275] *Decher* DB 1989, 965 (967).

[276] So *Lutter* ZIP 1985, 1425 (1430) in seinen Überlegungen zur „Autokran"-Entscheidung.

[277] *Lutter* ZIP 1985, 1425 (1430).

[278] *Stimpel* ZGR 1991, 144 (161).

[279] BGH (Fn. 253), BGHZ 107, 7 (19 f.) „Tiefbau".

[280] Beispiel in Anlehnung an den Sachverhalt der „Tiefbau"-Entscheidung, BGH (Fn. 253), BGHZ 107, 7 (7 ff.) „Tiefbau".

[281] So *Decher* DB 1989, 965 (968).

Die Muttergesellschaft übt so nicht nur eine im Vergleich zum einfachen faktischen Konzern gesteigerte tatsächliche Herrschaftsposition aus, der entscheidende Unterschied liegt vielmehr darin, dass bei einer dem qualifizierten faktischen Konzern entsprechenden Art und Qualität von Leitungsgebrauch die Tochter aus ihrer selbständigen Sorge um und ihren Handlungsmöglichkeiten in Bezug auf ihr Vermögen mehr als nur einmalig oder kurzfristig verdrängt wird. Zugleich werden dem abhängigen Unternehmen aufgrund des besonderen Nachdrucks sowie insbesondere der personellen, aber auch produktionsbezogenen, vertriebsbezogenen oder finanziellen Verflechtungen die Kontrollmöglichkeiten entzogen, die zwar rein rechtlich existieren, in der praktischen Anwendung jedoch versagen. Insgesamt folgt aus der Machtausübung, der qualitativ-zeitlichen Verdrängung sowie dem Entzug der Kontrollmöglichkeiten die für die Bejahung von Vermögensbetreuungspflichten erforderliche Einwirkungsverlagerung.[282]

Dabei ist die durch die Machtausübung bedingte Zugriffsmöglichkeit auf das Fremdvermögen der Tochter in dem Sinne „eingeräumt", als sich die Herrschaftsposition aus der Gesellschafterstellung der Obergesellschaft bzw. generell aus der grundsätzlich gesetzlich legitimierten Leitung ableitet. Nun kann nicht bezweifelt werden, dass es sich bei der Machtausübung auch um eine „Anmaßung" von Macht handelt. Dass eine solche Anmaßung ein für § 266 StGB erforderliches vermögensrechtlich orientiertes Vertrauen nicht ausschließt, dass also die Vermögensstellung nicht wie im Rahmen faktischer Geschäftsführung ein Einverständnis der zuständigen Gesellschaftsorgane erfordert,[283] verdeutlicht bereits die Aufzählung der möglichen Entstehungstatbestände für Vermögensbetreuungspflichten in § 266 StGB. Nicht nur die durch Rechtsgeschäft begründete, sondern auch die auf Gesetz, behördlichen Auftrag oder Treueverhältnis beruhende Vermögenszugriffsposition ist genügend. Das Kriterium „eingeräumt" dient der Abgrenzung des Vermögensbetreuungspflichtigen zu beliebigen Dritten und umschreibt die besondere Täter-Opfer-Beziehung, die dadurch entsteht, dass sich der Täter „im Lager" des Opfers befindet. Dies schließt eine darauf wurzelnde Anmaßung von Herrschaft nicht aus. Demgegenüber wird das für den Untreuetatbestand erforderliche Vertrauen nicht durch das Merkmal „eingeräumt", sondern durch die fehlende Kontrolle und die beschränkten Handlungsmöglichkeiten umschrieben. „Vertrauen" im Sinne von § 266 StGB setzt gerade kein bewusstes Einverständnis des Tatopfers voraus.

[282] Vgl. auch die auf die generelle strafrechtliche Verantwortung in Konzernunternehmen bezogenen Darstellungen von *Ransiek* Unternehmensstrafrecht, 86 und *ders.* ZGR 1999, 613 (631), der speziell zu qualifizierten faktischen Konzernen ausführt, dass aufgrund der qualifizierten Leitung der Tochtervorstand nicht mehr eigenverantwortlich entscheidet und somit die Mitglieder des Konzernvorstands für die Wahrnehmung faktischer Entscheidungsmacht im konkreten Einzelfall verantwortlich sind und sich deshalb nicht darauf berufen können, in strafrechtlich relevanten Einzelfragen auf die Ausübung ihrer Leitungsmacht ausnahmsweise verzichtet und die Entscheidung dem Tochtervorstand überlassen zu haben, wenn sie ansonsten konkrete Leitungsfunktionen weitgehend wahrnehmen.

[283] Hierzu oben B. I. 3. a. aa.

Demzufolge ist im qualifizierten faktischen AG-Konzern im strafrechtlichen Sinne eine mittelbar auf der rechtsgeschäftlich erworbenen und gesetzlich ausgestalteten[284] Gesellschafterstellung aufbauende und in ein tatsächliches Treueverhältnis[285] führende Vermögensbetreuungspflicht der Obergesellschaft gegenüber der abhängigen Gesellschaft begründet. Nicht anders kann die Wertung für den qualifizierten faktischen GmbH-Konzern ausfallen, der den selben Grundsätzen folgt und in seinen Wirkungen der zuvor beschriebenen Einwirkungsverlagerung entspricht.[286]

(3) Einfacher faktischer GmbH-Konzern

Zuletzt bleibt zu beurteilen, wie sich die Lage im einfachen faktischen GmbH-Konzern gestaltet. Der Unterschied zum qualifizierten faktischen GmbH-Konzern liegt nicht in der tatsächlichen Ausübung von vermögensbezogen wirkender Leitungsmacht, sondern in der Intensität dieser Ausübung. Die Intensität entspricht der im einfachen faktischen AG-Konzern, wobei im Gegensatz hierzu die Obergesellschaft über die Gesellschafterversammlung mittels direkt verbindlichen Weisungen auf die laufende und strategische Geschäftsführung Einfluss nehmen kann. Die Weisungsbefugnis gegenüber dem Geschäftsführer besteht zwar nicht für den einzelnen Gesellschafter, auch nicht für den Mehrheitsgesellschafter, sondern lediglich für die Gesamtheit der Gesellschafter als solche. Unproblematisch ist dies jedenfalls in Fällen einer 100 %igen Tochter-GmbH, da hier die Gesamtheit der Gesellschafter dem Einmann-Gesellschafter entspricht. Aber auch der Mehrheitsgesellschafter kann sich nicht nur eine über die mit der Ausübung seiner Stimmrechtsmacht hinausgehende Machtstellung anmaßen und seinen Willen auf Kosten der Gesellschafterminderheit durchsetzen.[287] Aufgrund des grundsätzlich gegebenen, weil gesetzlich als Regelfall normierten Mehrheitsprinzips (§ 47 Abs. 1 GmbHG) beherrscht der Mehrheitsgesellschafter die

---

[284] Vgl. *Ensthaler/Kreher* BB 1995, 1422 (1422): „Das GmbH-*Gesetz* ermächtigt die *Gesellschafter*, den Geschäftsführer mit Weisungen zu versehen, und es erlaubt ihnen, dies ständig und umfassend (mithin *qualifiziert*) zu tun." (Hervorhebungen hier).

[285] Entscheidendes Merkmal ist nicht die Gesellschafterstellung, sondern die Leitung, die eine entsprechende Verantwortung nach sich zieht. Daher ist es durchaus möglich, den hier vertretenen Ansatz neben der geschilderten Situation, in der das herrschende Unternehmen unmittelbar an der abhängigen Gesellschaft beteiligt ist, auch auf den mehrstufigen Konzern, also auf eine lediglich mittelbare Beteiligung, zu übertragen; vgl. hierzu oben Einleitung B. III.

[286] Ähnlich ist die Rechtslage in Frankreich. Nach allgemein anerkannter Definition versteht man dort unter *dirigeant de fait* (hierzu bereits oben Fn. 193) denjenigen, der in eigener Souveränität, frei und unabhängig durch positives Tun tatsächlich die Geschäfte leitet. Im Konzern bilden die Interessenverflechtung zwischen den einzelnen Gesellschaften, die Abhängigkeitslage der beherrschten Gesellschaft sowie der bestimmende Einfluss der Konzernmutter auf die Geschäftstätigkeit der Tochter und ihrer Autorität gegenüber deren Organen entscheidende Faktoren für die Einstufung der Mutter als *dirigeant de fait*. Diese Formulierungen erinnern an die Definition des qualifizierten faktischen Konzerns – so *Ebenroth/Reiner* BB 1992 Beilage 13, 1 (11).

[287] So *Birkholz* Untreuestrafbarkeit, 255.

Gesellschafterversammlung und hat damit rechtlich abgesichert entscheidenden Einfluss auf die Ausübung und den Inhalt des Weisungsrechts.

Der Geschäftsführer der abhängigen GmbH ist zur Befolgung solcher Weisungen weitgehend verpflichtet. Hieraus resultiert ein generell verminderter Kontrollmechanismus auf Seiten der Tochtergesellschaft. Zwar besteht die Gefahr, dass der Geschäftsführer – ebenso wie die abhängige Geschäftsleitung im Vertragskonzern[288] – bei der Befolgung gewisser nichtiger Weisungen persönlich für entstandene Schäden haftet[289], was rechtlich dafür sprechen würde, dass der Geschäftsführer die Weisungen der Gesellschafterversammlung im Vorfeld eingehend überprüft. Allerdings ist dies ein rechtliches Szenario, dass bei der überwiegenden Zahl von Weisungen in der Praxis aufgrund der durch die Weisungsbefugnis aus Gesellschafterstellung bestehenden rechtlichen Vorherrschaft der Obergesellschaft sowie der wirtschaftlichen und persönlichen Abhängigkeit der Geschäftsführer von dieser nicht greift, da wiederum – wie schon beim Vertragskonzern – die Geschäftsführer rein zu steuerbaren Ausführungsorganen degradiert werden. Nun setzt die Definition des einfachen faktischen GmbH-Konzerns voraus, dass eine solche Degradierung im Gegensatz zum qualifizierten faktischen Konzern nicht in „dauernder und umfassender" Weise geschieht. Strafrechtlich ist jedoch entscheidend, dass aufgrund der – im Gegensatz zum einfachen faktischen AG-Konzern – rechtlich verankerten Macht- und Abhängigkeitsposition die Geschäftsleitung der abhängigen GmbH von vornherein geschwächt ist, indem ihr gerade keine Autonomie gemäß § 76 Abs. 1 AktG zugute kommt. Die Schwächung von vermögensbezogener Kontroll- und Einwirkungsmöglichkeit ist zwar nicht so stark ausgeprägt wie im qualifizierten faktischen Konzern, sie besteht aber nicht nur rein hypothetisch – Stichwort: einheitliche Leitung –[290].

Hieraus resultiert eine rechtlich und faktisch angelegte, bereits im Vorfeld „dauernder und umfassender" Leitung konstant und damit nicht nur einzelfallbezogen wirkende Verschiebung der Vermögensbetreuungspflichtigkeit und damit die Annahme von Vermögensbetreuungspflichten auch im einfachen faktischen GmbH-Konzern.

4. Vermögensbetreuungspflichten des geschäftsleitenden Organs der Konzernobergesellschaft

Beschränken sich die vorstehenden Untersuchungen auf die Vermögensbetreuungspflichten der Konzernobergesellschaft als solcher, bedarf es nun einer Klärung der Zuweisung von Vermögensbetreuungspflichten an deren geschäftsleitendes Organ. Denn aufgrund der fehlenden Strafbarkeit juristischer Personen

[288] § 310 Abs. 1, Abs. 3 AktG (analog).
[289] § 43 Abs. 2, Abs. 3 GmbHG.
[290] Oben Einleitung B. II. und B. I. 3. b. aa. (1).

im deutschen Recht[291] können aus der Vermögensbetreuungspflicht der Muttergesellschaft gegenüber ihrer Tochter in Bezug auf die herrschende AG oder GmbH unmittelbar keine strafrechtlichen Konsequenzen gezogen werden.

Dies bedeutet keineswegs, dass die Ausführungen zur Vermögensbetreuungspflicht der Obergesellschaft keine Relevanz aufweisen würden. Natürlich ist es denkbar, dass dem geschäftsleitenden Organ des herrschenden Unternehmens Vermögensbetreuungspflichten gegenüber der abhängigen Gesellschaft in eigener Person erwachsen (a.). Es ist aber auch vorstellbar, dass die Vermögensbetreuungspflichten der gesellschaftsrechtlich wie strafrechtlich handlungsunfähigen juristischen Person auf ihre gesetzlichen Vertreter übergeleitet werden und somit letztlich der oder den natürlichen Person(en) obliegen (b.).

a. In eigener Person begründete Vermögensbetreuungspflichten

Eigene Vermögensbetreuungspflichten des geschäftsleitenden Organs gegenüber der von dem „eigenen" Unternehmen abhängigen Gesellschaft können vertraglich begründet werden. An einer unmittelbaren vertraglichen Beziehung wird es außerhalb der unproblematischen Doppelmandate[292] regelmäßig mangeln. In Betracht kommt die Annahme einer Art „Vertrag mit Schutzwirkung zugunsten Dritter", wobei die Rolle des Dritten die abhängige Gesellschaft einnimmt.[293]

Der BGH hat zum Teil die Ansicht vertreten, unter bestimmten Voraussetzungen erstrecke sich der Schutzbereich des mit einer Komplementär-GmbH abgeschlossenen Anstellungsvertrags des Geschäftsführers auch auf die KG.[294] Auf den Konzern übertragen könnte dies bedeuten, dass die Konzernunternehmen im Schutzbereich des Anstellungsvertrags der Mitglieder des geschäftsführenden Organs der Konzernspitze liegen,[295] mit der Folge, dass – ebenso wie bei einem Anstellungsvertrag mit der „eigenen" Gesellschaft – rechtsgeschäftlich eingeräumte Vermögenszugriffsmöglichkeiten begründet werden, die letztlich zur Annahme eigener Vermögensbetreuungspflichten der herrschenden Geschäftsleitung führen.

Gegen eine Übertragung der zur GmbH & Co. KG ergangenen Rechtsprechung auf den Konzern spricht jedoch, dass die KG als Gesellschaft eine rechtliche Einheit darstellt, innerhalb derer die GmbH in der Position eines Gesell-

---

291 Nachweise oben Einleitung Fn. 133.

292 Vgl. oben B. I. 3. a. aa.

293 Auch in diesem Fall würde eine Vermögensbetreuungspflicht auf Rechtsgeschäft und nicht auf tatsächlichem Treueverhältnis beruhen. Zwar werden durch den Vertrag mit Schutzwirkung zugunsten Dritter keine Leistungspflichten zwischen Schutzberechtigtem und -verpflichtetem begründet, jedoch bestehen vertragliche Sorgfalts- und Obhutspflichten. Diese zivilrechtlichen Vorgaben strahlen auf das Strafrecht aus; vgl. zur ähnlichen Problematik der Wirkungen eines berechtigenden Vertrags zugunsten Dritter *Haas* Die Untreue, 34 f.

294 BGH II ZR 174/77 v. 12.11.1979, BGHZ 75, 321 (322 ff.); BGH II ZR 213/77 v. 24.3.1980, WM 1980, 589 (592).

295 So *U.H. Schneider* BB 1981, 249 (256 f.) im Rahmen seiner Untersuchung von Konzernleitungspflichten (auch) gegenüber der abhängigen Gesellschaft.

schafters mit den übrigen Gesellschaftern einen gemeinsamen rechtlichen Zweck verfolgt, der auf den Betrieb eines Handelsgewerbes unter gemeinschaftlicher Firma gerichtet ist (vgl. § 161 Abs. 1 HGB). Der Geschäftsführer der Komplementär-GmbH ist als deren gesetzlicher Vertreter ebenfalls auf diesen gemeinsamen Zweck verpflichtet. Anders ist die Interessenlage im Konzern. Die einzelnen Konzerngesellschaften sind rechtlich eigenständig und verfolgen unterschiedliche rechtliche Interessen. Allein aus der wirtschaftlichen Einheit des Konzerns folgt noch nicht die gemeinsame rechtliche Zweckverfolgung.

Scheitert daher die Annahme eines Vertrages mit Schutzwirkung zugunsten Dritter und damit eine vertragliche Herleitung eigener Vermögensbetreuungspflichten, kommt allenfalls die Begründung eines „Treueverhältnisses zugunsten Dritter" in Frage. Nach *H. Schröder*[296] ist es unproblematisch, dass sich die Vermögensbetreuungspflicht im Sinne des Treubruchstatbestands nicht nur durch Vereinbarung zwischen dem Inhaber des zu betreuenden Vermögens und dem Täter einrichten lässt, sondern auch „zugunsten Dritter" ein derartiges Vertrauensverhältnis geschaffen werden kann. Aus diesem Grundsatz ergebe sich, dass ein Angestellter eine Verpflichtung im Sinne des § 266 StGB haben kann, wenn er zur Wahrnehmung der Vermögensinteressen des Vertragspartners etc. seiner Gesellschaft bestellt wird.

Anknüpfungspunkt für eine Vermögensbetreuungspflicht ist hiernach die (einseitige) „Bestellung" seitens desjenigen, der „eigentlich" Vermögensbetreuungspflichtiger ist. *H. Schröder* geht es daher nicht um die Begründung eigener Vermögensbetreuungspflichten in der Person des Handelnden, sondern vielmehr um die Überleitung von Vermögensbetreuungspflichten. Diese soll Gegenstand des folgenden Unterpunktes sein.[297]

b. Übergeleitete Vermögensbetreuungspflichten

Sind eigene Vermögensbetreuungspflichten der Geschäftsleitung der Obergesellschaft gegenüber dem abhängigen Unternehmen nicht begründet, so stellt sich die Frage der Überleitung der der herrschenden Gesellschaft obliegenden Vermögensbetreuungspflichten auf das für sie handelnde Organ. Eine solche Überleitung auf Organe juristischer Personen ist seit langem in Rechtsprechung und Literatur anerkannt. Grund hierfür ist, dass die der juristischen Person obliegenden Verpflichtungen nur durch ihre Organe erfüllt werden können, die zudem den zur Durchführung der Verpflichtungen maßgeblichen Willen allein zu bilden vermögen. Wollte man anders entscheiden, so entfiele der Strafrechts-

---

[296] *H. Schröder* JR 1960, 105 (106).

[297] Dabei beziehen sich die zitierten Ausführungen von *H. Schröder* allein auf nicht gesetzliche Vertreter eines Betriebes oder kaufmännischen Unternehmens. Für den folgenden Untersuchungspunkt kommt es jedoch stets auf juristische Personen und deren geschäftsleitende sowie vertretungsberechtigte Organe an. Vgl. aber noch B. II. 2.

schutz des § 266 StGB gegenüber juristischen Personen jedenfalls in den Fällen, in denen es sich um die Wahrnehmung rechtsgeschäftlicher Betreuungspflichten handelt.[298]

Die dogmatische Grundlage für dieses Ergebnis ist freilich in der Judikatur umstritten. Der II. Zivilsenat hat im „Bremer Vulkan"-Urteil eine Überleitung auf der Grundlage von § 14 Abs. 1 Nr. 1 StGB befürwortet. Da die Beklagten die Geschäfte von BVV als vertretungsberechtigte Vorstandsmitglieder geführt haben, träfe sie gemäß dieser Vorschrift die Verantwortung für die Handlungen von BVV.[299] Der Zivilsenat ist damit einem Teil der strafrechtlichen Rechtsprechung[300] und Literatur[301] gefolgt, der ebenfalls eine Zurechnung über § 14 StGB vornimmt.

Demgegenüber erblickt ein anderer Teil der Rechtsprechung[302] und Lehre[303] die Lösung in der unmittelbaren Zuweisung der Vermögensbetreuungspflichten der Gesellschaft an die Gesellschaftsorgane, also unabhängig von § 14 StGB. Durch die Alternative des „Treueverhältnisses" sei für den Bereich des § 266 StGB das Problem der strafrechtlichen Vertreterhaftung spezialgesetzlich geregelt, woraus folge, dass die spezielle Regelung in § 266 StGB der lex generalis des § 14 StGB vorgeht.[304] Zudem sei durch das Tatbestandsmerkmal des „Treueverhältnisses" die faktische Betrachtungsweise autorisiert, so dass es allein auf die tatsächliche Leitung (im Sinne von Vermögensherrschaft) ankommt.[305]

Zutreffend dürfte folgende Differenzierung[306] sein: In den Fällen des Missbrauchstatbestandes ist Vermögensbetreuungspflichtiger allein der Adressat des außerstrafrechtlichen Begründungsakts der Treuepflicht. Dessen Organe handeln erst durch Bildung eines Vertreterstraftatbestandes mittels § 14 Abs. 1 Nr. 1 StGB tatbestandlich. Denn die Pflicht zur Sorge für das zu betreuende Vermögen beruht auf Gesetz, behördlichen Auftrag oder Rechtsgeschäft. Hieraus ist das Organ weder berechtigt noch verpflichtet. Hingegen ergibt sich für den Treubruchstatbestand eine nicht über § 14 StGB vermittelte Vermögens-

---

298 *H. Schröder* JR 1960, 105 (105).

299 BGH (Einleitung Fn. 34), BGHZ 149, 10 (18) „Bremer Vulkan".

300 BGH (Fn. 26), BGHSt 41, 224 (229).

301 Schönke/Schröder/*Lenckner/Perron* § 14 Rn. 5 in Verbindung mit § 266 Rn. 33; Müller-Gugenberger/*Schmid* § 31 Rn. 83; *Keuffel-Hospach* Die Grenzen der Strafbarkeit, 52; *Otto* Aktienrecht Vor § 399 Rn. 33; *Ransiek*, FS Kohlmann, 207 (219); *E. Schneider* Die Untreue, 21 zur Vorgängervorschrift des § 50 a StGB.

302 BGH 1 StR 565/53 v. 14.4.1954, MDR 1954, 495 (495); BGH 5 StR 337/59 v. 10.11.1959, BGHSt 13, 330 (331 f.); BGH 1 StR 820/81 v. 28.1.1983, NJW 1983, 1807 (1807); BGH VI ZR 117/82 v. 6.12.1983, NJW 1984, 800 (800).

303 LK/*Schünemann* § 266 Rn. 66 f.; LK/*Schünemann* § 14 Rn. 22, 30, 35; *ders.* LM AktG 1965 § 309 Nr. 1 (5/2002), Bl. 9.

304 So LK/*Schünemann* § 266 Rn. 67, 160.

305 So *Schünemann* LM AktG 1965 § 309 Nr. 1 (5/2002), Bl. 9.

306 Vgl. MüKo/*Radtke* § 14 StGB Rn. 55.

betreuungspflicht des Geschäftsleiters. Denn er nimmt stellvertretend für die Gesellschaft auf das fremde Vermögen Zugriff und steht damit in einem tatsächlichen Treueverhältnis in Bezug zum geschädigten Vermögen.

In den hier untersuchten Fällen stand stets die Treubruchsvariante in Rede. Dem geschäftsleitenden Organ obliegt somit unabhängig von § 14 StGB eine von der „eigenen" Gesellschaft übergeleitete Vermögensbetreuungspflicht aus tatsächlichem Treueverhältnis.

5. Zusammenfassung

Vermögensbetreuungspflichten der Muttergesellschaft und ihrer Geschäftsleitung gegenüber dem Tochterunternehmen bestehen im AG- bzw. GmbH-Vertragskonzern, im Eingliederungskonzern, im qualifizierten faktischen AG- bzw. GmbH-Konzern und im einfachen faktischen GmbH-Konzern. Lediglich im einfachen faktischen AG-Konzern sind die Vermögensbeziehungen zwischen Ober- und Untergesellschaft nicht von einer derartigen Qualität, die zu einer Verlagerung der Vermögenseinwirkung und damit zur Annahme von Vermögensbetreuungspflichten führt.

Im Ergebnis sind damit die in der Einleitung zu diesem Abschnitt[307] referierten Lösungen des BGH im „Treuhand"- bzw. „Bremer Vulkan"-Urteil treffend. In beiden Fällen handelte es sich um (sogar qualifizierte) faktische GmbH-Konzerne. Dogmatisch greifen hingegen die bereits angedeuteten Bedenken: Das Kriterium „faktischer Dominanz" des „Treuhand"-Urteils geht zwar – begrüßenswerterweise – über die für andere Strafbarkeitskonstellationen geschaffene und im Rahmen von § 266 StGB zu enge Figur des „faktischen Geschäftsführers" hinaus, seine Herleitung sowie konkrete Greifbarkeit bleiben hingegen offen.[308] Zur Beurteilung der Vermögensbetreuungspflichten des einfachen Gesellschafters mag das Prinzip faktischer Dominanz durchaus einen fruchtbaren Ansatz darstellen, im Bereich spezifischer Konzernuntreue spricht hingegen nichts dagegen, über allgemeine Prinzipien hinaus die Vermögensbetreuungspflichten anhand von Konzernstrukturen festzumachen.[309] Diesen Schritt geht

---

[307] Oben B. I.

[308] Nach der Analyse von *Langkeit* WiB 1996, 1131 (1131) soll es für die Feststellung der Dominanz auf eine wertende Gesamtbetrachtung ankommen, wobei Kriterium „offensichtlich" ist, ob und in welchem Umfang der Handelnde gegenüber der betroffenen Gesellschaft „schalten und walten" kann. Im Grundsatz nichts anderes fordert die hier vertretene Einwirkungsverlagerung, wobei sie konkrete Kriterien bietet, die der Subsumtion zugänglich sind und die eine Klassifizierung anhand der verschiedenen Konzernierungsformen erlauben.

[309] *Otto* JK 1997 StGB § 266/13 sieht hingegen in dem „Treuhand"-Urteil eine unmittelbare Anknüpfung an die Konzernbeziehung. Die „Chance", der Problematik der Untreue im Konzern jede Relevanz abzusprechen, indem der BGH dem für das beherrschende Unternehmen Handelnden die Rolle eines sog. faktischen Geschäftsführers des beherrschten Unternehmens zuweist, habe das Gericht nicht wahrgenommen. *Otto* verkennt, dass die Außerachtlassung der Figur des faktischen Geschäftsführers nicht automatisch dazu führt, dass unmittelbar an die Konzernbeziehung angeknüpft wird. Faktische Dominanz ist ebenso wenig ein Konzernspezifikum wie faktische Geschäftsführung. Zudem stellt der BGH bei der Beurteilung

die „Bremer Vulkan“-Entscheidung, indem sie die Vermögensbetreuungspflicht aus der Stellung des herrschenden Unternehmens ableitet.[310] Aber auch diese Begründung bleibt oberflächlich und ist sogar zu weit. Wie gesehen – Stichwort: einfacher faktischer AG-Konzern –[311] folgt nicht aus jeder Stellung als beherrschendes Unternehmen eine Vermögensbetreuungspflicht. Ob und warum zudem die Obergesellschaft von dem aus ihrer beherrschenden Stellung ausgehenden „faktisch unbeschränkt[en] Einfluss“ Gebrauch machen muss, bleibt nach der Konzeption des BGH zweifelhaft. Diese Zweifel werden beseitigt, wenn man – ausgehend von den allgemeinen Kriterien der Vermögensbetreuungspflicht[312] – anhand der rechtlichen und faktischen Einflusspositionen, also anhand von Rechtsmacht sowie faktischer Beherrschung in den einzelnen Konzernierungsformen, die jeweilige Vermögenseinwirkung von Mutter und Tochter betrachtet. Hieraus lässt sich die oben genannte allgemein gültige und dennoch spezifisch konzernrechtliche Differenzierung gewinnen.

II. Die Vermögensbetreuungspflichten des geschäftsleitenden Organs der abhängigen Gesellschaft

Der Geschäftsleitung der abhängigen Gesellschaft können – neben der unstreitig bestehenden Vermögensbetreuungspflicht gegenüber der „eigenen“ Gesellschaft –[313] Vermögensbetreuungspflichten gegenüber der herrschenden Gesellschaft (1.) sowie gegenüber der Schwestergesellschaft des abhängigen Unternehmens (2.) zukommen.

1. Vermögensbetreuungspflichten gegenüber der herrschenden Gesellschaft

Ebenso wie zuvor für das Leitungsorgan der Konzernobergesellschaft ausgeführt,[314] können auch dem Handlungsorgan der abhängigen Gesellschaft in eige-

---

der Vermögensbetreuungspflicht nicht auf den Status als Konzernunternehmen, sondern auf die tatsächliche Position des Handelnden ab.

[310] Kritisch demgegenüber *Schünemann* LM AktG 1965 § 309 Nr. 1 (5/2002), Bl. 9, der die tatbestandsrelevante Vermögensbetreuungspflicht „aus der im Cash Management liegenden Geschäftsbesorgung für fremdes Vermögen“ herleitet, „völlig unabhängig von der Stellung als Alleingesellschafter“. Dabei verkennt *Schünemann* gesellschaftsrechtlich den Unterschied zwischen Alleingesellschafter und beherrschendem Unternehmen sowie strafrechtlich die zwar korrekte, als Einzelglied für sich allein aber nicht zielführende Heranziehung der Geschäftsbesorgung zur Bestimmung von Vermögensbetreuungspflichten.

[311] Oben B. I. 3. b. bb. (1).

[312] Oben A. II.

[313] Vgl. oben B. und Nachweise in Fn. 66. Dabei ist es unzweifelhaft, dass die Täterqualifikation des geschäftsleitenden Organs der abhängigen Gesellschaft gegenüber dieser von einer etwaigen – daneben bestehenden – Vermögensbetreuungspflicht der Konzernspitze bzw. ihrer Organe gegenüber der abhängigen Gesellschaft aus den oben in B. I. 3. b. und 4. dargestellten Gründen unberührt bleibt. Denn der Tatbestand des § 266 StGB schließt es nicht aus, dass zwei verschiedene Personen gegenüber ein und demselben Vermögen aus denselben oder aus unterschiedlichen Anlässen zur gleichen Zeit vermögensbetreuungspflichtig sind; vgl. auch LK/*Schünemann* § 266 Rn. 128 und *Ewald* Untreue, 126.

[314] Oben B. I. 4.

ner Person begründete Vermögensbetreuungspflichten (a.) sowie von der abhängigen Gesellschaft auf ihr Organ übergeleitete Vermögensbetreuungspflichten (b.) obliegen.

a. In eigener Person begründete Vermögensbetreuungspflichten

Es ist durchaus denkbar, dass der Geschäftsführer oder Vorstand der abhängigen Gesellschaft in eigene rechtsgeschäftliche Verbindungen zum herrschenden Unternehmen tritt, aufgrund derer er zur Vermögenssorge auch gegenüber der Obergesellschaft bei Abwesenheit von Kontrolle berechtigt und verpflichtet wird. Deutlichstes Beispiel hierfür ist die Übernahme einer Vorstands- bzw. Geschäftsführungs-Doppelfunktion.[315]

Unabhängig von der Ausfüllung einer Organstellung in der Konzernmutter kann eine in der Praxis teilweise anzutreffende Konstellation zur Annahme von Vermögensbetreuungspflichten führen. Hier wird der neben der Organstellung erforderliche,[316] da das Innenverhältnis regelnde, Anstellungsvertrag des Geschäftsführers bzw. Vorstandes nicht mit der „eigenen" abhängigen Gesellschaft, sondern unmittelbar mit der herrschenden Konzernmutter abgeschlossen. Dabei ist es nicht ausgeschlossen, dass nicht nur die Rechte und Pflichten in Bezug auf die zu vertretende Gesellschaft umfassend geregelt werden, sondern dass dem Geschäftsleiter auch Handlungsmöglichkeiten in Bezug auf das „Muttervermögen" eingeräumt werden, wie beispielsweise die selbständige Wahrnehmung der zentralen Beschaffung bestimmter Verbrauchsgüter und Materialien für die Konzernobergesellschaft und ihre Töchter.

Wird der Anstellungsvertrag – wie in der weitaus überwiegenden Zahl der Fälle – mit der „eigenen" Gesellschaft geschlossen, können dennoch besondere vermögensbezogene Pflichten und Befugnisse gegenüber der Obergesellschaft statuiert werden.[317] Je nach Ausgestaltung des Vertrages handelt es sich dann zumeist um einen (Teil-) Vertrag zugunsten Dritter, möglich ist aber auch die Auferlegung besonderer vermögensgerichteter Schutz- und Obhutspflichten im Rahmen einer Art Vertrag mit Schutzwirkung zugunsten Dritter.[318]

Nach *Kohlmann/Löffeler*[319] kann sich eine Vermögensbetreuungspflicht auch aus dem zwischen der abhängigen Gesellschaft und dem herrschenden Konzernunternehmen abgeschlossenen Beherrschungsvertrag oder aus faktischer Über-

---

[315] Vgl. oben B. I. 4. a. Bezogen auf die GmbH als Obergesellschaft ist es beispielsweise denkbar, dass durch die Aufnahme in den Gesellschaftsvertrag die Tochter-Geschäftsführung zum weiteren Gesellschaftsorgan der abhängigen GmbH an der Spitze des Konzerns wird und so doppelt-funktional in zwei unterschiedliche Entscheidungs- und Handlungsorganisationen inkorporiert wird, nämlich in die der Konzerntochter und zugleich in die der Konzernspitze; vgl. *Hommelhoff* Die Konzernleitungspflicht, 243.

[316] *Peltzer* JuS 2003, 348 (351).

[317] Hierauf stellen *Kohlmann/Löffeler* Die strafrechtliche Verantwortlichkeit, Rn. 361 ab.

[318] Vgl. bereits oben B. I. 4. a.

[319] *Kohlmann/Löffeler* Die strafrechtliche Verantwortlichkeit, Rn. 361; ähnlich *E. Schneider* Die Untreue, 100.

nahme seitens des abhängigen Leitungsorgans ergeben. Unabhängig von der Mutmaßlichkeit und Pauschalität dieser Aussage folgt aus beiden Quellen jedenfalls keine in eigener Person begründete Vermögensbetreuungspflicht. Vertragspartei des Beherrschungsvertrages ist die abhängige Gesellschaft. Besondere Schutzpflichten ihres Organs werden regelmäßig nicht bestimmt. Die mit „faktischer Übernahme" wohl gemeinte Ausübung von Leitungsmacht im faktischen Konzern beruht ebenso auf der Herrschaftsstellung der Gesellschaft selbst, die das Organ für diese lediglich ausführt. In beiden Situationen kommen daher allein von der abhängigen Gesellschaft übergeleitete Vermögensbetreuungspflichten in Betracht.

b. Übergeleitete Vermögensbetreuungspflichten

Dass Vermögensbetreuungspflichten einer juristischen Person in dem – hier allein relevanten – Treubruchstatbestand unmittelbar auf das für sie handelnde Organ übergeleitet werden, wurde bereits dargestellt.[320] Voraussetzung ist stets, dass die Gesellschaft, hier also die abhängige Gesellschaft, selbst vermögensbetreuungspflichtig in Bezug auf das anvisierte Fremdvermögen ist.

Entsprechend den obigen Ausführungen[321] bedarf es erneut einer Differenzierung nach den einzelnen Konzernierungsformen.

aa. Vertragskonzern

(1) Beherrschungsvertrag

Ist die abhängige Gesellschaft durch Beherrschungsvertrag mit dem herrschenden Unternehmen verbunden, kommt als Quelle von Vermögensbetreuungspflichten die „unverkennbare Verwandtschaft" des Beherrschungsvertrages mit Geschäftsbesorgungsverträgen in Frage.[322] Diese Klassifizierung ist historisch bedingt und beruht auf der herrschenden konzernrechtlichen Lehre zum AktG von 1937, die den damals allein bekannten Organschaftsvertrag[323] als einen schuldrechtlichen Dienstvertrag einordnete, der eine Geschäftsbesorgung zum Gegenstand hat.[324] Die abhängige Gesellschaft sei gegenüber dem herrschenden Unternehmen verpflichtet, nach außen im eigenen Namen aufzutreten, im Innenverhältnis aber ausschließlich nach dessen Anweisungen, in dessen Interesse und auf dessen Rechnung zu handeln.[325] Auch heute wird – auf der Grundlage oder in der Nähe der Organhaftungslehre – teilweise vertreten, die Verlustausgleichspflicht gemäß § 302 AktG sei eine besondere Normierung eines Aufwen-

---

[320] Oben B. I. 4. b.
[321] Oben B. I. 3. b.
[322] Vgl. Nachweise oben B. I. 2. b.
[323] Dieser ist nach heutigem Verständnis die Kumulation von Beherrschungsvertrag mit einem Gewinnabführungsvertrag, vgl. oben Einleitung D. I.
[324] Nachweise bei *Bous* Die Konzernleitungsmacht, 162 Fn. 56.
[325] *Bous* Die Konzernleitungsmacht, 163 mit Nachweisen in Fn. 58.

dungsersatzanspruchs wegen Geschäftsführung für das herrschende Subjekt.[326] Auf dem Boden dieser Sichtweisen ließe sich formulieren, die abhängige Gesellschaft sei als eine Art Fremdgeschäftsführerin einzustufen, die aufgrund der an sie erteilten Weisungen im Interesse des herrschenden Unternehmens tätig zu sein hat.[327]

Unabhängig von der Tatsache, dass nach hier vertretener Ansicht ein Geschäftsbesorgungsverhältnis als solches lediglich ein Teilelement der zur Begründung von Vermögensbetreuungspflichten notwendigen Vermögenseinwirkungsverlagerung ist,[328] ergibt sich aus vorstehender Aussage, dass auch unter Zugrundelegung der klassischen, den Charakter der Vermögensbetreuungspflicht als Geschäftsbesorgung im zivilrechtlichen Sinne betonenden Auffassung[329] eine Vermögensbetreuungspflicht nicht hergeleitet werden kann. Die eine Geschäftsbesorgung im zivilrechtlichen Sinne kennzeichnenden „eigenen Überlegungen im Sinne von Selbständigkeit und Bewegungsfreiheit"[330] werden der abhängigen Gesellschaft aufgrund der „an sie erteilten Weisungen" gerade nicht zugestanden. Die abhängige Gesellschaft hat sich dem Konzerninteresse bei gleichzeitiger Aufgabe ihrer individuellen Eigeninteressen unterzuordnen. Primärzweck des Beherrschungsvertrages ist es, die Untergesellschaft dem Konzern dienstbar zu machen (vgl. § 291 Abs. 1 Satz 1 Alt. 1 AktG). Daher ist die abhängige Gesellschaft im Einzelfall sogar verpflichtet, wichtige konzernbezogene Angelegenheiten so rechtzeitig der herrschenden Gesellschaft zu unterbreiten, dass diese sich entscheiden kann, ob und mit welchem Inhalt eine Weisung im Konzerninteresse erteilt werden soll.[331] So wird der Beherrschungsvertrag im Gesellschaftsrecht denn heute auch einhellig als Organisationsvertrag mit schuldrechtlichen Elementen[332] eingestuft, dem die oben erwähnte Meinung lediglich eine „Verwandtschaft" aufgrund einiger geschäftsbesorgungsähnlicher Bestandteile hinzufügt.[333]

---

326 *Wilhelm* DB 1986, 2113 (2116); ebenso *K. Schmidt* ZIP 1991, 1325 (1329), demzufolge die Verlustausgleichspflicht im Vertragskonzern gemäß § 302 AktG das Spiegelbild des Aufwendungsersatzanspruchs eines abhängigen Unternehmens ist, welches fremdbestimmt (so beim Beherrschungsvertrag) oder/und fremdnützig (so beim Gewinnabführungsvertrag) im Dienst eines anderen Unternehmens operiert; vgl. auch *Flume* Die juristische Person, 88 ff.; unter anderem für *Altmeppen* Abschied, 74 ff. und *Stodolkowitz* ZIP 1992, 1517 (1521 f.) sind die §§ 667, 670 BGB tragendes Prinzip für die Rechtfertigung einer Haftung im faktischen GmbH-Konzern; gegen *Wilhelm* instruktiv *Wiedemann* Die Unternehmensgruppe, 35.

327 So auch die Schlussfolgerung von *Bous* Die Konzernleitungsmacht, 163 und 177 f.

328 Oben A. II.

329 Nachweise oben Fn. 23.

330 Oben A. II.

331 *Hüffer* § 308 Rn. 20; KK/*Koppensteiner* § 308 Rn. 49; Münchener Handbuch/*Krieger* Band 4, § 70 Rn. 140.

332 Siehe oben Einleitung B. II. 1.

333 Aufgrund der vorgenannten, für sich allein ausschlaggebenden Argumente kann auf eine Kommentierung der gesellschaftsrechtlichen Ansicht verzichtet werden, die eine negotiorium gestio der abhängigen Gesellschaft bereits deshalb ablehnt, weil ein Eigeninteresse der Ge-

Für das Strafrecht folgt hieraus, dass eine Vermögensbetreuungspflicht der durch Beherrschungsvertrag gebundenen abhängigen Gesellschaft an der mangelnden Selbständigkeit der Aufgabenwahrnehmung scheitert. Auf der Basis des Kriteriums der Einwirkungsverlagerung bedeutet dies, dass aufgrund der Indienststellung des Tochterunternehmens in das Konzerninteresse dieses zwar durchaus eine eingeräumte, geschäftsbesorgungsähnliche Zugriffsmöglichkeit auf das für sie fremde Vermögen der Konzernmutter aufweisen kann, dass aber aufgrund von Weisungsgebundenheit und Berichts- sowie Abstimmungspflichten eine vermögensbezogene Kontrolle seitens der Obergesellschaft besteht, die zumindest von einer derartigen zeitlich-qualitativen Frequenz ist, dass von einer fortwährenden Einschränkung der Handlungsmöglichkeiten in Bezug auf das eigene (Mutter-) Vermögen nicht die Rede sein kann.

Wenn demgegenüber in der strafrechtlichen Literatur teilweise darauf abgestellt wird, dem beherrschten Unternehmen bzw. seinem Geschäftsleiter als Weisungsadressat werde mit der Durchführung der Weisungen die Wahrnehmung fremder Vermögensinteressen im Sinne einer Vermögensbetreuungspflicht anvertraut, da es gerade der durch das Gesetz legitimierte Zweck des Abschlusses eines Beherrschungsvertrages sei, das beherrschte Unternehmen in den Dienst der Interessen der herrschenden Gesellschaft zu stellen, um diese unter Inanspruchnahme der abhängigen Gesellschaft fördern zu lassen,[334] so werden die strafrechtlichen Anforderungen an Vermögensbetreuungspflichten und die gesellschaftsrechtlichen Auswirkungen von Beherrschungsverträgen verkannt.

Nach *Ewald* ist der Geschäftsleiter den Weisungen zwar folgepflichtig, im Übrigen sei er aber in Geschäftsleiterposition befindlich und mit eigener Verantwortung bei der Durchführung ausgestattet.[335] Die Geschäftsleiterposition als „Organpflicht“[336] besteht allerdings allein gegenüber der „eigenen“ abhängigen Gesellschaft, nicht in Bezug auf die Konzernobergesellschaft. Und auch die eigene Verantwortung bei der Durchführung von Geschäftsführungsmaßnahmen ist primär auf die „eigene“ Gesellschaft gerichtet. Auch wenn die Geschäftsführung der Tochter nie ihrem gesamten Aufgabenbereich und insbesondere der

---

sellschaft nicht existiere, da sich das Interesse des „Geschäftsführers“ vollständig durch das des „Geschäftsherrn“ definiere und dieses Interesse des Geschäftsherrn damit für den Geschäftsführer naturgemäß nicht mehr Fremdinteresse und das, was die Gesellschaft „für den Gesellschafter“ unternimmt, nicht mehr Fremdgeschäft sei; vgl. hierzu aber *Versteegen* Konzernverantwortlichkeit, 112. Vgl. auch *Noack* GmbHR 1996, 153 (157), der davon ausgeht, dass die unternehmensvertraglich gebundene abhängige Gesellschaft im Einzelfall zwar für das Risiko des herrschenden Gesellschafters handelt, nicht aber für dessen Rechnung.

334 *Ewald* Untreue, 125 f.; auch Krekeler/*Firgau* Untreue, 6 nimmt – allerdings ohne Begründung – eine durch Beherrschungsvertrag begründete Vermögensbetreuungspflicht der abhängigen Gesellschaft an: „Denn der Geschäftsführer einer GmbH ist [...] über § 14 StGB für die GmbH zugleich mittelbar dem beherrschenden Unternehmen wegen des Beherrschungsvertrages zur Vermögensfürsorge verpflichtet.“; ähnlich – wiederum ohne nähere Begründung – *E. Schneider* Die Untreue, 100.

335 *Ewald* Untreue, 125.

336 *Ewald* Untreue, 125.

Außenvertretung ihrer Gesellschaft vollständig verlustig wird,[337] so tritt doch im Falle der Weisungserteilung die herrschende Gesellschaft bzw. deren Organe an die Stelle des Geschäftsleiters des abhängigen Unternehmens, der zum Ausführenden degradiert wird.[338] Soweit das herrschende Unternehmen von seinem Weisungsrecht freilich keinen Gebrauch macht und deswegen die durch die §§ 76, 93 AktG bzw. §§ 35, 43 GmbHG umrissene Position des Vorstandes bzw. Geschäftsführers in vollem Umfang erhalten bleibt[339], resultiert aus der fehlenden Weisung entweder gerade keine Zugriffsmöglichkeit auf das Fremdvermögen oder der – wegen der angesprochenen Berichts- und Abstimmungspflichten ohnehin reduzierte – Spielraum bei gegebener Einwirkungsmöglichkeit beschränkt sich auf Einzelfälle. Aufgrund der tatsächlich ausgeübten einheitlichen Leitung durch die Konzernspitze vermögen solche Einzelfälle keine Position zu gewähren, die zeitlich-qualitativ zu einer Einwirkungsverlagerung führt bzw. – unter Zugrundelegung der klassischen Kriterien – von einer gewissen Selbständigkeit ist und die nach Dauer, Umfang und Art der Tätigkeit eine Vermögensbetreuungspflicht begründet.

Diese Bewertung ändert sich nicht in den oben bereits erwähnten Fallkonstellationen der Nichtbefolgung oder der mangelhaften Befolgung von Weisungen.[340] Setzt sich die Tochtergesellschaft über Weisungen im Rahmen eines Beherrschungsvertrages hinweg, so liegt hierin eine zivilrechtliche Vertragsverletzung. Über den Untreuetatbestand ist diese jedoch nicht strafrechtlich sanktioniert. Die Nichtbefolgung der Weisung kann für die Obergesellschaft mit einem Vermögensnachteil verbunden sein, indem ihr beispielsweise ein lukratives Geschäft entgeht, ihr höhere Allgemein- oder Einzelkosten entstehen, eine Marktstrategie platzt oder sie einen Imageschaden erleidet. Fraglich ist bereits, ob diese Schäden Folge eines Zugriffs auf das strafrechtlich geschützte *Vermögen* der Mutter seitens der Tochtergesellschaft sind. In den meisten Fällen wird der durch die Nichtbefolgung der Weisung erfolgende Zugriff[341] lediglich dadurch zu einem Schaden bei der Mutter führen, indem er ihr Erwerbschancen nimmt. Strafrechtlich irrelevant sind aber bloße wage Hoffnungen auf Vermögenserwerb. Abzugrenzen sind diese von der eigenständigen Kategorie der Anwartschaften, sog. Exspektanzen, die nach herrschender Auffassung Vermögensbestandteile darstellen. Kennzeichnend hierfür ist, dass die Aussicht auf Vermögenserwerb bereits derart konkretisiert sein muss, dass ihr die Verkehrsauffas-

337 Oben B. I. 3. a. aa.
338 Oben B. I. 3. b. aa. (1).
339 Vgl. *Ewald* Untreue, 123.
340 Oben Einleitung D. V.; vgl. dazu auch die Ausführungen von *Ewald* Untreue, 119 mit Beispielen.
341 Der Zugriffsbegriff ist angesichts der Aufgabe von § 266 StGB, positives Tun und Unterlassen zu erfassen, weit zu interpretieren, und setzt deshalb kein wortwörtliches „Zugreifen" voraus.

sung einen messbaren wirtschaftlichen Wert beimisst.[342] Konkretisiert bedeutet dies, dass eine zivilrechtlich oder öffentlich-rechtlich begründete Herrschaft über Objekte oder Interaktionen vorliegen muss, die dem Inhaber der Herrschaft die störungsfreie Möglichkeit der Entwicklung des jetzigen Zustandes zur endgültigen Inhaberschaft des „Vollwertes" garantiert.[343] Zum Teil wird enger zusätzlich die rechtlich anerkannte Möglichkeit zur Ausschaltung externer Störfaktoren, die sanktionsbewehrte Verpflichtung des ursprünglichen Inhabers des Exspektanzobjektes und die Manifestation des Erwerbswillens des Exspektanzinhabers gefordert.[344] Im Ergebnis entscheidend ist jedenfalls, dass der Vermögensinhaber eine rechtlich realisierbare, ökonomisch bewertbare und im Verhältnis zum Täter rechtlich geschützte Position besitzt.[345] Dies ist zumindest in den ersten beiden der zuvor genannten Beispielsituationen der Fall.

Ausschlaggebend ist jedoch auch hier, dass die abhängige Gesellschaft nahezu durchgängig unter der Kontrolle des herrschenden Unternehmens steht, die Nichtbefolgung der Weisung also nicht zur Begründung einer Selbständigkeit auf Seiten der Tochter führt.[346] Eine Verschiebung der Vermögensbetreuungspflichtigkeit ergibt sich hieraus nicht – abgesehen von den aufgezeigten Möglichkeiten besonderer Absprachen, die dann in der Regel nicht mit der abhängigen Gesellschaft selbst, sondern unmittelbar mit deren Organen getroffen werden –[347].

(2) Eingliederung

Scheitert die Annahme von Vermögensbetreuungspflichten der abhängigen Gesellschaft innerhalb von Beherrschungsverträgen an der mangelnden Selbständigkeit bzw. der fehlenden Abwesenheit von Kontrolle und der dadurch fortbestehenden Handlungsmöglichkeit des herrschenden Unternehmens in Bezug auf sein Vermögen, so kann sich für die durch eine noch stärkere Fremdbeherrschung der Tochter gekennzeichnete Eingliederung[348] keine andere strafrechtliche Wertung ergeben.

[342] BGH 1 StR 496/61 v. 20.2.1962, BGHSt 17, 147 (148); BGH 1 StR 610/75 v. 9.3.1976, GA 1978, 332 (333); eingehend *Hefendehl* Exspektanzen, 25 ff.
[343] So LK/*Schünemann* § 266 Rn. 135.
[344] *Hefendehl* Exspektanzen, 117 f.
[345] LK/*Schünemann* § 266 Rn. 135.
[346] Der gegenteilige Standpunkt würde bedeuten, allein aus der Verletzung von Vertragspflichten eine Vermögensbetreuungspflicht abzuleiten. Für die Beurteilung von Vermögensbetreuungspflichten ist jedoch nicht die Vertragsverletzung, sondern die Qualität der Vertragspflichten maßgebend. Dies ist nur dann anders zu beurteilen, wenn unabhängig von Vertragspositionen tatsächliche Herrschaft ausgeübt wird. Eine solche aus Vertragsverletzungen herzuleiten verlangt insbesondere einen dauerhaften, von der anderen Vertragspartei im Sinne von Aufgabe eigener Schutz- und Handlungsmöglichkeiten akzeptierten Vermögenszugriff. Dies wird nur in Extremfällen anzunehmen sein.
[347] Oben B. II. 1. a.
[348] Vgl. oben Einleitung B. II. 1.

(3) Gewinnabführungsvertrag

Allenfalls für die durch isolierten Gewinnabführungsvertrag (§ 291 Abs. 1 Satz 1 Alt. 2 AktG)[349] bzw. – in der Praxis weitaus häufiger anzutreffen – für die durch Organschaftsvertrag im Sinne von § 14 KStG[350] verbundene abhängige Gesellschaft könnte dies anders sein. Zwar räumt der Gewinnabführungsvertrag dem Tochterunternehmen keinen unmittelbaren Zugriff auf das Muttervermögen ein. Denkbar ist jedoch, aus dem mit einem Nichtabführen von Gewinnen oder gegebenenfalls mit einer intentionierten Reduzierung von Gewinnen verbundenen mittelbaren Vermögenszugriff eine Vermögensbetreuungspflicht abzuleiten. Der von der Tochter abzuführende Gewinn stellt auf Seiten der Muttergesellschaft eine rechtlich gesicherte Erwerbschance im Sinne einer Vermögensexspektanz[351] dar und ist somit ihrem strafrechtlich geschützten Vermögen zuzuordnen. Denn bei dem abzuführenden Gewinn handelt es sich um eine rechtlich realisierbare, ökonomisch bewertbare und im Verhältnis zum Täter geschützte Position, die sogar die Kriterien der engen Auffassung erfüllt, indem der Erwerbswille seitens der herrschenden Gesellschaft durch den Abschluss des Gewinnabführungsvertrages manifestiert wird und zugleich mit diesem Vertrag Sanktions- und Sicherungsmechanismen zivilrechtlicher Art verbunden sind.

Geht es allein um den Vorgang, den angefallenen Gewinn abzuführen, so ist auch hierbei eine rechtliche oder tatsächliche Gestaltungsmöglichkeit auf Seiten des Tochterunternehmens unabhängig von Kontrolle nicht festzustellen. Die abhängige Gesellschaft hat ihren Gewinn im Rahmen der Gewinn- und Verlustrechnung und der daran anschließenden Bilanzaufstellung zu ermitteln. Abgeführt werden muss der gesamte Bilanzgewinn.[352] Eigenständiger Spielraum, der dem abhängigen Unternehmen über die Bestimmung der Höhe des Bilanzgewinns den Zugriff auf das Vermögen des herrschenden Unternehmens eröffnen würde, besteht nur bei der Ausübung von Bilanzwahlrechten. Das Gesetz eröffnet dem herrschenden Unternehmen hierbei jedoch vielfältige Möglichkeiten zur Einflussnahme auf den Vorstand oder Geschäftsführer der abhängigen Gesellschaft.[353] Dies gilt nicht nur, wenn die Parteien entsprechende Vereinbarungen getroffen haben (siehe § 301 Satz 1 AktG), sondern insbesondere, wenn der Gewinnabführungsvertrag mit einem Beherrschungsvertrag kumuliert ist. Denn dann nimmt die abhängige Gesellschaft wiederum – wie bei Bestehen allein eines Beherrschungsvertrages – die Rolle der durch Weisungen fremdbeherrschten Tochter ein. Aber auch unabhängig von speziellen Vereinbarungen und eines Organschaftsvertrages übt die herrschende Gesellschaft im Rahmen eines fakti-

---

[349] Hierzu *Emmerich*/Habersack Konzernrecht, § 291 Rn. 60 f.

[350] Beherrschungsvertrag verbunden mit einem Gewinnabführungsvertrag, vgl. oben Einleitung D. I.

[351] Hierzu oben B. II. 1. b. aa. (1).

[352] *Emmerich*/Habersack Konzernrecht, § 291 Rn. 64.

[353] *Emmerich*/Habersack Konzernrecht, § 291 Rn. 65.

schen Konzerns Leitungsmacht aus. Die Bestimmung der Wahrnehmung von Bilanzwahlrechten durch die Obergesellschaft stößt im AG-Konzern allein auf die Grenze des § 311 AktG, für den GmbH-Konzern besteht sogar ein in der Gesellschafterstellung wurzelndes Weisungsrecht. Selbst wenn die herrschende Gesellschaft diese Einflussmöglichkeiten nicht ständig ausübt, so herrscht doch eine durch die Konzernstrukturen bedingte und auf Dauer angelegte Kontrollposition vor, aufgrund derer die Mutter auch in Bezug auf die Vermögensexspektanz nicht aus ihrer Handlungsstellung verdrängt wird.[354]

Gleiches gilt, wenn die im Vorfeld der Gewinnfeststellung liegenden Gestaltungsmöglichkeiten der abhängigen Gesellschaft bezüglich der Gewinnhöhe durch Maßnahmen des operativen Geschäfts oder beispielsweise durch Kosten-, Finanz-, Personal- oder Investitionsmanagement ins Blickfeld genommen werden. Auch hier stellt sich heraus, dass diese Möglichkeiten nicht zur Annahme von Vermögensbetreuungspflichten führen. Für den Organschaftsvertrag greift diesbezüglich wiederum die Fremdbeherrschung durch die Obergesellschaft, verwirklicht durch die tatsächlich ausgeübte einheitliche Leitung. Und für den neben einem isolierten Gewinnabführungsvertrag bestehenden faktischen Konzern schlägt das Argument der Einflussnahme aufgrund einheitlicher Leitung nicht nur für die Ausübung von Bilanzwahlrechten, sondern ebenso für die im Vorfeld liegende Geschäftstätigkeit durch.

Der anderweitige Hinweis von *Schünemann*[355], es sei anerkannt, dass ein Gewinnabführungsvertrag eine Treuepflicht gegenüber dem herrschenden Unternehmen begründet, bleibt ohne nähere Begründung und ist zudem in seinem Verweis auf das Urteil des OLG Koblenz[356] irrig. Das Oberlandesgericht nimmt zwar zur Vermögensbetreuungspflicht des angeklagten Verkaufsleiters der brasilianischen Tochtergesellschaft einer deutschen GmbH Stellung. Es leitet diese aber nicht aus einer etwaigen aus dem Gewinnabführungsvertrag zwischen den Gesellschaften resultierenden „Treuepflicht" ab, sondern aus dem zwischen dem Angeklagten und der GmbH geschlossenen Angestelltenvertrag, nach dem dieser in einem Arbeitsverhältnis zur deutschen Gesellschaft stand und an die Tochtergesellschaft ausgeliehen war.[357] Gegenstand des Urteils ist daher nicht

[354] Anders *Ewald* Untreue, 151 ff., der allerdings einräumt, dass auch unter Zugrundelegung der klassischen Kriterien von Vermögensbetreuungspflichten das Erfordernis einer gewissen Bewegungsfreiheit und Selbständigkeit aufgrund der im Gewinnabführungsvertrag üblicherweise enthaltenen eingehenden Regelungen über den Begriff, den Umfang sowie die Bestimmung des abführungspflichtigen Gewinns zweifelhaft erscheint. *Ewald* „rettet" sich mit dem Argument, dass der auf die Gewinnermittlung gerichtete Vorgang „dadurch gleichwohl noch nicht zu einem schematisch durchführbaren Rechenprozess" verkommt, sondern dass der „zumindest teilweise" normative Gehalt dieser Regelungen einen gewissen Spielraum bei ihrem Vollzug bedingt. Hierbei übersieht *Ewald* allerdings, dass gerade auch im Rahmen dieses Vollzuges das herrschende Unternehmen Rechtsmacht bzw. faktische Beherrschung regelmäßig ausübt und somit den Spielraum nivelliert.

[355] LK/*Schünemann* § 266 Rn. 128.

[356] OLG Koblenz (Einleitung Fn. 26), wistra 1984, 79 (79 f.).

[357] OLG Koblenz (Einleitung Fn. 26), wistra 1984, 79 (80).

die Frage einer Überleitung von den die Tochtergesellschaft aufgrund eines Gewinnabführungsvertrages treffenden Vermögensbetreuungspflichten auf ihr Organ oder ihren Angestellten, sondern die rechtsgeschäftliche Begründung eigener Vermögensbetreuungspflichten des in unmittelbaren vertraglichen Beziehungen zur Mutter stehenden Angeklagten.[358] Das Vorhandensein eines Gewinnabführungsvertrages zwischen Mutter und Tochter ist nur insoweit von Bedeutung, als das OLG Koblenz hieraus eine (mittelbare) Schädigung der deutschen Firma herleitet, da der an sie abzuführende Gewinn durch die unmittelbar das Tochtervermögen schädigenden Handlungen geschmälert worden sei.[359]

(4) Zwischenergebnis

Als Zwischenergebnis ist demzufolge festzuhalten, dass der abhängigen Gesellschaft im Vertragskonzern keine Vermögensbetreuungspflichten gegenüber der Konzernmutter zukommen. Bezogen auf das geschäftsleitende Organ des vertraglich abhängigen Tochterunternehmens bedeutet dies, dass kein Raum für eine Überleitung von Vermögensbetreuungspflichten besteht.

bb. Faktischer Konzern

Die zuvor für den Vertragskonzern genannten Begründungen für die Ablehnung von Vermögensbetreuungspflichten der abhängigen Gesellschaft können als Grundlage für die Verneinung solcher Pflichten im faktischen Konzern herangezogen werden. Vergleicht man Beherrschungsvertrag und faktischen Konzern, so zeigen sich zwar bei dem Grad der Einbindung der abhängigen Gesellschaft in das Konzerninteresse und damit generell bei der Herrschaft der Obergesellschaft über ihre Tochter jedenfalls für den (einfachen) faktischen AG-Konzern[360] gravierende qualitative Unterschiede, diese werden allerdings durch die für den faktischen AG- wie GmbH-Konzern geltenden bedeutend verkürzten Vermögenszugriffsmöglichkeiten aufgefangen.

Denn während es sich beim Beherrschungsvertrag um ein zweiseitiges Verhältnis handelt, das beiden Seiten gewisse Rechte und Pflichten mit Vermögensbezug auferlegt, ist der faktische Konzern durch den Charakter als einseitige, wenn auch gesetzlich pflichtengebundene und demnach begrenzte Beziehung gekennzeichnet. Der „einseitigen" Herrschaft der Obergesellschaft stehen keine entscheidenden Einwirkungsmöglichkeiten der Untergesellschaft auf das Muttervermögen gegenüber. Solche Möglichkeiten über die angesprochene „Verhinderung einer effektiven Ausübung einheitlicher Leitung"[361] zu kreieren geht strafrechtlich fehl. Die faktische konzernierte AG oder GmbH steht nicht „im Lager" der Obergesellschaft, selbst wenn dieser durch „gesellschaftsrechtliche

---

[358] Hierzu bereits oben B. II. 1. a.

[359] OLG Koblenz (Einleitung Fn. 26), wistra 1984, 79 (80).

[360] Für den faktischen GmbH-Konzern muss diese Aussage insofern relativiert werden, als auch dort ein Weisungsrecht in Geschäftsführungsangelegenheiten besteht.

[361] Oben Einleitung D. V.

Rebellion" Schaden zugefügt werden sollte. Weder ist dem abhängigen Unternehmen eine Zugriffsmöglichkeit eingeräumt, noch ist die Zugriffsmöglichkeit von gewisser Dauer, noch korrespondiert hiermit eine Einschränkung der Vermögensentscheidungen der herrschenden Gesellschaft.

Für die faktisch abhängige AG oder GmbH fehlt es demnach nicht nur an der – wenn auch gegenüber einer vertraglich konzernierten Gesellschaft gesteigerten – Selbständigkeit[362], sondern insbesondere an der eingeräumten Zugriffsmöglichkeit auf das fremde Vermögen. Eine zur Begründung von Vermögensbetreuungspflichten führende Vermögenseinwirkungsverlagerung liegt nicht vor.[363] Eine Überleitung von Vermögensbetreuungspflichten auf die Geschäftsleitung scheidet auch hier aus.

c. Zwischenergebnis

Außer den in Einzelfällen in eigener Person begründeten Vermögensbetreuungspflichten kommen dem geschäftsleitenden Organ der abhängigen Gesellschaft keine Vermögensbetreuungspflichten in Bezug auf die Konzernspitze zu. Grund hierfür ist der Mangel an Vermögensbetreuungspflichten des Tochterunternehmens gegenüber seiner Mutter in jeglicher Art von Konzernen, der zu einem Ausschluss der Überleitung von Vermögensbetreuungspflichten an das eigene Leitungsorgan führt.

2. Vermögensbetreuungspflichten gegenüber der Schwestergesellschaft

Es ist unüblich, wenn auch nicht vollkommen ausgeschlossen, dass das Geschäftsleitungsorgan der abhängigen Gesellschaft zu deren Schwestergesellschaft in einem unmittelbaren oder zumindest Schutzpflichten begründenden Vertragsverhältnis steht, aus dem dann rechtsgeschäftliche Vermögensbetreuungspflichten hergeleitet werden können.

Gleiches gilt für die Annahme einer erweiterten, also übergeleiteten Vermögensbetreuungsstellung von der Konzernmutter auf die Tochtergeschäftsleitung. Gemeint sind hiermit Konstellationen, in denen der Muttergesellschaft gegenüber der Schwestergesellschaft als ihrer Tochter eine Vermögensbetreuungspflicht obliegt – nämlich bei einem zwischen diesen Gesellschaften bestehenden Vertragskonzern, qualifizierten faktischen Konzern oder einfachen faktischen GmbH-Konzern –[364], und diese Betreuungsposition auf das Organ der (anderen) Tochtergesellschaft übergeleitet wird. Unzweifelhaft kann die Überleitung an die Organstellung auf Seiten der Obergesellschaft anknüpfen, was hier ein Vorstands- oder Geschäftsführer-Doppelmandat voraussetzt. Eine drittbezogene,

[362] Denn trotz der zum Teil gravierenden qualitativen Unterschiede bei der Herrschaft der Obergesellschaft wird auch im faktischen Konzern tatsächliche Leitungsmacht im Sinne von einheitlicher Leitung ausgeübt, die die Selbständigkeit der Tochtergesellschaft bei Vermögensentscheidungen in Bezug auf das eigene sowie auf das Muttervermögen beschränkt.
[363] Im Ergebnis ebenso *Ewald* Untreue, 233 ff.
[364] Oben B. I. 5.

übergeleitete Betreuungsstellung im Sinne eines tatsächlichen Treueverhältnisses kann aber auch bei einem nicht vertretungsberechtigten Erfüllungsgehilfen des an sich Vermögensbetreuungspflichtigen gegeben sein.[365] Voraussetzung hierfür ist, dass der Substitut im Sinne einer „Bestellung“[366] mit dessen Willen bei der Erfüllung der ihm obliegenden Vermögensbetreuung tätig wird. Grundlage ist entweder eine vertragliche Beziehung zwischen Obergesellschaft und Geschäftsleiter des Tochterunternehmens[367], oder ein Tätigwerden des Letzteren auf Weisung der Konzernspitze[368]. Inhalt von Vertrag oder Weisung ist die Einräumung von Rechten und Pflichten zum Zugriff auf das Fremdvermögen der Schwestergesellschaft, die aufgrund ihrer Position als abhängige, fremdbeherrschte Konzerntochter in ihren eigenen Vermögensentscheidungen zeitlich-qualitativ zugunsten der Konzernspitze beschränkt ist.

Neben der – in der Konzernpraxis wohl selten anzutreffenden – Überleitung der Vermögensbetreuungspflicht von Seiten der herrschenden Gesellschaft, kommt eine Überleitung von der „eigenen“ Gesellschaft in Betracht, nun aufgrund der Stellung des Vorstandes oder Geschäftsführers als deren geschäftsleitendes Organ. Hierzu müsste der „eigenen“ Tochtergesellschaft als solcher gegenüber ihrer Konzernschwester eine Vermögensbetreuungspflicht zukommen.

Die durch ein herrschendes Unternehmen einheitlich geleiteten abhängigen Tochterunternehmen stehen als Konzernschwestern nicht beziehungslos nebeneinander. Zwar rangieren sie im Verhältnis zueinander auf gleicher Stufe und sind voneinander unabhängig, da sie – im einstufigen Konzern –[369] nicht aneinander beteiligt sind. Es besteht jedoch eine mittelbare Verbindung der Gesellschaften durch ihren gemeinsamen Gesellschafter, durch die sich die Schwestern keinesfalls wie Fremde gegenübertreten. Aus dieser mittelbaren Verbindung wird im gesellschaftsrechtlichen Schrifttum teilweise sogar die Begründung einer gesellschaftsrechtlichen Treuepflicht abgeleitet, weil nicht nur gesellschaftsrechtliche Verbindungen, sondern etwa auch Dauerschuldverhältnisse Treuepflichten hervorbringen können.[370]

Nun ist die Annahme einer Treuepflichtbindung zwischen Schwestergesellschaften keineswegs zwingend, je nachdem welche dogmatischen Anforderungen[371] an die Treuepflicht gestellt werden. Sieht man als Grundlage einer Treuepflicht allein die Verbindung durch ein sog. Sonderrechtsverhältnis als „irgend-

[365] Vgl. LK/*Schünemann* § 266 Rn. 66 m.w.N. sowie *H. Schröder* JR 1960, 105 (106); hierzu bereits oben B. I. 4. a.
[366] *H. Schröder* JR 1960, 105 (106).
[367] Hierzu oben B. II. 1. a.
[368] Zu den Ausformungen des Weisungsrechts in den verschiedenen Konzernierungsformen siehe oben B. I. 3. b. aa. und bb.
[369] Diese Prämisse wurden oben Einleitung B. III. aufgestellt.
[370] So *Drygala* Der Gläubigerschutz, 119 ff. am Anwendungsfall der gleichgeordneten Betriebsaufspaltung.
[371] Vgl. hierzu bereits oben Nachweise in Fn. 88.

wie qualifizierten sozialen Kontakt“[372] an, so kann das Verhältnis zwischen den Schwestergesellschaften innerhalb des Gesamtkonzerns aber durchaus zu gesellschaftsrechtlichen Bindungen führen. Dies ergibt sich aus der wirtschaftlichen Verflechtung der Konzerngesellschaften, die zwar speziell zwischen Schwestergesellschaften keine Eingriffsrechte begründet, aber doch faktisch Möglichkeiten der Einflussnahme und Kooperation schafft, die ohne das Konzernverhältnis nicht in dieser Weise gegeben wären.[373]

An diesen faktischen Einwirkungsmöglichkeiten der Schwestern aufeinander kann die Beurteilung strafrechtlicher Vermögensbetreuungspflichten ansetzen. Dass es hierbei nicht darauf ankommt, dass die Schwestergesellschaften im Verhältnis zueinander kein Weisungsrecht haben, hat die Untersuchung von Vermögensbetreuungspflichten im qualifizierten faktischen AG-Konzern verdeutlicht.[374] Vielmehr ist erheblich, dass eine Konzernschwester durch wirtschaftlich oder persönlich bedingten Einfluss unmittelbar oder vermittelt über die Konzernmutter vermögensbezogene Maßnahmen gegenüber einer anderen Schwester lancieren kann, die diese schädigen.

Unmittelbar ist der Vermögenseinfluss insbesondere in einem dezentral geleiteten Unterordnungskonzern denkbar, in dem sich die einheitliche Leitung durch die Konzernspitze durch zentrale Planung und Koordinierung in (nur) einem wesentlichen Sektor vollzieht und so den Töchtern in anderen Bereichen so viel Freiraum lässt, dass diese die Geschäftstätigkeit ihrer Gesellschaften auch untereinander koordinieren können.[375] Ansonsten sind die Einflussnahmen der Schwestern aufeinander in der Regel auf den über die Konzernmutter vermittelten Weg beschränkt. Dieser Weg stützt sich insbesondere auf die im gesellschaftsrechtlichen Schrifttum im Vordringen befindliche These, nach der das horizontale Verhältnis zwischen Schwestergesellschaften im Unterordnungskonzern als faktischer Gleichordnungskonzern zu begreifen ist.[376] Der Gleichordnungskonzern ist dadurch gekennzeichnet, dass die Unternehmen unter einheitlicher Leitung zusammengefasst sind, ohne dass das eine Unternehmen von dem anderen abhängig ist (§ 18 Abs. 2 AktG). Die fehlende Abhängigkeit schließt allerdings nicht aus, dass eine Gesellschaft eine auf das Vermögen der anderen Gesellschaft bezogene Maßnahme veranlasst und durch die Konzernleitungsinstanz – im Rahmen der genannten These ist dies die gemeinsame Obergesellschaft – ausführen lässt.

372 *Jaschinski* Haftung, 162.
373 *Jaschinski* Haftung, 162.
374 Oben B. I. 3. b. bb. (2).
375 Hierzu *Jaschinski* Haftung, 152.
376 Ausführlich *Jaschinski* Haftung, 89 ff.; *K. Schmidt* FS Lutter, 1167 (1186 ff.); dagegen *Emmerich*/Habersack Konzernrecht, § 18 Rn. 33 und 17 ff. auf der Grundlage einer sehr formalistischen und nicht speziell an den Auswirkungen faktischer Gleichordnung ausgerichteten Argumentation; vgl. demgegenüber die Sichtweise von *K. Schmidt* FS Lutter, 1167 (1187).

Nun haben die bisherigen Untersuchungen ergeben, dass nicht jede faktische Beherrschung zur Annahme von Vermögensbetreuungspflichten führt. Erst wenn die Beherrschung im Sinne von „dauernd und umfassend" qualifiziert ist, so dass der Fremdvermögenszugriff nicht als Einzelfall unter Kontrolle stattfindet, sondern zu einer Vermögenseinwirkungsverlagerung führt, fließen hieraus strafrechtliche Konsequenzen.[377] Zur Beurteilung, ob und wann zwischen Schwestergesellschaften eine solche qualifizierte „Beherrschung" existiert, kann darauf abgestellt werden, dass auch besonders enge Gleichordnungskonzerne anerkannt sind, auf die die Rechtslage beim qualifizierten faktischen Unterordnungskonzern übertragen wird bzw. wurde.[378] Qualifizieren sich die Einflussnahmen einer Schwester auf die andere aufgrund ihrer Vielzahl und Zentralisierung zu einem „dauernd und umfassend", so liegt sozusagen ein „qualifizierter faktischer Gleichordnungskonzern" vor.[379]

Ob generell ein solcher Konzern automatisch zur Auferlegung von Vermögensbetreuungspflichten an eine der beteiligten Gesellschaften führt, ist zweifelhaft. Zum einen gibt es wegen der fehlenden Abhängigkeit kein als solches „herrschendes" Unternehmen, zum anderen fehlt es – wiederum aufgrund des fehlenden Abhängigkeitstatbestandes – an einer „eingeräumten" Vermögenszugriffsmöglichkeit. Denn eine die Abhängigkeit bildende Herrschaftsposition aus Gesellschafterstellung fehlt ebenso wie eine gesetzlich legitimierte Leitung. Ob allein die gemeinsame Verbindung durch ein gemeinschaftliches Leitungsorgan zum Ausschluss einer „angemaßten" Position und damit dazu führt, dass die eine Gesellschaft im „Lager" der anderen steht, kann durchaus verneint werden.

Maßgebend im qualifizierten faktischen Gleichordnungskonzern zwischen Schwestergesellschaften eines Unterordnungskonzerns ist jedoch, dass nicht bloß ein gemeinschaftliches Leitungsorgan in Form der Konzernobergesellschaft vorhanden ist, sondern dass beide Tochterunternehmen – und damit auch die den Vermögenszugriff erleidende Schwestergesellschaft – von dieser abhängig sind. Die Tochtergesellschaft, die dauernd und umfassend Vermögenseinfluss auf das Fremdvermögen ihrer Schwester ausübt – sei dies unmittelbar oder mittelbar –, kann somit stets auf eine Herrschaft verweisen oder zurückgreifen, die „eingeräumt" ist. Dies führt in ihrer Person dazu, dass auch sie Begünstigte und Verpflichtete einer Vermögenseinwirkungsverlagerung ist. Der Entstehungstatbestand der hieraus resultierenden Vermögensbetreuungspflicht ist mittelbar rechtsgeschäftlich erworben, da er auf der Gesellschafterstellung der Obergesellschaft beruht und führt aufgrund der hierdurch vermittelten Leitung im Sinne faktischer Beherrschung in ein tatsächliches Treueverhältnis.

---

[377] Oben B. II. 3. b. bb. (1) und (2).
[378] *Emmerich*/Habersack Konzernrecht, § 18 Rn. 38.
[379] Vgl. *Jaschinski* Haftung, 161, 167 ff.

Gleichzeitig bedeutet dies, dass unterhalb der Schwelle qualifizierter Einflussnahme eine Vermögensbetreuungspflicht nicht gegeben sein kann. Denn der Entstehungstatbestand der Vermögensbetreuungspflicht der Tochtergesellschaft gegenüber ihrer Schwester leitet sich von der Stellung der Konzernmutter ab. Setzt deren Vermögensbetreuungspflicht gegenüber ihrer Tochter bei der – wegen des fehlenden Weisungsrechts – vergleichbaren Situation des faktischen AG-Konzerns eine dauernde und umfassende Leitung voraus, so kann dies für das Tochter-Schwester-Verhältnis nicht anders angehen. Daraus folgt jedoch nicht, dass dem Tochterunternehmen gegenüber seiner Schwester nur dann eine Vermögensbetreuungspflicht obliegen kann, wenn zugleich auch die Mutter gegenüber der Schwester als ihrer Tochter vermögensbetreuungspflichtig ist. Dies ist nur im Falle einer Überleitung von Vermögensbetreuungspflichten auf die Geschäftsleitung der Tochter notwendig. Ansonsten beurteilt sich die Strafbarkeit und damit die Vermögensbetreuungspflicht anhand der jeweiligen Vermögensbeziehung in den einzelnen Konzernverhältnissen, hier also einerseits auf Mutter-Tochter-Ebene und andererseits auf Schwester-Schwester-Ebene. Theoretisch ist es deshalb auch nicht ausgeschlossen, dass sowohl die Muttergesellschaft als auch die Tochtergesellschaft gegenüber der Konzernschwester vermögensbetreuungspflichtig sind. In der Praxis wird dies aufgrund der strengen Anforderungen an Vermögensbetreuungspflichten allerdings nahezu ausgeschlossen sein, jedenfalls außerhalb von Beherrschungsverträgen zwischen Mutter und Schwester. Denn in diesem Verhältnis setzt die Annahme von Vermögensbetreuungspflichten bekanntlich selbst eine qualifizierte (so im faktischen AG-Konzern) oder zumindest dauerhaft ausgerichtete tatsächliche Leitung (so im faktischen GmbH-Konzern) voraus, wodurch zumeist eine qualifizierte faktische Einflussnahme der Tochter auf ihre Schwester nicht zu errichten ist.

Zusammenfassend lässt sich feststellen, dass dem geschäftsleitenden Organ der Tochtergesellschaft Vermögensbetreuungspflichten gegenüber deren Schwestergesellschaft von Seiten der „eigenen“ (Tochter-) Gesellschaft (nur) übergeleitet werden, wenn das Tochterunternehmen dauernd und umfassend auf das Vermögen der Schwester einwirkt und so mit dieser – jedenfalls im strafrechtlichen Sinne – einen qualifizierten faktischen Gleichordnungskonzern bildet.

C. Zusammenfassung

Ausgehend vom Telos des Untreuetatbestandes lassen sich allgemeine Kriterien der Vermögensbetreuungspflicht entwickeln. Sie liegen in der eingeräumten rechtlichen oder faktischen Zugriffsmöglichkeit auf das fremde Vermögen bei Abwesenheit von Kontrolle durch den Vermögensinhaber unter gleichzeitiger zeitlich-qualifizierter Einschränkung dessen Handlungsmöglichkeiten in Bezug auf sein Vermögen. Dem Vermögensinhaber gleichgestellt sind im gesellschaftsrechtlichen Zusammenhang diejenigen natürlichen Personen, die für die juristische Person organmäßig Vermögensentscheidungen ausüben.

Unter Berücksichtigung dieser Merkmale fließen die Vermögensbetreuungspflichten im Konzern weder aus der Stellung der Konzernspitze als Gesellschafterin ihrer Tochter als solcher, noch aus einem etwaigen konzernspezifischen Haftungsinstrument. Auch das bislang verwendete Kriterium faktischer Geschäftsführung gibt keinen umfassenden, abschließenden Anhalt für den tauglichen Täterkreis des § 266 StGB im Konzern.

Maßgebend ist vielmehr die Konzernstruktur, aus der je nach Art der Konzernierung eine hinreichend qualifizierte Vermögensherrschaftsposition der Ober- bzw. Untergesellschaft im Hinblick auf das Gesellschafts-Fremdvermögen resultiert. Die erforderliche tatsächliche Ausübung der Vermögensherrschaft bereitet vor dem Hintergrund des Erfordernisses einheitlicher Leitung gemäß § 18 Abs. 1 AktG keine Probleme.

Vermögensbetreuungspflichten im Konzern bestehen demzufolge umfassend in der Perspektive der Konzernmutter gegenüber ihrer Tochtergesellschaft. Mit Ausnahme des einfachen faktischen AG-Konzerns obliegt der Obergesellschaft in jeglicher Form von Konzern eine Vermögensbetreuungspflicht, also im AG- bzw. GmbH-Vertragskonzern, im Eingliederungskonzern, im (strafrechtlich) qualifizierten faktischen AG- bzw. GmbH-Konzern und im einfachen faktischen GmbH-Konzern. Innerhalb der umgekehrten Beziehung – also der des Tochterunternehmens gegenüber der Konzernspitze – existieren hingegen mangels Wegfalls der Vermögenskontrolle durch die Obergesellschaft als Vermögensinhaberin bzw. mangels hinreichender Vermögenszugriffsmöglichkeiten keinerlei Vermögensbetreuungspflichten. Die Möglichkeit der Zuweisung von Vermögensbetreuungspflichten an die abhängige Gesellschaft reduziert sich damit auf das Verhältnis zu ihrer Schwestergesellschaft, wobei dort stets ein (strafrechtlich) qualifizierter faktischer Gleichordnungskonzern zwischen beiden Voraussetzung ist.

Für die Strafbarkeit der natürlichen Person ist entscheidend, dass die zunächst der Gesellschaft zukommenden Vermögensbetreuungspflichten auf ihren Geschäftsleiter als vertretungsberechtigtem Organ unabhängig von § 14 StGB – jedenfalls soweit der Treubruchstatbestand betroffen ist – übergeleitet werden und dort in ein tatsächliches Treueverhältnis zum Vermögen des anderen Konzernunternehmens münden. Daneben können in Sonderfällen dem geschäftsleitendem Organ in eigener Person begründete spezifische Vermögensbetreuungspflichten im Konzern gebühren.

3. Kapitel: Die Pflichtwidrigkeiten im Konzern

„Gehört die GmbH zu einem Konzern, ergeben sich sowohl für die Pflichtwidrigkeit des Geschäftsführers als auch für die Ermittlung des Nachteils neue Gesichtspunkte. [...] Auf jeden Fall [...] können konzernrechtliche Verflechtungen sowohl den Pflichtenkreis des Geschäftsführers als auch die Möglichkeit der Annahme eines Gesellschaftsnachteils erweitern."[1] Gleiches gilt für „den Pflichtenkreis der Organe [...] als auch die Möglichkeit eines Gesellschaftsschadens" bei der AG.[2] Ob diese Aussagen – an dieser Stelle ausschließlich gewürdigt in Bezug auf die Pflichtwidrigkeitsbeurteilung –[3] in ihrer Pauschalität zutreffen, bedarf der näheren Untersuchung. Dabei ist dogmatisch zweispurig zu verfahren.

Pflichtwidrigkeiten im Sinne von § 266 StGB können einmal „positiv" anhand einer allgemeinen Pflichtwidrigkeitsprüfung und -feststellung bestimmt werden. Bezogen auf die Konzernuntreue bedeutet dies, dass neben dem generellen Maßstab der Pflichtwidrigkeitsbeurteilung im Gesellschaftsrechtsverhältnis insbesondere Konstellationen herauszuarbeiten sind, aufgrund derer sich auf den verschiedenen Konzernebenen und in den unterschiedlichen Konzernformen mögliche konzernspezifisch pflichtwidrige Verhaltensweisen systematisieren und konkretisieren lassen (A.). Darüber hinaus ist anerkannt, dass – nun „negativ" – die zuvor festgestellte Pflichtwidrigkeit im besonderen Fall eines wirksamen tatbestandsausschließenden Einverständnisses mit dem schädigenden Verhalten der Geschäftsleitung von Seiten des bzw. der über das betroffene Vermögen Dispositionsbefugten entfällt. Welche Anforderungen und Grenzen bei einem solchen Einverständnis juristischer Personen existieren, insbesondere wie sich der Tatbestand der Konzernierung hierauf auswirkt, wird zu klären sein (B.). Allein diese Differenzierung verdeutlicht, dass die eingangs des Kapitels zitierten Aussagen an Einseitigkeit kranken. Sie beziehen sich allein auf die positive Umschreibung der Pflichtenstellung des Geschäftsleiters und nehmen hier im Vergleich zur unverbundenen GmbH oder AG eine durch den Tatbestand der Konzernierung ausgeweitete Strafbarkeit an. Dieses Ergebnis entspricht der strafrechtlichen Absicherung der aus gesellschaftsrechtlicher Sicht festgestellten besonderen Gefährdungslage[4] im Konzern. Nun ist es aber durchaus denkbar, dass der Konzern nicht nur eine Verschärfung der strafrechtlichen Haftung der Gesellschaftsorgane bringt, sondern im Gegenteil in gewissen Situationen sogar

---

[1] *Kohlmann/Löffeler* Die strafrechtliche Verantwortlichkeit, Rn. 360; Hachenburg/*Kohlmann* Vor § 82 Rn. 306; dem folgend *Tiedemann* GmbH-Strafrecht Vor §§ 82 ff. Rn. 23.

[2] *Otto* Aktienstrafrecht Vor § 399 Rn. 59. Ähnlich *E. Schneider* Die Untreue, 99: „Die strafrechtliche Verantwortlichkeit des für § 266 StGB in Betracht kommenden Täterkreises muss im Falle einer Konzernzugehörigkeit deshalb erweitert sein, weil neben den schutzwürdigen Interessen des Konzerns als ganzen auch die der einzelnen Mitglieder zu wahren sind.".

[3] Zum Nachteil unten 4. Kapitel.

[4] Hierzu oben Einleitung B. I.

eine Haftungsmilderung. Diese kann aus einer abgeschwächten Vermögensbindung bei der abhängigen GmbH oder AG und damit – negativ – aus einem im Vergleich zur unverbundenen Gesellschaft gesteigerten Fortfall der Pflichtwidrigkeit aufgrund erhöhter Dispositionsbefugnis über das Gesellschaftsvermögen resultieren. Konsequenz wäre, dass das Konzernrecht der gesellschaftsrechtlichen Gefährdung teilweise auch durch besondere Instrumente wie beispielsweise einer Verlustübernahmeverpflichtung begegnet, die keine strafrechtliche Sanktionierung bedingen.

Letztlich stellt sich die – aufgrund des Sachzusammenhanges hier zu untersuchende – Frage, wie die Situation einer gespaltenen Pflichtwidrigkeitsbeurteilung im Konzern zu handhaben ist. Darunter sind solche Fallkonstellationen zu fassen, in denen dem Gesellschaftsorgan eines konzernzugehörigen Unternehmens mindestens gegenüber zwei Konzerngesellschaften Vermögensbetreuungspflichten obliegen, die sich in dem Sinne gegenseitig konterkarieren, dass ein und dasselbe Verhalten gegenüber dem einen Konzernunternehmen pflichtgemäß, gegenüber der anderen Konzerngesellschaft hingegen pflichtwidrig ist (C.).

A. Maßstab und Konstellationen von Pflichtwidrigkeiten im Konzern

Die Tathandlung des Missbrauchstatbestandes liegt in dem Missbrauch der eingeräumten Verfügungs- oder Verpflichtungsbefugnis, also darin, dass der Täter zwar wirksam, aber bestimmungswidrig über das fremde Vermögen verfügt oder dessen Inhaber verpflichtet.[5] Für den hier nahezu ausschließlich[6] einschlägigen Treubruchstatbestand umschreibt das Gesetz die Tathandlung als Verletzung der dem Täter obliegenden Pflicht zur Vermögensbetreuung. Übergreifend kann man für beide Tatbestandsvarianten von der Pflichtwidrigkeit des Handelns oder Unterlassens des Untreuetäters sprechen,[7] die stets durch eine Verletzung der dem Täter im Innenverhältnis zum Vermögensinhaber obliegenden Bindungen gekennzeichnet ist. Diese Bindungen sind im Ausgangspunkt vom Willen des Geschäftsherrn bezeichnet, dem die Dispositionsbefugnis über das Vermögen zusteht. In Ermangelung feststellbarer genereller oder spezieller Bestimmungen durch den Geschäftsherrn selbst ist auf die zivilrechtliche oder öffentlichrechtliche Regelung des Betreuungsverhältnisses zurückzugreifen. Bei rechtsgeschäftlichen Betreuungsverhältnissen tritt als allgemeiner Maßstab die Sorgfalt hinzu, die der Geschäftsverkehr und das Interesse des Vermögensinhabers erfordern. Soweit anhand dieser Standards für den Einzelfall kein eindeutiges Gebot feststellbar ist, bleibt das allgemeine Schädigungsverbot als Grundpflicht übrig.[8]

[5] So die herrschende Ansicht, vgl. Nachweise oben 2. Kapitel Fn. 4.
[6] Siehe oben 2. Kapitel A. I.
[7] Vgl. beispielsweise *Weimann* Die Strafbarkeit, 49.
[8] Zum Gesamtkomplex LK/*Schünemann* § 266 Rn. 94 m.w.N.; zum allgemeinen Schädigungsverbot vgl. die Nachweise oben 2. Kapitel Fn. 6.

Überträgt man vorstehenden allgemeinen Maßstab zur Begründung von Pflichtwidrigkeit auf die Pflichtenstellung der Geschäftsleitungsorgane von Kapitalgesellschaften, so bestimmt sich diese bei GmbH und AG in nachstehender Abfolge[9]: dem Anstellungsvertrag des Geschäftsführers bzw. Vorstandsmitglieds,[10] den von den Anteilseignern festgelegten Grundsätzen der Geschäftspolitik,[11] der Satzung und dem sich aus ihr sowie aus der Struktur und der Branche ergebenden Gegenstand und Zweck des Unternehmens,[12] den gesetzlichen Regelungen des GmbHG bzw. AktG,[13] der Sorgfalt eines ordentlichen und gewissenhaften Geschäftsleiters gemäß § 43 Abs. 1 GmbHG bzw. § 93 Abs. 1 Satz 1 AktG[14] und letztlich dem allgemeinen Schädigungsverbot.[15] Hinzu tritt für den Einzelfall die rechtswirksame Einverständniserklärung der Gesellschafter.[16]

Für Konzernsachverhalte bietet sich dabei entsprechend der Vorgehensweise bei der Analyse von Vermögensbetreuungspflichten[17] eine Trennung zwischen der Pflichtenstellung des Geschäftsleiters des herrschenden Unternehmens auf der einen Seite (I.) und derjenigen des Handlungsbefugten der abhängigen Gesellschaft auf der anderen Seite an (II.).

I. Pflichtwidrigkeiten auf der Ebene des geschäftsleitenden Organs der herrschenden Gesellschaft

Dem Geschäftsführer bzw. dem Vorstandsmitglied der Konzernobergesellschaft obliegen umfangreiche Vermögensbetreuungspflichten nicht nur gegenüber der

---

9 Vgl. LK/*Schünemann* § 266 Rn. 125 c. aa.; *Kohlmann/Löffeler* Die strafrechtliche Verantwortlichkeit, Rn. 202 ff., 258 ff.; *Weimann* Die Strafbarkeit, 63 f. und *Auer* Gläubigerschutz durch § 266 StGB, 160 ff. für die GmbH, jeweils mit weiteren Einzelheiten; *Hirmer* Zivil- und strafrechtliches Verbot, 114 ff. für die AG.

10 *Kohlmann/Löffeler* Die strafrechtliche Verantwortlichkeit, Rn. 202; LK/*Schünemann* § 266 Rn. 125 c. aa.

11 LK/*Schünemann* § 266 Rn. 125 c. aa.; *Kohlmann/Löffeler* Die strafrechtliche Verantwortlichkeit, Rn. 202.

12 Müller-Gugenberger/*Schmid* § 31 Rn. 16a; *Kohlmann/Löffeler* Die strafrechtliche Verantwortlichkeit, Rn. 202.

13 *Kohlmann/Löffeler* Die strafrechtliche Verantwortlichkeit, Rn. 202.

14 Müller-Gugenberger/*Schmid* § 31 Rn. 103 und 105; *E. Schneider* Die Untreue, 79 f.; *Hirmer* Zivil- und strafrechtliches Verbot, 116; *Taschke* FS Lüderssen, 663 (669). Zum gesellschaftsrechtlichen Sorgfaltsbegriff und den Anforderungen an die Geschäftsleitersorgfalt im Einzelnen *Kust* WM 1980, 758 (758 ff.). Dazu, dass nicht jeder Verstoß gegen diese Sorgfaltsgrundsätze zwangsläufig zugleich eine Pflichtwidrigkeit im Sinne von § 266 StGB darstellt, sondern nur ein solcher, bei dem die Sorgfalt auf die Gesellschaft selbst bezogen ist, vgl. *Gribbohm* ZGR 1990, 1 (14); für die strafrechtliche Bewertung unerheblich sind damit die Pflichten eines ordentlichen Geschäftsleiters, die im kaufmännischen Geschäftsverkehr generell oder im Einzellfall nicht dem Schutz der AG oder GmbH dienen. Zu den darüber hinaus bestehenden verfassungsrechtlichen Vorgaben im Hinblick auf eine Beschränkung des Pflichtenmaßstabs im Strafrecht siehe *Tiedemann* FS Tröndle, 319 (327).

15 Ausführlich hierzu in Bezug auf die GmbH *Kohlmann/Löffeler* Die strafrechtliche Verantwortlichkeit, Rn. 226.

16 Hierzu unten B.

17 Oben 2. Kapitel.

„eigenen“ Gesellschaft, sondern auch hinsichtlich des abhängigen Unternehmens.[18]

Betrachtet man den Pflichtenkreis des Geschäftsleiters bezüglich der eigenen Gesellschaft, so entspricht dieser zunächst der „normalen“ Pflichtenposition, wie sie auch dem Vertreter einer unabhängigen, nicht verbundenen Gesellschaft zukommt. Aufgrund des mangelnden Konzernspezifikums erübrigen sich diesbezügliche Ausführungen. Eine im Vergleich dazu gegebene Veränderung der Pflichtenstellung in Konzernverhältnissen – zumeist in Richtung einer Ausweitung der Pflichtenposition – kann aus zweierlei Umständen folgen.

Ansatzpunkt ist zum einen das Verhältnis zur eigenen (Konzernmutter-) Gesellschaft. Relevant wird diese Beziehung insbesondere[19] in den Fällen des einfachen faktischen AG-Konzerns, in denen Vermögensbetreuungspflichten regelmäßig nur gegenüber dem eigenen Unternehmen, nicht aber im Hinblick auf die Tochtergesellschaft bestehen.[20] Dennoch kann sich für diesen Bereich eine konzernspezifische Mehrung der Pflichtenstellung des Geschäftsleiters ergeben, indem neben seine – oben so bezeichnete – „normale“ Pflichtenstellung weitere durch die (einfache faktische) Konzernierung bedingte Pflichten treten, die dem Geschäftsführer oder Vorstand zwar nicht unmittelbar gegenüber der Tochtergesellschaft, wohl aber unter Berücksichtigung des Faktums der Konzernierung im Hinblick auf die eigene (Mutter-) Gesellschaft zukommen (1.). Zum anderen knüpft die Erweiterung des Pflichtenkreises unmittelbar an die Existenz weiterer Vermögensbetreuungspflichten in Bezug auf die abhängige Gesellschaft an. Denn außerhalb einfacher faktischer AG-Konzerne obliegen dem geschäftsleitenden Organ der Konzernspitze nicht nur Vermögensbetreuungspflichten gegenüber der eigenen Gesellschaft, sondern auch gegenüber dem abhängigen Unternehmen. Bestehen damit im Vergleich zur Position eines Organs einer unverbundenen AG oder GmbH zusätzliche Betreuungspflichten, so folgt daraus zwangsläufig, dass hiermit ein zusätzlicher Pflichteninhalt und somit eine Erweiterung des ursprünglichen Pflichtenumfangs verbunden ist. Zu klären bleibt, wie dieser zusätzliche Pflichteninhalt charakterisiert werden kann (2.).

1. Ausweitung der Pflichtenstellung durch konzernspezifische Pflichten gegenüber der eigenen Gesellschaft

Zu Beginn der Untersuchung[21] wurde bereits dargestellt, dass aufgrund der gesellschaftsrechtlich heute allgemein anerkannten Konzernleitungspflicht, die dem Geschäftsführungsorgan der Obergesellschaft obliegt, eine Untreuestraf-

---

[18] Oben 2. Kapitel.

[19] Für die anderen Konzernierungsformen gelten die nachfolgenden Ausführungen entsprechend. Sie sind dort allerdings nicht von einer so erheblichen Relevanz, da dort unmittelbar Vermögensbetreuungspflichten gegenüber dem Tochterunternehmen vorliegen, aus denen als solche eine Ausdehnung des Pflichtenkreises des Geschäftsleiters folgt.

[20] Oben 2. Kapitel B. I. 3. b. bb. (1).

[21] Einleitung C. III.

barkeit durch Unterlassen zwar nicht gegenüber der abhängigen Gesellschaft in Betracht kommt, wohl aber in Bezug auf die „eigene" Gesellschaft. Denn im Innenverhältnis zu dieser obliegt ihrem Organ die Pflicht, den potenziellen Einfluss auf die abhängige Gesellschaft auch tatsächlich zum Vorteil der Konzernobergesellschaft zu nutzen. Dieser ersten, spezifisch auf dem Tatbestand der Konzernverbundenheit aufbauenden Erweiterung des Pflichtenkreises im Konzern, steht eng verbunden und dennoch diametral eine weitere Pflicht gegenüber.

Wird nämlich die der Konzernspitze zur Verfügung stehende Rechtsmacht bzw. faktische Beherrschung im Sinne einer einheitlichen Leitung zur Erreichung des Gesellschaftszwecks aktiv und möglichst gewinnbringend eingesetzt, um dadurch eine Pflichtverletzung im Verhältnis zur eigenen Gesellschaft zu vermeiden, so trifft die Geschäftsleitung bei Ausübung der Einflussmöglichkeiten zugleich die Pflicht, die abhängige Gesellschaft nicht über die gesetzlich statuierte Grenze hinaus zu schädigen. Diese Pflicht besteht nicht nur gegenüber dem abhängigen Unternehmen selbst,[22] sondern auch im Hinblick auf die „eigene" Gesellschaft.

Bezogen auf das relevante Beispiel des einfachen faktischen AG-Konzerns ergibt sich diese Wertung aus dem allgemeinen Schädigungsverbot in Verbindung mit § 317 Abs. 1 AktG. Letztere Vorschrift stellt eine Verpflichtung des herrschenden Unternehmens zum Schadensersatz auf, falls dieses durch ihr Geschäftsführungsorgan ein für die abhängige Gesellschaft nachteiliges Rechtsgeschäft oder eine sonstige ihr nachteilige Maßnahme veranlasst, ohne den Nachteil nach den von § 311 Abs. 1 und Abs. 2 AktG festgelegten Umständen auszugleichen. Beispiele hierfür sind einzelne, nicht ausgeglichene sowie einem Drittvergleich nicht standhaltende Strukturmaßnahmen oder Maßnahmen des Finanzmanagements, wie nachteilige Konzernverrechnungspreise oder Konzernumlagen.[23] Die Haftung wegen kompensationsloser nachteiliger Einflussnahme wird begründet durch den unterbliebenen Nachteilsausgleich, der zur Rechtswidrigkeit der ansonsten aufgrund der Privilegierungsfunktion[24] des § 311 AktG gestatteten Durchsetzung des anderweitigen unternehmerischen Interesses auch gegenüber einem gegenläufigen Eigenwillen der abhängigen Gesellschaft führt.[25] Lediglich in den Fällen des § 317 Abs. 2 AktG entfällt eine Schadensersatzpflicht.[26]

In der Belastung des herrschenden Unternehmens mit der Schadensersatzverpflichtung im Außenverhältnis liegt die Überschreitung der Grenzen des Innen-

---

[22] Hierzu folgend A. I. 2.

[23] Einzelheiten bei Emmerich/*Habersack* Konzernrecht, § 311 Rn. 46 ff. Zu den Strukturmaßnahmen und Maßnahmen des Finanzmanagements vgl. auch oben Einleitung D. II. und III.

[24] KK/*Koppensteiner* Vor § 311 Rn. 3; *Hommelhoff* Die Konzernleitungspflicht, 124 f.; *Emmerich/Habersack* Konzernrecht, § 311 Rn. 2, 4 ff.; anders *Geßler* FS Westermann, 145 (148).

[25] Emmerich/*Habersack* Konzernrecht, § 317 Rn. 9.

[26] Hierzu Emmerich/*Habersack* Konzernrecht, § 317 Rn. 1 und 7.

verhältnisses zwischen Geschäftsleiter und Gesellschaft. Dessen Verhalten ist damit pflichtwidrig. Eine Strafbarkeit aus § 266 StGB kann nur noch an einem aufgrund einer übersteigenden Vorteilhaftigkeit der Maßnahme ausgeschlossenen Nachteil oder an der fehlenden subjektiven Täterseite scheitern. Gleichzeitig folgt aus der Privilegierungsfunktion des § 311 AktG, dass trotz eines möglichen Nachteils auf Seiten der Muttergesellschaft ein pflichtwidriges Verhalten bei Einhaltung des Systems des Nachteilsausgleichs ausscheidet. Der eventuelle Schaden der Konzernmutter kann im Rahmen des § 311 AktG aus der Verpflichtung zum Nachteilsausgleich resultieren, falls die dem abhängigen Unternehmen zu gewährenden ausgleichenden Vorteile höherwertig sind als die durch die Veranlassung der nachteiligen Maßnahme für die Konzernspitze entstandenen Erträge. Dennoch scheitert eine Untreuestrafbarkeit des Geschäftsleitungsorgans in solchen Fällen an der mangelnden Pflichtwidrigkeit. Nach heute herrschender gesellschaftsrechtlicher Ansicht hat nämlich der Nachteilsausgleich die Rechtfertigung der Maßnahme zur Folge.[27] Die gesellschaftsrechtliche Rechtmäßigkeit der Veranlassung bezieht sich zwar unmittelbar auf das Verhältnis zur abhängigen Gesellschaft, gleichzeitig folgt aber aus einem Umkehrschluss zu § 317 Abs. 3 AktG auch ihre Zulässigkeit gegenüber dem Mutterunternehmen. Voraussetzung ist lediglich, dass die veranlasste Maßnahme im Interesse des herrschenden Unternehmens oder im Konzerninteresse liegt. Da diese Forderung sowieso ihrerseits Bedingung für die Ausgleichsmöglichkeit und damit die Rechtmäßigkeit der Veranlassung ist,[28] spielt sie keine eigenständige Rolle.

Die Pflichtenposition, in der sich das Geschäftsleitungsorgan der herrschenden Gesellschaft gegenüber befindet, wird somit durch den Tatbestand der Konzernierung in Relation zum Kreis pflichtwidrigen Organhandelns bei nicht konzernverbundenen Gesellschaften ausgeweitet. Einerseits obliegt dem Organ die Verpflichtung, die Konzernleitungsmacht effektiv auszuüben, andererseits darf es bei deren Ausübung die Grenzen des Konzernrechts nicht überschreiten. Lediglich gegenüber der abhängigen Gesellschaft konzernrechtlich zulässige Maßnahmen sind auch in Bezug auf die eigene Gesellschaft rechtmäßig und damit nicht pflichtwidrig.

---

[27] *Hüffer* § 311 Rn. 6 f., 42; *K. Schmidt* Gesellschaftsrecht, § 31 IV 2 b; *Flume* Die juristische Person, § 4 IV; anders namentlich *Altmeppen* Die Haftung, 56ff; Gesamtüberblick bei *Deilmann* Die Entstehung, 51 f. Eng damit verbunden ist die Frage der Zulässigkeit des einfachen faktischen Konzerns als solchem; vgl. OLG Hamm (Einleitung Fn. 91), NJW 1987, 1030 (1030 f.) „Banning" sowie die Nachweise bei Emmerich/*Habersack* Konzernrecht, § 311 Rn. 8 Fn. 21; ausführlich hierzu *Wilhelm* Rechtsform und Haftung, 215 ff.; *Hommelhoff* Die Konzernleitungspflicht, 110 ff.; *Deilmann* Die Entstehung, 78 ff.

[28] MüKo/*Kropff* § 311 AktG Rn. 217; KK/*Koppensteiner* § 311 Rn. 61; *Hüffer* § 311 Rn. 43; *Beuthien* DB 1969, 1781 (1784).

2. Ausweitung der Pflichtenstellung durch Pflichten gegenüber der abhängigen Gesellschaft

Der Pflichtenkreis des Geschäftsführers oder Mitglieds des Vorstandes der Konzernobergesellschaft vergrößert sich im Vergleich zu der Position eines Leitungsorgans einer unverbundenen Gesellschaft darüber hinaus durch die Begründung von Pflichten gegenüber dem Tochterunternehmen. Außerhalb von in eigener Person begründeten Vermögensbetreuungspflichten,[29] bei denen die Pflichtwidrigkeitsbeurteilung in aller Regel unmittelbar aus der (Doppel-) Organstellung bzw. dem Anstellungsvertrag folgt, stellt sich die Frage, welche Maßstäbe für treuepflichtwidrige Verhaltensweisen in diesem Verhältnis heranzuziehen sind. Als Ansatzpunkte können die §§ 309 und 317 AktG für AG-Konzerne[30] sowie der gesellschaftsrechtliche Treuepflichtgedanke bzw. generell das gesellschaftsrechtliche Schädigungsverbot für GmbH-Konzerne dienen. Einen weiteren Anhalt bietet die neue Rechtsprechung des BGH zum ehemals qualifizierten faktischen (GmbH-) Konzern[31]: Danach obliegt dem Gesellschafter gegenüber seiner (abhängigen) Gesellschaft die Pflicht, bei Vermögensdispositionen durch angemessene Rücksicht auf das Eigeninteresse der Gesellschaft an der Aufrechterhaltung ihrer Liquiditätsfähigkeit darauf zu achten, dass die Existenz der Gesellschaft nicht gefährdet wird.[32] Diese als Minimalpflicht aufzufassende Pflichtenposition spielt eine Rolle im Rahmen der Grenzen der Dispositionsbefugnis eines Gesellschafter-Einverständnisses[33] und soll daher hier ausgeklammert werden. Generell ist dem Geschäftsleiter der herrschenden Gesellschaft keine Schädigung des abhängigen Unternehmens über die gesetzlichen Schranken hinweg erlaubt.

a. Vertragskonzern

Dies bedeutet für den auf Beherrschungsvertrag beruhenden Vertragskonzern, dass die Sorgfalt eines ordentlichen und gewissenhaften Geschäftsleiters bei der Erteilung von Weisungen anzuwenden ist (§ 309 Abs. 1 AktG).[34] Rechtswidrig und damit strafrechtlich pflichtwidrig sind nicht nur Weisungen, die Maßnahmen betreffen, welche dem Geschäftsleiter einer GmbH oder AG gesellschaftsrechtlich oder nach sonstigen Gesetzen verboten sind, sondern auch und insbesondere Weisungen, die den Rahmen von § 308 Abs. 1 Satz 2 AktG nicht einhalten, also ausschließlich den Interessen beliebiger Dritter dienen oder für die abhängige Gesellschaft gegenüber den Vorteilen anderer Konzernunternehmen

---

[29] Vgl. oben 2. Kapitel B. I. 4. a.

[30] Wobei der für einfache faktische AG-Konzerne geltende § 317 AktG hier aufgrund der fehlenden Vermögensbetreuungspflicht in dieser Beziehung keine unmittelbare Rolle spielen kann.

[31] Vgl. bereits oben 2. Kapitel B. I. 3. b. bb. (2).

[32] BGH (Einleitung Fn. 34), BGHZ 149, 10 (16) „Bremer Vulkan".

[33] Dazu unten B. II. 1.

[34] Insofern ist *Ewald* Untreue, 109 f. zuzustimmen; vgl. dazu auch oben 2. Kapitel B. I. 2. c.

unverhältnismäßige Nachteile bringen.[35] Unerheblich ist, ob trotz der Rechtswidrigkeit der Weisung für den Vorstand oder Geschäftsführer der abhängigen AG oder GmbH eine Folgepflicht besteht.[36]

b. Faktischer GmbH-Konzern

Für den einfachen faktischen sowie den qualifizierten faktischen GmbH-Konzern resultiert der Umfang der Pflichtenstellung aus dem allgemeinen konzernrechtlichen Schädigungsverbot,[37] das auf dem gesellschaftsrechtlichen Mitgliedschafts-, Treuepflichts- bzw. Organhaftungsgedanken gründet. Das Schädigungsverbot ist Ausdruck der Grenzen der Konzernleitungsmacht in Form nachteiliger Weisungen oder faktischer Beherrschung gegenüber der beherrschten GmbH zum Schutze derselben. Es umfasst (nur) solche Konzernleitungsmaßnahmen, deren Nachteilhaftigkeit zum Zeitpunkt ihrer Umsetzung bei Anwendung der erforderlichen Sorgfalt im Sinne des § 43 GmbHG erkennbar ist.[38] Es obliegt zunächst der herrschenden Gesellschaft gegenüber dem von ihr abhängigen Unternehmen und wird mit der Vermögensbetreuungspflicht als deren Pflichteninhalt auf das für die juristische Person handelnde Organ übergeleitet[39].

c. Qualifizierter faktischer AG-Konzern

In Bezug auf den qualifizierten faktischen AG-Konzern könnte angedacht werden, die Wertungen der §§ 311 und 317 AktG zur Bestimmung des Pflichtenumfangs heranzuziehen. Hierdurch käme es zu der bereits[40] angesprochenen Privilegierung durch die weitreichende Gestattung der Durchsetzung des anderweitigen unternehmerischen Interesses der Obergesellschaft auch gegenüber einem entgegengesetzten Eigenwillen der Tochter.

Allerdings blieben die Besonderheiten des qualifizierten faktischen AG-Konzerns unberücksichtigt. Die dauernde und umfassende Leitung der abhängigen Gesellschaft durch die Konzernspitze führt zur Unmöglichkeit, einen zugefügten Nachteil durch Einzelausgleichsmaßnahmen zu kompensieren. Das herrschende Unternehmen darf seinen Einfluss aber nur im Rahmen der Funktionsfähigkeit des Systems des Einzelausgleichs ausüben. Insbesondere eine Einflussnahme, die sich nicht in Einzelmaßnahmen zerlegen lässt und damit auch dem Einzelausgleich nicht zugänglich ist, bewegt sich außerhalb des Bereichs erlaubter faktischer Konzernherrschaft. Sie kann nur durch Abschluss eines Beherrschungsvertrages legalisiert werden.[41] Die §§ 311 und 317 AktG versagen daher bei einer Qualifizierung der Konzernleitung, soweit dadurch ein Einzel-

---

[35] Nachweise oben 2. Kapitel Fn. 213 und 214.
[36] Vgl. bereits oben 2. Kapitel B. I. 3. b. aa. (1).
[37] Oben 2. Kapitel B. I. 2. d.
[38] Vgl. *Bous* Die Konzernleitungsmacht, 102 f.
[39] Oben 2. Kapitel B. I. 4. b.
[40] Oben A. I. 1.
[41] Siehe nur Emmerich/*Habersack* Konzernrecht, § 311 Rn. 9.

ausgleich mangels Isolierbarkeit der nachteiligen Einflussnahme oder mangels Bewertbarkeit der schädigenden Wirkung auch unter Rückgriff auf § 287 ZPO ausgeschlossen ist.[42] Oder deutlicher formuliert: Ungeachtet der dem § 311 AktG eigenen Privilegierungsfunktion ist dem herrschenden Unternehmen auch und bereits nach dieser Vorschrift jede Form der Einflussnahme untersagt, die das System des Einzelausgleichs außer Kraft setzt.[43] Dann aber ist eine solche Beherrschung per se rechtswidrig[44] [45] und folglich pflichtwidrig im Sinne von § 266 StGB.

Bezogen auf AG-Konzerne bedeutet dies, dass es für die Pflichtenposition der Geschäftsleitung der Konzernspitze im Rahmen des § 266 StGB durchaus einen Unterschied macht, ob der Konzern vertraglich oder faktisch begründet ist.[46]

d. Eingliederungskonzern

Führte der Umstand einer Konzernverbundenheit der Gesellschaft bisher stets zu einer Erweiterung des Pflichtenumfangs des Geschäftsleiters der Konzernspitze, so ist dies regelmäßig allein im Falle einer Eingliederung anders. Auch hier stellt sich die Frage, wo die Grenze zwischen konzernrechtlich Zulässigem und strafrechtlicher Untreue liegt.[47] Da das Weisungsrecht bei der Eingliederung im Gegensatz zur für Beherrschungsverträge geltenden Regelung grundsätzlich unbeschränkt ist,[48] auch und gerade was nachteilige Weisungen betrifft, kann dessen Ausübung nicht als strafrechtliche Untreue angesehen werden. Hierfür spricht, dass die weite Leitungsmacht der Hauptgesellschaft ihren zivilrechtlichen Ausgleich in der Verlustdeckungspflicht gemäß § 324 Abs. 3 AktG und in der uneingeschränkten Mithaftung für die Schulden der eingegliederten Gesellschaft nach § 322 AktG findet.[49]

---

[42] *Stimpel* Die AG 1986, 117 (122).

[43] *Emmerich/Habersack* Konzernrecht, Anh. II § 318 Rn. 5.

[44] Die ganz herrschende Ansicht entnimmt den §§ 311 ff. AktG die Grenze zulässiger faktischer Einflussdichte. Daraus folgt die Rechtswidrigkeit und damit Unzulässigkeit der gesellschaftsrechtlichen Figur des qualifizierten faktischen Konzerns, unabhängig davon, welche Rechtsfolgen im Einzelnen damit verbunden sind; siehe etwa OLG Hamm (Einleitung Fn. 91), NJW 1987, 1030 (1030); *Altmeppen* Abschied, 22 ff.; *Deilmann* Die Entstehung, 82 ff.; *Flume* Die juristische Person, 122 f.; *Hommelhoff* Die Konzernleitungspflicht, 109 ff., 123 ff., 139 und 145; *Lutter* ZGR 1982, 244 (265); *T. Raiser* Kapitalgesellschaften, § 53 Rn. 7; *Sonnenschein* Organschaft, 177 f.

[45] Zutreffend weist unter anderem *K. Schmidt* Gesellschaftsrecht, § 31 IV 4 b darauf hin, dass die Einflussnahme bereits dann rechtswidrig ist, wenn sie die in § 76 AktG verankerte Autonomie des Vorstandes antastet; aus diesem Grunde ist von vornherein eine dauernde und umfassende Leitung unzulässig; vgl. ebenso *Kropff* Die AG 1993, 485 (487).

[46] Anders wohl *Otto* Aktienstrafrecht Vor § 399 Rn. 61.

[47] So schon *P. Möhring* Das neue Konzernrecht, 30 mit Ausführungen zur Relevanz der Frage.

[48] Vgl. bereits oben 2. Kapitel B. I. 3. b. aa. (2).

[49] So treffend *P. Möhring* Das neue Konzernrecht, 30.

Weiß allerdings der für die Hauptgesellschaft Handelnde, dass diese mangels eigener Mittel ihre gegenüber der eingegliederten Gesellschaft bestehenden Deckungspflicht dauerhaft nicht wird erfüllen können, dann handelt er im Hinblick auf Letztere pflichtwidrig, wenn er sie zu nachteiligen Maßnahmen anweist.[50] Ähnlich wie bei der Fallgruppe der „Aushöhlung von Gesellschaften“[51] knüpft die Pflichtwidrigkeitsbeurteilung dann nicht mehr isoliert an die Erteilung der nachteiligen, aber scheinbar rechtmäßigen Weisung an, sondern das Täterhandeln ist aufgrund des Gesamtverhaltens unter Berücksichtigung der subjektiven Schädigungs- bzw. Ausbeutungsabsicht rechtsmissbräuchlich.[52]

3. Zusammenfassung

Ingesamt führt der Tatbestand der Konzernierung zu einer Ausweitung des Pflichtenkreises des geschäftsleitenden Organs der herrschenden Gesellschaft durch die Begründung „neuer“ Pflichten gegenüber dem eigenen und gegenüber dem abhängigen Unternehmen. Insoweit ist den anfangs genannten Zitaten unabweislich beizupflichten. Gleichzeitig zeigen sich Stimmigkeit und Verallgemeinerungsfähigkeit, aber auch die für eine zuverlässige strafrechtliche Beurteilung notwendige inhaltliche Konkretisierung der im Anschluss an das „Treuhand“-Urteil[53] beständig aufgegriffenen Formel, „gerade die Ausnutzung der besonderen Verhältnisse im Konzern kann sich als Missbrauch der beherrschenden Gesellschafterstellung darstellen“.[54]

Dabei ist allerdings stets zu berücksichtigen, dass entsprechend dem Grundsatz der negativen Zivilrechtsakzessorietät des Untreuetatbestandes solche Verhaltensweisen des Leitungsorgans der herrschenden Gesellschaft nicht pflichtwidrig im Sinne von § 266 StGB sein können, die auch in Anbetracht „der besonderen Verhältnisse im Konzern“ gerade gesellschaftsrechtlich zulässig sind. Darunter fällt beispielsweise die Erteilung von rechtmäßigen Weisungen gemäß § 308 Abs. 1 AktG (analog) im Vertragskonzern.[55]

Wenn demgegenüber teilweise[56] geltend gemacht wird, die Gründe, die nach den §§ 308 und 311 AktG eine nachteilige Einflussnahme gestatten, seien erst

---

[50] Ähnlich *P. Möhring* Das neue Konzernrecht, 30. Der gleiche Gedanke muss beispielsweise auch im Rahmen eines einfachen faktischen AG-Konzerns gelten, bei dem strafrechtlich über § 311 Abs. 1 AktG hinaus zu fordern ist, dass von vornherein überhaupt die Absicht besteht, den Nachteil in der durch § 311 Abs. 2 AktG bestimmten Form auszugleichen; hierzu gleichfalls *P. Möhring* Das neue Konzernrecht, 29 und *ders.* NJW 1967, 1 (8).

[51] Oben Einleitung D. IV.

[52] Zur Ableitung der Rechtsmissbräuchlichkeit aus den subjektiven Tendenzen des Täters vgl. BGH (Einleitung Fn. 30), JR 1997, 336 (340) „Treuhand“; dazu *Achenbach* FG 50 BGH IV, 593 (597) m.w.N. Kritisch *Saliger* ZStW 112 (2000), 563 (567 f.).

[53] BGH (Einleitung Fn. 30), JR 1997, 336 (340) „Treuhand“ im Anschluss an die Rechtsprechung des II. Zivilsenats in BGH (Einleitung Fn. 160), BGHZ 122, 123 (130) „TBB“.

[54] Müller-Gugenberger/*Schmid* § 31 Rn. 114a; *Otto* JK 1997, StGB § 266/13; *Anders* ZStW 114 (2002), 467 (500).

[55] So auch LK/*Schünemann* § 266 Rn. 128.

[56] *P. Möhring* NJW 1967, 1 (8); *ders.* Das neue Konzernrecht, 29.

und allein als Rechtfertigungsgründe zu behandeln, beruht dies auf einer Verkennung des Unterschiedes zwischen Untreue-Pflichtwidrigkeit und allgemeiner Rechtswidrigkeitsbeurteilung im Rahmen von § 266 StGB. Denn Pflichtwidrigkeit und Rechtswidrigkeit sind nicht gleichbedeutend. Die Pflichtwidrigkeit bestimmt sich nach dem Verhältnis des Täters zum Inhaber der zu betreuenden Vermögensinteressen und ist damit Tatbestandsmerkmal der Untreue. Die Rechtswidrigkeit, also der Widerspruch zum Recht, ist auf den gesamten Straftatbestand bezogen und schließt sich an den tatbestandlichen Erfolg an. Die Frage der Rechtswidrigkeit tritt damit nicht auf, wenn der Täter bereits pflichtgemäß verfuhr.[57] Stellt sich sein Verhalten durch die §§ 308 oder 311 AktG als zivilrechtlich rechtsmäßig dar, so kann darin auch strafrechtlich keine Überschreitung der Grenzen des Innenverhältnisses bzw. keine Verletzung der dem Täter obliegenden vermögensbezogenen Pflichten liegen.[58] Hieraus folgt zugleich, dass durch den Tatbestand der Konzernverbundenheit der Gesellschaft sich die Organpflichtenstellung im Vergleich zu derjenigen bei einer nicht konzernierten Gesellschaft nicht nur erweitern, sondern auch reduzieren kann. Denn beispielsweise vermittels § 308 Abs. 1 AktG (analog) in Verbindung mit § 291 Abs. 3 AktG[59] sind Maßnahmen nicht pflichtwidrig, die bei einer unverbundenen Gesellschaft zu untreuestrafrechtlich sanktionierten Verstößen gegen die gesellschaftsrechtliche Vermögensbindung führen würden.

II. Pflichtwidrigkeiten auf der Ebene des geschäftsleitenden Organs der abhängigen Gesellschaft

Nur ausnahmsweise treffen den Geschäftsführer oder das Vorstandsmitglied der beherrschten Gesellschaft Vermögensbetreuungspflichten in Bezug auf die Obergesellschaft, nämlich dann, wenn sie in eigener Person begründet werden.[60] In solchen Sonderfällen ergibt sich der Pflichtwidrigkeitsmaßstab unzweifelhaft aus der (Doppel-) Organstellung, dem Anstellungsvertrag oder dem „Vertrag mit Schutzwirkung zugunsten Dritter“.[61] Außerhalb davon scheitert eine strafrechtlich bewehrte Pflichtverletzung im Verhältnis zur herrschenden Gesellschaft an der mangelnden Tätertauglichkeit.

Ebenfalls allein in seltenen Fällen, insbesondere denen des qualifizierten faktischen Gleichordnungskonzerns, obliegt dem geschäftsleitenden Organ der abhängigen Tochtergesellschaft gegenüber deren Schwesterunternehmen eine Pflicht zur Vermögensbetreuung.[62] Der qualifizierte faktische Gleichordnungskonzern stützt sich auf über die gemeinsame Konzernmutter vermittelte dauernde und umfassende Einflussnahmen. Für die Pflichtenstellung der Geschäftslei-

[57] Gesamtüberblick bei LK/*Schünemann* § 266 Rn. 157.
[58] Ausführlich hierzu oben 1. Kapitel A. I.
[59] Hierzu unten B. II. 2. a.
[60] Vgl. oben 2. Kapitel B. II. 1. a. und b.
[61] Oben 2. Kapitel B. II. 1. a.
[62] Oben 2. Kapitel B. II. 2.

tung der tätigen Schwester ergibt sich daraus, dass neben dem aufgrund fehlender sonstiger konzernrechtlicher Vorgaben im Schwester-Schwester-Verhältnis eingreifenden allgemeinen Schädigungsverbot eine Beurteilung der Pflichtwidrigkeit an den Befugnissen der Muttergesellschaft gegenüber ihrer Tochter ansetzen kann.[63] Aus Letzteren kann sich im Einzelfall eine Verneinung der Pflichtwidrigkeit des Tochterorganhandelns trotz Schädigung der Schwester ergeben, wenn die konzernrechtliche Legitimierung der Maßnahme im Mutter-Tochter-Verhältnis auf die Schwester-Schwester-Beziehung durchschlägt.

Die Pflichtenstellung des geschäftsleitenden Organs der abhängigen Gesellschaft kann über diese Sonderfälle hinaus regelmäßig im Vergleich zur derjenigen in einem unverbundenen Unternehmen erweitert bzw. verändert werden. Denn ähnlich wie zuvor auf der Ebene des Geschäftsleiters der herrschenden Gesellschaft festgestellt,[64] können auch in Bezug auf den Vertreter der Tochter durch die Konzernierung spezifisch bedingte Pflichten gegenüber der „eigenen", also der abhängigen Gesellschaft entstehen, die über die „normale" Pflichtenposition eines Gesellschaftsorgans hinausgehen bzw. darunter bleiben. Angesichts der Vielfalt der Konzerntatbestände und Leitungssituationen ist eine Bündelung in drei Pflichtwidrigkeiten-Konstellationen sinnvoll:

Zunächst stellt sich die Frage, ob in dem Bereich der Geschäftstätigkeit, den die herrschende Gesellschaft trotz ihrer generellen Rechtsmacht nicht beeinflusst – hier als weisungsfreier Raum bezeichnet – , besondere, konzernbedingte Pflichten beim Ergreifen von Geschäftsführungsmaßnahmen bestehen, die zumindest zu einer Veränderung der Pflichtenposition führen (1.). Darüber hinaus kommt eine Änderung des Pflichtenkreises im Hinblick auf die „eigene" Gesellschaft in Betracht, wenn deren Führungsorgan rechtswirksame Konzernleitungsmaßnahmen seitens der Obergesellschaft, insbesondere Weisungen, nicht befolgt (2.). Weiterhin bedarf es der Klärung, inwieweit sich die Durchführung rechtswidriger Maßnahmen der Konzernleitung auf die Pflichtenposition des geschäftsleitenden Organs der Tochtergesellschaft auswirkt (3.).

1. Veränderung der Pflichtenstellung gegenüber der „eigenen" Gesellschaft im weisungsfreien Raum?

In einem Vertragskonzern leiten Vorstand bzw. Geschäftsführer der abhängigen Gesellschaft diese nicht mehr allein. Die Leitungsbefugnis verteilt sich vielmehr auf dieses Organ und auf das herrschende Unternehmen in der Weise, dass das Organ nur insoweit eigenverantwortlicher Leiter der Gesellschaft bleibt bzw. ist, als nicht die Obergesellschaft von ihrem unternehmensvertraglichen Weisungsrecht Gebrauch macht.[65]

---

[63] Hierzu insbesondere oben A. I. 2.
[64] Oben A. I. 1.
[65] Vgl. bereits oben 2. Kapitel B. I. 3. b. aa. (1) und (2).

Dadurch entstehen zwei Leitungsbereiche:[66] Derjenige, in dem das herrschende Unternehmen sein Weisungsrecht nicht ausübt bzw. in dem ihm ein solches nicht zusteht – beispielsweise aufgrund Einschränkungen im Vertrag, vgl. § 308 Abs. 1 Satz 2 AktG –, sog. weisungsfreier Raum, und der Bereich, in dem die Konzernspitze von ihrem Weisungsrecht Gebrauch macht, sog. durch Weisungen ausgefüllter Bereich. Diese Differenzierung hat nicht nur für den gesamten Komplex der Vertragskonzerne Gültigkeit, sondern aufgrund der GmbH-rechtlichen Zulässigkeit verbindlicher Weisungen seitens der Gesellschafter (§§ 37 Abs. 1 a.E., 46 Nr. 6 GmbHG) und der daraus fließenden Möglichkeit der Ausübung von Konzernleitungs-Rechtsmacht auch generell für alle Formen von GmbH-Konzernen.[67]

Im hier interessierenden weisungsfreien Raum kann es, da Weisungen der Obergesellschaft definitionsgemäß nicht existieren, auch keine diesbezügliche Folgepflicht des geschäftsleitenden Organs der Tochter geben. Fraglich ist allerdings, ob nicht eine allgemeine Berechtigung oder gar Verpflichtung des Geschäftsführers oder Vorstands der abhängigen Gesellschaft denkbar ist, von sich aus, also ohne Weisungen des herrschenden Unternehmens, Konzerninteressen zu berücksichtigen. Unproblematisch ist dies, wenn die Konzerninteressen mit dem Gesellschaftsinteresse identisch sind.[68] Was aber, wenn ohne jegliche Veranlassung das Eigeninteresse hinter das Konzerninteresse zum Nachteil der eigenen Gesellschaft zurückgestellt wird? Bei positiver Beantwortung würde dieser Ansatz dazu führen, die Pflichtenstellung des Organs gegenüber seiner Gesellschaft zu verändern, ja sogar durch die Legitimierung nachteiliger Maßnahmen zu reduzieren. Denn der Geschäftsleiter einer (unabhängigen) Gesellschaft unterliegt doch grundsätzlich einem allgemeinen Schädigungsverbot unter Berücksichtigung der Sorgfalt eines ordentlichen und gewissenhaften Geschäftsleiters.[69]

a. Beherrschungsvertrag

Eine Berechtigung oder Verpflichtung zur eigenständigen Berücksichtigung von Konzerninteressen wird teilweise[70] mit dem Sinn eines Beherrschungsvertrages begründet, die abhängige Gesellschaft in den Konzern einzubinden. Im Zweifel

---

[66] Vgl. *Hirmer* Zivil- und strafrechtliches Verbot, 133.

[67] Für einfache faktische und qualifiziert faktische GmbH-Konzerne stellt sich allerdings in der folgenden Diskussion neben den dort genannten Punkten noch das Problem, inwieweit bei ihnen überhaupt und generell das ursprüngliche satzungsmäßige Eigeninteresse der Untergesellschaft den Konzerninteressen zu weichen hat. Während der Vertragskonzern den Vorrang des Konzerninteresses statuiert (vgl. § 291 Abs. 3 und § 308 Abs. 1 AktG; Nachweise hierzu im 2. Kapitel Fn. 203), erfolgt für den faktischen Konzern weitestgehend keine Änderung der unternehmerischen Interessenausrichtung. Unabhängig hiervon weicht die Wertung für den faktischen GmbH-Konzern nicht von den folgenden Ausführungen zum Vertragskonzern ab.

[68] *Ewald* Untreue, 226.

[69] Dazu oben A.

[70] KK/*Biedenkopf/Koppensteiner* (1. Aufl.) § 308 Rn. 23 ff.

sei diese daher verpflichtet, die Interessen der herrschenden Gesellschaft und der mit ihr verbundenen Unternehmen ihren Entscheidungen zugrunde zu legen. Es mache keinen Sinn, den Geschäftsleiter der abhängigen Gesellschaft an unterschiedliche Pflichtenmaßstäbe zu binden, je nachdem, ob zufälligerweise eine Weisung erfolgt sei oder nicht.

Unbeachtet bleibt bei einer solchen Argumentation, dass unabhängig von ihr die anvisierte Berechtigung oder Verpflichtung zu eigenständiger Berücksichtigung von Konzerninteressen letztlich an der Konzernorganisation, an der Stellung der Geschäftsleitung der abhängigen Gesellschaft dieser gegenüber und im Konzernganzen sowie an der gesetzlichen Wertung scheitern muss.[71] Die Verfolgung von Konzerninteressen ist der dazu kompetenten Konzernspitze vorbehalten, die allein über diesbezügliche Informationen und sonstige Beurteilungsgrundlagen verfügt und die für das Konzernwohl verantwortlich ist.[72] Zudem wird der Vorstand oder Geschäftsführer der abhängigen Gesellschaft in aller Regel nicht in der Lage sein, exakt zu beurteilen, was dem Interesse des Konzerns entspricht.[73] Dies bestätigt § 308 Abs. 2 Satz 2 AktG, dem die Vorstellung zugrunde liegt, dass der Vorstand der Gesellschaft häufig die Konzerninteressen nicht wird beurteilen können.[74] Letztlich würde die gegenteilige Auffassung nicht der Stellung des geschäftsleitenden Organs gerecht werden, wie sie sich bei Fehlen einer Weisung darstellt. Die Autonomie des Vorstandes nach § 76 Abs. 1 AktG ist dann nämlich unangetastet, und auch der Geschäftsführer kann die GmbH im Rahmen seiner Befugnisse eigenverantwortlich führen. Folge ist jeweils, dass es die vornehmste Aufgabe des Leitungsorgans ist, das Gesellschaftswohl zu fördern. Es ist ihm nicht erlaubt, unter Hintanstellung dieses Wohls Aufgaben wahrzunehmen, die der Konzernspitze obliegen.[75]

b. Eingliederung

Die Konzernorganisation und die Position des geschäftsleitenden Organs einer eingegliederten Gesellschaft sprechen auch für den Fall einer Eingliederung gegen den Vollzug eines Interessenwechsels im weisungsfreien Bereich. Lediglich die gesetzliche Bestätigung entsprechend der des § 308 Abs. 2 Satz 2 AktG entfällt. Dies aber nicht, weil im Rahmen der Eingliederung das Organ der eingegliederten Gesellschaft nun besser die Konzerninteressen wird beurteilen können, sondern ausschließlich aus dem Grund, dass das Recht zu nachteiligen Weisungen bei der Eingliederung nicht durch das Konzerninteresse beschränkt

---

[71] Ausführlich *Schauß* Das Weisungsrecht, 31 ff.; vgl. auch *Hirmer* Zivil- und strafrechtliches Verbot, 135; *Ewald* Untreue, 130 f.

[72] *Hirmer* Zivil- und strafrechtliches Verbot, 135.

[73] *Schauß* Das Weisungsrecht, 34; *Hirmer* Zivil- und strafrechtliches Verbot, 135.

[74] Begründung zum RegE bei *Kropff* Aktiengesetz, 403.

[75] *Ewald* Untreue, 131. Aus gesellschaftsrechtlicher Sicht im Ergebnis ebenso *MüKo*/Altmeppen § 308 AktG Rn. 154; *Emmerich*/Habersack Konzernrecht, § 308 Rn. 54; anders dort *Hüffer* § 308 Rn. 20; KK/*Koppensteiner* § 308 Rn. 48 f.

ist.[76] Daher bedurfte es keiner Regelung zur Beurteilung und Prüfung dieses Interesses.

Warum demgegenüber plötzlich das Argument, der Vorstand müsse – sofern ihm keine Weisung erteilt sei – sein Handeln allein am Interesse der eigenen Gesellschaft ausrichten, keinen durchgreifenden materiellen Gehalt mehr haben soll,[77] ist nicht nachvollziehbar. Zwar fließen das Interesse der eingegliederten Gesellschaft und das der Hauptgesellschaft ineinander. Dennoch handelt es sich weiterhin um zwei getrennte Vermögensmassen mit jeweils selbständiger Organisation, Kompetenz und Verantwortung. Dass auf Seiten der eingegliederten Gesellschaft noch ein zumindest rudimentäres Eigeninteresse besteht, verdeutlichen die Vorschriften des § 323 Abs. 1 Satz 2 AktG (Verweis auf § 309 AktG) und § 324 Abs. 3 AktG. An diesem hat sich der Vorstand der eingegliederten Gesellschaft eigenverantwortlich zu orientieren.

c. Zwischenergebnis

Daher besteht allgemein weder eine Berechtigung noch eine Verpflichtung zu konzernkonformem Verhalten.[78] Eine Veränderung des Pflichtenkreises des geschäftsleitenden Organs des Tochterunternehmens unabhängig von Weisungen findet deshalb nicht statt.[79]

2. Veränderung der Pflichtenstellung durch Nichtbefolgung rechtswirksamer Weisungen der Obergesellschaft

Im durch Weisungen ausgefüllten Bereich sind Vorstand bzw. Geschäftsführer der abhängigen Gesellschaft gemäß § 308 Abs. 2 Satz 1 AktG (analog) verpflichtet, rechtswirksame Weisungen des herrschenden Unternehmens zu befolgen.[80] Rechtswirksam sind Weisungen, die die rechtlichen Grenzen des Weisungsrechts einhalten und damit rechtmäßig sind. Dazu zählen auch für die abhängige Gesellschaft nachteilige Weisungen, wenn sie den Belangen des herrschenden Unternehmens oder der mit ihm und der Gesellschaft konzernverbundenen Unternehmen dienen, also im Konzerninteresse liegen bzw. konzerndienlich sind (§ 308 Abs. 1 Satz 2 AktG).

Für die hier interessierende Frage, ob konzernspezifisch die Pflichtenstellung des Vertreters der abhängigen Gesellschaft erweitert ist, bedarf es der Klärung, wie sich die Nichtbefolgung solcher rechtswirksamer Weisungen auf den Pflichtenumfang zur eigenen Gesellschaft auswirkt. Quasi als Spiegelbild lassen sich

---

[76] Vgl. oben 2. Kapitel B. I. 3. b. aa. (2).
[77] So *Ewald* Untreue, 146.
[78] Für den faktischen (AG-) Konzern im Ergebnis ebenso *Ewald* Untreue, 225 ff.
[79] So auch *P. Möhring* NJW 1967, 1 (7): „Deren Vorstand (der abhängigen Gesellschaft, *D.B.*) darf dagegen grundsätzlich nicht zum Nachteil der eigenen Gesellschaft handeln, es sei denn, das herrschende Unternehmen habe ihn dazu angewiesen."; zum letzten Punkt vgl. nachfolgend 2. und 3.
[80] Hierzu bereits oben 2. Kapitel B. I. 3. b. aa. (1).

umgekehrt – im Falle der Weisungsbefolgung – daraus Schlüsse ziehen, wie sich die mit dem Beherrschungsvertrag einhergehende Befolgungspflicht von rechtswirksamen, nachteiligen Weisungen mit dem grundsätzlichen Verbot pflichtwidriger Schädigung bzw. mit den Sorgfaltsanforderungen eines ordentlichen und gewissenhaften Geschäftsleiters im Hinblick auf die „eigene" Gesellschaft verträgt.

a. Vertragskonzern

Für den Vertragskonzern gilt es zu beachten, dass dem Vorstand oder Geschäftsführer der abhängigen Gesellschaft die Befolgung von rechtswirksamen Weisungen nicht nur gegenüber dem herrschenden Unternehmen obliegt (vgl. § 308 Abs. 2 Satz 1 AktG), sondern zugleich Bestandteil der allgemeinen Geschäftsführungspflicht bezüglich der eigenen Gesellschaft ist. Durch die Weisung der Obergesellschaft erfolgt als Ausfluss des organisationsrechtlichen Charakters des Beherrschungsvertrages auch eine inhaltliche Konkretisierung der dem Vorstand bzw. Geschäftsführer der Gesellschaft gegenüber zukommenden Geschäftsführungspflicht.[81] Denn durch die Nichtbefolgung einer wirksamen Weisung würde das abhängige Unternehmen eine Verletzung des Beherrschungsvertrages mit haftungsrechtlichen Folgen begehen. Die dem entsprechende Pflicht zu vertragsgemäßem Verhalten überträgt die abhängige Gesellschaft nicht nur auf ihr geschäftsleitendes Organ im Hinblick auf das Verhältnis zur Obergesellschaft, sondern sie macht die Pflichtenposition zugleich zum Inhalt der internen Beziehungen zum eigenen Organ.

Hieraus folgt, dass eine Nichtbefolgung rechtswirksamer Weisungen (auch) gegenüber der eigenen Gesellschaft pflichtwidrig im Sinne von § 266 StGB ist, so dass der Pflichtenumfang des geschäftsleitenden Organs erweitert wird. Gleichzeitig entfällt bei Befolgung der Weisung mit der Folgepflicht die sonst bestehende alleinige Verpflichtung auf das Wohl der abhängigen Gesellschaft.[82] Der Pflichtenkreis verändert sich damit insofern – nun im Sinne einer Reduzierung –, als dass im Vergleich zum Geschäftsleiter einer unverbundenen AG oder GmbH Schädigungen der eigenen Gesellschaft dieser gegenüber nicht pflichtwidrig sind, da sie auf einer gesellschaftsrechtlichen Folgepflicht beruhen.[83]

b. Faktischer Konzern

Fraglich ist, ob die gefundenen Ergebnisse auch außerhalb eines Beherrschungsvertrages[84] zur Geltung kommen. In diese Richtung deutet folgende Aussage

---

[81] So bereits überzeugend *Schauß* Das Weisungsrecht, 99, 114; *Hirmer* Zivil- und strafrechtliches Verbot, 146 f.

[82] *Emmerich*/Habersack Konzernrecht, § 308 Rn. 53.

[83] Ähnlich *Hirmer* Zivil- und strafrechtliches Verbot, 150 f., 156 f.

[84] Dem gleichgestellt ist hier aufgrund des noch weitergehenden Weisungsrechts gemäß § 323 Abs. 1 Satz 1 AktG der Fall der Eingliederung; vgl. bereits Einleitung Fn. 85.

von *Kohlmann*:[85] „Besteht ein Beherrschungsvertrag, eine „faktische" Konzernbeherrschung oder existieren verbindliche, d.h. rechtswirksame Weisungen, die das herrschende Unternehmen in seiner Eigenschaft als Mehrheits- oder Alleingesellschafter der GmbH erteilt hat, begründen diesbezügliche Verstöße gleichzeitig auch Pflichtverletzungen gegenüber der GmbH iS des § 266 StGB."

In der Tat kann es für den Geschäftsführer einer abhängigen GmbH keinen Unterschied machen, ob er eine rechtsverbindliche Weisung aufgrund eines zwischen der GmbH und einem anderen Unternehmen geschlossenen Beherrschungsvertrags oder allein auf der Grundlage der Gesellschafterstellung des herrschenden Unternehmens erhält. Damit gelten die dargelegten Veränderungen der Pflichtenposition auf Seiten der Geschäftsleitung der abhängigen Gesellschaft für jegliche Form von GmbH-Konzernen. Voraussetzung ist jedoch stets, dass tatsächlich eine rechtswirksame, befolgungspflichtige[86] Weisung erteilt wird.[87] Weder der Beherrschungsvertrag als solcher, noch insbesondere eine „faktische" Konzernherrschaft begründen bei Verstößen „gleichzeitig auch Pflichtverletzungen gegenüber der GmbH iS des § 266 StGB", sondern ausschließlich die Verletzung der wirksamen Weisungserteilung selbst.

Für die faktische Konzernierung verdeutlicht dies ein Blick auf den (einfachen) faktischen AG-Konzern, bei dem dem herrschenden Unternehmen gerade kein Weisungsrecht zusteht.[88] Verlangt hier die Obergesellschaft die Durchführung einer vorteilhaften oder – für die strafrechtliche Bewertung anhand von § 266 StGB allein relevanten – nachteiligen Maßnahme, so ist der Vorstand der abhängigen AG in seiner Entscheidung rechtlich frei. Dass § 311 Abs. 1 AktG bei Ausgleich die nachteilige Einflussnahme gestattet, bedeutet nicht, dass eine Folgepflicht der beherrschten Gesellschaft bestünde.[89] Die (nachteilige) Maßnahme darf demnach abgelehnt werden.[90] Durch die Nichtbefolgung der bei

[85] Hachenburg/*Kohlmann* Vor § 82 Rn. 307; nahezu identisch, wenn auch entscheidend anders durch die fehlende Aufzählung der „faktischen" Konzernbeherrschung *Kohlmann/Löffeler* Die strafrechtliche Verantwortlichkeit, Rn. 361.

[86] Die Weisungsgebundenheit des Geschäftsführers ist im GmbHG nicht ausdrücklich geregelt. Ausgangspunkt ist § 317 Abs. 1 a.E. GmbHG. Darüber hinaus wird die Verbindlichkeit der Gesellschafterbeschlüsse für den Geschäftsführer aus der dominierenden Stellung der Gesellschafterversammlung in der Verfassung der GmbH abgeleitet; vgl. Baumbach/Hueck/*Zöllner* § 37 Rn. 10.

[87] Zum Umfang der Rechtswirksamkeit von Weisungen im Rahmen von Konzerntatbeständen vgl. die Darstellung der materiellen Dispositionsgrenzen unten B. II.

[88] Oben Einleitung B. II. 2.

[89] *Geßler* FS Westermann, 145 (156); *Kropff* DB 1967, 2147, 2204 (2152).

[90] Eine andere Frage ist, ob die nachteilige Maßnahme nicht nur abgelehnt werden darf, sondern abgelehnt werden muss. Hierbei ist die Wertung der Regelung von § 311 Abs. 1 AktG zu berücksichtigen. Aus ihr folgt eine Gestattung der nachteiligen Einflussnahme durch die Obergesellschaft auf die abhängige Gesellschaft, wenn die Bedingungen eingehalten werden. Nun auf Seiten des Vorstands der abhängigen AG die Bindung an § 93 AktG unverändert streng aufrecht zu erhalten mit der Folge, dass einem durch § 311 Abs. 1 AktG rechtmäßigen Begehren niemals stattgegeben werden dürfte, wäre widersinnig. Die Pflichtenstellung wird daher insoweit modifiziert, dass der Vorstand der beherrschten AG eine nachteilige Maßnah-

Durchführung rechtmäßigen Veranlassung seitens der Obergesellschaft wird die Pflichtenstellung des geschäftsleitenden Organs der abhängigen Gesellschaft dieser gegenüber nicht tangiert.

Je nach Ausgestaltung seiner Bestimmungen kann die Beurteilung im Hinblick auf einen Beherrschungsvertrag außerhalb der Ausübung von Weisungsrechten lediglich dann anders sein, wenn eine Verletzung allgemein statuierter Pflichten zu haftungsrechtlichen Konsequenzen für die beherrschte Gesellschaft führt, und aus dem hieraus entstehenden Vermögensschaden auf die Pflichtwidrigkeit des Organhandelns rückgeschlossen wird.[91] Dem liegt allerdings nicht die hier untersuchte Trennung zwischen weisungsfreiem Raum und dem durch Weisungen ausgefüllten Bereich zugrunde.

Generell ist *Kohlmanns* Aufzählung – mit der zuvor genannten Einschränkung bezüglich der allgemein aus dem Beherrschungsvertrag resultierenden Pflichten – auf das Element der Existenz von „verbindlichen, d.h. rechtswirksamen Weisungen" zu beschränken.

c. Zwischenergebnis

Als Ergebnis ist festzuhalten, dass die Nichtbefolgung von seitens der Konzernspitze rechtswirksam erteilten Weisungen im AG-Vertragskonzern sowie in allen Formen von GmbH-Konzernen zu einer Veränderung der Pflichtenstellung auf der Ebene des geschäftsleitenden Organs der abhängigen Gesellschaft führt, indem dessen Pflichten spezifisch konzernbedingt im Vergleich zur Lage bei der unverbundenen Gesellschaft erweitert werden. Zugleich folgt daraus, dass im Falle der Befolgung einer rechtmäßigen Weisung die Pflichtenstellung durch die gesellschafts- wie strafrechtliche Zulässigkeit von Schädigungen der „eigenen" Gesellschaft konzernspezifisch reduziert wird. Diese letzte Seite haben die Ausgangszitate[92] nicht ins Blickfeld genommen.

3. Veränderung der Pflichtenstellung durch Befolgung rechtswidriger Konzernleitungsmaßnahmen

a. Gesellschaftsrechtliche Folge- und Prüfungspflicht als strafrechtlicher Maßstab

aa. Vertragskonzern

Die Folgepflicht bei Weisungen der Obergesellschaft gilt nur für zulässige, also rechtswirksame Weisungen, nicht hingegen für rechtswidrige, nichtige Weisun-

---

me vornehmen darf, wenn der Nachteil ausgleichsfähig ist und seitens des herrschenden Unternehmens die Möglichkeit und Bereitschaft zum Ausgleich besteht. Über diese Punkte hat sich der Vorstand vor Durchführung durch eigene Prüfung und durch Abstimmung mit dem herrschenden Unternehmen Gewissheit zu verschaffen; vgl. *Ewald* Untreue, 223 ff.

[91] Tendenziell ebenso *Otto* Aktienstrafrecht Vor § 399 Rn. 60.

[92] Oben zu Beginn dieses Kapitels.

gen.[93] Besonderheiten bestehen lediglich für den Fall, dass eine für die abhängige Gesellschaft nachteilige Weisung den Belangen des herrschenden Unternehmens oder der mit ihm und der Gesellschaft konzernverbundenen Unternehmen nicht dient, dies aber nicht offensichtlich ist (§ 308 Abs. 2 Satz 2 AktG).[94] Eine Nicht-Offensichtlichkeit im Sinne von § 308 Abs. 2 Satz 2 AktG ist solange anzunehmen, wie nicht die Unvereinbarkeit einer nachteiligen Weisung mit dem Konzerninteresse für jeden Sachkenner ohne weitere Nachforschungen auf der Hand liegt.[95] Eine derartige nicht offensichtlich konzernundienliche, nachteilige Weisung ist rechtswidrig.[96] Gleichwohl muss sie von der Geschäftsleitung der abhängigen Gesellschaft befolgt werden.[97]

In dem durch Weisungen ausgefüllten Bereich tritt an die Stelle der eigenverantwortlichen Leitung der abhängigen Gesellschaft durch deren geschäftsleitendes Organ eine diesem obliegende Prüfungspflicht in Bezug auf die erteilte Weisung. Vorstand bzw. Geschäftsführer der Gesellschaft haben die Weisung vor ihrer Ausführung mit der Sorgfalt eines ordentlichen und gewissenhaften Geschäftsleiters (§ 310 Abs. 1 AktG) anhand der zahlreichen Grenzen des Weisungsrechts auf ihre Rechtmäßigkeit zu überprüfen.[98] Steht zu befürchten, dass das herrschende Unternehmen einen etwaigen nachteiligen Charakter seiner Weisung nicht erkannt hat, so haben sie die Obergesellschaft darauf aufmerksam zu machen.[99] Für die Pflichtenstellung des geschäftsleitenden Organs gegenüber der „eigenen“, abhängigen Gesellschaft folgt daraus, dass bei Vorliegen einer Anordnung des herrschenden Unternehmens zuerst zu prüfen ist, ob die Anordnung Weisungsqualität aufweist. Denn nur dann kommt eine Folgepflicht in Betracht. Ist dies der Fall, bedarf es der Prüfung der Zulässigkeit der Weisung anhand allgemeiner Gesetze und allgemeiner aktien- und GmbH-rechtlichen Grundsätze, anhand des Inhalts des konkreten Beherrschungsvertrags sowie anhand der wirtschaftlichen Auswirkungen der Weisung auf die Gesellschaft und das herrschende Unternehmen bzw. den Konzern. Vorstand oder Geschäftsführer müssen folglich Rechenschaft darüber ablegen, ob die Durchführung der Weisung für die eigene Gesellschaft nachteilig bzw. dem herrschenden Unternehmen und dem Gesamtkonzern dienlich ist. Grund hierfür ist, dass der Vorstand bzw. Geschäftsführer die Verhältnisse seiner Gesellschaft genau kennt und deswegen auch eher in der Lage ist, die Nachteiligkeit einer Weisung für sein Unternehmen festzustellen, als der Geschäftsleiter der herrschenden Gesellschaft. Allein schon wegen der dadurch begründeten Möglichkeit, dass das herrschende Unternehmen über die Auswirkungen seiner Anordnung einer Fehlein-

93 So schon die Begründung zum RegE bei *Kropff* Aktiengesetz, 403.
94 Vgl. bereits oben 2. Kapitel B. I. 3. b. aa. (1).
95 Vgl. *Altmeppen* Die Haftung, 28; *Hüffer* § 308 Rn. 22.
96 *Emmerich*/Habersack Konzernrecht, § 308 Rn. 52.
97 Zu den Gründen vgl. oben A. II. 1. a.
98 Vgl. nur *Schauß* Das Weisungsrecht, 107, 113.
99 *Hirmer* Zivil- und strafrechtliches Verbot, 141 f.

schätzung unterlegen sein könnte, gebietet es die Sorgfalt eines ordentlichen und gewissenhaften Geschäftsleiters, dieser Frage nachzugehen und entsprechende Bedenken bei der Konzernobergesellschaft vorzutragen.[100]

Gleiches gilt bei einer Eingliederung. Auch hier ist die Prüfungs- und Hinweispflicht nicht deswegen entbehrlich, weil nach § 323 Abs. 1 Satz 1 AktG die Nachteiligkeit der Weisung ihre Zulässigkeit nicht hindert. Denn die Pflichtenposition folgt aus der mit der Geschäftsleiterstellung verbundenen Verantwortung, die es gebietet sicherzustellen, dass die Erteilung der nachteiligen Weisung nicht auf einer Verkennung ihrer schädigenden Folgen seitens der Hauptgesellschaft beruht.[101]Befolgt nun das Organ eine rechtswidrige, nachteilige Weisung, so ist aufgrund § 308 Abs. 2 Satz 2 AktG zu differenzieren.

(1) Rechtswidrige Weisungen des § 308 Abs. 2 Satz 2 AktG

Wegen der gesetzlichen Legitimierung der Befolgung einer rechtswidrigen, nachteiligen, aber nicht offensichtlich konzernundienlichen Weisung seitens des Geschäftsleiters der abhängigen Gesellschaft aufgrund der Weisungsfolgepflicht und der daraus resultierenden organisationsrechtlichen Konkretisierung, gelten die im vorherigen Unterpunkt zu den rechtswirksamen Weisungen gefundenen Wertungen ebenso für den Sonderfall des § 308 Abs. 2 Satz 2 AktG. Ausschlaggebend ist, dass die Weisungsfolgepflicht gegenüber dem herrschenden Unternehmen auf das Innenverhältnis zur „eigenen" Gesellschaft durchschlägt. Gleichzeitig wird die hierdurch eintretende Schädigung in dieser Beziehung gesellschaftsrechtlich und somit zwingend strafrechtlich erlaubt.[102] Folge ist, dass das Leitungsorgan durch Befolgung einer solchen Weisung nicht pflichtwidrig im Sinne von § 266 StGB handelt. Andererseits ist bei Nichtbefolgung der Weisung eine Pflichtverletzung zu bejahen.

Die Rechtswidrigkeit der Weisung spielt eine Rolle auf der Ebene zwischen der Geschäftsleitung der Obergesellschaft und der abhängigen Gesellschaft. Dort knüpft die strafrechtliche Sanktion mittels § 266 StGB an den rechtswidrigen Charakter an.[103]

(2) Rechtswidrige Weisungen außerhalb von § 308 Abs. 2 Satz 2 AktG

Befolgt das ins Auge gefasste geschäftsleitende Organ außerhalb des Gebietes von § 308 Abs. 2 Satz 2 AktG eine rechtswidrige, dann also nicht mit einer Fol-

---

[100] So schon *Ewald* Untreue, 127 f.
[101] *Ewald* Untreue, 145.
[102] So auch *Hirmer* Zivil- und strafrechtliches Verbot, 153, 159 f.; anders (wohl) Hachenburg/*Kohlmann* Vor § 82 Rn. 308: „unterliegen zunächst den Schranken des § 308 [...] Abs. 2 Satz 2 AktG mit der Folge, dass hiergegen verstoßende Weisungen ohnehin bereits rechtswidrig sind." Da *Kohlmann* zuvor davon spricht, eine Strafbarkeit nach § 266 StGB hänge von mehreren Umständen ab, ist mit dem Rechtswidrigkeitsurteil in seiner Konsequenz zugleich ein Pflichtwidrigkeitsurteil gefällt.
[103] Oben A. I. 2. a.

gepflicht ausgestattete Weisung, so verstößt es konzernspezifisch bedingt gegen das allgemeine Verbot pflichtwidriger Schädigung und verhält sich demnach pflichtwidrig im Sinne des Untreuetatbestandes.[104] Denn die Pflicht, rechtswidrige Weisungen nicht zu befolgen, ist Bestandteil seiner Geschäftsführungspflicht gegenüber der eigenen Gesellschaft.[105] Dieses Ergebnis deckt sich gesellschaftsrechtlich mit dem Haftungstatbestand des § 310 Abs. 1 AktG.

bb. Faktischer Konzern

Außerhalb von Beherrschungsverträgen gilt Ähnliches: Verletzt der Vorstand der (einfach) faktisch beherrschten AG die ihm obliegenden Prüfungs- und Handlungspflichten[106] oder führt er eine unzulässige Einflussnahme durch, bleibt er hinter den Anforderungen der ihm obliegenden Pflichtenstellung zurück und handelt somit im Sinne von § 266 StGB pflichtwidrig.[107] Denn der Vorstand der einfach faktisch beherrschten AG darf sich nur durch das Interesse der eigenen Gesellschaft leiten lassen. Nachteilige Einflussnahmen darf er ausschließlich dann ausführen, wenn er gleichzeitig dafür sorgt, dass das herrschende Unternehmen eine entsprechende Ausgleichspflicht gemäß § 311 AktG anerkennt und so die Veranlassung eine gesellschaftsrechtliche Legitimierung erfährt.[108]

Letzterer Punkt der konzernrechtlichen Legitimierung entfällt aufgrund der nach herrschender Ansicht[109] fehlenden Voraussetzungen der Übertragbarkeit der §§ 311 ff. AktG auf den (einfachen) faktischen GmbH-Konzern für diesen Bereich. Allgemein gilt aber auch hierfür, dass rechtswidrige Weisungen und Einflussnahmen nicht befolgt bzw. ausgeführt werden dürfen.

b. Einfluss eines sog. tatbestandsausschließenden Einverständnisses

Dennoch kann aus der Befolgung einer rechtswidrigen, nichtbefolgungspflichtigen Weisung oder sonstigen Leitungsmaßnahme nicht per se auf die Verwirklichung der Tathandlung von § 266 StGB geschlossen werden. Die §§ 308,

---

[104] So auch *Hirmer* Zivil- und strafrechtliches Verbot, 151 f., 157 f.

[105] *Hirmer* Zivil- und strafrechtliches Verbot, 158.

[106] Vgl. oben Fn. 90; zur erheblich gesteigerten Rechenschaftspflicht des Geschäftsleiters der abhängigen Tochter-AG ausführlich auch *Altmeppen* Abschied, 24; vgl. auch OLG Karlsruhe (Einleitung Fn. 88), WM 1987, 533 (534), wonach der Vorstand einer nicht durch Beherrschungsvertrag verbundenen AG – auch soweit er sich gemäß der §§ 311 ff. AktG auf Maßnahmen der Leitung der herrschenden Gesellschaft einlassen dürfe – nicht davon entbunden sei, das ihm angetragene Geschäft in eigener Verantwortung zu prüfen und die Verantwortlichkeit für die schließlich getroffene Maßnahme zu übernehmen.

[107] *Ewald* Untreue, 225.

[108] *P. Möhring* NJW 1967, 1 (8); vgl. auch *Altmeppen* Abschied, 22 f., der ausführt, dass der Vorstand immer das „objektivierbare Unternehmensinteresse" der Tochter-AG mit der Sorgfalt eines ordentlichen Geschäftsleiters zu verfolgen hat, oder aber – wenn er die Interessen „seiner" AG im Konzerninteresse zurückstellt – zumindest die Grenzen beachten muss, die durch die §§ 311 ff. AktG gezogen sind.

[109] Vgl. nur Hachenburg/*Ulmer* Anh § 77 Rn. 56 f. m.w.N.; Baumbach/Hueck/*Zöllner* Schlussanhang I Rn. 5.

308 analog und 311 AktG geben lediglich einen allgemeinen gesetzlichen Rahmen zur Beurteilung der Pflichtwidrigkeit vor. Dies bedeutet einerseits, dass die Ausführung jeglicher rechtmäßigen oder befolgungspflichtigen Weisung zum Ausschluss des Pflichtwidrigkeitsurteils führt,[110] es sei denn, die Pflichtwidrigkeit ist in der Art und Weise der Ausführung selbst begründet. Positiv – im Sinne einer Strafbarkeitsverneinung – dient § 308 AktG (analog) somit – ebenso wie § 311 Abs. 1 AktG für den (einfach) faktischen AG-Konzern – im Falle der Einhaltung seiner Bestimmungen als Grundlage einer endgültigen Untreue-Pflichtwidrigkeitsverneinung. Dies liegt in der Konsequenz des Grundsatzes der negativen Zivilrechtsakzessorietät des Untreuestrafrechts.[111]

Andererseits folgt für die Konstellation der Nichteinhaltung der Grenzen der §§ 308 und 311 AktG durch das herrschende Unternehmen für die Strafbarkeit des dennoch ausführungstätigen Organs der abhängigen Gesellschaft aus den gesetzlichen Wertungen von § 308 AktG in Verbindung mit § 310 AktG (analog) und § 311 AktG in Verbindung mit § 318 AktG, dass nach allgemeinen Regelungen *zunächst* ein pflichtwidriges Verhalten anzunehmen ist. Ein Vergleich mit der Situation im faktischen GmbH-Konzern zeigt allerdings, dass diese Annahme nicht der Schlusspunkt strafrechtlicher Beurteilung bleiben muss.

Für den faktischen GmbH-Konzern steht fest, dass die Befolgung rechtswidriger, nicht befolgungspflichtiger Weisungen zur Annahme von strafrechtlicher Pflichtwidrigkeit führt. Ausdrückliche konzernrechtliche Vorschriften zur Bestimmung der Rechtswidrigkeit der Weisungen fehlen jedoch. Berücksichtigt man, dass das Weisungsrecht im faktischen GmbH-Konzern aus der Eigenschaft des herrschenden Unternehmens als Gesellschafter der abhängigen Gesellschaft fließt, zeigt sich, dass die Rechtswidrigkeit der Weisung und damit letztlich auch die Untreuestrafbarkeit des handelnden GmbH-Geschäftsführers anhand derselben Kriterien zu bestimmen ist, wie sie für ein Handeln der GmbH-Gesellschafter selbst gelten. Ins Blickfeld treten damit die Grundsätze über das sog. tatbestandsausschließende Einverständnis bei juristischen Personen.[112] Für

---

[110] Vgl. oben A. II. 2. a.

[111] Oben 1. Kapitel A.

[112] So auch *Kohlmann/Löffeler* Die strafrechtliche Verantwortlichkeit Rn. 362; *Tiedemann* GmbH-Strafrecht Vor §§ 82 ff. Rn. 23. Letzterer ist lediglich unklar in seiner Differenzierung zwischen eingliedriger und mehrgliedriger abhängiger Gesellschaft. Denn während insgesamt das „Problem der Untreue im Konzern folglich relativ einfach zu lösen [ist, *D.B.*], wenn die beherrschten Unternehmen 100 %ige Töchter des herrschenden Unternehmens sind“, da „in diesem Fall [...] die dargelegten Grundsätze über die Einwilligung (Einverständnis)“ gelten, soll bei bloßer Mehrheitsbeteiligung „dagegen die Frage relevant [werden, *D.B.*], ob die für das herrschende Unternehmen Handelnden eine Vermögensbetreuungspflicht im Hinblick auf das beherrschte Unternehmen haben“. Das Vorliegen einer Vermögensbetreuungspflicht ist jedoch nur für die Frage der Tätertauglichkeit und damit Täterstrafbarkeit des anweisenden Organs maßgeblich. Auf der Ebene der angewiesenen Geschäftsleitung stellt sich unabhängig davon vielmehr die Frage nach der Zurechnung des Willens der Gesellschaftermehrheit zur abhängigen Gesellschaft. Die Grundsätze über das Einverständnis gelten damit nicht nur „im ersteren Fall“ – so aber *Tiedemann* GmbH-Strafrecht Vor §§ 82 ff. Rn. 24 –, sondern auch für

die vorliegende Untersuchung stellt sich lediglich die Frage, ob diese Grundsätze nicht durch die konzernrechtlichen Besonderheiten modifiziert werden.[113]

Beurteilt sich im faktischen GmbH-Konzern die Pflichtwidrigkeit anhand des Vorliegens oder Nichtvorliegens eines tatbestandsausschließenden Einverständnisses, so kann für einen Vertragskonzern oder faktischen AG-Konzern nichts anderes gelten. Denn für die vorliegende Untersuchung wurde angenommen[114], dass die Obergesellschaft stets zumindest Mehrheitsgesellschafterin der abhängigen AG oder GmbH ist. Neben den beschriebenen generellen gesetzlichen Wertungen können aus dieser Gesellschafterposition im Einzelfall Pflichtwidrigkeits-Ausschlussgründe aufgrund Einverständnisses resultieren.

Dabei stellt sich die Frage des Unterschiedes von Weisung und Einverständnis. Teilweise[115] wird prinzipiell zwischen beiden differenziert. Liege eine verbindliche Weisung vor, sei die Pflichtgemäßheit unmittelbar einsichtig. Der Handelnde halte sich im Rahmen des vom Inhaber der Vermögensinteressen abgesteckten Bereiches, so dass eine Pflichtwidrigkeit unabhängig von der Einverständnisproblematik mangels bestimmungswidriger Ausübung der eingeräumten Befugnis scheitere. Auf das Vorliegen eines Einverständnisses komme es demnach dort nicht an, wo eine Weisungsgebundenheit des Täters besteht.

Das Einverständnis ist aber die nachträgliche Erweiterung des dem Befugnisinhaber normalerweise schon bei Einräumung der Befugnis intern gesteckten Rahmens für einen konkreten Fall des Gebrauchs dieser Rechtsmacht.[116] Der interne Rahmen kann (auch) durch gesetzliche Regelungen „gesteckt" werden. Eine Weisung stellt den ausdrücklichen Auftrag dar, in einer bestimmten Art und Weise zu handeln – auch in Abweichung der generellen internen Vorgaben. Die Weisung ist damit ein typischer Fall eines Einverständnisses.[117] Im Folgenden wird in diesem Zusammenhang ausschließlich auf das Vorhandensein eines Einverständnisses abgestellt.

---

die mehrgliedrige Gesellschaft bzw. „für den Fall bloßer Mehrheitsherrschaft". Vgl. dazu im Einzelnen unten B. I. und II. Zur Kritik an der zitierten Passage *Tiedemanns* vgl. auch in anderem Zusammenhang bereits oben 2. Kapitel Fn. 182.

[113] Sogleich unten B. II.

[114] Oben Einleitung B. III.

[115] *Flum* Der Strafrechtliche Schutz, 76 f. m.w.N. Ähnlich für das Verhältnis von Zustimmung und Einverständnis *Weimann* Die Strafbarkeit, 56.

[116] *Labsch* Jura 1987, 343, 411 (415).

[117] So auch *Wodicka* Untreue zum Nachteil, 323 f.; *E. Schneider* Die Untreue, 89; im Ergebnis ähnlich *Waßmer* Untreue bei Risikogeschäften, 35 f. Die Weisung geht über den Begriff des Einverständnisses (nur) insofern hinaus, als ihr unter Umständen eine Bindungswirkung im Sinne einer Folgepflicht zukommt, die den Täter zu einem bestimmten Verhalten verpflichtet. Hieraus folgt für die strafrechtliche Beurteilung aber allein dann eine andere Wertung, wenn die sehr engen Voraussetzungen des Rechtfertigungsgrundes von § 34 StGB verwirklicht sind; vgl. hierzu *Tiedemann* GmbH-Strafrecht Vor §§ 82 ff. Rn. 23 mit Beispiel.

Eine Weisung ist jedoch dann von einem Einverständnis zu unterscheiden, wenn die Weisung selbst unmittelbarer Ausdruck des internen Rahmens ist.[118] Dies bedeutet für die Regelung des § 308 AktG (analog), dass die Befolgung hierdurch legalisierter Weisungen unmittelbar Ausdruck der Pflichtgemäßheit des Organhandelns ist, während Weisungen, die durch die Gesellschafterstellung der Konzernspitze bedingt sind, nur unter den Voraussetzungen eines tatbestandsausschließenden Einverständnisses Wirkung entfalten können.[119]

Dieser Differenzierung liegt die Zweiteilung der Tathandlung des § 266 StGB in eine allgemeine Pflichtwidrigkeitsprüfung und -feststellung und in einen besonderen Pflichtwidrigkeitsausschlussgrund mittels tatbestandsausschließenden Einverständnisses zugrunde.

c. Zwischenergebnis

Zusammenfassend ist festzuhalten, dass durch die Befolgung rechtswidriger Konzernleitungsmaßnahmen das geschäftsleitende Organ der abhängigen Gesellschaft pflichtwidrig im Sinne von § 266 StGB gegenüber der eigenen Gesellschaft handelt, wenn keine gesellschaftsrechtliche Weisungsbefolgungspflicht existiert oder wenn nicht im Einzelfall ein tatbestandsausschließendes Einverständnis der Gesellschaft vorliegt. Hierdurch wird der Pflichtenkreis des Organs konzernbedingt nicht ausschließlich in Richtung einer Ausdehnung des allgemeinen Verbots pflichtwidriger Schädigung erweitert, sondern auch insofern beschränkt, als über § 308 Abs. 2 Satz 2 AktG Schädigungen der „eigenen" Gesellschaft gesellschafts- wie strafrechtlich erlaubt sind.

Zudem wird sich im Rahmen der folgenden Untersuchung des tatbestandsausschließenden Einverständnisses im Konzern zeigen, ob nicht vermittels dieser Grundsätze der Pflichtenumfang ein weiteres Mal verändert wird.

B. Wegfall der Pflichtwidrigkeit durch tatbestandsausschließendes Einverständnis im Konzern

Wurde zuvor „positiv" – im eingangs des Kapitels bezeichneten Sinn – festgestellt, in welchen Konstellationen welche Art von Verhaltensweisen untreuestrafrechtlich pflichtwidrig sind, so stellt sich nun die Frage, ob und in welchen Situationen „negativ" die an sich gegebene Pflichtwidrigkeit durch ein wirksames tatbestandsausschließendes Einverständnis des Vermögensinhabers mit dem schädigenden Organverhalten entfällt.

---

[118] Von einer solchen doppelten Bedeutung von Weisungen im Hinblick auf § 266 StGB geht auch *Eisele* GA 2001, 377 (389) aus.

[119] Ein ähnlicher Ansatz einer Differenzierung findet sich bei Hachenburg/*Kohlmann* Vor § 82 Rn. 308. Allerdings zieht *Kohlmann* hieraus den vom hiesigen Standpunkt abweichenden Schluss, dass gegen die Schranken des § 308 AktG verstoßende Weisungen ohnehin bereits – also wohl endgültig – rechtswidrig – und damit wohl pflichtwidrig – sind.

Relevanz kommt dieser Problematik in Konzernsachverhalten vornehmlich[120] im Hinblick auf gegenüber der abhängigen Gesellschaft pflichtwidrige Verhaltensweisen zu. Angesprochen sind einmal die oben unter A. II. dargestellten Pflichtwidrigkeiten des geschäftsleitenden Organs des abhängigen Unternehmens diesem gegenüber. Vom Tatbestand her entspricht diese Konstellation derjenigen, die der insbesondere zur GmbH-Organuntreue ausgiebig geführten und mittlerweile klassischen Diskussion[121] zugrunde liegt, innerhalb welcher Dispositionsgrenzen sich die abhängige Gesellschaft bzw. der oder die für sie den Willen bildenden GmbH-Gesellschafter als natürliche Personen mit an sich in Bezug auf die Gesellschaft pflichtwidrigem Tun oder Unterlassen des GmbH-Geschäftsführers einverstanden zeigen können. Der Unterschied auf der Konzernebene besteht lediglich darin, dass hier der Allein- oder Mehrheitsgesellschafter keine natürliche Person, sondern wiederum eine Kapitalgesellschaft ist, die zudem aufgrund der am Konzerninteresse ausgerichteten Ausübung einheitlicher Leitung in einem besonderen mit Rechtsmacht oder faktischem Einfluss ausgestatteten Verhältnis zur abhängigen Gesellschaft als Vermögensinhaberin steht.

Darüber hinaus kommt im Konzernverbund weiterhin ein Einverständnis mit zunächst hinsichtlich der beherrschten Gesellschaft pflichtwidrigem Handeln des Leitungsorgans der Konzernspitze in Betracht.[122] Auch hier können womöglich die abhängige Kapitalgesellschaft bzw. der oder die für sie handelnde(n) Gesellschafter und damit letztlich wiederum das herrschende Unternehmen wirksam ein Einverständnis erteilen. Problematisch ist hierbei – ebenso wie zuvor –, wer auf der Ebene der herrschenden Gesellschaft als natürliche Person für diese das Einverständnis zurechenbar erklären kann und welche Dispositionsgrenzen eines Einverständnisses bei konzernierten Kapitalgesellschaften bestehen.

Allgemein rücken damit zwei Problemfelder ins Blickfeld: Das der Grundlagen eines tatbestandsausschließenden Einverständnisses bei juristischen Personen (I.) sowie das der Wirksamkeitsgrenzen eines solchen Einverständnisses im Konzern (II.).

---

[120] Neben den beiden unten genannten Situationen, in denen die Erteilung eines Einverständnisses seitens der abhängigen Gesellschaft als Vermögensinhaberin Relevanz besitzt, kommt ein solches insbesondere noch auf der Ebene von Pflichtwidrigkeiten seitens des eigenen Leitungsorgans der herrschenden Gesellschaft in Bezug auf diese seine Gesellschaft in Betracht; zu dieser Pflichtwidrigkeitskonstellation vgl. oben A. I. 1. Hierbei besteht allerdings dogmatisch kein Unterschied zum Einverständnis der abhängigen Gesellschaft mit dem Handeln ihres eigenen Geschäftsleiters, so dass die hierfür geltenden Ausführungen sinngemäß auf die höhere Konzernebene übertragen werden können. Betroffen ist stets die Problematik eines Einverständnisses einer Kapitalgesellschaft als Vermögensinhaberin mit dem grundsätzlich pflichtwidrigen Verhalten ihres Geschäftsleitungsorgans ihr gegenüber.

[121] Vgl. die Nachweise oben Einleitung Fn. 47.

[122] Vgl. zur Darstellung dieser Pflichtwidrigkeiten oben A. I. 2.

I. Grundlagen eines tatbestandsausschließenden Einverständnisses bei juristischen Personen

War bislang stets ohne Konkretisierung von einem „tatbestandsausschließenden Einverständnis" des Vermögensinhabers die Rede, so bedarf es zunächst einiger Ausführungen zur Begrifflichkeit und ihrer Einordnung in die Prüfung des § 266 StGB.

Rechtsprechung[123] und überwiegende Lehre[124] nehmen heute immer noch eine Zweiteilung[125] zwischen dem tatbestandsausschließenden Einverständnis auf der einen und der lediglich die Rechtswidrigkeit aufhebenden Einwilligung auf der anderen Seite vor.[126] Ein Einverständnis soll bei solchen Vorschriften in Betracht kommen, die im Tatbestand ein Handeln gegen bzw. ohne den Willen des Rechtsgutsinhabers erfordern, eine Einwilligung dort, wo dies der Tatbestand nicht voraussetzt.

Im Rahmen von § 266 StGB ist entscheidend, dass sowohl Missbrauchs- als auch Treubruchsuntreue durch den im Innenverhältnis unerlaubten, pflichtwidrigen Gebrauch der dem Täter eingeräumten Befugnis bzw. der sonstigen Vermögenseinwirkungsmacht typisiert sind. Eine vorherige Zustimmung des Vermögensinhabers lässt also bereits den Tatbestand vermittels der Merkmale Befugnismissbrauch bzw. Treuepflichtverletzung entfallen.[127]

---

[123] BGH 1 StR 668/51 v. 17.6.1952, BGHSt 3, 23 (25); BGH 2 StR 616/68 v. 13.5.1969, BGHSt 23, 1 (3 f.); BGH 4 StR 502/74 v. 21.11.1974, BGHSt 26, 70 (72 f.).

[124] Unter anderem LK/*Hirsch* Vor § 32 Rn. 96 ff.; Schönke/Schröder/*Lenckner* Vorbem §§ 32 ff. Rn. 29; *Jescheck/Weigend* Lehrbuch des Strafrechts, § 34 I; weitere Nachweise bei *D. Geerds* FS Geerds, 689 (705 Fn. 61).

[125] Grundlegend hierzu *F. Geerds*, Einwilligung und Einverständnis, 1 ff.; *ders.* GA 1954, 262 (262 ff.); *ders.* ZStW 72 (1960), 42 (42 ff.).

[126] Anders ein wachsender Teil der Lehre, der annimmt, dass die Einwilligung stets tatbestandsausschließende Wirkung hat; siehe *Maurach/Zipf* Allgemeiner Teil, TeilBand 1, § 17 III B 1; *Roxin* Allgemeiner Teil, § 13 Rn. 12 ff., jeweils m.w.N. Für § 266 StGB kommt diese Ansicht zu gleichen Ergebnissen wie die herrschende Auffassung – vgl. die weiteren Ausführungen im Text. Auf eine Auseinandersetzung mit ihr soll angesichts anderer Schwerpunkte der Arbeit verzichtet werden.

[127] So auch die herrschende Auffassung: BGH (Einleitung Fn. 30), JR 1997, 336 (339) „Treuhand"; *Brammsen* DB 1989, 1609 (1609); *Eisele* GA 2001, 377 (390); *Flum* Der Strafrechtliche Schutz, 72; *Kohlmann* FS Werner, 387 (402 f.); *ders./Löffeler* Die strafrechtliche Verantwortlichkeit, Rn. 179; *Labsch* JuS 1985, 602 (602); Lackner/*Kühl* § 266 Rn. 20; LK/*Schünemann* § 266 Rn. 100; Müller-Gugenberger/*Schmid* § 31 Rn. 57; *Nelles* Untreue, 523; *E. Schneider* Die Untreue, 86 f.; Schönke/Schröder/*Lenckner/Perron* § 266 Rn. 21; Tröndle/*Fischer* § 266 Rn. 49; *Vonnemann* GmbHR 1988, 329 (330); *Wodicka* Untreue zum Nachteil, 332; anders *Gribbohm* ZGR 1990, 1 (19), der davon ausgeht, eine Einwilligung im Rahmen des Untreuetatbestandes lasse lediglich die Rechtswidrigkeit entfallen; vgl. auch *ders.* DStR 1991, 248 (250), wo zwar nun von einem Einverständnis des Vermögensinhabers die Rede ist, aber auch davon, dass hierdurch die Rechtswidrigkeit der Tat ausgeschlossen werde; ebenso BGH (Einleitung Fn. 112), BGHSt 3, 32 (39); BGH (Einleitung Fn. 112), BGHSt 9, 203 (216); vgl. neuerdings BGH 4 StR 423/97 v. 7.11.1996, NStZ 1997, 124 (125), wo es um den „Ausschluss des Untreuetatbestandes" geht; differenzierend anhand des Merkmals der Verletzung einer rechtsgeschäftlich begründeten Pflicht SK/*Samson/Günther* § 266 Rn. 46.

Welche inhaltlichen Anforderungen an das Vorliegen eines tatbestandsausschließenden Einverständnisses zu stellen sind, wird nach herrschender Ansicht anhand Wesen und Funktion des jeweiligen Tatbestandes festgemacht.[128] Soweit im einschlägigen Tatbestand eine faktische Position umschrieben wird, genügt die natürliche Willensfähigkeit des Dispositionsbefugten im Tatzeitpunkt. Irrtümer sind grundsätzlich unbeachtlich. Das Einverständnis wirkt auch ohne Kenntnis des Täters.[129] Geht es hingegen um eine von rechtlichen Wertungen abhängige normative Position, decken sich die Voraussetzungen des tatbestandsausschließenden Einverständnisses mit denen der rechtfertigenden Einwilligung.[130] Bei der Untreue leitet sich der Unrechtsgehalt der Tat aus einer Pflichtverletzung des Vermögensbetreuungspflichtigen und damit aus einer normativ umschriebenen Stellung ab.[131] Im Gegensatz zur tatsächlich charakterisierten Rechtsgutsbeziehung beispielsweise im Rahmen von § 242 StGB bedarf es für § 266 StGB zum Ausschluss des Tatbestandes durch Einverständnis demzufolge der strengen Wirksamkeitsvoraussetzungen einer Einwilligung.

Unabhängig hiervon setzt die Zustimmung stets die Dispositionsbefugnis über das Vermögen als Angriffsobjekt der Untreuetat voraus. Anders ausgedrückt kann das Einverständnis die Pflichtwidrigkeit der Einwirkung auf das Fremdvermögen bei § 266 StGB nur dann beseitigen, wenn der Erklärende befugt ist, über das Vermögen zu bestimmen.[132] Dispositionsbefugt in diesem Sinne ist unzweifelhaft der Vermögensinhaber selbst – abgesehen von Sonderfällen des Verlustes oder der Beschränkung der Verfügungsmacht, beispielsweise im Insolvenzverfahren.

Vermögensinhaber in den hier betrachteten Untreue-Konstellationen ist immer eine juristische Person in Form einer AG oder GmbH.[133] Aufgrund ihrer Eigenschaft als rechtliches Konstrukt sind AG bzw. GmbH trotz ihrer Rechtsfähigkeit nicht in der Lage, einen eigenen Willen unmittelbar selbst zu bilden und zu haben. Ihre Rechte können sie nur durch Organe ausüben.[134] Das Verhalten des jeweils handelnden Organs gilt als Verhalten der GmbH selbst. Es fragt sich deshalb, welche für die AG oder GmbH handelnden Personen diese Funktion übernehmen. Dabei ist zwischen GmbH einerseits (1.) und AG andererseits (2.) zu differenzieren.

---

[128] *D. Geerds* FS Geerds, 689 (706).
[129] Für alle *Wessels/Beulke* Allgemeiner Teil, Rn. 366 ff.
[130] Wessels/*Beulke* Allgemeiner Teil, Rn. 371 ff.; *Wessels/Hillenkamp* Besonderer Teil, Rn. 758, 760.
[131] Wessels/*Hillenkamp* Besonderer Teil, Rn. 758; *Eisele* GA 2001, 377 (390); *D. Geerds* FS Geerds, 689 (706); vorsichtiger – ohne nähere Begründung – *Munz* Haushaltsuntreue, 53.
[132] *F. Geerds* GA 1954, 262 (263); *D. Geerds* FS Geerds, 689 (706).
[133] Zur Anwendbarkeit der Grundsätze des Einverständnisses auch auf Kapitalgesellschaften als juristische Personen und ihre grundrechtliche Absicherung vgl. *Kohlmann* FS Werner, 387 (403).
[134] *Kohlmann* FS Werner, 387 (399).

1. Willenszurechnung im GmbH-Konzern

a. Organzuständigkeit auf der Ebene der abhängigen Gesellschaft als Vermögensinhaberin

Als fragliche willensbildende Organe im Vermögensbereich kommen bei der GmbH der oder die Geschäftsführer (§§ 6, 35 GmbHG) oder die Gesellschafterversammlung (§§ 45, 48 GmbHG) bzw. die Gesamtheit der Gesellschafter[135] in Betracht. Während der Geschäftsführer die Gesellschaft eigenständig gerichtlich und außergerichtlich vertritt (§ 35 Abs. 1 GmbHG), ist die Gesamtheit der Gesellschafter „oberstes Organ und Entscheidungszentrum des Unternehmens".[136] Dies hat nicht nur zur Folge, dass die Versammlung mittels direkt verbindlicher Weisungen auf die konkrete Geschäftsführung Einfluss nehmen und damit dem Geschäftsführer detailliert die Wahrnehmung der ihm obliegenden laufenden Geschäftsführung vorgeben kann,[137] sondern auch, dass ihr nach der Kompetenzregelung des § 46 GmbHG (insbesondere Nr. 1) die Finanzhoheit in Bezug auf das Vermögen der eigenen Gesellschaft zukommt.[138] Die Finanzhoheit wiederum ist wichtigster Bestandteil und Ausfluss der Vermögenshoheit. Aufgrund der überragenden Stellung der Gesellschafterversammlung innerhalb der GmbH ist es folglich dieses Organ, das den Willen der Gesellschaft in Vermögensangelegenheiten bildet. Der Gesellschafterversammlung kommt damit die Dispositionsbefugnis im Rahmen von § 266 StGB als Organ der Gesellschaft zu.[139]

Dies bedeutet zugleich, dass der einzelne Gesellschafter nicht kraft eigenen Rechts, sondern in Ausübung eines der Gesellschaft zustehenden Rechts und demnach in Vertretung für diese handelt.[140] Diese Sichtweise berücksichtigt nicht nur die gesellschaftsrechtlichen Grundlagen, sondern entspricht auch der strafrechtlichen Anerkennung der Personenverschiedenheit von Gesellschaft und Gesellschaftern.[141] Konsequenz ist, dass das Gesellschaftsorgan keine weitergehenden Rechte als die GmbH selbst innehaben kann. Nicht zwingend ist allerdings der Schluss, dass die Beachtlichkeit des Einverständnisses des Organs deshalb deckungsgleich mit der Frage sei, inwieweit die GmbH selbst als Rechtssubjekt autark durch Zustimmungserklärung über ihr Vermögen verfügen

---

[135] Inhaltlich ergeben sich aus der Differenzierung zwischen der Gesellschafterversammlung und der Gesamtheit der Gesellschafter für die vorliegende Untersuchung keine Unterschiede. Vgl. dennoch *K. Schmidt* Gesellschaftsrecht, § 36 III 1; Rowedder/*Koppensteiner* § 45 Rn. 3; *Lutter/Hommelhoff* § 45 Rn. 2. und 6 einerseits; Baumbach/Hueck/*Zöllner* § 45 Rn. 3 andererseits.

[136] BGH (Einleitung Fn. 112), BGHSt 9, 203 (216); RG II 96/41 v. 30.3.1942, RGZ 169, 65 (80); *Kübler* Gesellschaftsrecht § 17 V 3; *Kohlmann* FS Werner, 387 (399); *Labsch* wistra 1985, 1, 59 (7).

[137] Oben Einleitung B. II. 2.

[138] *Kohlmann* FS Werner, 387 (399).

[139] So die herrschende Auffassung: Ausgiebig *Schäfer* GmbHR 1993, 717, 780 (791); vgl. auch *Radtke* GmbHR 1998, 311, 361 (316); *Wodicka* Untreue zum Nachteil, 323, 333.

[140] *Kohlmann* FS Werner, 387 (399).

[141] Vgl. oben Einleitung C. I. 1.

kann.[142] Denn zum einen ist der in der Frage angesprochene Sachverhalt insofern fiktiv, als die GmbH als juristische Person nicht in der Lage ist, „selbst" über ihr Vermögen zu verfügen. Zum anderen liegt die Problematik des Einverständnisses bei juristischen Personen gerade darin, in welchen Fällen der geäußerte Wille des Gesellschaftsorgans aufgrund der Eigenpersönlichkeit der GmbH nicht mit dem „Willen der Gesellschaft" gleichgesetzt werden kann.[143] Es handelt sich folglich um ein Problem der Zurechnung des Gesellschafterwillens an die Gesellschaft.[144]

Die Zurechnungsfrage kann sich in formeller wie in materieller Hinsicht stellen. Während die materiellen Grenzen der Dispositionsbefugnis nachfolgend gesondert behandelt werden,[145] stellt sich aus formeller Sicht die Frage, ob die Abstimmungs- und Verfahrensregeln der §§ 47 ff. GmbHG bei der Willensbildung der Gesellschafterversammlung Beachtung finden müssen. Hierbei ist zwischen der eingliedrigen (abhängigen) Gesellschaft auf der einen und der mehrgliedrigen (abhängigen) Gesellschaft auf der anderen Seite zu unterscheiden.[146]

Das Einverständnis der bloßen Gesellschaftermehrheit kann mangels einer abweichenden Regelung im Gesellschaftsvertrag im Übrigen nur beachtlich sein, soweit es auf einem in der Gesellschafterversammlung gefassten formalen Gesellschafterbeschluss beruht.[147] Denn die Einhaltung der Formalien ist hier Grundvoraussetzung für die Bildung eines einheitlichen, durch die Mehrheit bestimmten und geprägten Organwillens und damit zugleich für eine gesellschafts- wie strafrechtliche Zurechnung dieses Willens an die GmbH. Unerheblich ist hingegen die zivilrechtliche (Un-) Wirksamkeit des gesellschaftsrechtlichen Beschlusses außerhalb der Regelungen der §§ 47 ff. GmbHG. Denn die strafrechtliche (Un-) Wirksamkeit des Einverständnisses im Hinblick auf das Gesellschaftsvermögen kann beispielsweise nicht von einer etwaigen Verletzung der dem Mehrheitsgesellschafter gegenüber den Minderheitsgesellschaftern obliegenden Treuepflicht und der daraus resultierenden Anfechtbarkeit des Beschlus-

[142] So aber *Kohlmann* FS Werner, 387 (399 a.E.).
[143] *Auer* Gläubigerschutz durch § 266 StGB, 187.
[144] So schon frühzeitig *Ayasse* Untreue im Bankenbereich, 54, 58 f.; prägnant *Radtke* GmbHR 1998, 311, 361 (316); anders die früher vorherrschende Auffassung, insbesondere in der Rechtsprechung; vgl. vor allem BGH (Einleitung Fn. 112), BGHSt 3, 32 (39 f.); BGH (Einleitung Fn. 112), BGHSt 9, 203 (216) – jeweils zu § 81 a GmbHG a.F.; BGH (1. Kapitel Fn. 63), GA 1979, 311 (313); BGH 1 StR 609/78 v. 3.5.1979, bei *Holtz* MDR 1979, 806 (806); aus der Literatur vgl. insbesondere *Arloth* NStZ 1990, 570 (571); *Labsch* JuS 1985, 602 (602 ff.); *Peltzer* DB 1987, 973 (977); *Winkelbauer* wistra 1986, 17 (17 ff.); vgl. auch *Reiß* wistra 1989, 81 (84 f.).
[145] Unten B. II.
[146] Vgl. instruktiv die Differenzierung mittels der Überschriften des 3. und des 4. Kapitels bei *Flum* Der Strafrechtliche Schutz, 45 einerseits und 172 andererseits. Im Ansatz ebenso *Tiedemann* GmbH-Strafrecht Vor §§ 82 ff. Rn. 23 f.
[147] *Tiedemann* GmbH-Strafrecht Vor §§ 82 ff. Rn. 15.

ses bzw. deren Geltendmachung abhängen.[148] Für die Zurechnungsfrage ist vielmehr relevant, dass zunächst überhaupt ein Organwillen gebildet wird.

Für die eingliedrige Gesellschaft sowie im Falle der Einstimmigkeit der Gesellschafter bei der mehrgliedrigen GmbH gilt demgegenüber, dass es auf die Einhaltung der gesellschaftsrechtlichen Formalien der §§ 48 ff. GmbHG für die strafrechtliche Beurteilung nicht ankommen kann.[149] Die Förmlichkeiten der Beschlussfassung dienen ausschließlich den Interessen des bzw. der einzelnen Gesellschafter. § 266 StGB bezweckt hingegen allein den Schutz der Gesellschaft.[150] Eine Verletzung der Formvorschriften kann bei teleologischer Auslegung folglich eine Untreuestrafbarkeit nicht begründen.[151]

b. Organzuständigkeiten auf der Ebene der herrschenden Gesellschaft als Gesellschafterin

Sind demnach der Alleingesellschafter bzw. – unter den zuvor genannten Einschränkungen – der Mehrheitsgesellschafter in der Eigenschaft als im Vermögensbereich willensbildendes Organ der GmbH zur Erteilung eines Einverständnisses in das pflichtwidrige Verhalten des Täters zuständig und berechtigt, so stellt sich im Falle der Konzernierung der abhängigen Gesellschaft die weitere, bereits aufgeworfene Frage, wer nun wiederum auf der Ebene der herrschenden Gesellschaft dieser zurechenbar den Willen zur Erteilung des Einverständnisses zu bilden befugt ist. Denn vom Normalfall der Einverständnisproblematik bei schlichter Organuntreue abweichend ist in den hier untersuchten Fällen[152] die Allein- oder Mehrheitsgesellschafterin der abhängigen GmbH stets gleichfalls eine juristische Person, die ihrerseits unfähig ist, unmittelbar selbst einen Willen zu bilden und kundzutun. Für sie kann daher ebenfalls nur eines ihrer Organe willensbildend und willensausführend tätig werden.

Nun könnte man – entsprechend der zuvor geschilderten Situation auf der Ebene der abhängigen GmbH – annehmen, dass erneut die Gesellschafterversammlung[153], nun jedoch die der herrschenden GmbH, aufgrund ihrer Stellung als „oberstes Organ und Entscheidungszentrum" die alleinige Befugnis zur Einverständniserteilung zusteht. Dies ist insofern richtig, als es sich bei der Entscheidung zur Erklärung eines Einverständnisses jedenfalls nicht um eine dem

[148] So aber *Vonnemann* GmbHR 1988, 329 (333 f.); *Brammsen* DB 1989, 1609 (1615). Dagegen bereits *Schäfer* GmbHR 1993, 717, 780 (790); *Birkholz* Untreuestrafbarkeit, 88 f., 109 ff.
[149] Ausführlich *Flum* Der Strafrechtliche Schutz, 106 f.; *Schäfer* GmbHR 1993, 717, 780 (791); vgl. auch *Tiedemann* GmbH-Strafrecht Vor §§ 82 ff. Rn. 15; aus der Rechtsprechung siehe beispielsweise BGH 3 StR 232/88 v. 24.8.1988, BGHSt 35, 333 (337). Zur gesellschaftsrechtlichen Situation siehe *Flum* Der Strafrechtliche Schutz, 105 f. m.w.N.
[150] Vgl. oben 1. Kapitel A. I. Text bei Fn. 41.
[151] So überzeugend *Flum* Der Strafrechtliche Schutz, 106.
[152] Unter Zugrundelegung der oben im Rahmen der Einleitung B. I. getroffenen Annahme, dass herrschendes Konzernunternehmen stets auch eine Gesellschaft in der Rechtsform der AG oder GmbH ist.
[153] Falls das herrschende Unternehmen eine GmbH ist.

Geschäftsführer gemäß § 35 Abs. 1 GmbHG unentziehbar zugewiesene Maßnahme der Vertretung handelt, und die Gesellschafterversammlung alle anderen Entscheidungen, insbesondere solche der laufenden Geschäftsführung, sowieso an sich ziehen bzw. mittels direkt verbindlicher Weisungen beeinflussen kann.[154] Der Unterschied zur Situation bei der abhängigen GmbH besteht allerdings darin, dass durch die Einverständnisentscheidung nun nicht die Finanz- bzw. Vermögenshoheit in Bezug auf das Vermögen der eigenen Gesellschaft betroffen ist – jedenfalls nicht unmittelbar im Sinne der Zustimmung in ein pflichtwidriges, das eigene GmbH-Vermögen schädigende Verhalten, sondern allenfalls mittelbar durch „Entwertung" der eigenen Beteiligung. Dieser mittelbare Vermögensbezug tritt hinter den dominierenden Charakter der aus der Gesellschafterstellung der herrschenden GmbH fließenden Einverständniserteilung als Verwaltung der in Bezug auf die abhängige Gesellschaft bestehenden Beteiligung zurück. Eine solche Beteiligungsverwaltung ist Bestandteil der dem Geschäftsführer grundsätzlich[155] zur selbständigen Wahrnehmung zugewiesenen laufenden Geschäftsführung.

Daher ist auf der Ebene der herrschenden Gesellschaft jedenfalls auch und grundsätzlich der Geschäftsführer zur Bildung des der herrschenden Gesellschaft dann zurechenbaren Willens im Hinblick auf ob und Umfang eines Einverständnisses zuständig und befugt, soweit es nicht um die Erteilung eines Einverständnisses in pflichtwidrige, vermögensschädigende Verhaltensweisen in Bezug auf das Vermögen der eigenen GmbH, sondern auf das der lediglich von ihr abhängigen Gesellschaft geht. Auf die AG als herrschendes Unternehmen übertragen bedeutet dies, dass die Entscheidung über ein Einverständnis in derselben Konstellation als Maßnahme der laufenden Geschäftsführung allein dem Vorstand obliegt (§§ 76 Abs. 1, 78 Abs. 1 AktG).

Für die eingangs des Unterkapitels angesprochene Situation, dass im Konzernverbund auch[156] ein Einverständnis mit zunächst hinsichtlich der beherrschten Gesellschaft pflichtwidrigem Handeln des Leitungsorgans der Konzernspitze selbst in Betracht kommt, bedeutet dies, dass der Geschäftsführer bzw. Vorstand als Leitungsorgan der Konzernmutter dieser zurechenbar ein Einverständnis mit dem eigenen pflichtwidrigen, schädigenden Verhalten in Bezug auf das Vermögen der durch die Mutter allein oder mehrheitlich beherrschten abhängigen GmbH erteilen kann. Dies erscheint zunächst kurios, wären doch die dem Organ der Konzernobergesellschaft oben unter A. I. 2. gezogenen Schranken pflicht-

[154] Vgl. oben Einleitung B. II. 2.
[155] Zu den Einschränkungen vgl. den Text vor Fn. 154.
[156] Neben einem Einverständnis der herrschenden Gesellschaft als Gesellschafterin des abhängigen Unternehmens mit dem pflichtwidrigen, schädigenden Handeln des Geschäftsleiters der beherrschten Gesellschaft gegenüber seiner eigenen Gesellschaft.

gemäßer Einflussnahme auf das Vermögen der abhängigen Gesellschaft hinfällig. Dennoch ist das gefundene Ergebnis stimmig.

Zum einen ist anzumerken, dass den aufgestellten Schranken noch insofern eine (eingeschränkte) Bedeutung zukommt, als bei der herrschenden GmbH die Gesellschafterversammlung – wie zuvor geschildert – durchaus Einfluss auf das Ob und Wie eines Einverständnisses durch den Geschäftsführer nehmen kann, und so die Schranken im Falle der Verneinung einer Einverständniserteilung Anwendung finden. Weiterhin bedeutet die hier vertretene Ansicht nicht, dass per se jede grundsätzlich pflichtwidrige und nachteilige Maßnahme in Bezug auf das abhängige Unternehmen durch zugleich vom „Täter" erteiltes Einverständnis tatbestandlich ausgeschlossen wäre. Denn es existieren materielle Grenzen der Befugnis zur Disposition seitens der Gesellschafterversammlung über das Vermögen ihrer GmbH,[157] die der Geschäftsführer oder Vorstand der herrschenden Gesellschaft als deren Vertreter gleichfalls einhalten müssen. Eine Verletzung dieser Grenzen hat die Unwirksamkeit des Einverständnisses zur Folge und führt infolgedessen nicht zum Tatbestandsausschluss.

Zum anderen ist das gefundene Ergebnis konsequent und entspricht der zur Einverständnisproblematik im Rahmen schlichter Organuntreue vertretenen herrschenden Meinung. Denn dort[158] nimmt die vorherrschende Auffassung an, dass sich ein Alleingesellschafter-Geschäftsführer einer GmbH innerhalb bestimmter Grenzen mit dem eigenen nachteiligen Verhalten in Bezug auf das für ihn trotz 100 %igen Anteilsbesitzes fremde Gesellschaftsvermögen einverstanden erklären kann. Zwar ist zuzugeben, dass die Stellung zum Gesellschaftsvermögen hierbei eine andere ist als im Falle eines Einverständnisses des Geschäftsleiters der herrschenden Gesellschaft in seine eigene Schädigungshandlung. Denn nicht der Geschäftsleiter selbst, sondern die herrschende Gesellschaft ist (womöglich alleiniger) Inhaber der Anteile an der beherrschten GmbH. Dennoch ist der Geschäftsleiter Organ und Vertreter der juristischen Person als Gesellschafterin und neben der Gesellschafterversammlung einziges Organ, welches für diese wirksam entscheiden und handeln kann. Der Unterschied in der Position zum Fremdvermögen im Vergleich zum Alleingesellschafter-Geschäftsführer resultiert damit vornehmlich aus der Existenz des rechtlichen Konstrukts „juristische Person". Unerheblich ist, dass der Geschäftsleiter der herrschenden Mutter in der Regel nicht zugleich Geschäftsleitungsorgan der abhängigen Gesellschaft ist. Denn nach hier vertretener Ansicht kommen auch dem Geschäftsführer oder Vorstand der Konzernspitze grundsätzlich Vermögensbetreuungspflichten hinsichtlich der Tochtergesellschaft zu.[159] Außerdem ist es durchaus strafrechtsdogmatisch denkbar, dass der Täter in sein eigenes, an sich strafbares Tun oder Unterlassen ein Einverständnis erteilt. Das Strafrecht

---

157 Unten B. II.
158 Unten B. II.
159 Oben 2. Kapitel B. I. 3. b.

zieht hier konsequent die Folgen aus dem Bestehen juristischer Personen, ihrer Rechtsfähigkeit, der Tatsache ihrer Willensunfähigkeit sowie der Vermögenstrennung von Gesellschafts- und Gesellschaftervermögen.

c. Zwischenergebnis

Die Organzuständigkeiten zur Einverständniserteilung in an sich pflichtwidrige Schädigungen des Gesellschaftsvermögens im Kapitalgesellschaftskonzern divergieren hinsichtlich der jeweiligen Konzerngesellschaftsebene.

Für die abhängige Gesellschaft als betroffene Vermögensinhaberin ist allein die Gesellschafterversammlung zur Bildung der Einverständnisentscheidung befugt. Sie setzt sich im Falle einer Alleingesellschafterstellung ausschließlich aus der herrschenden AG oder GmbH zusammen. Bei einer mehrgliedrigen Gesellschaft besteht lediglich insofern ein Unterschied, als hier die Konzernspitze als Mehrheitsgesellschafterin außerhalb von Einstimmigkeit an die GmbH-gesetzlichen Formalien gebunden ist, um wirksam einen zurechenbaren Organwillen zu bilden.

Auf der Ebene der herrschenden GmbH oder AG ist demgegenüber grundsätzlich[160] der Geschäftsführer bzw. Vorstand zu der Entscheidung berufen, ob die Konzernmutter in ihrer Rolle als den Willen der betroffenen abhängigen Gesellschaft beherrschende Allein- oder Mehrheitsgesellschafterin ein Einverständnis durchsetzt.

Aus Letzterem ergeben sich Konsequenzen für eine Strafbarkeitsbeurteilung des geschäftsleitenden Organs der Muttergesellschaft nach § 266 StGB im Hinblick auf das Tochterunternehmen. Entscheidende Kriterien für eine Strafbarkeit aufgrund pflichtwidriger Schädigungen gegenüber der Tochter bei Vorhandensein einer Vermögensbetreuungspflicht sind nunmehr in aller Regel – unabhängig von den Ausführungen in A. I. 2. – Umfang und Grenzen der Dispositionsbefugnis des herrschenden Unternehmens über das Vermögen der abhängigen Gesellschaft.[161] Werden diese Grenzen beachtet, so entfällt – bis auf in den Sonderfällen der Einschaltung der Gesellschafterversammlung innerhalb der GmbH – eine Strafbarkeit aus § 266 StGB aufgrund wirksamen tatbestandsausschließenden Einverständnisses.

2. Einverständnis im AG-Konzern

Im Gegensatz zur gleichen Fragestellung bei der GmbH hat die Behandlung der Einverständnisproblematik innerhalb von Aktiengesellschaften bislang wenig Aufmerksamkeit erfahren. So verzichtet beispielsweise *Flum*[162] auf eine diesbezügliche Darstellung, da solche Fälle praktisch nicht aufträten und Rechtspre-

---

[160] Neben der Gesellschafterversammlung bzw. Hauptversammlung.
[161] Dazu unten B. II.
[162] *Flum* Der Strafrechtliche Schutz, 40 ff.

chung hierzu nicht vorläge. Grund hierfür sei zum einen die in der Regel wesentlich höhere Zahl der Anteilseigner, zum anderen das allgemeine Verbot der Einlagenrückgewähr aus den §§ 57, 58 AktG sowie die unterschiedlichen Organkompetenzen im Vergleich zur GmbH.[163]

Hierzu ist vorab anzumerken, dass zunächst nicht einmal gesichert ist, ob überhaupt die Aktionäre als Anteilseigner in ihrer Eigenschaft als Gesellschaftsorgan für die (abhängige) AG die Entscheidung über eine Einverständniserteilung zu treffen befugt sind. Darüber hinaus ist der Großteil deutscher AG nicht börsennotiert und besitzt nicht zwangsläufig eine unübersichtliche Anzahl von Aktionären. Gerade in kleinen oder mittelständigen Familien-AG bzw. Familien-AG-Konzernen kann das Einverständnisproblem durchaus Praxisrelevanz aufweisen. Mit dem allgemeinen Verbot der Einlagenrückgewähr ist bereits eine mögliche materielle Schranke der Dispositionsbefugnis des für die Willensbildung der AG zuständigen Organs angesprochen. Dieses Verbot kann gerade im hier relevanten Bereich einer Konzernierung der AG Einschränkungen erfahren, so beispielsweise über § 291 Abs. 3 AktG oder § 323 Abs. 2 AktG.

a. Organzuständigkeit auf der Ebene der abhängigen Gesellschaft als Vermögensinhaberin

Erstaunlicherweise wird in keiner der Abhandlungen zur Einverständnisproblematik bei der AG thematisiert, welches ihrer Organe der AG zurechenbar den Willen bezüglich des Ob und Wie eines Einverständnisses zu bilden berechtigt ist. Stets sollen wie selbstverständlich die Aktionäre, verbunden in der Hauptversammlung der AG, ein Einverständnis in die an sich pflichtwidrige Schädigung des Gesellschaftsvermögens erteilen können.[164]

Konsequent ist dies aus Sicht von *Nelles*, die mittels eines genuin strafrechtlichen, speziell aus dem Tatbestand des § 266 StGB abgeleiteten Rechtsbegriff der Vermögensinhaberschaft nicht die juristische Person selbst als Vermögenssubjekt im Sinne des Untreuetatbestandes ansieht, sondern die Gesamtheit der Gesellschafter bzw. – bezogen auf die AG – der Aktionäre.[165] Die hierdurch er-

---

[163] Vgl. eindrucksvoll auch *Taschke* FS Lüderssen, 663 (666), der unterstellt, dass eine Strafbarkeit nicht schon durch ein Einverständnis der Aktionäre ausgeschlossen ist, da hierzu jedenfalls die Zustimmung aller Gesellschafter notwendig wäre, die insbesondere bei einer Publikums-AG nicht gegeben sein kann.

[164] *J. Kaufmann* Organuntreue, 140 ff.; erstaunlicherweise wortgleich zu diesem *Wellkamp* NStZ 2001, 113 (116 ff.); *Nelles* Untreue, 551 ff.; Lackner/*Kühl* § 266 Rn. 20. Im Ergebnis die Möglichkeit eines Einverständnisses bei der AG ablehnend, jedoch im Ansatz ebenfalls davon ausgehend, dass ansonsten die Hauptversammlung zuständig wäre *Ewald* Untreue, 236 ff.; *Seher* Die aktienrechtliche Untreue, 36 (zu § 294 AktG a.F.). Unklar *Bucher* FG Schultz, 165 (178 ff.) zur Rechtslage in der Schweiz, der zum einen vom Dispens seitens „auch“ des Alleinaktionärs spricht (178), zum anderen nach der Organschaftskonzeption der AG den Willen des Verwaltungsrats als Willen der Gesellschaft gelten lassen will (181).

[165] Vgl. bereits oben Einleitung Fn. 109.

folgende Negierung der Konstruktion juristischer Personen wurde bereits oben[166] abgelehnt.

Die anderen Autoren scheinen ungefragt das zur GmbH gefundene Ergebnis[167], dass die Gesellschafter als Anteilseigner, verbunden in ihrer Gesamtheit bzw. in der Gesellschafterversammlung, im Rahmen von § 266 StGB zur Disposition über das Gesellschaftsvermögen befugt sind, auf die AG zu übertragen. Unerwähnt bleiben die unterschiedlichen Organstrukturen und -kompetenzen innerhalb der AG. Zwar war noch unter dem HGB von 1897 die damals so titulierte Generalversammlung das „oberste Willensorgan der Gesellschaft" sowie das „oberste geschäftsführende Organ", so dass ihr insbesondere die Kompetenz-Kompetenz entsprechend der heutigen Situation bei der GmbH-Gesellschafterversammlung zustand.[168] Dieser Machtfülle wurde die so umbenannte Hauptversammlung schon durch das AktG vom 4.2.1937[169] entkleidet. Heute bildet sie neben dem Vorstand und dem Aufsichtsrat der AG das dritte Organ mit einem durch das Gesetz genau umschriebenen Zuständigkeitsbereich. Sie kann nicht mehr als „Machtgeber des Vorstands" bezeichnet werden.[170] Der Vorstand als Organ der Geschäftsführung leitet eigenverantwortlich die Geschicke der AG (§ 76 Abs. 1 AktG). Aufgrund der in § 76 Abs. 1 AktG verankerten zwingenden verbandsrechtlichen Autonomie und Eigenverantwortlichkeit haben weder Hauptversammlung noch Aufsichtsrat dem eigenen Vorstand gegenüber ein unmittelbares Weisungsrecht. Der Unterschied zur Rechtslage bei der GmbH, wo die Gesellschafterversammlung bzw. die Gesamtheit der Gesellschafter „oberstes Organ und Entscheidungszentrum des Unternehmens"[171] ist, woraus zugleich die Finanz- bzw. Vermögenshoheit dieses Gesellschaftsorgans resultiert, ist gravierend.

Kann die Vermögenshoheit der Hauptversammlung demzufolge nicht aus einer etwaigen dominierenden Position dieses Organs im Gesellschaftsgefüge abgeleitet werden, so muss sich das Augenmerk auf die Zuweisung einzelner vermögensbezogener Kompetenzen richten. Der Hauptversammlung obliegt nach dem Katalog ihrer Rechte in § 119 Abs. 1 AktG insbesondere die Verwendung des Bilanzgewinns (Nr. 2) sowie Maßnahmen der Kapitalbeschaffung und der Kapitalherabsetzung (Nr. 6). Bei der Verwendung des Bilanzgewinns ist die Hauptversammlung allerdings nach § 174 Abs. 1 Satz 2 AktG an den vom Vorstand

[166] Einleitung C. I. 1.; zur Kritik an *Nelles* im vorliegenden Zusammenhang vgl. auch *J. Kaufmann* Organuntreue, 61 f.
[167] Oben B. I. 1. a.
[168] Nachweise bei *Ewald* Untreue, 241.
[169] RGBl. I, 107.
[170] Vgl. *Ewald* Untreue, 241.
[171] Nachweise oben Fn. 136.

aufgestellten und grundsätzlich[172] von ihm und vom Aufsichtsrat gemäß § 172 Satz 1 AktG festgestellten Jahresabschluss gebunden. Der Unterschied zwischen Jahresüberschuss (bzw. -fehlbetrag) und Bilanzgewinn (bzw. -verlust) resultiert aus der Rücklagenauflösungskompetenz des Vorstands. Das Jahresergebnis gibt den wirtschaftlichen Erfolg eines Jahres wieder, ermittelt als Saldo der Erträge und Aufwendungen (vgl. § 158 Abs. 1 AktG). Nach teilweiser Erfolgsverwendung im Sinne der Einbehaltung resultiert hieraus der Bilanzgewinn. Da nur dieser an die Aktionäre ausgeteilt werden darf (§ 57 Abs. 3 AktG), können Rücklagen erst dann ausgeschüttet werden, wenn sie zuvor durch Auflösung seitens des Vorstandes – gebilligt durch den Aufsichtsrat – in den Bilanzgewinn eingegangen sind.

Es zeigt sich somit, dass im Hauptpunkt des Vermögensbereiches der Gesellschaft die Zuständigkeiten zwischen Vorstand und Hauptversammlung zumindest geteilt sind. Lediglich dem Aufsichtsrat kommt – entsprechend seiner Aufsichtsfunktion (§ 111 Abs. 1 AktG) – keine willensbildende, sondern allein eine überwachende Funktion zu (vgl. auch § 111 Abs. 3, Abs. 4 Satz 1 AktG). Darüber hinaus kann die Hauptversammlung dem Vorstand bindende Weisungen mit Vermögensrelevanz erteilen, wenn der Vorstand dies verlangt (§ 119 Abs. 2 AktG). Seit der „Holzmüller“-Entscheidung[173] ist zudem anerkannt, dass für bestimmte Grundlagenentscheidungen sogar eine Vorlagepflicht des Vorstandes existiert.[174] Der Umfang dieser Hauptversammlungszuständigkeit wird bestimmt durch die Unterscheidung von Maßnahmen der Leitung der Gesellschaft einerseits und Strukturentscheidungen andererseits.[175] Auch wenn es sich bei der Einverständniszurechnung nicht um eine Strukturentscheidung im „Holzmüller“-Sinne handelt, so bietet die Differenzierung doch einen Anhaltspunkt auch für die strafrechtliche Betrachtung. Wie schon im Rahmen der Ausführungen zur Zuständigkeit der GmbH-Organe angedeutet, handelt es sich bei der Entscheidung über ein untreuerelevantes Einverständnis gerade um keine Maßnahme der laufenden Geschäftsführung, falls das Vermögen der „eigenen“ Gesellschaft unmittelbar betroffen ist. Anders ist dies nur bei einer Einverständ-

---

[172] Vgl. § 172 Satz 1 HS 2 AktG und insbesondere § 173 Abs. 1 HS 2 AktG. Diese Vorschriften verdeutlichen, dass im Konfliktfall gerade doch die Hauptversammlung letztentscheidendes Gesellschaftsorgan ist. Sie unterstützen somit das nachstehend gefundene Ergebnis.

[173] BGH II ZR 174/80 v. 25.2.1982, BGHZ 83, 122 (122 ff.) „Holzmüller“.

[174] Die dogmatische Grundlage dieser Vorlagepflicht ist allerdings nach wie vor umstritten: Während der BGH in der „Holzmüller“-Entscheidung Bezug auf § 119 Abs. 2 AktG nimmt, steht die wohl überwiegende Auffassung in der Wissenschaft auf dem Standpunkt, dass diese Vorschrift nicht als Begründung einer Vorlagepflicht herhalten könne, da sie nur die Möglichkeit einer Vorlage im Interesse des Vorstandes einräume; so KK/*Mertens* § 76 Rn. 41. Die Zustimmungskompetenz leite sich vielmehr aus einer Gesetzesanalogie zu dem Zuständigkeitenkatalog der Hauptversammlung her, KK/*Mertens* § 76 Rn. 52. Zum Meinungsstand vgl. auch instruktiv *Lutter* FS Stimpel, 825 (843 ff.).

[175] Ausführlich etwa *Lutter* FS Stimpel, 825 (850).

niserteilung im Rahmen der Verwaltung von Beteiligungen der herrschenden AG. Dort ist unstreitig der Vorstand als Geschäftsführungsorgan zuständig.[176]

Die Einverständniserteilung stellt vielmehr einen Sonderfall eines Eingriffs in die Vermögenssubstanz der AG dar. Auf diesen Eingriff kann man den Grundgedanken der „Holzmüller"-Doktrin übertragen. Dieser besteht darin, dass ein nachteiliger Eingriff von dem hierdurch Betroffenen bzw. der Gruppe von Betroffenen legitimiert werden muss. Unter „nachteilig" versteht der BGH sowohl die vermögensmäßige Wertminderung der Mitgliedschaft der Aktionäre wie auch die Rechtsminderung, also die Wegnahme von Einfluss- und Mitwirkungspotenzial bei der Gestaltung des künftigen Geschehens in der Gesellschaft.[177] Bezogen auf das Einverständnis in pflichtwidrige, schädigende Vermögensmaßnahmen bedeutet dies, dass durch die Nachteilszufügung nicht nur der Wert der Aktien als Anteile an dem Vermögen der Gesellschaft, sondern auch das Einflusspotenzial in Form der Bilanzgewinnverwendung sinkt, indem weniger Gewinn zu verteilen ist. Nun führen zwar auch zahlreiche unternehmerische Entscheidungen „im angelegten und angestammten Bereich"[178] der AG zu einer solchen Wert- oder Rechtsminderung und werden dennoch allein vom Vorstand als Verwaltungsorgan getroffen. Die Einverständniserteilung ist aber gerade keine solche Entscheidung „im angelegten und angestammten Bereich", sondern weist im Vergleich hierzu aufgrund ihrer strafrechtlichen Folgen qualitative Unterschiede auf, und dies unabhängig von der Höhe des tatsächlich zugefügten Schadens im Sinne des Untreuenachteils.

Dem kann auch nicht entgegnet werden, dass nun plötzlich durch die Bezugnahme auf die „vermögensmäßige Wertminderung der Mitgliedschaft der Aktionäre" faktisch-wirtschaftlich argumentiert würde, trotz vorheriger Ablehnung der wirtschaftlichen Betrachtungsweise.[179] Denn im Unterschied zur obigen Darstellung geht es hier nicht um das Verhältnis der Anteilseigner zum Gesellschaftsvermögen bzw. um die Beziehung zwischen Aktionären und AG, sondern um das interne Kompetenzgefüge zwischen Vorstand und Aktionären. Beiden ist das Gesellschaftsvermögen juristisch nicht zugewiesen. Dies ist für die strafrechtliche Beurteilung der Vermögenszuordnung von Relevanz. Für die Frage der Zuständigkeit zur Einverständniserteilung ist hingegen entscheidend, dass im Unterschied zum Vorstand die Aktionäre wertmäßig als Eigenkapitalgeber am Gesellschaftsvermögen beteiligt sind.

Aus diesen Überlegungen in Verbindung mit der zuvor geschilderten generellen, wenn auch geteilten bzw. subsidiären Vermögenskompetenz der Hauptversammlung ergibt sich letztlich, dass bei der AG die Hauptversammlung intern

[176] Vgl. oben B. I. 1. b.
[177] So *Lutter* FS Stimpel, 825 (834).
[178] So *Lutter* FS Stimpel, 825 (834).
[179] Hierzu oben Einleitung C. I. 1.

zuständig ist, den der AG zuzurechnenden Willen in Bezug auf das Ob und Wie eines Einverständnisses zu bilden, falls es um Untreuehandlungen gegenüber dem Gesellschaftsvermögen der eigenen Gesellschaft geht. Die Situation entspricht damit derjenigen bei der GmbH. Dies gilt auch für die formellen Voraussetzungen einer Willenszurechnung. Da die „Holzmüller"-Rechtsprechung nur ihrem Gedanken nach für die strafrechtliche Beurteilung herangezogen wurde, sind die dort geforderten Formalien und Mehrheitsverhältnisse irrelevant. Aus dem Telos des § 266 StGB folgt vielmehr, dass das Einverständnis bei der eingliedrigen AG und im Falle der Einstimmigkeit ebenso bei der mehrgliedrigen AG formlos erteilt werden kann. Hierdurch entfallen für AG-Konzerne im hier untersuchten Sinne vielfach die befürchteten praktischen Schwierigkeiten.

b. Generelle Möglichkeit eines Einverständnisses in der Aktiengesellschaft

Ist nun die Frage geklärt, wer intern zur Einverständniserteilung bei der AG zuständig ist, bedarf es zuletzt einer Auseinandersetzung mit den Ansichten, die ein AG-Einverständnis – auch des oder der zuständigen Organe – generell ablehnen.

Teilweise wird die Frage, ob ein zustimmender Hauptversammlungsbeschluss strafrechtlich relevant ist, dahingehend gelöst, dass den Aktionären die alleinige Trägerschaft des Vermögens als geschützten Rechtsguts abgesprochen und neben deren Vermögensinteressen auch die rechtlich geschützten Interessen der Gläubiger und Arbeitnehmer der Gesellschaft berücksichtigt werden.[180] Der zustimmende Hauptversammlungsbeschluss könne deshalb bezogen auf den Untreuetatbestand nicht wirksam gefasst werden.[181] Rechtsfolge eines solchen Beschlusses sei allein, dass gesellschaftsrechtlich eine etwaige Schadensersatzverpflichtung gegenüber der Gesellschaft gemäß § 93 Abs. 4 Satz 1 AktG entfällt. Gegenüber den Gläubigern bleibt die Ersatzpflicht jedoch nach § 93 Abs. 5 Satz 3 AktG bestehen.[182]

Dieser Argumentation ist bereits entgegenzuhalten, dass für eine Strafbarkeit gemäß § 266 StGB unmittelbar keine Gläubigerschutzgründe maßgeblich sein können,[183] wie sie *Ewald* vorbringt, und dass das Entfallen einer Schadensersatzverpflichtung des Vorstandes gegenüber der AG bei einem bindenden Beschluss eher dafür spricht, dass in Bezug auf das hier allein relevante Gesellschaftsvermögen eine Dispositionsbefugnis bestehen muss.[184] Maßgebend ist darüber hinaus, dass es entgegen *Ewald* gar nicht um ein Problem der Trägerschaft des Gesellschaftsvermögens geht,[185] sondern um ein Problem der Zurech-

---

[180] *E. Schneider* Die Untreue, 87 f.; *Ewald* Untreue, 238.
[181] *Ewald* Untreue, 238.
[182] *Ewald* Untreue, 236.
[183] Vgl. oben 1. Kapitel A. I. Text vor Fn. 40.
[184] Ähnlich *J. Kaufmann* Organuntreue, 62.
[185] Das Gesellschaftsvermögen ist – wie bereits mehrfach betont –, auch aus strafrechtlicher Perspektive, der Gesellschaft selbst zugewiesen; vgl. oben Einleitung C. I. 1.

nung des Organwillens an die Gesellschaft. Für diese Zurechnung ist es aber zunächst – außerhalb der materiellen Grenzen der Dispositionsbefugnis – völlig unerheblich, ob andere rechtlich geschützte Interessen bestehen.

Dem Grunde nach einschlägiger ist der weitere Hinweis von *Ewald*, dass ein Einverständnis der AG in das pflichtwidrige, schädigende Handeln ihres Geschäftsführungsorgans scheitern müsse, da ansonsten dem Vorstand mittels des Vorlagerechts aus § 119 Abs. 2 AktG ein Instrument in die Hand gegeben wäre, das die Manipulation der eigenen Strafbarkeit ermögliche.[186]

Dennoch greift dieser Einwand dogmatisch nicht durch. Wie bereits gezeigt ist es aufgrund der Tatsache der Anerkennung des rechtlichen Konstrukts „juristische Person" (auch) durch das Strafrecht durchaus logisch und zwingend, dass der eigentliche „Täter" als Gesellschaftsorgan in sein eigenes, an sich strafbares Verhalten ein Einverständnis erteilt.[187] Dann aber kann es keinen Bedenken unterliegen, wenn dem „Täter" nur ein „Instrument" gestellt wird, durch das er einem Dritten – hier der Hauptversammlung – die Entscheidung über ein Einverständnis antragen kann, zumal nach hier vertretener Ansicht die Hauptversammlung per se zu einer solchen Entscheidung zuständig und befugt ist.

c. Zwischenergebnis

Zusammengefasst bedeutet dies, dass auch bei der AG die Anteilseigner, hier in Form der Hauptversammlung, der AG zurechenbar ein Einverständnis erteilen können. Dies besagt jedoch nicht, dass dadurch in jedem Falle einer Einverständniserklärung eine Untreuestrafbarkeit des handelnden Leitungsorgans der abhängigen oder der herrschenden Gesellschaft ausgeschlossen wäre. Denn auch bei der abhängigen AG sind die Grenzen der Dispositionsbefugnis der herrschenden Gesellschaft als Anteilseignerin zu beachten. Nur innerhalb dieser Grenzen kann das Einverständnis seine tatbestandsausschließende Wirkung entfalten.

II. Grenzen der Dispositionsbefugnis der herrschenden Gesellschaft

Wie festgestellt liegt die Problematik des Einverständnisses bei juristischen Personen darin, in welchen Fällen der geäußerte Wille des zur Willensbildung zuständigen Gesellschaftsorgans Gesellschafterversammlung bzw. Hauptversammlung der Gesellschaft zugerechnet bzw. – negativ formuliert – aufgrund der Eigenpersönlichkeit der Gesellschaft nicht mit dem „Willen der Gesellschaft" gleichgesetzt werden kann.[188] Die – vom hiesigen dogmatischen Standpunkt aus so bezeichneten – materiellen Grenzen einer solchen Zurechnung wurden und werden in Rechtsprechung und Literatur im Zusammenhang mit der Strafbarkeit schlichter Organuntreue insbesondere für die GmbH heftigst und umfassend dis-

---

[186] *Ewald* Untreue, 237; in diese Richtung auch *Bucher* FG Schultz, 165 (181).
[187] Siehe oben B. I. 1. b.
[188] Oben B. I. 1. a.

kutiert. Dabei reichen die Ansichten von dem einen, mittlerweile historischen Extrem einer Art strenger Körperschaftstheorie[189], nach der die Anteilseigner außerhalb eines Gewinnbezugs nach § 29 GmbHG eine Schädigung des Gesellschaftsvermögens nicht gestatten konnten, mit der Folge, dass die Pflichtwidrigkeit des Täterhandelns durch Einverständnis nicht entfiel,[190] bis hin zum anderen äußersten Pol der sog. strengen Gesellschaftertheorie[191].

Die strenge Gesellschaftertheorie verneint jegliche Dispositionsgrenzen materieller Art auf Seiten der Gesellschafter bzw. des Alleingesellschafters, so dass mit deren Einverständnis in das Gesellschaftsvermögen erfolgende Eingriffe nach § 266 StGB nicht strafbar sein können. Denn entweder ginge es bei der Erhaltung des Vermögensbestandes der GmbH um die Interessen der Gesellschafter als den „wirtschaftlichen Eigentümern", oder es stünden Gläubiger- oder Allgemeininteressen auf dem Spiel, die durch den Untreuetatbestand nicht geschützt seien.[192] Ergänzend findet sich der Hinweis auf die Liquidationsbefugnis der Gesellschaftergesamtheit, aus der auf die uneingeschränkte Wirksamkeit und Zurechenbarkeit des Einverständnisses der Gesellschafter geschlossen wird.[193]

In das verbleibende Spektrum reihen sich die sog. eingeschränkte Körperschaftstheorie sowie die eingeschränkte Gesellschaftertheorie ein.[194] Erstere wurde zeitweise in ständiger BGH-Rechtsprechung und wird auch heute noch teilweise in der höchstrichterlichen Rechtsprechung vertreten. Nach ihr lässt das Einverständnis der Gesellschafter die Pflichtwidrigkeit einer Schmälerung des GmbH-Vermögens insoweit entfallen, wie sich die gesamte Transaktion im Rahmen der Grundsätze eines ordentlichen Geschäftsmannes bewegt.[195]

---

[189] So die Bezeichnung von LK/*Schünemann* § 266 Rn. 125 c. bb.

[190] So die Rechtsprechung des RG. Vgl. RG (1. Kapitel Fn. 62), RGSt 42, 278 (282 ff.); RG 1 D 757/34 v. 10.5.1935, RGSt 69, 203 (206); RG 5 D 524/37 v. 20.9.1937, RGSt 71, 353 (355 f.); vgl. hierzu *Kohlmann* FS Werner, 387 (388 f.).

[191] Bezeichnung nach LK/*Schünemann* § 266 Rn. 125 c. bb.

[192] Schönke/Schröder/*Lenckner/Perron* § 266 StGB Rn. 21; *Labsch* JuS 1985, 602 (604 ff.); *ders.* wistra 1985, 1, 59 (7 f.); *Arloth* NStZ 1990, 570 (573 ff.); *Ayasse* Untreue im Bankenbereich, 58 ff.; *Muhler* wistra 1994, 283 (287); *Reiß* wistra 1989, 81 (83 ff.); *ders.* StuW 1992, 233 (240 f.); *Wehleit* Die Abgrenzung, 18 ff.; *Winkelbauer* wistra 1986, 17 (18); SK/*Samson/Günther* § 266 Rn. 48; Tröndle/*Fischer* § 266 Rn. 53; im Ergebnis ebenso, aber von ihrem anderen Ausgangspunkt aus *Nelles* Untreue, 483 ff., 512 ff., 549, 553; vom Standpunkt einer ökonomischen Analyse des (Straf-) Rechts aus ebenso *Birkholz* Untreuestrafbarkeit, 279 ff., 294 f.; für das schweizerische Aktienrecht von einem anderen Ansatz aus ebenso *Bucher* FG Schultz, 165 (178 ff.).

[193] *Reiß* wistra 1989, 81 (84 f.); vgl. auch *Nelles* Untreue, 547 f.

[194] Bezeichnungen wiederum nach LK/*Schünemann* § 266 Rn. 125 c. bb.

[195] BGH (Einleitung Fn. 112), BGHSt 9, 203 (216); BGH (1. Kapitel Fn. 63), BGHSt 30, 127 (127 ff.); BGH (2. Kapitel Fn. 23), NStZ 1984, 118 (118 ff.); BGH (Einleitung Fn. 112), BGHSt 34, 379 (379 ff.); zustimmend *Tiedemann* GmbH-Strafrecht Vor §§ 82 ff. Rn. 15; *Richter* GmbHR 1984, 113, 137 (145); *Wilhelm* FS Flume, 337 (389 f.). Zur Kritik gegenüber der Rechtsprechung der Strafsenate vgl. instruktiv *Fleck* EWiR § 29 GmbHG 2/87, 987 (987): „mit wesentlichen Grundsätzen des GmbH-Rechts und der Rechtsprechung des dafür zuständigen Fachsenats unvereinbar".

Die heute herrschende Ansicht folgt der eingeschränkten Gesellschaftertheorie. Ihr zufolge bleibt im Falle des Gesellschaftereinverständnisses die Pflichtwidrigkeit des Täterhandelns bei Schädigung des GmbH-Vermögens jedenfalls dann, aber auch nur dann, bestehen, wenn die zwingenden Vorschriften des GmbH-Rechts über die Kapitalerhaltung (§§ 30 ff. GmbHG) verletzt sind.[196] Teilweise wird darüber hinaus einem Einverständnis im Falle der Existenzgefährdung der Gesellschaft die Wirkung versagt.[197]

Es soll nicht das Ziel dieser Arbeit sein, die Diskussion zur Organuntreue bis ins letzte Detail auszuführen und zu bewerten.[198] Dies ist bereits Gegenstand zahlreicher Monographien, die sich ausschließlich mit den Grenzen eines Einverständnisses bei GmbH und AG beschäftigen.[199] Für den Bereich schlichter Organuntreue können diese Grenzen mit der zuvor geschilderten herrschenden Meinung als weitgehend enthüllt und gefestigt bezeichnet werden.

Relevanz besitzt die herrschende Auffassung für die vorliegende Untersuchung insoweit, als für das Gebiet der Konzernuntreue geklärt werden muss, ob die materiellen Schranken der Kapitalerhaltung sowie der Existenzwahrung oh-

---

[196] Für die Kapitalerhaltungspflicht als materielle Dispositionsgrenze: *Radtke* GmbHR 1998, 311, 361 (365 f.); *Kohlmann* FS Werner, 387 (396 ff.); *J. Kaufmann* Organuntreue, 69 ff., 127; LK/*Schünemann* § 266 Rn. 125 c. bb; *Laskos* Untreue bei der Kreditvergabe, 173 f.; *Brammsen* DB 1989, 1609 (1613 ff.); *Vonnemann* GmbHR 1988, 329 (330 ff.); *Wittowski* GmbHR 1990, 544 (548); *Meilicke* BB 1988, 1261 (1262 ff.); *Zöllner* Die Schranken, 22 Fn. 14 mit Differenzierung zwischen GmbH und AG; vorsichtig *Achenbach* FG 50 BGH IV, 593 (598 f.); für die AG *J. Kaufmann* Organuntreue, 149 ff. Auf der Kapitalsicherung aufbauend, jedoch unter Bilanzierung nach sog. Zerschlagungswerten zumindest bei negativer Fortstehensprognose und damit in den Bereich der Existenzgefährdung eindringend: *Ulmer* FS Pfeiffer, 853 (861 ff.); *Hellmann* wistra 1989, 214 (216 ff.); *Schäfer* GmbHR 1993, 717, 780 (789 ff., 793 ff.); *Flum* Der Strafrechtliche Schutz, 103 ff., 107 ff., 135 ff., 147 ff., 153 ff.; *Lipps* NJW 1989, 502 (504); gegen letztere Ansicht überzeugend *Radtke* GmbHR 1998, 311, 361 (366 f.) und *J. Kaufmann* Organuntreue, 85 ff.

[197] Über das Gebot der Kapitalsicherung hinausgehend im Sinne einer Existenzgefährdung, zum Teil mit Einschränkungen oder Abweichungen im Detail: *Fleck* ZGR 1990, 31 (36 ff.); *ders.* EWiR § 29 GmbHG 2/89, 367 (368); *Gribbohm* ZGR 1990, 1 (17 ff., 28); *ders.* DStR 1991, 248 (250); *Auer* Gläubigerschutz durch § 266 StGB, 220 ff.; *D. Geerds* FS Geerds, 689 (709 f.); *ders.* JR 1997, 340 (341); *Wodicka* Untreue zum Nachteil, 160 ff., 179 f., 260 ff.; Müller-Gugenberger/*Schmid* § 31 Rn. 63; *Kohlmann/Löffeler* Die strafrechtliche Verantwortlichkeit, Rn. 180 ff., 193; *Maurach/Schroeder/Maiwald* Besonderer Teil, TeilBand 1, § 45 Rn. 43; *Waßmer* Untreue bei Risikogeschäften, 88 ff., 93; *Otto* JK 1997, StGB § 266/14; *Gehrlein* NJW 2000, 1289 (1290); *Mihm* Strafrechtliche Konsequenzen, 104 ff.; *Zeidler* NZG 2000, 309 (309); *Bittmann/Terstegen* wistra 1995, 249 (253); vgl. auch *Winter* Mitgliedschaftliche Treubindungen, 202 ff.; *ders.* ZGR 1994, 570 (580 ff.); *Fleck* ZHR 149 (1985), 387 (394 ff.); aus der Rechtsprechung unter anderem: BGH (Fn. 149), BGHSt 35, 333 (336 ff.); BGH 3 StR 75/89 v. 11.8.1989, wistra 1990, 99 (99); BGH 1 StR 593/94 v. 20.12.1994, NStZ 1995, 185 (186); BGH (Einleitung Fn. 30), JR 1997, 336 (339) „Treuhand"; BGH 1 StR 668/98 v. 20.7.1999, NZG 2000, 307 (308); inzident BGH (Einleitung Fn. 34), BGHZ 149, 10 (17 f.) „Bremer Vulkan"; aus der früheren Rechtsprechung siehe BGH (Einleitung Fn. 112), BGHSt 3, 32 (40).

[198] Vgl. oben Einleitung A. III.

[199] Vgl. die Nachweise oben Einleitung Fn. 47.

ne weiteres und in vollem Umfang auf Konzernsachverhalte übertragen werden können. Hierzu ist es notwendig, den Grundgedanken der vorherrschenden Ansicht darzustellen und mit den Konzerngegebenheiten abzugleichen. Dieser Grundgedanke besteht – obwohl dies nicht in allen Ausführungen der zitierten Vertreter so deutlich wird – in der Existenz eines Eigeninteresses der Gesellschaft, über das die Anteilseigner selbst in ihrer Gesamtheit nach zivil- wie strafrechtlicher Wertung nicht zu bestimmen und zu verfügen in der Lage sind (1.). Allein das Vorhandensein eines solchen Eigeninteresses verdeutlicht, dass nicht jeglicher Wille der Gesellschafter als Gesellschaftsorgan der juristischen Person zugerechnet werden und deshalb zu einem Ausschluss der Pflichtwidrigkeit kraft Einverständnisses führen kann.

Letztlich ist es die Reichweite des Gesellschafts-Eigeninteresses, die im Vordergrund der Analyse steht. Das Augenmerk liegt hierbei auf der Modifikation der Kapitalbindung in den verschiedenen Konzernformen (2.). Hierdurch können sich Änderungen der Möglichkeiten eines Gesellschaftseinverständnisses durch die Gesellschafter im Vergleich zur Situation bei der Organuntreue ergeben.

1. Das Eigeninteresse der (abhängigen) Gesellschaft im Spannungsfeld des Konzerns

a. Eigeninteresse und Stamm- bzw. Grundkapitalbindung

Die Existenz eines Eigeninteresses einer Kapitalgesellschaft als juristischer Person ist insbesondere in der strafrechtlichen Literatur teilweise geleugnet worden.[200] Im Hinblick auf die Kapitalbindung als materielle Einverständnis-Grenze ist dies insofern wenig folgenreich, als dort pauschal darauf abgestellt werden kann, dass das Stamm- bzw. Grundkapital dem Zugriff der Anteilseigner entzogen ist.[201] Dies folgt für die GmbH aus den §§ 29 Abs. 1, 30 Abs. 1 GmbHG, für die AG aus § 57 Abs. 3 AktG.

Der Standpunkt des GmbH-Gesetzes unterscheidet sich dabei von dem des Aktiengesetzes grundlegend. Den GmbH-Gesellschaftern ist im Unterschied zum Aktienrecht eine weitgehende Satzungsautonomie eingeräumt. § 30 GmbHG verpflichtet nur dazu, dass in der GmbH ein bilanztechnisches Eigenkapital erhalten werden muss, während in der AG das gesamte Eigenkapital, solange es noch nicht in Bilanzgewinn transformiert ist, der Vermögensbindung unterliegt.[202] § 30 GmbHG lässt demnach Ausschüttungen an die Gesellschafter

---

[200] *Weimann* Die Strafbarkeit, 52 f.; *Nelles* Untreue, 547 f.

[201] *Brammsen* DB 1989, 1609 (1610); *Flum* Der Strafrechtliche Schutz, 147; *Kohlmann* FS Werner, 387 (396 f.); vgl. auch *Ulmer* FS Pfeiffer, 853 (865).

[202] Vgl. *T. Raiser* Kapitalgesellschaften, § 19 Rn. 1: „Bindung des gesamten Vermögens und nicht nur, wie nach § 30 I GmbHG, des Grundkapitals an die Gesellschaft." Deshalb konzentrieren sich die folgenden Ausführungen weitgehend auf die GmbH. Die hierzu gefundenen Ergebnisse können jedoch – soweit sie mit der Existenz einer Vermögensbindung begründet

zu, soweit nicht das Stammkapital angegriffen wird. Eine dem Geschäftsumfang angemessene Kapitalausstattung wird vom GmbHG weder verlangt noch geschützt.[203] Lediglich ein Abfließen durch Auszahlung[204] des durch das nominelle Stammkapital (vgl. § 5 Abs. 1 GmbHG) gebundenen Vermögens an die Gesellschafter wird unterbunden.[205] Insofern spricht man davon, dass das Gesellschaftsvermögen oberhalb der Stammkapitalgrenze der freien Disposition der Gesellschafter unterliegt.[206]

aa. Gesellschaftsrechtliches Kapital-Eigeninteresse

Diese Ausführungen der zivilrechtlichen Grundlagen bedürfen für die strafrechtliche Bewertung im Hinblick auf § 266 StGB einer Ergänzung. Dafür soll zunächst in Erinnerung gerufen werden,[207] dass § 266 StGB keine (unmittelbar) gläubigerschützende Funktion beizumessen ist. Schutzgut der Untreuenorm ist im hier untersuchten Bereich allein das Gesellschaftsvermögen. Daraus folgt, dass zur Begründung der Stammkapitalerhaltungspflicht als Einverständnis-Dispositionsgrenze nicht darauf abgestellt werden kann, die Gesellschaft habe im Interesse der Gläubiger das Stammkapital zu wahren.

Dem Stamm- bzw. Grundkapital wird in der gesellschaftsrechtlichen Literatur jedoch sowieso eine Doppelfunktion eingeräumt.[208] Bereits in der amtlichen Begründung zum GmbH-Gesetz[209] wird deutlich, dass „die nothwendige Unterlage der Gesellschaft nicht anders als durch die Aufbringung eines bestimmten, jedermann kenntlichen Gesellschaftskapitals zu beschaffen sein [wird, *D.B.*], welches den dauernden Grundstock des Unternehmens und zugleich ein bestimmtes Befriedigungsobjekt für die Gesellschaftsgläubiger bildet." Das Stammkapital ist damit sowohl werbendes Sondervermögen als auch Garantieeinrichtung für die Gläubiger.[210] Neben den Gläubigerinteressen ist es auch im Interesse der Gesellschaft als „Betriebsfonds zur Erhaltung des Unternehmens"[211] zu wahren.[212]

---

werden – ohne weiteres auf die AG aufgrund der dort weiterreichenden Kapitalbindung übertragen werden.

203 Ausführlich Scholz/*Westermann* § 30 Rn. 2.

204 Der Begriff der Auszahlung im Sinne von § 30 GmbHG wird denkbar weit verstanden und erfasst jede Verringerung des Gesellschaftsvermögens; *Rowedder* § 30 Rn. 17 m.w.N.

205 Hachenburg/*Goerdeler/Müller* § 30 Rn. 1 und 4.

206 Statt anderer *Röhricht* FS 50 Jahre Bundesgerichtshof, 83 (106).

207 Siehe bereits oben Text vor und Nachweis in 1. Kapitel Fn. 40.

208 Anders *Cahn* Kapitalerhaltung, 12 ff.; *Keßler* GmbHR 2001, 1095 (1098).

209 Amtliche Begründung zum GmbH-Gesetz von 1892, Stenographische Berichte über die Verhandlungen des Deutschen Reichstages, 8. Legislaturperiode, I. Session, 1890/92, 5. Anlagenband, 3729.

210 *Lutter/Hommelhoff* ZGR 1979, 31 (59); für das Grundkapital der AG: KK/*Lutter* Vorb. § 53a Rn. 8.

211 *Müller-Erzbach* Handelsrecht, 246

212 *Zöllner* Die Schranken, 40; *Lutter/Hommelhoff* § 30 Rn. 1; *dies.* ZGR 1979, 31 (59); Scholz/*Westermann* § 30 Rn. 1; *Fleck* FS 100 Jahre GmbHG, 391 (391 f.); für die AG siehe *T. Raiser* Kapitalgesellschaften, § 19 Rn. 1: „dem Schutz der Gesellschaft" und *Worch* Treuepflichten, 127.

Wenn in der gesellschaftsrechtlichen Diskussion demgegenüber die gläubigersichernde Funktion des Stammkapitals und damit auch die der Stammkapitalerhaltungspflicht in den Vordergrund gerückt wird,[213] so ist Ursache hierfür die in der Rechtsberatungs- wie Rechtsprechungspraxis dominierende Rolle des Stammkapitals, als Ausgleich des Haftungsprivilegs der Gesellschafter den Gesellschaftsgläubigern eine gewisse Mindestaussicht auf Befriedigung ihrer Forderungen zu bieten und gleichzeitig eine jedem einzelnen Gesellschafter auferlegte, individuelle Risikobeteiligung darzustellen.[214] Unmittelbar ist die Vermögensbindung aber auf die Eigenständigkeit der Kapitalgesellschaft als juristische Person bezogen.[215] Dies bestätigt anschaulich § 31 Abs. 2 GmbHG. Denn wären ausschließlich Gläubigerschutzgründe für die Rückzahlungsverpflichtung maßgeblich, machte es angesichts der grundsätzlich umfassenden Dispositionsfreiheit der Gesellschafter oberhalb der Stammkapitalgrenze keinen Sinn, das Empfangene nur dem gutgläubigen und nicht auch dem bösgläubigen Gesellschafter zu belassen, wenn das Empfangene nicht zur Gläubigerbefriedigung erforderlich ist.[216]

Sowohl die Aufbringung als auch die Sicherung des Stammkapitals als Betriebs- und Haftungsfonds dienen damit ebenso dem Gesellschafts- wie dem Gläubigerinteresse.[217] Gleiches gilt im Hinblick auf das Grundkapital der AG. Zwar werden in der Literatur die durch das Rückgewährverbot gemäß § 57 Abs. 3 AktG geschützten Gläubigerinteressen und die Interessen der an der verdeckten Gewinnausschüttung nicht beteiligten Aktionäre in den Vordergrund gerückt.[218] Eine Diskussion um ein Eigeninteresse der AG findet keine besondere Erwähnung. Hintergrund hierfür ist, dass die Vermögensbindung im Aktienrecht das gesamte Gesellschaftsvermögen mit Ausnahme des Bilanzgewinns umfasst. Im Gegensatz zur GmbH besteht damit kein Bedürfnis, über die gesetzliche Kapitalbindung als Kerneigeninteresse hinaus ein Eigeninteresse der Gesellschaft anzunehmen.[219] Ein Vergleich der Rückgewährvorschriften des § 31 Abs. 2 GmbHG mit dem § 62 Abs. 1 Satz 1 AktG zeigt allerdings, dass Letztere insofern strenger ist, als verbotswidrig bezogene Leistungen in jedem Falle der Gesellschaft zurückzugewähren sind. Hieraus folgt unter Einbezug der

---

[213] Hachenburg/*Goerdeler/Müller* § 30 Rn. 1; Baumbach/*Hueck/Fastrich* § 30 Rn. 1; *Winter* Mitgliedschaftliche Treubindungen, 102; *Eichele* Die Reichweite des Kapitalerhaltungsgrundsatzes, 72 ff., 123; vgl. auch *Wiedemann/Frey* Gesellschaftsrecht, 271 einerseits und 269 andererseits.

[214] Vgl. bereits RG II 103/41 v. 15.12.1941, RGZ 168, 292 (297 f.); Hachenburg/*Ulmer* § 5 Rn. 6.

[215] So *Flume* ZHR 144 (1980), 18 (18) im Anschluss an *Wilhelm* FS Flume, 337 (337 ff.).

[216] So überzeugend *J. Kaufmann* Organuntreue, 83 ff. mit weiteren Ausführungen.

[217] So auch *Wodicka* Untreue zum Nachteil, 116, 145.

[218] *Hüffer* § 57 Rn. 1; KK/*Lutter* § 57 Rn. 2.

[219] Vgl. aus der Rechtsprechung BGH II ZR 205/94 v. 20.3.1995, ZIP 1995, 819 (819 ff.) „Girmes“.

Ausführungen zum GmbH-Recht, dass die Vermögensbindungen des Aktiengesetzes auch Eigeninteressen der AG schützen.[220]

Bezogen auf das Gesellschaftsinteresse bedeutet dies, dass über die §§ 30 ff. GmbHG bzw. §§ 57 ff. AktG ein Eigeninteresse der Kapitalgesellschaft als juristischer Person im Sinne einer Bestandssicherung geschützt ist.[221] Denn die Auszahlungsverbote gehen erkennbar vom Fortbestand der Gesellschaft aus.[222]

bb. Untreuestrafrechtliches Kapital-Eigeninteresse

Für die strafrechtliche Beurteilung im Rahmen von § 266 StGB genügt diese Aussage allerdings für sich genommen nicht. Wie *Radtke*[223] bereits dargelegt hat, ist vor dem Hintergrund der Aufgabenzuweisung des Strafrechts, Rechtsgüter zu schützen, gefordert, den materialen Gehalt des Eigeninteresses der Gesellschaft zu bestimmen und mit dem tatbestandlich geschützten Rechtsgut zu vergleichen. Wenn *Radtke*[224] hierzu weiter ausführt, auf die Bestandssicherung eines Mindestbetriebsvermögens als Voraussetzung für die Fortführung der Geschäfte der Gesellschaft könne ein Eigeninteresse nicht gestützt werden, da dem die Befugnis der Gesellschaftergesamtheit, den Gesellschaftszweck vollständig zu ändern sowie ihr Recht, die Liquidation der GmbH zu beantragen, entgegenstehen, so ist dem in dieser Totalität jedoch nicht zuzustimmen.

Die Liquidationsbefugnis der Gesellschafter ist deren einzige Möglichkeit, den Bestand der GmbH zu vernichten.[225] Das Liquidationsverfahren der §§ 65 ff. GmbHG dient der Aufhebung der Trennung des Gesellschaftsvermögens von dem Gesellschaftervermögen. Es wahrt allein die Interessen der Gläubiger an einer dem GmbHG genügenden Verteilung des bisherigen Gesellschaftsvermögens.[226] Ein Eigen- bzw. Bestandsinteresse der Gesellschaft ist zu diesem Zeitpunkt der in Auflösung befindlichen Gesellschaft sicherlich nicht (mehr) vorhanden, unabhängig davon, ob die dogmatische Konstruktion zur Wahrung der Gläubigerinteressen die Verselbständigung des Gesellschaftsvermögens als eigenes Schutzobjekt der Untreue ist.[227]

Die strafrechtsrelevanten Konstellationen beziehen sich jedoch nicht auf die Phase der Auflösung der Gesellschaft, sondern auf diejenige, in der die GmbH als sog. werbende Gesellschaft ihrer laufenden Geschäftstätigkeit außerhalb eines Verfahrens gemäß den §§ 65 ff. GmbHG nachkommt. Es ist zwar richtig,

---

[220] Eingehend *J. Kaufmann* Organuntreue, 149 ff.

[221] So die herrschende gesellschaftsrechtliche Ansicht; vgl. *Stimpel* FS 100 Jahre GmbHG, 335 (349); *Versteegen* DB 1993, 1225 (1227); *Ziegler* WM 1989, 1041, 1077 (1043 ff.); *Ziemons* Die Haftung, 94.

[222] Lutter/*Hommelhoff* § 30 Rn. 1 in Bezug auf § 30 Abs. 1 GmbHG.

[223] *Radtke* GmbHR 1998, 311, 361 (362 f.).

[224] *Radtke* GmbHR 1998, 311, 361 (363).

[225] Entsprechendes gilt für die AG; vgl. §§ 262 ff. AktG.

[226] *Radtke* GmbHR 1998, 311, 361 (364).

[227] So *Radtke* GmbHR 1998, 311, 361 (364).

dass auch in dieser Phase das „Damoklesschwert" der Liquidation über der Gesellschaft schwebt. Dies ändert aber nichts daran, dass die werbende Gesellschaft mittels der Stammkapitalaufbringungs- und Stammkapitalerhaltungspflicht zumindest rudimentär in ihrem Bestand gesichert ist,[228] solange nicht das Liquidationsverfahren formell in Gang gesetzt wird. Denn solange die Gesellschaft besteht, haben die Gesellschafter deren rechtliche Selbständigkeit zu respektieren und sind an die Verfassung der Gesellschaft in ihrer jeweiligen Gestalt gebunden.[229] Diese Bestandssicherung besteht nach dem „relativen Kapitalerhaltungsgrundsatz" oder der „relativen Vermögensbindung" des GmbHG[230] gegenüber den Gesellschaftern, also gerade gegenüber denjenigen Personen, die die Aufgabe der strafrechtlichen Einverständnis-Willensbildung wahrnehmen. Dabei ist es aus strafrechtlicher Sicht unerheblich, dass dem Stammkapital im System der Kapitalerhaltungsregelung ausschließlich eine rein bilanzielle Funktion als rechnerische Entsprechungsgröße zum Aktivvermögen zukommt, es somit weder ein reales Garantiekapital noch einen realen Haftungsfonds bildet.[231] Entscheidend ist, dass für die Gesellschafter während der Dauer der werbenden Gesellschaft keine Möglichkeit besteht, den durch das Stammkapital reservierten Teil des Gesellschaftsvermögens an sich auszahlen zu lassen. § 30 Abs. 1 GmbHG schafft somit einen „Garantiefonds" im Sinne einer „Verschiebungssperre" zwischen Gesellschafts- und Gesellschaftervermögen.[232]

Maßgebend ist damit zum einen die Trennung des „Gesellschaftszyklusses" in die Abschnitte der Vorgründungsgesellschaft, der werbenden Gesellschaft und der in Auflösung befindlichen Gesellschaft[233] sowie zum anderen die Feststellung, dass die Bestandssicherung eines Mindestbetriebsvermögens die „Voraussetzung für die *Fortführung*[234] der Geschäfte"[235] der werbenden Gesellschaft ist.

Die Zweckänderungsbefugnis der Gesellschaftergesamtheit bezieht sich – unabhängig von der jeweiligen Phase, in der sich die Gesellschaft befindet – ausschließlich darauf, den Gesellschaftszweck zu ändern. Nicht zur Disposition steht dabei allerdings die Stammkapitalgrenze. Aus der Zweckänderungsbefugnis kann somit nur geschlossen werden, dass die GmbH kein Eigeninteresse an der Ausübung einer bestimmten Geschäftstätigkeit in einem bestimmten Um-

---

[228] So auch *Lutter* ZGR 1982, 244 (249).
[229] *Burgard* ZIP 2002, 827 (832) m.w.N.
[230] Ausführlich *Eichele* Die Reichweite des Kapitalerhaltungsgrundsatzes, 92 f.
[231] *Joost* GmbHR 1983, 285 (285 ff.)
[232] *Eichele* Die Reichweite des Kapitalerhaltungsgrundsatzes, 114 f.
[233] Auch aus gesellschaftsrechtlicher Perspektive können dem Stammkapital je nach Phase der Gesellschaft unterschiedliche Funktionen zukommen; vgl. – wenn auch mit anderer Gewichtung – *Eichele* Die Reichweite des Kapitalerhaltungsgrundsatzes, 117 ff.
[234] Hervorhebung hier.
[235] Den Gedanken der Fortführung der Geschäfte bemerkt auch *Radtke* GmbHR 1998, 311, 361 (363), ohne daraus allerdings Konsequenzen für den weiteren Verlauf seiner Untersuchung zu ziehen.

fang hat. Daraus zu folgern, dass sie einem Bestandsinteresse durch Sicherung eines Mindestbetriebsfonds entgegensteht, geht jedoch fehl.

Es kann demzufolge festgehalten werden, dass die Verselbständigung des Vermögens der Gesellschaft in der Phase zwischen ihrer Eintragung in das Handelsregister und ihrer Liquidation mit der Anerkennung eines – auch untreuestrafrechtlich relevanten – Eigeninteresses jedenfalls im Sinne der Erhaltung des Stamm- bzw. Grundkapitals einhergeht. Dies soll nicht darüber hinwegtäuschen, dass der Bestandsschutz der Gesellschaft (mittelbar) auch deren Gläubigern zugute kommt.

Der Unterschied zur dogmatisch ebenfalls gangbaren Konstruktion eines lediglich mittelbaren Gläubigerschutzes durch vorgelagerten Schutz des Gesellschaftsvermögens mittels der Stammkapitalbindung[236] besteht daher vor allem in der unterschiedlichen Perspektive. Einmal wird die Stammkapitalbindung (auch) als Ausdruck des originären Eigeninteresses der GmbHG betrachtet, einmal als gesellschaftseigenes Mittel zur indirekten Gläubigersicherung. Aus dieser unterschiedlichen Sichtweise können durchaus divergierende Ergebnisse resultieren. Denn die Fokussierung auf das Eigeninteresse führt zwangsläufig zu der Frage, ob nicht über die Stammkapitalziffer hinaus bzw. neben dieser ein strafrechtlich anerkanntes Eigeninteresse der Gesellschaft existiert[237] und ob – zumindest für das Strafrecht – das gesamte Stammkapital der Gesellschaft Ausdruck ihres Eigeninteresses sein kann.

Letztere Problematik stellt sich vor dem Hintergrund des § 5 Abs. 1 GmbHG[238], der gesetzlich ein Minimumstammkapital von (lediglich) 25.000 Euro vorschreibt. Oberhalb dieser Ziffer sind es die Gesellschafter selbst, die einen Teil des Gesellschaftsvermögens „für die Gesellschaft" festlegen und für die Dauer der werbenden Gesellschaft auf die Auszahlung an sich verzichten.[239] Gleichzeitig können sie die einmal gefasste Entscheidung mittels des Verfahrens der Stammkapitalherabsetzung der §§ 58 ff. GmbHG[240] ohne Antastung des Status der werbenden Gesellschaft revidieren und damit außerhalb der 25.000 Euro-Grenze (vgl. § 58 Abs. 2 Satz 1 GmbHG) auch über das „Stammkapital" gesell-

---

236 So instruktiv *Radtke* GmbHR 1998, 311, 361 (363 ff.); *Ulmer* FS Pfeiffer, 853 (860 f.); *ders.* ZHR 148 (1984), 391 (407); *Kohlmann* FS Werner, 387 (398); *Fleck* ZGR 1990, 31 (38); *Gehrlein* NJW 2000, 1289 (1290); *Waßmer* Untreue bei Risikogeschäften, 90; *Schäfer* GmbHR 1993, 717, 780 (789); *Flum* Der Strafrechtliche Schutz, 196; ähnlich *D. Geerds* FS Geerds, 689 (707, 711); allgemein zum mittelbaren Gläubigerschutz im Rahmen von § 266 StGB Müller-Gugenberger/*Schmid* § 31 Rn. 3; *Gribbohm* ZGR 1990, 1 (25 f.); zum Gesellschaftseigeninteresse als mittelbares Gläubigerschutzinstrument aus gesellschaftsrechtlicher Sichtweise *Winter* Mitgliedschaftliche Treubindungen, 211; *Bous* Die Konzernleitungsmacht, 92 f. Aus strafrechtlichem Blickwinkel kritisch *Laskos* Untreue bei der Kreditvergabe, 78.

237 Dazu folgend B. II. 1. b. bb.

238 Bzw. § 7 AktG.

239 *Eichele* Die Reichweite des Kapitalerhaltungsgrundsatzes, 114.

240 Bei der AG siehe die Vorschriften zur Herabsetzung des Grundkapitals, §§ 222 AktG.

schaftsrechtlich disponieren. Es liegt also nahe – auch wenn dies, soweit ersichtlich, bisher noch keinen Eingang in die Diskussion gefunden hat –, ein strafrechtliches Eigeninteresse der GmbH – bezogen auf die Stammkapitalbindung – nur im Rahmen von 25.000 Euro anzuerkennen. Dem mag zwar entgegnet werden, dass die besonderen Verfahren für Kapitalherabsetzung und Auflösung der Gesellschaft verdeutlichen, dass die Art und Weise der Desinvestition nicht im Belieben der Gesellschafter steht.[241] Letztlich muss allerdings eingeräumt werden, dass die Entscheidung darüber, ob desinvestiert wird, den Gesellschaftern freigestellt ist.[242]

Aus strafrechtlicher Sicht sprechen für eine Reduzierung der Stammkapitalgrenze auf den gesetzlichen Minimumbetrag weitere Gesichtspunkte. Zwar ist die Frage des Umfangs des Stammkapital-Eigeninteresses insofern nicht von erheblicher praktischer Bedeutung, als sowieso circa zwei von drei Gesellschaften mit beschränkter Haftung nur über das Mindeststammkapital verfügen.[243] Aber gerade deshalb kann es für die restlichen Fälle zu Schwierigkeiten im Hinblick auf die Strafbarkeitsgerechtigkeit kommen, wenn die Gesellschafter mit der gesellschaftsrechtlichen Entscheidung über die 25.000 Euro übersteigende Höhe des Stammkapitals zugleich die Möglichkeit eines strafrechtlichen Einverständnisses in ihre eigenen untreuerelevanten Verhaltensweisen oder in die der Gesellschaftsorgane ausschließen. Dies erscheint vor dem Hintergrund des Gleichbehandlungsgrundsatzes nicht unproblematisch. Denn entweder würden an sich strafwürdige Fälle nicht erfasst, oder es würden an sich nicht strafwürdige Situationen dem Untreuetatbestand unterstellt.[244] Jedenfalls kann die Strafwürdigkeit wie die Strafbarkeit nicht von einer formalen gesellschaftsrechtlichen Vorfeldentscheidung abhängen. Schließlich ist es mit dem vermögensschützenden Charakter des § 266 StGB nicht zu vereinbaren, dass die Entscheidung über „Ja“ oder „Nein“ eines Einverständnisses und damit einer Untreuestrafbarkeit allein von der Beachtung der gesellschaftsrechtlichen Verfahrensvorschriften

---

[241] *Ziemons* Die Haftung, 129.

[242] Ebenso *Ziemons* Die Haftung, 129 im unmittelbaren Anschluss an ihre vorherige Aussage.

[243] *Burgard* ZIP 2002, 827 (827 f.) m.w.N.; *Kern* Die Unbestimmtheit, 7: 52 % bis 66 %; *Stapelfeld* Die Haftung, 3 Fn. 14 m.w.N.: 70 %.

[244] An diesem Punkt setzt auch *Wodicka* Untreue zum Nachteil, 255, 266 ff. an, wenn er darauf hinweist, dass Gesellschafter, die ihre Gesellschaft nur mit einem nichtexistenzsichernden Mindestkapital ausstatten, privilegiert würden. Lediglich der Schluss *Wodickas*, dass deshalb die Grenze der §§ 30 ff. GmbHG keinerlei Rolle spielt, sondern allein das Existenzgefährdungsverbot, geht unter dem Blickwinkel der Kapitalsicherung fehl. Denn wenn schon zivilrechtlich die Ausstattung der Gesellschaft mit einem dem Geschäftsumfang entsprechenden satzungsmäßigen Kapital nicht verlangt werden kann, kann eine entsprechende Betriebskapitalerhaltungspflicht um so weniger durch das Strafrecht sanktioniert werden; so zutreffend bereits *Ziemons* Die Haftung, 197. Oder anders ausgedrückt: Wenn eine Pflicht zu angemessener Kapitalausstattung nicht existiert, muss für das Strafrecht daraus folgen, dass eine nicht gegen eine gesellschaftsrechtliche Ausstattungs- oder Belassungspflicht verstoßende Desinvestitionsmaßnahme auch keinen Verstoß gegen ein entgegenstehendes Eigeninteresse der Gesellschaft darstellen kann; vgl. ähnlich *J. Kaufmann* Organuntreue, 96, 119 f.

der §§ 58 ff. GmbHG abhängt.[245] Diese Regelungen dienen ausschließlich den Interessen der Gesellschaftsgläubiger, sind also vor dem Hintergrund des Schutzzweckes von § 266 StGB nicht zu beachten. Zudem sind zivilrechtliche Beschränkungen, die eine Verfügung nur von der Einhaltung eines bestimmten Verfahrens oder bestimmter Formvorschriften abhängig machen, für das Strafrecht irrelevant.[246] Denn der Tatbestand der Untreue dient allein dem Schutz des Vermögens, nicht aber der bloßen Einhaltung der formellen Voraussetzungen bei der Beschlussfassung.[247] Bei den Liquidationsvorschriften der §§ 65 ff. GmbHG ist dies deshalb anders, weil diese nicht nur ein Verfahren zum Schutze der Gläubiger, sondern zugleich das Ende des Eigeninteresses der werbenden Gesellschaft markieren.

Insgesamt ist folglich strafrechts- und verfassungskonform das strafrechtlich im Sinne einer materiellen Einverständnis-Dispositionsgrenze zu berücksichtigende Eigeninteresse der Gesellschaft an der Erhaltung eines der Stammkapitalziffer entsprechenden bilanziellen Aktivvermögens auf die gesellschaftsrechtlich als Mindestmaß geforderte Zahl von 25.000 Euro zu beschränken. Damit ist § 5 Abs. 1 GmbHG in Verbindung mit § 30 Abs. 1 GmbHG (zumindest) eine indisponible Grenze im Rahmen der Zurechnung des Gesellschafterwillens an die Gesellschaft. Gleiches muss – trotz der strengeren Grundkapitalbindung – im Hinblick auf die §§ 222 ff. AktG auch für die Aktiengesellschaft gelten. Hier ist das strafrechtlich relevante Eigeninteresse gesetzlich durch § 7 AktG in Verbindung mit den §§ 57 ff. AktG ausgedrückt.

Dogmatisch handelt es sich bei den genannten Vorschriften um den gesetzlichen Ausdruck einer wenigstens abstrakten Gefährdung des eigenen Interesses der werbenden Gesellschaft an ihrem Bestand und an der Fortführung des Unternehmens und damit des Gesellschaftsvermögens.

b. Eigeninteresse und Existenzgefährdung

Wie bereits angedeutet[248] stellt sich des Weiteren die Frage, ob über die Kapitalerhaltungsregeln bzw. über die gesetzliche Mindeststamm- und -grundkapitalziffer hinaus oder neben dieser ein Eigeninteresse der Gesellschaft existiert, das im Rahmen von § 266 StGB zu berücksichtigen ist.

Zur Beantwortung bedarf es zunächst der Klärung, was unter dem Begriff des „Eigeninteresses" der Gesellschaft im hier untersuchten Zusammenhang verstanden wird. Vor dem Hintergrund des durch die Untreuenorm intendierten Vermögensschutzes bestehen keine Zweifel darüber, dass ein in diesem Bereich strafrechtlich relevantes Eigeninteresse nur ein eigenes Vermögensinteresse sein

---

245 Zur Unbeachtlichkeit gesellschaftsrechtlicher Formvorschriften vgl. bereits oben B. I. 1. a.
246 Vgl., zum Teil im Umkehrschluss, *D. Geerds* FS Geerds, 689 (707 f.).
247 *Eisele* GA 2001, 377 (393).
248 Oben B. II.

kann.[249] Ob und wann ein solches außerhalb der Kapitalsicherungsvorschriften gegeben ist, beurteilt sich von der Grundlage der gesellschaftsrechtlichen Diskussion um ein Gesellschaftsinteresse aus.

aa. Gesellschaftsrechtliches Existenz-Eigeninteresse

Diese Diskussion findet ihren Ursprung in dem nach dem ersten Weltkrieg stattfindenden Versuch, auf die wirtschaftliche Situation in Deutschland und auf das volkswirtschaftlich erhebliche Phänomen des Zustroms ausländischen Kapitals mit dem juristischen Mittel der Theorie des „Unternehmens an sich" zu reagieren.[250] Ziele waren die Bestandssicherung des Unternehmens per se und die Autonomie der Verwaltung bei Entmachtung der Aktionäre, um die AG im Interesse der Gesamtwirtschaft gegen (willkürliche) Auflösung zu schützen.[251] Ein solches Interesse der Gesellschaft an ihrem „ewigen Fortbestehen"[252] ist angesichts des geltenden Rechts der Liquidationsvorschriften sowie der Interdependenzen zwischen Aktionären bzw. Gesellschaftern und Vorstand bzw. Geschäftsführer abzulehnen.[253]

Gleiches gilt für den Begriff des „Unternehmensinteresses" als Interesse am Erfolg und Bestand des Unternehmens.[254] Er setzt an der Differenzierung zwischen Gesellschaft und Unternehmen an, wobei die Gesellschaft nur einer der Faktoren ist, die das Unternehmen ausmachen, zugleich aber Trägerin des Unternehmens ist.[255] Die große Problematik der Definition liegt darin, dass sie den Anschein erweckt, ein nicht rechtsfähiges Gebilde werde zum Interessenträger und damit zum Interessensubjekt gemacht. Das Unternehmensinteresse läuft dadurch Gefahr, den gleichen Angriffen wie vormals die Lehre vom „Unternehmen an sich" ausgesetzt zu werden, nämlich das Unternehmen als mystisches Etwas oder als vom personalen Substrat losgelöste methaphysische Wesenheit zu betrachten.[256] Das Unternehmen ist aber gerade nicht verabsolutierter, unter allen Umständen zu schützender Selbstzweck.[257] Das Gesellschaftsrecht stellt den Anteilseignern sogar ausdrücklich frei, die Auflösung der Gesellschaft will-

[249] So auch *J. Kaufmann* Organuntreue, 69.

[250] *Ziemons* Die Haftung, 82 ff. mit ausführlichen Nachweisen; *Zöllner* Die Schranken, 67 ff. m.w.N.

[251] *Zöllner* Die Schranken, 68 f.

[252] *Ziemons* Die Haftung, 84.

[253] *Versteegen* Konzernverantwortlichkeit, 47; *Kübler* Gesellschaftsrecht § 14 III 2 a; *Röhricht* FS 50 Jahre Bundesgerichtshof, 83 (103). Aus der Rechtsprechung vgl. nur BGH II ZR 75/87 v. 1.2.1988, BGHZ 103, 184 (184 ff.) „Linotype".

[254] KK/*Mertens* § 76 Rn. 23; *Zöllner* Die Schranken, 70 ff.; *T. Raiser* Kapitalgesellschaften, § 15 Rn. 104; *Flume* Die juristische Person, 56 ff.

[255] *Ziemons* Die Haftung, 85.

[256] *Zöllner* Die Schranken, 72; *Ziemons* Die Haftung, 86.

[257] *Zöllner* Die Schranken, 72.

kürlich, also unter Missachtung gegenläufiger Interessen zu beschließen.[258] Das Unternehmen ist also nie um seiner selbst willen zu erhalten.[259]

Fasst man demgegenüber das Unternehmensinteresse als Resultat der Interessen der verschiedenen im Unternehmen zusammengefassten Interessenträger auf, also als Zusammenfassung zumindest der Interessen der Eigenkapitalgeber, der Fremdkapitalgeber, der Arbeitnehmer und der Gesellschaft als Unternehmensträger,[260] so zeigt sich, dass das Gesellschaftsinteresse Teil des Unternehmensinteresses ist.[261] Diese Differenzierung zwischen den Interessen der einzelnen Gruppen und denen der Gesellschaft selbst wird allerdings – wie sogleich sichtbar wird – nicht durchgehalten bzw. lässt sich nicht durchhalten. Es ist zwar unproblematisch und nahezu unstreitig, dass es ein Gesellschaftsinteresse als solches im Sinne einer aus dem Gesellschaftszweck der grundsätzlich selbständigen, eigennützigen und erwerbswirtschaftlichen Teilnahme am Wirtschaftsverkehr abgeleiteten Bestandserhaltung und als notwendige Voraussetzung dazu der Rentabilität gibt.[262] Damit ist jedoch keine Aussage getroffen, ob dieses Interesse der Gesellschaft zur Disposition ihrer Anteilseigner steht oder nicht.

Für die vorliegende Thematik der materiellen Grenzen einer Einverständniszurechnung ist die Frage der Disponibilität des Gesellschaftsinteresses bzw. – anders gewendet – das Bestehen eines indisponiblen vermögensbezogenen Eigeninteresses der Gesellschaft allein entscheidend. Hierauf soll sich die weitere Untersuchung konzentrieren.

Die bislang überwiegende Ansicht[263] im gesellschaftsrechtlichen Schrifttum vertritt hierzu, dass die GmbH kein Eigeninteresse am Erhalt ihres Vermögens jenseits des durch die Kapitalerhaltungsregeln geschützten Bereichs habe. Denn die Interessen der Gesellschaft und ihrer Gesellschafter seien außerhalb des Kernbereichs der §§ 30 ff. GmbHG deckungsgleich. Folglich könne bei Einstimmigkeit bzw. in der Einmann-Gesellschaft kein weitergehendes Eigeninteresse existieren. Die Gesellschafter seien befugt, über das Gesellschaftsinteresse zu verfügen, indem sie beispielsweise den Gesellschaftszweck änderten. Eine

---

258 *J. Kaufmann* Organuntreue, 73 unter Hinweis auf § 60 Abs. 1 Nr. 2 GmbHG.
259 *Zöllner* Die Schranken, 72; *J. Kaufmann* Organuntreue, 73.
260 *Ziemons* Die Haftung, 86.
261 So *Ziemons* Die Haftung, 86.
262 Umfassend *Ziemons* Die Haftung, 91 f.; *T. Raiser* Kapitalgesellschaften, § 15 Rn. 104.
263 *Lutter* ZIP 1985, 1425 (1428 f.); Baumbach/Hueck/*Zöllner* Schlussanhang I Rn. 102; *Zöllner* Die Schranken, 21; *Altmeppen* DB 1994, 1912 (1913 ff.); *Adams* Die AG 1989, 333 (337 f.); *Versteegen* Konzernverantwortlichkeit, 108 ff.; *ders.* DB 1993, 1225 (1227); *Wiedemann* Die Unternehmensgruppe, 86 ff.; *Stimpel* ZGR 1991, 144 (158 f.); *Vonnemann* BB 1990, 217 (219); *Bitter* WM 2001, 2133 (2136 f., 2138 f.); aus der Rechtsprechung vgl. etwa BGH II ZR 187/57 v. 14.12.1959, BGHZ 31, 258 (278 f.); BGH II ZR 23/74 v. 5.6.1975, BGHZ 65, 15 (21) „ITT"; BGH II ZR 308/83 v. 10.12.1984, BGHZ 93, 146 (148); BGH (2. Kapitel Fn. 252), BGHZ 95, 330 (340) „Autokran"; anders *Schulze-Osterloh* ZIP 1993, 1838 (1840).

solche Änderung könne bei Einstimmigkeit auch durch Fassung eines einfachen Weisungsbeschlusses erfolgen.

Teilweise wird ein Eigeninteresse der Gesellschaft grundsätzlich abgelehnt, jedoch die Bestimmungsmacht der Gesellschafter über das Gesellschaftsinteresse dann eingeschränkt, wenn die Gesellschaft zwingend mitbestimmt[264] oder – was hier besonders von Interesse ist – konzerniert[265] ist.

Von dritter Seite aus wird ein generell weitergehendes Eigeninteresse der Gesellschaft bejaht. Begründet wird dies namentlich mit Gesichtspunkten des Gläubigerschutzes. Sowohl durch die Vorschriften zur Kapitalaufbringung und Kapitalerhaltung und sie flankierende Haftungsnormen als auch durch die Regelungen zur Auflösung und Liquidation der Gesellschaft sei ein indirekter Schutz der Gläubiger durch Bestandssicherung der Gesellschaft und/oder ein „Verbot der Liquidation auf kaltem Wege" gewährleistet.[266] Es handele sich um einen indirekten Gläubigerschutz, der unabhängig vom Willen der Anteilseigner einen Bestand der Gesellschaft und damit ein Eigeninteresse voraussetze. Weitergehend in Begründung und Folgen ist die von *Wilhelm* von seinem Standpunkt der Organhaftungslehre[267] aus vertretene Auffassung, der Wille bzw. das Interesse der Gesellschaft sei nicht mit dem Willen bzw. den Interessen der Gesamtheit der Gesellschafter identisch, da die Gesellschaft aufgrund ihrer selbständigen Rechtssubjektivität als Gegner von Rechtsbeziehungen gegenüberstehe. Die Gesellschaft sei ein „ideales Ganzes", das von der Gesamtheit seiner Mitglieder verschieden sei. Daher könnten die Gesellschafter nicht über das Gesellschaftsinteresse disponieren. Diesem Aspekt hätten Gesetzgeber und Rechtsprechung

---

264 *Ulmer* ZHR 148 (1984), 391 (417, 419).

265 *Limmer* Die Haftungsverfassung, 45 ff.; *Hommelhoff* Die Konzernleitungspflicht, 256; *ders.* ZGR 1994, 395 (404 f.); *Ulmer* ZHR 148 (1984), 391 (417 ff.); *ders.* Die AG 1986, 123 (127 f.); *ders.* FS Pfeiffer, 853 (870); Hachenburg/*Ulmer* Anh § 77 Rn. 85 ff.; *Assmann* FS 100 Jahre GmbHG, 657 (705 ff.); *Assmann* JZ 1986, 881, 928 (931); *Fleck* ZHR 149 (1985), 387 (417 f.); Scholz/*Emmerich* Anhang Konzernrecht Rn. 154 ff.; *Winter* Mitgliedschaftliche Treubindungen, 205 ff.; *Orth* DStR 1994, 250 (253); *Priester* ZIP 1989, 1301 (1303); Ziegler WM 1989, 1041, 1077 (1043 ff.); *Kleindiek* GmbHR 1992, 574 (578); vgl. auch die frühzeitigen Ausführungen von *Rehbinder* ZGR 1976, 386 (390 ff.); BGH II ZR 237/93 v. 19.9.1994, NJW 1994, 3288 (3290); BGH II ZR 279/94 v. 12.2.1996, ZIP 1996, 637 (638); a.A. *Lutter* ZIP 1985, 1425 (1428); *Mertens/Cahn* FS Heinsius, 545 (570).

266 So, zum Teil mit Abweichungen in der Begründung: *Winter* Mitgliedschaftliche Treubindungen, 203 ff.; *ders.* ZGR 1994, 570 (586 f.); *Fleck* ZGR 1990, 31 (36 ff.); *Priester* ZGR 1993, 512 (520 ff.); *Ziemons* Die Haftung, 97 ff.; *Schnauder/Müller-Christmann* JuS 1998, 980, 1080 (984 f.); *Röhricht* FS 50 Jahre Bundesgerichtshof, 83 (103 ff.); *Mülbert* DStR 2001, 1937 (1942); *Henze* GmbHR 2000, 1069 (1072); *Emmerich/Sonnenschein/Habersack* Konzernrecht, 459; Scholz/*U.H. Schneider* § 37 Rn. 52; *Hüffer* FS Steindorff, 59 (71); *Ulmer* FS Pfeiffer, 853 (868 ff.); *ders.* ZIP 2001, 2021 (2024); *K. Schmidt* BB 1985, 2074 (2077); *ders.* ZIP 1986, 146 (148 f.); *ders.* ZIP 1988, 1497 (1506); *Kleindiek* DZWir 1993, 177 (181); *Mödl* JuS 2003, 14 (16); auf einen Schutz der Allgemeinheit abstellend *Goette* DStR 2001, 1857 (1857); bezogen auf die AG *Heyder* Aktienkonzern, 71 ff.; umfassend *Burgard* ZIP 2002, 827 (830 ff.).

267 Die Organhaftungslehre ist wegen ihrer nachweisbaren Unvereinbarkeit mit dem System des GmbH-Rechts abzulehnen; vgl. die Nachweise oben 2. Kapitel Fn. 105.

schon bei der Schaffung des AG- und GmbH-Konzernrechts Rechnung getragen. Die dortige Anerkennung des Eigeninteresses durch Schaffung eines Haftungsregimes sei indes nicht konstitutiv, sondern nur aus der Aufrichtung der juristischen Person als Rechtssubjekt zu deuten.[268] [269]

bb. Untreuestrafrechtliches Existenz-Eigeninteresse

Wie der kurze Überblick[270] zur Problematik eines weitergehenden Eigeninteresses der Gesellschaft zeigt, hat die Konzernierung für das Eigeninteresse eine besondere Bedeutung. Auch wenn die Differenzierung anhand des Kriteriums „Konzernierung" zur Begründung eines Eigeninteresses (auch) der unverbundenen Gesellschaft durchaus zurecht kritisch betrachtet wird,[271] so kann sich die hiesige Untersuchung aufgrund der Ausgangsprämissen auf diesen Bereich beschränken.

Argumente zur Begründung eines Eigeninteresses der konzernabhängigen GmbH sind – im Hinblick auf die besondere Konzerngefahr[272] – der Schutz von Minderheitsgesellschaftern[273] und insbesondere der Gläubigerschutz.[274] Ein Eigeninteresse „an sich" als solches der „Gesellschaft als Unternehmensträger" wird explizit nicht verfochten. Dieser Punkt war in der obigen Ausführung gemeint, als die These aufgestellt wurde, dass die Differenzierung zwischen den Interessen der einzelnen Gruppen und denen der Gesellschaft selbst nicht durchgehalten wird bzw. sich nicht durchhalten lässt. Für die untreuestrafrechtliche Untersuchung ist aber gerade entscheidend, dass ein Interesse der Gesellschaft selbst und nicht ausschließlich ein solches der beteiligten Gruppen besteht.

Anders ist beispielsweise der Blickwinkel in Frankreich. Dort bezieht die Cour de Cassation in gefestigter Rechtsprechung alle an dem Unternehmen beteiligten (Dritt-) Interessen zur Begründung einer Autonomie der Gesellschaft als Vermögensträger ein.[275] Strafrechtlicher Hintergrund ist der nahezu vollständige

---

[268] *Wilhelm* Rechtsform und Haftung, 337 ff.; *Wilhelm* DB 1986, 2113 (2114).

[269] Grundlegende Kritik an *Wilhelm* in Bezug auf seine Vorstellung von einem verselbständigten Eigeninteresse der GmbH bei *Schnauder/Müller-Christmann* JuS 1998, 980, 1080 (984). Aus strafrechtlicher Sicht sich *Wilhelm* annähernd *Auer* Gläubigerschutz durch § 266 StGB, 188 ff., wenn er aus der Fremdbezogenheit der Ausübung der den Gesellschaftern zugewiesenen Machtbefugnisse auf Schranken des Einverständnisses schließt.

[270] Umfassende Darstellung etwa bei *Ziemons* Die Haftung, 94 ff.

[271] Vgl. *Wodicka* Untreue zum Nachteil, 259; *Versteegen* DB 1993, 1225 (1229); *K. Schmidt* NJW 1994, 447 (447); *Ziemons* Die Haftung, 118; *J. Kaufmann* Organuntreue, 78; anders etwa *Fleck* ZGR 1990, 31 (38), der von der spezifisch konzernrechtlichen Diskussion um ein Eigeninteresse der abhängigen Gesellschaft auf die Situation der unverbundenen GmbH Rückschlüsse zieht.

[272] Hierzu oben Einleitung B. I.

[273] Scholz/*Emmerich* Anhang Konzernrecht Rn. 154.

[274] Siehe Nachweise in Fn. 265, vor allem Hachenburg/*Ulmer* Anh § 77 Rn. 85 ff.

[275] *Dekeuwer* JCP (E) 1995, I, n° 500/421 (423).

Mangel einer Theorie des Rechtsguts im materiellen Strafrecht.[276] Das französische Strafrecht ist somit konturenloser und im Schutzumfang weitestgehend.[277] Der Straftatbestand des „abus de biens sociaux“ schützt nicht nur das Vermögen der Gesellschaft selbst, sondern auch die Interessen der Anteilseigner sowie derjenigen Dritten, die mit der Gesellschaft in vertraglichen Bindungen stehen.[278] Das Eigeninteresse der Gesellschaft entspricht so der Zusammenfassung aller Interessen der verschiedenen Akteure, die an der Finanzierung der Gesellschaft beteiligt sind.[279] Es versteht sich als „intérêt général“.[280] Dieser „intérêt général“ nähert sich der institutionellen Unternehmenstheorie an, die in Deutschland ehemals durch die Diskussion um das „Unternehmen an sich“ geprägt wurde. Während die Lehre vom „Unternehmen an sich“ heute in Deutschland gesellschaftsrechtlich als überholt gilt, wird die Theorie von der Gesellschaft als Institution in Frankreich teilweise ausdrücklich zur Begründung des „intérêt général“ herangezogen.[281]

Strafrechtliche Folge dieses Zusammenspiels von Gesellschaftsrecht und Strafrecht ist, dass das Einverständnis der Gesellschaftergesamtheit in den „abus de biens sociaux“ keine Anerkennung findet.[282] Denn soweit auch Individualgüter vom Strafrecht im öffentlichen Interesse geschützt werden, kann die Strafbarkeit nicht ausgeschlossen werden.[283] Dies ist bei dem eigenständigen Interesse der Gesellschaft im Sinne eines „intérêt général“ gerade der Fall.

Für das deutsche Strafrecht wäre die fehlende Aufrechterhaltung der Differenzierung zwischen den Interessen der einzelnen Gruppen und denen der Gesellschaft insofern wenig tragisch, wenn beispielsweise die Interessen der Fremdkapitalgeber und der Arbeitnehmer in ein Eigeninteresse der Gesellschaft selbst einfließen würden, indem sie über den (auch) primären Regelungszweck des Bestandsschutzes der Gesellschaft mittelbar geschützt wären. Eine solche Konstruktion ist bereits als gangbar – wenn dort auch als überflüssig – bezeichnet worden, als es darum ging, ein Eigeninteresse der Gesellschaft an der Stamm- bzw. Grundkapitalsicherung mittels eines indirekten Gläubigerschutzes aufgrund vorgelagerten Schutzes des Gesellschaftsvermögens zu begründen.[284]

---

276 Vgl. aus der deutschen Literatur hierzu *J. Vogel* GA 1998, 127 (130).

277 *Anders* ZStW 114 (2002), 467 (479).

278 C. cass. crim., 19.10.1971, Bull. Crim. 1971, n° 272/670.

279 *Renucci/Cardix* L'abus de biens sociaux, 30 m.w.N.

280 *Dekeuwer* JCP (E) 1995, I, n° 500/421 (423); *Ducouloux-Favard* Recueil Dalloz 1984, jur., 287 (288).

281 Vgl. *Ducouloux-Favard* Recueil Dalloz 1984, jur., 287 (287); *Anders* ZStW 114 (2002), 467 (480).

282 Ständige Rechtsprechung: vgl. C. cass. crim., 19.3.1979, Bull. Crim. 1979, n° 112/317; C. cass. crim., 30.9.1991, Rev. Soc. 1992, 356; C. app. Montpellier, 7.1.1980, Gaz. Pal. 1980.1, jur., 362; C. app. Colmar, 21.3.1986, Gaz. Pal. 1986.2, soc. com., 54/260. Aus der Literatur vgl. nur *Delmas-Marty* Droit pénal, 290.

283 *J. Vogel* GA 1998, 127 (135).

284 Siehe oben Text vor und Nachweise in Fn. 236.

Vor allem unter Geltung der mittlerweile überholten Rechtsprechung zum qualifizierten faktischen GmbH-Konzern wurde eine solche Sichtweise denn auch vertreten. Indem der II. Zivilsenat die §§ 302 f. AktG analog zur Anwendung brachte, war es zumindest denkbar, dass ein Eigeninteresse an der Gesellschaftsfortexistenz anerkannt wurde. Denn § 302 AktG schützt, indem er die Verlustausgleichspflicht anordnet, nach teilweise vertretener Ansicht die abhängige Gesellschaft.[285] Dieser Schutz münde in ein Eigeninteresse. Ob der Gläubigerschutz daneben primär oder sekundär bezweckt sei, könne dahinstehen.[286]

In Bezug auf Vertragskonzerne, bei denen die §§ 302 f. AktG weiterhin direkt oder analog Anwendung finden, ist dieser Argumentation zu entgegnen, dass es gerade dem Grundprinzip des Aktien- und GmbH-Rechts entspricht, wenn im Sinne eines mittelbaren Gläubigerschutzes die Haftung auf die Gesellschaft selbst als sog. Innenhaftung kanalisiert wird.[287] Dies bedeutet aber keineswegs, dass dann per se stets ein Eigeninteresse der Gesellschaft vorliegt. Hierzu bedarf es vielmehr der Existenz einer Transformationsnorm, die die Drittinteressen in Interessen der Gesellschaft umwandelt.[288] Ansonsten können trotz Innenhaftung auch ausschließlich Gläubigerschutzgründe oder der Minderheitenschutz den Anspruchsgrund darstellen.[289]

Speziell auf die §§ 302 f. AktG bezogen zeigt sich, dass durch diese Normen gerade kein Eigeninteresse der abhängigen Gesellschaft geschützt wird.[290] Denn zum einen entfällt die Verlustausgleichsverpflichtung, wenn der Jahresfehlbetrag durch die (teilweise) Auflösung der anderen Gewinnrücklagen ausgeglichen wird (§ 302 Abs. 1 a.E. AktG). Hiergegen mag man geltend machen, dass allein Gewinnrücklagen herangezogen werden dürfen, die während der Vertragsdauer entstanden sind, und so die Vermögenslage der Gesellschaft zumindest auf dem Niveau des Vertragsbeginns gesichert wird. Zum anderen ist jedoch entscheidend, dass die abhängige Gesellschaft unter den Bestimmungen des § 302 Abs. 3 AktG auf den Ausgleichsanspruch verzichten kann. Zur Wirksamkeit eines solchen Verzichts bedarf es eines Sonderbeschlusses der außenstehenden Anteilseigner unter den Voraussetzungen des § 302 Abs. 3 Satz 3 AktG. Dies verdeutlicht, dass es sich bei der Verlustübernahme um keine der Gesellschaft indisponibel zugewiesene Position handelt, sondern ausschließlich um ein Instrument zum Schutz der Minderheit und (über § 303 AktG) der Gläubiger.[291]

---

285 Vgl. *Stimpel* FS Goerdeler, 601 (613 f.).

286 So *Ziemons* Die Haftung, 114; ähnlich *Waßmer* Untreue bei Risikogeschäften, 98; vgl. auch *Wodicka* Untreue zum Nachteil, 172 f.; *Flum* Der Strafrechtliche Schutz, 214.

287 Instruktiv *Stimpel* FS Goerdeler, 601 (613); *Winter* ZHR 148 (1984), 579 (601); *Wilhelm* FS Flume, 337 (385); *Wodicka* Untreue zum Nachteil, 230; eine Ausnahme davon bilden nur die sog. Durchgriffslehren.

288 Vgl. *Assmann* JZ 1986, 881, 928 (931).

289 *J. Kaufmann* Organuntreue, 71.

290 So auch *Stimpel* FS Goerdeler, 601 (614); *J. Kaufmann* Organuntreue, 76; vgl. ebenso *Assmann* JZ 1986, 881, 928 (931).

291 *Deilmann* Die Entstehung, 126; *Rehbinder* Die AG 1986, 85 (90).

Zwar findet wie bei der Stammkapitalerhaltungspflicht eine Haftungskanalisierung auf die Gesellschaft statt, der Unterschied besteht allerdings darin, dass mittels der §§ 30 ff. GmbHG der werbenden GmbH ein unumstößliches Mindestbetriebsvermögen zur Verfügung gestellt wird, während dies bei den §§ 302 f. AktG gerade nicht der Fall ist.[292]

Die Situation ähnelt damit der gesellschaftsrechtlichen Diskussion um die Treuepflicht des Gesellschafters gegenüber der Gesellschaft. Diese ist vornehmlich bei Vorhandensein von Minderheitsgesellschaftern anerkannt und bei der Einmann-GmbH immer noch umstritten. Betrachtet man den ersten Fall, so handelt es sich bei der Treuepflicht trotz Zuweisung der Ansprüche an die Gesellschaft selbst um ein Instrument des Minderheitenschutzes.[293] Erkennt man mit Teilen der Literatur und der neueren Rechtsprechung eine Treuepflicht auch bei Fehlen von Minderheitsgesellschaftern an, so steckt dahinter allein der Gedanke des Gläubigerschutzes.[294]

Im Hinblick auf den qualifizierten faktischen Konzern ist die Begründung eines Eigeninteresses der abhängigen Gesellschaft aus den §§ 302 f. AktG analog nach Aufgabe dieser Analogie sowieso nicht mehr vertretbar.[295] Die zuvor erkannte besondere Bedeutung der Konzernverbundenheit für ein Eigeninteresse der Gesellschaft setzt sich allerdings in der neueren Rechtsprechung zum (ehemals) qualifizierten faktischen (GmbH-) Konzern fort.

Die Urteile „Bremer Vulkan“[296] und „KBV“[297] erkennen in Fortführung bzw. Weiterentwicklung[298] der „TBB“-Rechtsprechung[299] nunmehr ein rudimentäres,

---

[292] Eine entsprechende Argumentation hat hat für den einfachen faktischen (AG-) Konzern Gültigkeit. Für diesen kann aus § 317 AktG kein umfassendes bzw. umfassenderes Eigeninteresse im Sinne eines Bestandsinteresses abgeleitet werden. Denn über § 317 Abs. 4 AktG findet § 309 Abs. 3 AktG Anwendung, der von seinem Regelungsgehalt demjenigen des § 302 Abs. 3 AktG entspricht. Dies muss *Ulmer* ZHR 148 (1984), 391 (412 f., 416 ff.) entgegnet werden, wenn er fordert, die Wertung des § 317 AktG (analog) für den einfachen faktischen GmbH-Konzern fruchtbar zu machen. Zudem ist fraglich, warum trotz Verneinung einer analogen Anwendung der §§ 311 ff. AktG auf den einfachen faktischen GmbH-Konzern durch die ganz herrschende gesellschaftsrechtliche Meinung (vgl. nur *Emmerich/Habersack* Konzernrecht, Anh. I § 318 Rn. 2, 22 ff.) dennoch die Wertung des § 317 AktG herangezogen werden kann.

[293] BGH (Fn. 263), BGHZ 65, 15 (15 f.) „ITT“; *K. Schmidt* Gesellschaftsrecht, § 20 IV 2 und 3.

[294] Zur Rechtsprechungsentwicklung siehe: BGH II ZR 299/91 v. 28.9.1992, BGHZ 119, 257 (257); BGH II ZR 74/92 v. 10.5.1993, BGHZ 122, 333 (336); BGH II ZR 47/98 v. 21.6.1999, BGHZ 142, 92 (95); BGH II ZR 189/99 v. 31.1.2000, ZIP 2000, 493 (494). Aus der Literatur umfassend *Röhricht* FS 50 Jahre Bundesgerichtshof, 83 (103 ff.). Vgl. diesbezüglich die sogleich folgenden Ausführungen zur neueren Rechtsprechung in Bezug auf den qualifizierten faktischen Konzern.

[295] Zum Rechtsprechungswandel in Bezug auf den qualifizierten faktischen Konzern und seine Haftungsgrundlage siehe oben 2. Kapitel B. I. 3. b. bb. (2).

[296] BGH (Einleitung Fn. 34), BGHZ 149, 10 (10 ff.) „Bremer Vulkan“.

[297] BGH (2. Kapitel Fn. 268), BGHZ 151, 181 (181 ff.) „KBV“.

[298] Zur einheitlichen Linie der Urteile „TBB“, „Bremer Vulkan“ und „KBV“ instruktiv *Wilhelm* NJW 2003, 175 (176 ff.).

[299] BGH (Einleitung Fn. 160), BGHZ 122, 123 (123 ff.) “TBB”.

der Disposition des Alleingesellschafters entzogenes Eigeninteresse der GmbH an.[300] Den Vorarbeiten des Vorsitzenden des II. Zivilsenats *Röhricht* nach zu beurteilen soll dieses Eigeninteresse jedoch „ganz anderer, jedenfalls viel bescheidenerer Art als das Eigeninteresse einer mehrgliedrigen GmbH" sein.[301] Der Alleingesellschafter[302] darf demnach aus gesellschaftsrechtlicher Perspektive mit „seiner" GmbH grundsätzlich nach Belieben verfahren, insbesondere darf er zu ihr in Wettbewerb treten, ihr Geschäftschancen entziehen, sich ihr Vermögen aneignen und sie sonst wie schädigen.[303] Verboten sind lediglich Auszahlungen aus dem zur Erhaltung des Stammkapitals erforderlichen Vermögen sowie existenzgefährdende Eingriffe.[304] Dabei wird das Eigeninteresse der Gesellschaft, das über die Stammkapitalsicherung hinausgeht, als „Summe der Arbeitnehmer- und anderer Gläubigerinteressen" verstanden.[305]

Besonders veranschaulicht wird dieser Gesichtspunkt durch den Perspektivenwechsel, der endgültig im „KBV"-Urteil[306] vollzogen wird. Jeder Zusammenhang mit den konzernrechtlichen Grundlagen der §§ 302 f. AktG wird abgeschnitten, und damit auch ein Schadensersatzanspruch der Gesellschaft selbst. Anerkannt wird vielmehr ein direkter Haftungszugriff der Gesellschaftsgläubiger gegen den Gesellschafter.[307] Die Beeinträchtigung der Interessen der abhängigen Gesellschaft an sich kann demzufolge gar nicht Haftungsgrund sein.[308]

---

300 *Burgard* WuB II C. § 13 GmbHG 1.02, 151; *ders.* ZIP 2002, 827 (830); generell gegen die Anerkennung eines Bestandsschutzes der GmbH *Bitter* WM 2001, 2133 (2136 f.); *Römermann/Schröder* GmbHR 2001, 1015 (1018 f.).

301 *Röhricht* FS 50 Jahre Bundesgerichtshof, 83 (104).

302 Ihm gleichgestellt werden muss die einstimmig handelnde Gesellschaftergesamtheit, denn auch hier ist eine dissentierende Minderheit nicht vorhanden.

303 *Röhricht* FS 50 Jahre Bundesgerichtshof, 83 (105 f.).

304 BGH (Einleitung Fn. 34), BGHZ 149, 10 (16) „Bremer Vulkan"; BGH (2. Kapitel Fn. 268), BGHZ 151, 181 (186 f.) „KBV"; *Burgard* WuB II C. § 13 GmbHG 1.02, 151. Dies gilt auch – und vor dem Hintergrund des Konzernsachverhalts in den Urteilen „Bremer Vulkan" und „KBV" insbesondere – im Falle der Konzerneingebundenheit der Gesellschaft.

305 *Wiedemann/Hirte* FG 50 BGH II, 337 (353); *K. Schmidt* NJW 2001, 3577 (3580); *Altmeppen* ZIP 2001, 1837 (1841); *Mülbert* DStR 2001, 1937 (1942); *Röhricht* FS 50 Jahre Bundesgerichtshof, 83 (97 ff., 106); *Burgard* WuB II C. § 13 GmbHG 1.02, 151 ff.; *ders.* ZIP 2002, 827 (835); *Hoffmann* NZG 2002, 68 (70 ff.); für einen (nur) mittelbaren Gläubigerschutz treten *Schnauder/Müller-Christmann* JuS 1998, 980, 1080 (984) ein; ebenso *Ulmer* ZIP 2001, 2021 (2024, 2026).

306 Im „Bremer Vulkan"-Urteil ist die Idee ebenso wirksam, sie ist nur verdeckt dadurch, dass der BGH hier über die Klage aus abgetretenem Recht der abhängigen Gesellschaft zu entscheiden hatte und hierfür die Haftung gegenüber der Gesellschaft selbst relevant war; so bereits *Wilhelm* NJW 2003, 175 (177) in anderem Zusammenhang.

307 BGH (2. Kapitel Fn. 268), BGHZ 151, 181 (186 f. und Leitsatz b) „KBV".

308 *Wilhelm* NJW 2003, 175 (177); ebenso bereits *Hoffmann* NZG 2002, 68 (70) zu „Bremer Vulkan". Anders noch *K. Schmidt* NJW 2001, 3577 (3580) und *Ulmer* ZIP 2001, 2021 (2024) in Bezug auf „Bremer Vulkan": Nach *K. Schmidt* hat der BGH dort das Prinzip der Verschuldens-Innenhaftung aufgegriffen und dazu den Kanon der Pflichten des Gesellschafters konkretisiert. *Ulmer* ist der Ansicht, dass die „Bremer Vulkan"-Entscheidung mit ihrem Schutz des Eigeninteresses der abhängigen GmbH allein einen Anspruch der GmbH, der unter Umständen von den Gesellschaftsgläubigern geltend gemacht werden kann, und nicht einen (direkten) Anspruch der Gläubiger begründet. Selbst wenn dies so wäre – was durch „KBV"

Wenn von „TBB“ bis einschließlich „KBV“ von den Eigeninteressen der abhängigen GmbH die Rede ist, so ist damit übereinstimmend der „Missbrauch der Rechtsform der GmbH“ umschrieben, der gegeben ist, „wenn die Gesellschaft infolge der Einwirkungen ihren Verbindlichkeiten nicht nachkommen kann“.[309] In der neueren (Konzern-) Rechtsprechung des BGH werden somit zwar der existenzgefährdende Abzug von Vermögen und von Ertragschancen der Gesellschaft sowie existenzgefährdende Spekulationsgeschäfte, deren Risiken außer Verhältnis zu dem Vermögen der Gesellschaft stehen, sanktioniert.[310] Angesichts des Schutzzwecks ist diese Sanktionierung für eine Untreuestrafbarkeit allerdings ohne Belang.[311]

Unabhängig von dem Faktum der Konzernierung kann ein über die Grenze des Stamm- bzw. Grundkapitals hinausreichendes Eigeninteresse der – nun verbundenen oder unverbundenen – Gesellschaft im Sinne eines Verbots, die Existenz der Gesellschaft durch Vermögensdispositionen so stark zu gefährden, dass ihr wirtschaftlicher Zusammenbruch als Folge in nächster Zukunft wahrscheinlich ist,[312] als Grenze des Dispositionsrechts der Gesellschafter über das Gesellschaftsvermögen nicht angenommen werden.

Als Hauptargumente für eine solche weitergehende Grenze werden das Erfordernis der eintragungspflichtigen Satzungsänderung bei Veränderungen des Gesellschaftszwecks und ein aus den Liquidationsvorschriften folgendes „Verbot kalter Liquidation“[313] genannt.[314] Gegenüber dem ersten Punkt kann neben dem Argument, dass ansonsten der bloße Verstoß gegen gesellschaftsrechtliche Form- und Publizitätsvorschriften zugunsten außenstehender Dritter[315] strafbar-

---

widerlegt erscheint –, so bestünde diese Innenhaftung – egal auf welcher Rechtsgrundlage sie dogmatisch gestützt wäre (zu den verschiedenen Ansätzen im gesellschaftsrechtlichen Schrifttum vgl. die Nachweise oben 2. Kapitel Fn. 267) – letztlich ausschließlich im Gläubigerinteresse. Zum Gedanken der Treuepflichtverletzung, der beispielsweise von *Ulmer* ZIP 2001, 2021 (2026 f.) als Grundlage der „Bremer Vulkan“-Haftung herangezogen wird, vgl. bereits die obigen Ausführungen.

309 So bereits BGH (Einleitung Fn. 160), BGHZ 122, 123 (130) "TBB" und im Anschluss hieran BGH (Einleitung Fn. 34); BGHZ 149, 10 (16) „Bremer Vulkan“ sowie BGH (2. Kapitel Fn. 268), BGHZ 151, 181 (186 f.) „KBV“; dazu *Röhricht* FS 50 Jahre Bundesgerichtshof, 83 (107 f.). Vgl. auch *Birkholz* Untreuestrafbarkeit, 107 f., der aus strafrechtlicher Perspektive überzeugend nachweist, dass bereits „TBB“ ausschließlich auf den Gläubigerschutz abstellte; vgl. auch die Ausführungen von *Winter* ZGR 1994, 570 (588 ff.) zum Eigeninteresse à la „TBB“ im Rahmen seiner am Gläubigerschutz orientierten Gesamtkonzeption.

310 BGH (Fn. 294), ZIP 2000, 493 (494).

311 Ebenso *Birkholz* Untreuestrafbarkeit, 103 bezüglich einer allgemeinen materiellen Begründung eines Eigeninteresses der GmbH.

312 So *Fleck* ZGR 1990, 31 (36).

313 Hiergegen instruktiv *Mülbert* DStR 2001, 1937 (1944 f.); vgl. auch *Versteegen* Konzernverantwortlichkeit, 114 f.; Bitter WM 2001, 2133 (2136).

314 Siehe Nachweise oben Fn. 266.

315 *Burgard* ZIP 2002, 827 (830) spricht „von den beiden Säulen des kapitalgesellschaftsrechtlichen Gläubigerschutzes, nämlich Kapitalschutz und Publizität“.

keitsbegründend wirke,[316] eingewandt werden, dass bereits aus gesellschaftsrechtlicher Perspektive eine Zweckänderung nicht zwingend ein Umstand ist, der in jedem Falle wegen Änderung des Verbandszwecks oder des Unternehmensgegenstandes beurkundungs- und eintragungspflichtig ist und so zu einer formellen Satzungsänderung verpflichtet.[317] Und auch die Bindung an das „Wie" der Abwicklung der Gesellschaft vermittels der strengen Liquidationsvorschriften ist ausschließlich an Gläubigerinteressen ausgerichtet.[318] Da die Liquidationsnormen in keinerlei Hinsicht dem Zweck der Vermögenserhaltung zugunsten der Gesellschaft dienen, zudem eine Vorschrift zur Transformation der Drittinteressen in eigene Interessen der Gesellschaft nicht ersichtlich ist und schließlich eine gesellschaftsrechtlich-materielle Indisponibilität aufgrund der Möglichkeit einer formalen Gesellschaftsabwicklung nicht besteht, ist ein „Verbot kalter Liquidation" nicht geeignet, die Reichweite des Tatbestandes des § 266 StGB zu bestimmen.[319]

Generell steht einer Übertragung des Kriteriums der Existenzgefährdung auf das Strafrecht unter dem Gesichtspunkt des Art. 103 Abs. 2 GG und des § 1 StGB dessen hohes Maß an Unbestimmtheit entgegen.[320] Gesellschaftsrechtlich ist es nahezu ungeklärt, welcher Grad an Gefahr für den Bestand der Gesellschaft erreicht sein muss, um von einer Existenzgefährdung sprechen zu können.[321] Darüber hinaus ist es nicht unproblematisch, mittels eines Existenzgefährdungsverbots wirtschaftliche Entscheidungen der Gesellschaftsorgane nachträglich einer umfassenden Angemessenheitskontrolle durch ein Strafgericht zu unterwerfen.[322] Dies gilt insbesondere, wenn sich im Gesellschaftsrecht entsprechend der US-amerikanischen „business judgement rule" eine nur eingeschränkte inhaltliche Überprüfung durch den Richter (weiter) durchsetzen wird.[323]

---

[316] Vgl. bereits oben Fn. 245.

[317] Ausführlich *J. Kaufmann* Organuntreue, 117 f.

[318] Vgl. oben Text vor und Nachweis in Fn. 226 und selbst *Winter* Mitgliedschaftliche Treubindungen, 204.

[319] Weitere Begründungen dafür, dass der Hinweis auf die mögliche Umgehung der Liquidationsvorschriften kein vom Willen der Gesellschafter indisponibles Eigeninteresse der Gesellschaft zu schaffen vermag bei *Birkholz* Untreuestrafbarkeit, 105 f.; vgl. auch die allgemeinen Nachweise oben Fn. 196.

[320] Umfassend *Radtke* GmbHR 1998, 311, 361 (365). Siehe auch die gekünstelte Konstruktion von *Waßmer* Untreue bei Risikogeschäften, 93 als Vertreter eines strafrechtlichen Existenzgefährdungsverbotes, der als Nichtigkeitsgrund im Hinblick auf das strafrechtliche Bestimmtheitsgebot „§ 241 Nr. 3 AktG 'analog'" heranzieht.

[321] So anschaulich *Burgard* WuB II C. § 13 GmbHG 1.02, 151; ihm zufolge gibt auch das „Bremer Vulkan"-Urteil nur „etwas näheren Aufschluss"; vgl. auch die im Hinblick auf die unzureichende dogmatische Fundierung der neueren Rechtsprechung getätigte Aussage von *Altmeppen* ZIP 2002, 961 (965), dass die „'Bestandsschutzhaftung' des Gesellschafters keine Rechtsquelle ist, mit der etwa die Richter an den Instanzgerichten im Alltag arbeiten könnten."

[322] *Radtke* GmbHR 1998, 311, 361 (365).

[323] Zur Begründung der „business judgement rule" und zu ihrer Übertragbarkeit auf das Strafrecht vgl. *Laskos* Untreue bei der Kreditvergabe, 177. Die Notwendigkeit der Anerkennung

2. Die Kapitalbindung im Konzern

Zuvor wurde festgestellt, dass allgemein – und für die unverbundene Gesellschaft endgültig – ein für die Gesellschafter indisponibles Eigeninteresse der Gesellschaft an der Sicherung der gesetzlichen Mindestkapitalziffer existiert. Ob dieses Eigeninteresse mittels des Faktums der Konzernierung der – nun abhängigen – Gesellschaft Veränderungen unterliegt, bedarf der weiteren Klärung.

Ein Ansatz hierzu besteht sicherlich darin, dem Eigeninteresse der abhängigen Gesellschaft den vielverwendeten Begriff des sog. Konzerninteresses[324] entgegenzustellen und seinen Einfluss auf Ersteres zu untersuchen.[325] Hierbei stellt sich das Problem, dass der Terminus des Konzerninteresses wenig geklärt bzw. stark umstritten ist.[326] Teilweise wird bezweifelt, dass es ein eigenes Konzerninteresse überhaupt gibt.[327] Größtenteils wird der Begriff mit dem Interesse der Muttergesellschaft gleichgesetzt, beispielsweise dass es dem Gesamtunternehmen „Gruppe" wirtschaftlich möglichst gut geht oder dass die Reserven des eigenen Unternehmens möglichst nachhaltig gestärkt werden.[328] Weiterhin wird das Konzerninteresse mit den Belangen der Allgemeinheit an einer vorteilhaften Förderung des Konzernunternehmens identifiziert.[329] Andere wiederum erkennen die Dominanz der Mutterinteressen an, binden darüber hinaus die jeweiligen Interessen der einzelnen Konzernmitglieder ein.[330] Allgemein besteht die Schwierigkeit, ob die Interessen der Mutter und der mit ihr verbundenen Unternehmen verobjektiviert oder rein subjektiv in die Betrachtung eingestellt werden sollen.[331]

Angesichts dieser vielfältigen Unklarheiten aus dem gesellschaftsrechtlichen Bereich bietet es sich für die strafrechtliche Untersuchung – auch im Hinblick auf das Bestimmtheitserfordernis – an,[332] auf die Vermögensbindung bezogene Normen und Grundsätze des Aktien- wie GmbH-Konzernrechts in das Blickfeld

---

eines weiten Ermessensspielraums unternehmerischer Entscheidungsfreiheit im Gesellschaftsrecht gesteht selbst *Winter* Mitgliedschaftliche Treubindungen, 212 f. zu.

[324] Umfassend hierzu *Zöllner* Die Schranken, 79 ff.

[325] Zum gesellschaftsrechtlichen Verhältnis von Konzerninteresse und Eigeninteresse der abhängigen Gesellschaft vgl. den (auch historischen) Überblick bei *Deilmann* Die Entstehung, 23 ff.; gleichfalls *L. Möhring* Schutz der Gläubiger, 24 ff.; *Mestmäcker* Verwaltung, 276 ff.; *Hommelhoff* Die Konzernleitungspflicht, 17 f., 124 ff., 148 ff., 247 f. Zum Verhältnis nach „Bremer Vulkan" siehe *Altmeppen* ZIP 2001, 1837 (1845).

[326] *Sonnenschein* Organschaft, 153; *Zöllner* Die Schranken, 81; vgl. auch die oben zitierte Frage von *Lutter* in: Lutter, Ein Konzernrecht für Europa, 15 (16), Text vor Einleitung Fn. 9.

[327] Vgl. Nachweis bei Forum Europaeum Konzernrecht ZGR 1998, 672 (746 Fn. 331).

[328] *Bous* Die Konzernleitungsmacht, 201 f.; *L. Möhring* Schutz der Gläubiger, 27 ff.; *Jaschinski* Haftung, 69 ff.; vgl. auch die Darstellung bei *Zöllner* Die Schranken, 84 und bei *Hommelhoff* Die Konzernleitungspflicht, 148 Fn. 2.

[329] *Zöllner* Die Schranken, 84 ff.

[330] Forum Europaeum Konzernrecht ZGR 1998, 672 (746 Fn. 331); tendenziell ebenfalls *Kleindiek* ZIP 1991, 1330 (1335).

[331] Vgl. *Jaschinski* Haftung, 69.

[332] Vgl. zur Unklarheit der Argumentation mit „Eigeninteressen" und „Konzerninteressen" *Bitter* ZIP 2001, 265 (275).

zu nehmen, die durchaus ihrerseits von der Vorstellung des Vorhandenseins eines Konzerninteresses geprägt sind.[333] Hierbei muss zwischen den einzelnen Konzernierungsformen differenziert werden.[334]

a. AG-Vertragskonzern (Beherrschungs- und Gewinnabführungsvertrag)

Für die vertraglich konzernierte AG könnte sich eine im Vergleich zur unabhängigen Gesellschaft abweichende Vermögensbindung in Richtung eines völligen Entfallens des gemäß den §§ 7, 57 ff. AktG gewährleisteten Eigeninteresses durch die Regelung des § 291 Abs. 3 AktG ergeben. Danach gelten „Leistungen der Gesellschaft auf Grund eines Beherrschungs- oder eines Gewinnabführungsvertrags [...] nicht als Verstoß gegen die §§ 57, 58 und 60." Solche Leistungen können folglich nicht als verdeckte Gewinnausschüttungen und damit nicht als Verstoß gegen die Grundkapitalbindung angesehen werden.

Allerdings sind Leistungen der Gesellschaft in diesem Sinne bei einem Gewinnabführungsvertrag allein die Abführung des Bilanzgewinns an das herrschende Unternehmen und bei einem Beherrschungsvertrag ausschließlich Vermögenszuwendungen der abhängigen Gesellschaft infolge rechtmäßiger Weisungen des herrschenden Unternehmens nach § 308 AktG.[335] Unter dem Gesichtspunkt der Grundkapitalsicherung unzulässig bleiben damit alle anderen Vermögenszuwendungen der abhängigen Gesellschaft an die Konzernspitze, insbesondere solche aufgrund rechtswidriger Weisungen. § 291 Abs. 3 AktG bedeutet somit keine vollständige Außerkraftsetzung des Vermögensschutzes. Die Legalität der Ausübung der Leitungsmacht lässt sich nicht aus der Aufhebung des Einlagenrückgewährverbots selbst herleiten.[336]

Für die untreuestrafrechtliche Analyse ist es daher verfehlt, aus § 291 Abs. 3 AktG auf eine Veränderung des strafrechtlich relevanten Eigeninteresses bzw. darauf zu schließen, dass „je nach Art des Konzernierungsvertrages [...] Eingriffe, die bei der nicht-konzernierten AG zu auch strafbewehrten Verstößen gegen die gesellschaftsrechtliche Vermögensbindung führen würden, erlaubt" sind.[337] Denn aktienrechtlich rechtmäßige Maßnahmen wie die Bilanzgewinnabführung oder die Erteilung von Weisungen in den Grenzen von § 308 Abs. 1 AktG sind entsprechend dem Grundsatz der negativen Zivilrechts-

---

[333] Zu den gesetzlichen Normierungen eines „Konzerninteresses" vgl. *Bous* Die Konzernleitungsmacht, 16, 71; *Sonnenschein* Organschaft, 153 f.; *Geßler* FS Westermann, 145 (149).

[334] Gegen eine Differenzierung der „Einverständnisvoraussetzungen" nach dem Grad der Konzernierung *Wodicka* Untreue zum Nachteil, 259 f. *Wodicka* verkennt allerdings, dass die unterschiedliche Gestaltung der Konzernierungstatbestände und insbesondere ihrer Kapitalbindung durchaus vermittels des Grundsatzes negativer Zivilrechtsakzessorietät zu einer unterschiedlichen Ausgestaltung des strafrechtlich relevanten Eigeninteresses führen kann und damit zu divergierenden materiellen Einverständnis-Dispositionsschranken.

[335] *Emmerich/Habersack* Konzernrecht, § 291 Rn. 75; KK/*Lutter* § 57 Rn. 77 ff.

[336] AktG-GK/*Würdinger* § 291 Rn. 18.

[337] So aber *J. Kaufmann* Organuntreue, 142 f., 154 f.

akzessorietät von vornherein nicht pflichtwidrig.[338] Dementsprechend ist es nicht vornehmlich die Wertung aus § 291 Abs. 3 AktG, sondern diejenige aus § 308 Abs. 1 AktG, unterstützt durch § 291 Abs. 3 AktG im Bereich der Vermögensbindung, die für die Beurteilung im Rahmen von § 266 StGB von Bedeutung ist.

J. Kaufmann ist beizupflichten, wenn er mit obiger Feststellung davon ausgeht, dass der Tatbestand der Konzernierung zu einer Veränderung der Untreuestrafbarkeit im Verhältnis zur unverbundenen Gesellschaft führen kann. Nur handelt es sich dabei nicht um eine Problemlage auf der Ebene der „Untreue bei der AG trotz Zustimmung aller Aktionäre“[339], sondern um eine Frage der Veränderung des Pflichtenmaßstabs und damit der Beurteilung der Pflichtwidrigkeit als solcher im Sinne von § 266 StGB.[340] Für die hier vorgenommene Trennung zwischen allgemeiner Pflichtwidrigkeitsprüfung und der Möglichkeit des Wegfalls der an sich gegebenen Pflichtwidrigkeit aufgrund eines tatbestandsausschließenden Einverständnisses der Gesellschaft ergibt sich, dass in Bezug auf das für die materiellen Einverständnisdispositionsgrenzen entscheidende Eigeninteresse der Gesellschaft aus § 291 Abs. 3 AktG keine Änderung erfolgt.

Etwas anderes ergibt sich auch nicht aus dem Umstand, dass nach verbreiteter gesellschaftsrechtlicher Ansicht[341] im Vertragskonzern existenzgefährdende Weisungen unzulässig sind, folglich nicht unter § 308 Abs. 1 AktG fallen und es somit (wieder) zur Anwendung der §§ 57, 58 und 60 AktG kommt. Das Verbot existenzgefährdender Weisungen geht heute konform mit der gesellschaftsrechtlichen Bestandssicherung der Gesellschaft vermittels des generellen Verbots existenzgefährdender Eingriffe.[342] Für das Untreuestrafrecht ist ein solches Verbot aus unterschiedlichen Gründen, darunter auch dem des strafrechtlichen Bestimmtheitsgebots, nicht anzuerkennen.[343] Die Rolle der Bestimmtheitserfordernis lässt sich nochmals am Beispiel existenzgefährdender Weisungen verdeutlichen: Während ein Verbot existenzgefährdender Weisungen weder aktienrechtlich normiert, noch in der gesellschaftsrechtlichen Diskussion völlig unumstritten[344], noch in seinem Umfang gesichert ist, besteht für solche „existenzgefährdenden“ Weisungen, die zugleich gegen das Gebot der Grundkapitalsicherung

[338] Siehe oben A. I. 3.
[339] So aber der Titel des XI. Abschnitts von *J. Kaufmann* Organuntreue, 140 ff.
[340] Vgl. oben A. I. 3.
[341] BGH II ZR 210/76 v. 5.2.1979, BB 1979, 1735 (1738) „Gervais-Danone“; *Altmeppen* Die Haftung, 22; *Brandes* FS Kellermann, 25 (31); Münchener Handbuch/*Decher* Band 3, § 72 Rn. 23; *Hüffer* § 308 Rn. 19; *Ulmer* ZHR 148 (1984), 391 (408 ff.); *T. Raiser* Kapitalgesellschaften, § 54 Rn. 28; *Priester* ZIP 1989, 1301 (1303); *Hommelhoff* Die Konzernleitungspflicht, 150; *ders.* WM 1984, 1105 (1112); *Schauß* Das Weisungsrecht, 85 ff.; *K. Schmidt* Gesellschaftsrecht, § 31 III 2 c; *Winter* Mitgliedschaftliche Treubindungen, 213 f.
[342] Vgl. die neuere Rechtsprechung des II. Zivilsenats BGH (Einleitung Fn. 34), BGHZ 149, 10 (16) „Bremer Vulkan“ und BGH (2. Kapitel Fn. 268), BGHZ 151, 181 (186 f.) „KBV“.
[343] Ausführlich oben B. II. 1. b. bb.
[344] *Ziemons* Die Haftung, 113 Fn. 204; KK/*Koppensteiner* § 308 Rn. 32; vgl. zum Diskussionsstand *Bous* Die Konzernleitungsmacht, 72 f.

verstoßen, in den §§ 57 ff. AktG ein bestimmter und unangreifbarer Maßstab. Für die strafrechtliche Wertung ist dieser allein im Hinblick auf § 7 AktG zu reduzieren.

Da des Weiteren keine konzernrechtlichen Regelungen ersichtlich sind, die zu einer Vermögensbindung über das zur Erhaltung des Grundkapitals erforderliche Vermögen hinaus führen[345], macht es im Hinblick auf die Dispositionsgrenzen keinen Unterschied, ob die AG unverbunden oder vertraglich konzerniert ist.

b. Eingliederungskonzern

Betrachtet man demgegenüber den Eingliederungskonzern, so ergibt sich im Vergleich zu den vorherigen Aussagen ein leicht verändertes Bild. Denn § 323 Abs. 2 AktG enthält im Gegensatz zu § 291 Abs. 3 AktG einen vollständigen Ausschluss der Kapitalerhaltungsregeln. Die Hauptgesellschaft kann das Vermögen der eingegliederten Gesellschaft in beliebiger Weise und beliebigem Umfang an sich ziehen.[346] Es wird jede Leistung erfasst, unabhängig davon, ob sie in rechtmäßiger Weise auf der Eingliederung beruht.[347]

Zwar sind die Motive für diesen weitreichenden Ausschluss der Grundkapitalbindung, dass bei der eingegliederten AG keine Minderheitsgesellschafter vorhanden sind und dass die Gesellschaftsgläubiger durch die Sicherheitsleistung und die gesamtschuldnerische Haftung der Hauptgesellschaft gemäß der §§ 321, 322, 324 Abs. 3 AktG hinreichend geschützt sind.[348] Dennoch ist für die untreuestrafrechtliche Bewertung der Wegfall der Gewährleistung der §§ 57 ff. AktG bei einem Einverständnis der Gesellschaft zugunsten des Täters zu berücksichtigen, da durch § 323 Abs. 2 AktG gleichzeitig der zweite Gehalt der Doppelfunktion[349] der Grundkapitalwahrung, nämlich der dauernde Grundstock der Gesellschaft selbst, tangiert wird.

Gesellschaftsrechtlich wird diese Teilfunktion über die Verlustübernahmeverpflichtung im Umfang des § 324 Abs. 3 AktG ausgeglichen. Für § 266 StGB ist diese Ausgleichskonstruktion hingegen nicht fassbar. Entscheidend ist dort, dass über § 323 Abs. 2 AktG auch das Grundkapital verletzende Maßnahmen rechtmäßig sind und die strenge Wertung der §§ 57 ff. AktG durchbrochen wird. Diese gesellschaftsrechtliche Rechtmäßigkeit spiegelt sich regelmäßig unmittelbar auf der Pflichtwidrigkeitsebene des Untreuetatbestandes wieder.[350] Dass letztlich eine Sicherstellung der Grundkapitaldeckung der eingegliederten Gesellschaft durch den Ausgleichsanspruch nach § 324 Abs. 3 AktG gewährleistet ist[351], ist

[345] Gleiches gilt für den GmbH-Vertragskonzern.
[346] *Zimmerling* Kapitalerhaltung, 81.
[347] KK/*Koppensteiner* § 323 Rn. 1.
[348] *Zimmerling* Kapitalerhaltung, 82.
[349] Siehe oben B. II. 1. a. aa.
[350] Siehe oben A. I. 2. d. Dort auch Ausführungen zu etwaigen Einschränkungen.
[351] *Emmerich/Habersack* Konzernrecht, § 324 Rn. 2 und 9.

für § 266 StGB aufgrund der im Rahmen der negativen Zivilrechtsakzessorietät dieses Tatbestandes bindenden vorgelagerten Beurteilung unerheblich.

Gleichzeitig folgt aus den vorstehenden Ausführungen, dass es letztlich wiederum die Ebene der allgemeinen Pflichtwidrigkeitsprüfung ist, auf der sich das Faktum der Eingliederung strafrechtlich im Vergleich zur unverbundenen Gesellschaft bemerkbar macht. Der Unterschied zum Vertragskonzern besteht lediglich darin, dass es bei der Eingliederung in der Regel gar nicht mehr auf das Vorliegen eines tatbestandsausschließenden Einverständnisses ankommt. Dies liegt nicht daran, dass – zumindest in Bezug auf Handlungen des Vorstands der Hauptgesellschaft – stets ein Einverständnis vorliegen wird, weil die Hauptgesellschaft notwendigerweise Alleinaktionär der eingegliederten Gesellschaft ist, sondern daran, dass grundsätzlich in der Beziehung zur eingegliederten Gesellschaft überhaupt keine strafrechtlich pflichtwidrigen Verhaltensweisen existieren, mit denen sich die Gesellschaft einverstanden erklären könnte. Sollte dies ausnahmsweise[352] dennoch der Fall sein, so folgt aus § 323 Abs. 2 AktG, dass ein strafrechtlich geschütztes Eigeninteresse der eingegliederten AG nicht besteht und demzufolge auch keine materielle Dispositionsgrenze bei der Einverständniserteilung.

c. GmbH-Vertragskonzern

Nicht anders als im durch Beherrschungs- oder Gewinnabführungsvertrag vermittelten AG-Vertragskonzern[353] fällt die Bewertung in Bezug auf den GmbH-Vertragskonzern aus.[354] Selbst wenn man mit der gesellschaftsrechtlichen Minderheit[355] eine Analogie zu § 291 Abs. 3 AktG bejahen würde, könnte daraus allein das Entfallen der Kapitalerhaltungsregel des § 30 GmbHG für den Bereich legaler Leitungsmaßnahmen folgen.

Eine Reduktion des untreuestrafrechtlichen Eigeninteresses ist aber – ebenso wie beim AG-Vertragskonzern – nur für an sich pflichtwidrige Eingriffe von Relevanz. Denn allein dort stellt sich die Problematik einer Einverständniserklärung seitens der Gesellschaft. Greift § 291 Abs. 3 AktG (analog) für solche pflichtwidrigen Maßnahmen sowieso nicht ein, können aus dieser Norm auch keine Aussagen für eine Modifikation des Eigeninteresses getroffen werden. Unabhängig hiervon ist bereits der herrschenden Meinung[356] im Hinblick auf

[352] Diese Ausnahmesituation liegt in der oben als pflichtwidrig gekennzeichneten Fallkonstellation der subjektiven Kenntnis von der dauerhaften Nichterfüllung der Deckungspflicht vor; vgl. A. I. 2. d.

[353] Oben B. II. 2. a.

[354] Anders hingegen *Fleck* ZGR 1990, 31 (46 ff.); *Flum* Der Strafrechtliche Schutz, 216.

[355] Scholz/*Westermann* § 30 Rn. 35; *Fleck* ZGR 1990, 31 (47); *ders.* FS 100 Jahre GmbHG, 391 (395); *Hommelhoff* WM 1984, 1105 (1110); *L. Möhring* Schutz der Gläubiger, 159 f.; aus dem strafrechtlichen Schrifttum *Flum* Der Strafrechtliche Schutz, 205 f.

[356] Scholz/*Emmerich* Anhang Konzernrecht Rn. 277; Baumbach/Hueck/*Zöllner* Schlussanhang I Rn. 77; *Sonnenschein* Organschaft, 345; *Jaschinski* Haftung, 210 f.; *Brandes* FS Kel-

eine Ablehnung der analogen Anwendung des § 291 Abs. 3 AktG auf den GmbH-Vertragskonzern zuzustimmen. Hierfür spricht der zwingende Charakter der Kapitalerhaltungsvorschriften, der im GmbHG gerade nicht durch eine privilegierende Regelung wie die des § 291 Abs. 3 AktG bzw. durch einen gesetzgeberischen Willen, ein Schutzsystem durch ein anderes zu ersetzen, durchbrochen wird.[357]

d. Qualifizierter faktischer Konzern

Die Frage einer Analogie zu § 291 Abs. 3 AktG und der damit verbundenen Außerkraftsetzung der Kapitalerhaltungsregeln stellte sich auch im Hinblick auf den gesellschaftsrechtlich ehemaligen qualifizierten faktischen Konzern.[358] Mit Aufgabe der Analogie zum Haftungssystem des Vertragskonzernrechts des Aktienrechts[359] ist diese Diskussion hinfällig.

Der BGH hat – trotz aller praktischen Schwierigkeiten –[360] ausdrücklich anerkannt, dass der Schutz einer abhängigen Gesellschaft gegenüber Eingriffen ihres (Allein-) Gesellschafters die Erhaltung ihres Stammkapitals[361] umfasst.[362] Dieser Ausfluss des gesellschaftsrechtlichen Eigeninteresses ist daher auch für den im Untreuestrafrecht anzuerkennenden qualifizierten faktischen Konzern in den Grenzen der §§ 5 Abs. 1 GmbHG und 7 AktG unumstößlich.

e. Einfacher faktischer AG-Konzern

Eine ähnliche Rechtslage wie zuvor zum AG-Vertragskonzern[363] geschildert besteht im Hinblick auf den einfachen faktischen AG-Konzern. Zwar ist hier die Frage des Verhältnisses von Kapitalerhaltungsvorschriften und den §§ 311 ff. AktG strittig. Folgt man allerdings der herrschenden Ansicht,[364] dass die §§ 311, 317 AktG leges speciales zur Grundkapitalbindung darstellen, so

---

lermann, 25 (33); *Bitter* ZIP 2001, 265 (276); aus der strafrechtlichen Literatur *J. Kaufmann* Organuntreue, 139; *Bittmann/Terstegen* wistra 1995, 249 (253).

[357] Ausführlich *Zimmerling* Kapitalerhaltung, 88 ff.

[358] Vgl. nur die auf den Untreuetatbestand bezogenen Darstellungen bei *J. Kaufmann* Organuntreue, 136 ff.

[359] BGH (Einleitung Fn. 34), BGHZ 149, 10 (16) „Bremer Vulkan". Vgl. auch oben 2. Kapitel B. I. 3. b. bb. (2).

[360] Vgl. zur „Unmöglichkeit des Einzelausgleichs" als ehemaligem Tatbestandsmerkmal der Haftung im qualifizierten faktischen Konzern *Emmerich/Habersack* Konzernrecht, Anh. II § 318 Rn. 21 ff.; zur Kapitalerhaltung im ehemals qualifizierten faktischen Konzern instruktiv *Versteegen* Konzernverantwortlichkeit, 71 ff., 215 ff.; vgl. auch die generellen Bedenken im Sinne einer Funktionslosigkeit der Kapitalerhaltungsregeln im Unternehmensverbund bei *Limmer* Die Haftungsverfassung, 42.

[361] Gleiches muss für das Grundkapital gelten, vgl. bereits oben. 2. Kapitel B. I. 3. b. bb. (2).

[362] BGH (Einleitung Fn. 34), BGHZ 149, 10 (16) „Bremer Vulkan"; BGH (2. Kapitel Fn. 268), BGHZ 151, 181 (187) „KBV".

[363] Oben B. II. 2. a.

[364] KK/*Lutter* § 57 Rn. 80; KK/*Koppensteiner* § 311 Rn. 107; AktG-GK/*Barz* § 57 Rn. 7; *Hüffer* § 57 Rn. 6 und § 311 Rn. 49; *Kübler* Gesellschaftsrecht § 30 II 6 b aa. Anders *Geßler* FS Westermann, 145 (154); AktG-GK/*Würdinger* § 311 Rn. 5; *Cahn* Kapitalerhaltung, 65 f.

stellt sich wiederum die Frage, ob hieraus eine Reduzierung bzw. ein Wegfall des Gesellschafts-Eigeninteresses resultiert. Dies ist letztlich zu verneinen.[365]

Denn die herrschende Meinung stützt ihre Analogie auf die Unvereinbarkeit der Verzögerung des Nachteilsausgleichsanspruchs nach § 311 AktG mit der sofortigen Rückgewährpflicht gemäß § 62 AktG als Folge eines Verstoßes gegen die Kapitalerhaltungsregeln.[366] Es widerspräche dem Zweck der Vorschrift, bestimmte Konzerneinflussnahmen zu ermöglichen, wenn man die Rechtsgeschäfte verbietet, die gleichzeitig eine kapitalerhaltungsrelevante Vermögensverschiebung darstellen und damit auch die überwiegende Mehrzahl solcher Einflussnahmen verkörpern.[367] Solche Vermögensverschiebungen, die unter die gesetzgeberische Privilegierung des einfachen faktischen Konzerns durch § 311 AktG fallen, sind aber bereits im Rahmen der allgemeinen Pflichtwidrigkeitsbeurteilung als nicht untreuetatbestandsrelevant ausgeschieden worden.[368] Die Verdrängung der Kapitalerhaltungsvorschriften kann strafrechtlich demzufolge allein in diesem Bereich als zusätzliche rechtmäßige Maßnahmen auslösend Berücksichtigung finden. Dem trägt ein Großteil der herrschenden Auffassung Rechnung, indem bei unterbliebenem Nachteilsausgleich die Kapitalsicherungsvorschriften nachträglich wieder aufleben sollen.[369]

f. Einfacher faktischer GmbH-Konzern

Für den einfachen faktischen GmbH-Konzern wird schließlich die entsprechende Anwendung der §§ 311 ff. AktG durch die ganz herrschende Meinung zurecht abgelehnt.[370] Unabhängig davon besteht im Hinblick auf die Geltung der §§ 30 ff. GmbHG Einigkeit.[371] Die Kapitalerhaltungsvorschriften seien vor allem deshalb weiterhin anwendbar, weil eine Analogie zu den §§ 311, 317 AktG, die ein auf die GmbH nicht übertragbares Schädigungsprivileg enthalten, ausgeschlossen sei.[372]

Für die strafrechtliche Beurteilung hinsichtlich § 266 StGB folgt hieraus, dass der Umstand der einfachen faktischen Konzernierung bei der GmbH – ebenso wie bei der AG – keinen Einfluss auf den Umfang der materiellen Dispositionsgrenzen des Gesellschafts-Einverständnisses ausübt.[373]

---

365 Anders wohl – jedenfalls in seinen Schlussfolgerungen – *J. Kaufmann* Organuntreue, 143 ff., 153.
366 KK/*Lutter* § 57 Rn. 80.
367 *Zimmerling* Kapitalerhaltung, 95.
368 Vgl. oben A. I. 1.
369 *Zimmerling* Kapitalerhaltung, 100 m.w.N.
370 Vgl. nur KK/*Koppensteiner* Vor § 311 Rn. 17 ff.
371 So selbst *Kropff* Die AG 1993, 485 (492), der ansonsten eine Analogie zu den §§ 311, 317 AktG befürwortet.
372 Vgl. *Zimmerling* Kapitalerhaltung, 103 mit Verweis auf *Lutter/Hommelhoff* Anh. § 13 Rn. 12 f.
373 Im Ergebnis ebenso *Fleck* ZGR 1990, 31 (45 f.); *J. Kaufmann* Organuntreue, 132; *Flum* Der Strafrechtliche Schutz, 215 f.

g. Zwischenergebnis

Somit ist festzuhalten, dass das untreuestrafrechtliche Eigeninteresse der abhängigen Gesellschaft mit Ausnahme des der eingegliederten AG im Vergleich zur unverbundenen AG oder GmbH keinen Veränderungen unterworfen ist. Es existiert damit allgemein – mit Ausnahme des Eingliederungskonzerns – ein für die Gesellschafter indisponibles Eigeninteresse der Gesellschaft an der Sicherung der gesetzlichen Mindestkapitalziffer.

3. Rechtsfolgen für die Fallkonstellationen der Konzernuntreue

Für die im Rahmen der Einleitung dargestellten Fallkonstellationen der Konzernuntreue[374] bedeuten die vorherigen Ausführungen zu den materiellen Dispositionsgrenzen eines Einverständnisses, dass das herrschende Unternehmen als Anteilseigner der abhängigen Gesellschaft in einer Vielzahl der Fälle wirksam mit dem pflichtwidrigen, schädigenden Verhalten eines Organs der abhängigen oder der herrschenden Gesellschaft einverstanden sein kann und hieran letztlich eine Untreuestrafbarkeit dieser Organe scheitert.

a. Finanzmanagement

Entgegen den strafrechtlichen Folgerungen der „Bremer Vulkan"-Entscheidung[375] sind – bei tatsächlich vorliegendem Einverständnis – in einem zentralen Cash-Management[376] aus strafrechtlicher Sicht[377] allein die zur Deckung des gesetzlichen Mindest-Stammkapitals bzw. des Mindest-Grundkapitals erforderlichen Mittel vorzuhalten.[378] Darüber hinaus ist es nicht notwendig, die Liquidität der abhängigen Gesellschaft jederzeit sicherzustellen. Es existiert gerade kein untreuestrafrechtlich anerkanntes Eigeninteresse der Gesellschaft an der Aufrechterhaltung ihrer Fähigkeit, ihren Verbindlichkeiten nachzukom-

[374] Oben Einleitung D.

[375] BGH (Einleitung Fn. 34), BGHZ 149, 10 (17 f.) „Bremer Vulkan".

[376] Oben Einleitung D. III.

[377] Da im Gesellschaftsrecht nunmehr ein Existenzgefährdungsverbot im Interesse des Gläubigerschutzes anerkannt ist, geht die gesellschaftsrechtliche Haftung – entsprechend dem Grundsatz der negativen Zivilrechtsakzessorietät – künftig über die strafrechtliche Haftung hinaus. Anders die bisherige Rechtslage, insbesondere vor Annahme des gesellschaftsrechtlichen Verbots existenzgefährdender Eingriffe durch die neuere Rechtsprechung des II. Zivilsenats. Es bestand ein offener Dissens zwischen den Zivil- und den Strafsenaten des BGH: Während der Geschäftsführer für seine schädigenden Einflussnahmen auf das Gesellschaftsvermögen trotz Zustimmung der oder des Gesellschafter(s) strafrechtlich zur Verantwortung gezogen wurde, sollte er nach gesellschaftsrechtlicher Wertung rechtmäßig handeln und von Haftungsfolgen verschont bleiben, sofern die Vermögensübertragung das eingetragene Stammkapital wertmäßig nicht angreift. Somit wurde – entgegen dem Grundsatz negativer Zivilrechtsakzessorietät des Untreuetatbestandes – strafrechtlich geahndet, was gesellschaftsrechtlich erlaubt war; vgl. den knappen Überblick bei *Schnauder/Müller-Christmann* JuS 1998, 980, 1080 (980 f.) m.w.N.; zum Grundsatz negativer Zivilrechtsakzessorietät ausführlich oben 1. Kapitel A.

[378] Völlige strafrechtliche Dispositionsfreiheit besteht sogar in den Situationen des Eingliederungskonzerns, siehe oben B. II. 2. b.

men.[379] Über ihre drohende Insolvenz hat die Konzernspitze nur insoweit aufzuklären, als hierdurch vermittels des Cash-Managements die Minimumkapitalziffer bei der abhängigen Gesellschaft unterschritten würde.[380]

b. Strukturmaßnahmen

Gleiches gilt für die hier sog. Strukturmaßnahmen,[381] insbesondere für die über ein Cash-Management hinausgehende Zentralisierung sonstiger existenznotwendiger Unternehmensfunktionen wie etwa Einkauf oder Vertrieb. Das herrschende Unternehmen ist – bei gegebenem Einverständnis – strafrechtlich nicht verpflichtet, seiner Tochter jederzeit die zur Aufrechterhaltung ihres Geschäftsbetriebes erforderlichen Mittel zur Verfügung zu stellen und sie rechtzeitig aufzuklären, wenn seine Fähigkeit hierzu bedroht ist.[382] Auch der kompensationslose Abzug von Ressourcen ist im Hinblick auf § 266 StGB irrelevant, wenn hierdurch nicht die Grenze der §§ 5 Abs. 1 GmbHG oder 7 AktG unterschritten wird. Nichts anderes ist im Hinblick auf die Zuweisung von Geschäften mit spekulativem, risikobehaftetem Charakter anzunehmen, selbst wenn „deren Risiken außer Verhältnis zu den Vermögensverhältnissen der Gesellschaft stehen".[383]

c. Aushöhlung von Gesellschaften

Die unter dem Stichwort der „Aushöhlung von Gesellschaften"[384] zusammengefassten Gruppen der sog. GmbH-Stafette, der „Aschenputtel-Gesellschaften" und der „Sterbehauskonstruktionen" sind untreuestrafrechtlich insofern von Relevanz, als hier regelmäßig die bilanzmäßige Sicherung des Minimumkapitals missachtet werden soll und missachtet wird. Kommt es tatsächlich zu einer solchen bilanziellen Austrocknung der Gesellschaft, greift strafrechtlich die materielle Dispositionsgrenze zugunsten des Gesellschaftsvermögens ein. Keine Bedeutung besteht aber darüber hinaus, wenn etwa „dem sog. Aschenputtel [...] nach vernünftigem kaufmännischem Ermessen von vornherein die Fähigkeit vorenthalten [wird, *D.B.*], die normalen Risiken seines Geschäftsbetriebs zu bestehen."[385]

---

[379] So aber BGH (Einleitung Fn. 34), BGHZ 149, 10 (17) „Bremer Vulkan"; frühzeitig ebenso für den Vertragskonzern *Hommelhoff* WM 1984, 1105 (1112 f.).

[380] Weitergehend das Gesellschaftsrecht, nach dem generell „die Liquidität der abhängigen Gesellschaft sicherzustellen und sie über eine drohende Insolvenz aufzuklären" ist; so im Anschluss an das „Bremer Vulkan"-Urteil *Burgard* WuB II C. § 13 GmbHG 1.02, 152; vgl. auch *Schünemann* LM AktG 1965 § 309 Nr. 1 (5/2002), Bl. 10. Im Vorfeld der „Bremer Vulkan"-Entscheidung tendenziell ebenso, wenn auch im Ergebnis nicht so weitreichend *Priester* ZIP 1989, 1301 (1305).

[381] Siehe oben Einleitung D. II.

[382] Aus gesellschaftsrechtlichem Blickwinkel so aber *Burgard* WuB II C. § 13 GmbHG 1.02, 152.

[383] Anders das Gesellschaftsrecht; vgl. BGH (Fn. 310), WM 2000, 575 (576).

[384] Oben Einleitung D. IV.

[385] So die gesellschaftsrechtliche Grenze; vgl. *Röhricht* FS 50 Jahre Bundesgerichtshof, 83 (107).

C. Die gespaltene Pflichtwidrigkeitsbeurteilung im Konzern

Zu Beginn des Kapitels wurde bereits darauf hingewiesen, dass es Situationen einer gespaltenen Pflichtwidrigkeitsbeurteilung im Konzern geben kann. Ursache hierfür ist, dass dem geschäftsleitenden Organ der Konzerngesellschaft eine zweifache Vermögensbetreuungspflicht obliegen kann.[386] Dies ist regelmäßig der Fall in Bezug auf den Vorstand oder Geschäftsführer der herrschenden Gesellschaft, der – mit Ausnahme des einfachen faktischen AG-Konzerns – gegenüber der eigenen Muttergesellschaft und gegenüber dem abhängigen Unternehmen vermögensbetreuungspflichtig ist.[387]

In der umgekehrten Perspektive, nämlich der des Geschäftsleiters der abhängigen Gesellschaft, sind solche Situationen einer doppelten Vermögensbetreuungspflicht seltener, aber nicht ausgeschlossen. Sie existieren immer dann, wenn dem geschäftsleitenden Organ neben der Pflichtenstellung hinsichtlich des „eigenen" abhängigen Unternehmens auch eine in eigener Person begründete Vermögensbetreuungspflicht gegenüber der Konzernspitze zukommt.[388]

Nun ist es in der Praxis wohl durchaus häufig anzutreffen, dass der Geschäftsleiter mit ein und derselben Entscheidung bzw. Leitungsmaßnahme bezüglich einer Gesellschaft pflichtgemäß, im Hinblick auf das andere zu betreuende Vermögen hingegen pflichtwidrig handelt. Beispiel hierfür aus dem Bereich der Strukturmaßnahmen[389] ist, dass der Geschäftsleiter der herrschenden Gesellschaft dem abhängigen Unternehmen eine Produktion mit spekulativem, risikobehaftetem Charakter zum Vorteil der Konzernspitze zuweist, deren Risiken außer Verhältnis zur Geschäfts- und Vermögenslage der Tochter stehen.[390] Eine solche Situation ist strafrechtlich in der Regel einfach zu lösen, denn der in Betracht genommene Geschäftsleiter als Leitungsorgan der Konzernmutter, die wiederum Allein- oder Mehrheitsgesellschafterin der betroffenen abhängigen Gesellschaft ist, ist selbst dazu berufen, ein Einverständnis mit seinem eigenen pflichtwidrigen Verhalten in Bezug auf das Vermögen der Tochtergesellschaft zu erteilen.[391] Außerhalb der engen materiellen Grenzen der Einverständnis-Dispositionsbefugnis scheidet damit eine Pflichtwidrigkeit und demzufolge eine Untreuestrafbarkeit generell aus.[392]

---

[386] Vgl. die Ausführungen von *Langkeit* WiB 1996, 1131 (1131) in Anmerkung zu BGH (Einleitung Fn. 30), JR 1997, 336 (336 ff.) „Treuhand". Zur ähnlichen Problematik im Gesellschaftsrecht bei doppel-funktionaler Tätigkeit im Konzern vgl. *Hommelhoff* Die Konzernleitungspflicht, 243 f.

[387] Siehe oben 2. Kapitel B. I. 4.

[388] Oben 2. Kapitel B. II. 1. a.

[389] Oben Einleitung D. II.

[390] Beispiel nach BGH (Fn. 310), WM 2000, 575 (575 f.); vgl. bereits oben B. II. 3. b.

[391] Siehe oben B. I. 1. b.

[392] Unter dieser Prämisse erweisen sich auch die Bedenken von *Langkeit* WiB 1996, 1131 (1131) als hinfällig, die „Treuhand"-Entscheidung begründe die naheliegende Gefahr, dass ein Verstoß gegen die konzernrechtliche Rücksichtnahmepflicht in vielen Fällen zugleich als

Ein solches Einverständnis wird jedoch kaum vorliegen, wenn es um ein pflichtwidriges Handeln des Geschäftsführers oder Vorstands der abhängigen GmbH oder AG in Bezug auf das Vermögen der Konzernmutter geht, das sich gegenüber der „eigenen" verbundenen Gesellschaft als pflichtgemäß darstellt. Als Beispiel kann der Fall dienen, dass sich die Geschäftsleitung der abhängigen Gesellschaft, der in eigener Person eine Vermögensbetreuungspflicht gegenüber der Konzernspitze obliegt, zum Kauf des Rohstoffbedarfs bei der konzernexternen Konkurrenz entschließt, da die Ressourcen dort bei gleicher Qualität erheblich preisgünstiger angeboten werden.[393]

Hier ist für die Pflichtwidrigkeitsbeurteilung entscheidend, dass es sich bei den beiden Gesellschaften um zwei rechtlich eigenständige (juristische) Personen und damit um selbständige Vermögensträger handelt. Dementsprechend muss das Verhalten des doppelt vermögensbetreuungspflichtigen Organs untreuestrafrechtlich stets zweispurig beurteilt werden. Eine einheitliche Pflichtwidrigkeitsbetrachtung im Konzern im Sinne einer Feststellung einer ordnungsgemäßen Geschäftsleitung durch sachgerechte Koordination der Interessen von abhängiger und beherrschter Gesellschaft ist nicht möglich.[394] Für die Leitung des abhängigen Unternehmens wird dieses Ergebnis untermauert durch den Umstand, dass es allgemein weder eine Berechtigung noch eine Verpflichtung zur eigenständigen Berücksichtigung von Konzerninteressen gibt.[395] Im Ergebnis kann folglich „ein 'Mehr' an ordnungs- und pflichtgemäßem Handeln auf der einen Seite das 'Weniger' auf der anderen" nicht kompensieren.[396] Das Organ muss beiden Pflichtenstellungen gerecht werden.[397] Im Beispiel bleibt demzufolge das Handeln im Interesse der abhängigen, aber gegen den Pflichtenmaßstab der herrschenden Gesellschaft, gegenüber Letzterer pflichtwidrig im Sinne von § 266 StGB. Eine Untreuestrafbarkeit kann demnach nur noch an einem eventuell zu verneinenden Nachteil[398] auf Seiten der Konzernmutter scheitern.

Als weiterer Grund eines Entfallens der Strafbarkeit – nun auf Rechtswidrigkeitsebene – wird teilweise[399] der Rechtfertigungsgrund der Pflichtenkollision angeführt. Hierbei ist allerdings zu beachten, dass dieser anerkanntermaßen[400]

Verwirklichung zumindest des objektiven Untreuetatbestandes betrachtet und damit im Übermaß eine Kriminalisierung unternehmerischer Entscheidungen provoziert werden könnte.

393 Beispiel nach *E. Schneider* Die Untreue, 101.

394 *E. Schneider* Die Untreue, 101.

395 Oben A. II. 1. a.

396 So bereits *E. Schneider* Die Untreue, 101.

397 Müller-Gugenberger/*Schmid* § 31 Rn. 114a im Anschluss an BGH (Einleitung Fn. 30), JR 1997, 336 (338) „Treuhand".

398 Hierzu unten 4. Kapitel.

399 *E. Schneider* Die Untreue, 101; ebenso wohl Krekeler/*Firgau* Untreue, 6, der allerdings Konsequenzen aus der Pflichtenkollision allein durch eine einschränkende Auslegung einer Pflichtenstellung ziehen will.

400 Vgl. nur LK/*Hirsch* Vor § 32 Rn. 71 ff.; Schönke/Schröder/*Lenckner* Vorbem §§ 32 ff. Rn. 71 ff.

nur dann eingreift, wenn von zwei gleichrangigen Handlungs- oder Unterlassungspflichten[401], die dem Täter obliegen, nur eine durch die Nichtbefolgung der anderen erfüllt werden kann.

Ob in den hier betrachteten Situationen eine Gleichrangigkeit der Pflichten gegeben ist oder wenigstens der Geschäftsleiter die höherrangige[402] der beiden Pflichten erfüllt, kann bereits bezweifelt werden. So ist es zumindest denkbar zu vertreten, die Vermögensbetreuungspflicht gegenüber der Konzernmutter sei aufgrund der Dominanz des Konzerninteresses und der Vielzahl der hierdurch möglicherweise gleichfalls betroffenen abhängigen Gesellschaften stets weitreichender und damit im Ergebnis höherrangig. Nicht ausgeschlossen ist aber auch der umgekehrte Standpunkt, aufgrund der engen Bindung zwischen Organ und eigener Gesellschaft sei immer die Pflichtenstellung in Bezug auf Letztere umfassender und somit vorrangig. Letztlich wird man zwar einräumen können, dass es sich bei beiden Pflichtenpositionen um über § 266 StGB gleich sanktionierte Pflichten handelt, denen aus strafrechtlicher Perspektive kein Stufenverhältnis zu entnehmen ist.

Weiterhin muss es sich aber auch um die Kollision zweier Handlungs- oder Unterlassungspflichten handeln. Kollidiert hingegen ein Handlungsgebot mit einem Verletzungsverbot, also kann der Täter die „Rettungshandlung" nur durch aktiven Eingriff in ein anderes Rechtsgut vornehmen, so ist nach herrschender Ansicht eine Rechtfertigung nur unter den hier nahezu ausgeschlossenen[403] Voraussetzungen des § 34 StGB möglich.[404] Eine solche Kollision von Handlungsgebot und Verletzungsverbot wird jedoch regelmäßig bei den Konstellationen gespaltener Pflichtwidrigkeit vorliegen. So besteht im zuvor genannten Beispiel gegenüber der „eigenen" Gesellschaft – wenn überhaupt –[405] eine Handlungspflicht, die Beschaffung der Rohstoffe mit der Sorgfalt eines ordentlichen Geschäftsmannes zu betreiben. Im Hinblick auf die Konzernmutter folgt aus dem Schädigungsverbot als Bestandteil der Vermögensbetreuungspflicht hingegen, dass schädigende Eingriffe in das Vermögen zu unterlassen sind. Eine Rechtfertigung aus Pflichtenkollision scheidet demzufolge aus.

---

401 Schönke/Schröder/*Lenckner* Vorbem §§ 32 ff. Rn. 76.
402 Schönke/Schröder/*Lenckner* Vorbem §§ 32 ff. Rn. 73.
403 Siehe aber auch oben 1. Kapitel A. II.
404 LK/*Hirsch* Vor § 32 Rn. 76.
405 Zumeist wird es sich in der Praxis so darstellen, dass aufgrund eines gesellschaftsrechtlichen Leitungs- und damit Ermessensspielraums bereits eine aus der Vermögensbetreuungspflicht herrührende Handlungspflicht – im Beispiel gegenüber der eigenen Gesellschaft – zu verneinen ist. Das heißt, dass selbst wenn der Geschäftsleiter die Rohstoffe weiterhin konzernintern beziehen würde, er sich nicht rechts- und pflichtwidrig verhält. Dann aber besteht schon keine Pflichtenkollision in dem Sinne, dass eine Pflicht nur durch die Nichtbefolgung der anderen erfüllt werden kann.

D. Zusammenfassung

Die eingangs dieses Kapitels zitierten Aussagen bezüglich der Erweiterung des Pflichtenkreises des Geschäftsführers bzw. Vorstands mittels konzernrechtlicher Einbindung „seiner" Gesellschaft sind in ihrer Grundtendenz stimmig, schildern jedoch keineswegs ein umfassendes Bild der Pflichtwidrigkeiten im Konzern.

Sowohl in Bezug auf die Pflichtwidrigkeiten auf der Ebene des geschäftsleitenden Organs der herrschenden Gesellschaft wie auch auf die des Leitungsorgans der abhängigen Gesellschaft lassen sich konzernbedingte Erweiterungen des Pflichtenmaßstabes im Vergleich zu demjenigen bei einer nicht konzernierten Gesellschaft feststellen. Umgekehrt geht mit nahezu jeder Pflichtenausweitung aber auch eine Pflichtenreduktion in Bezug auf andere Maßnahmen einher. Ursache hierfür ist der Einfluss besonderer Vorgaben und Vorschriften aus dem AG- und GmbH-Konzernrecht, etwa über die §§ 308 f. AktG (analog), §§ 322 ff. AktG oder §§ 311, 317 AktG, deren Schranken einerseits gesellschaftsrechtlich wie untreuestrafrechtlich nicht überschritten werden dürfen, bei deren Beachtung jedoch andererseits vermittels des Grundsatzes negativer Zivilrechtsakzessorietät des Untreuetatbestandes eine Strafbarkeit trotz eines etwaigen Verstoßes gegen für die unverbundene Gesellschaft unumstößliche Grundsätze ausgeschlossen ist.

Für die Beurteilung der Untreuestrafbarkeit auf der Ebene des Geschäftsleiters der abhängigen Gesellschaft besteht die Besonderheit, dass die hier mangels grundsätzlich anderweitiger Vermögensbetreuungspflichten allein einschlägige Pflichtenstellung gegenüber der „eigenen" Gesellschaft eine Veränderung nur im sog. durch Weisungen ausgefüllten Bereich erfährt.

Während in den bisherigen spärlichen Erörterungen von Pflichtwidrigkeiten im Konzern ausschließlich das zum Wegfall einer an sich gegebenen Pflichtwidrigkeit führende tatbestandsausschließende Einverständnis im Mittelpunkt stand – wohl insbesondere aufgrund der weitreichenden Diskussion dieser Problematik für den Bereich schlichter Organuntreue und ihrer dogmatischen Finessen –, zeigen die vorstehenden Ausführungen, dass letztlich diesbezüglich im Ergebnis keine konzernspezifischen Besonderheiten ihren Niederschlag finden.

Dennoch ist das tatbestandsausschließende Einverständnis auch im Konzern von herausragender Bedeutung. Dies liegt zum einen in seiner Funktion eines beträchtlichen Ausschlusspotenzials einer Untreuestrafbarkeit im Konzern, vor allem innerhalb der konzernspezifischen Fallkonstellationen. Zum anderen existieren durchaus Eigenheiten der Kapitalbindung im Konzern, die allerdings mit geringen Ausnahmen nicht erst auf der Stufe des Tatbestandsausschlusses kraft Einverständnisses, sondern bereits im Rahmen der allgemeinen Pflichtwidrigkeitsbewertung Eingang finden. Letztlich führt dies zur Annahme eines allgemeinen, für jeden Gesellschafter unabhängig von einer Verbundenheit oder Unverbundenheit der Gesellschaft indisponiblen Eigeninteresses der GmbH bzw.

AG an der Sicherung ihrer gesetzlichen Mindestkapitalziffer. Eine Ausnahme hiervon besteht allein für den Eingliederungskonzern.

In Bezug auf die besondere Problematik der gespaltenen Pflichtwidrigkeitsbeurteilung im Konzern ist im Anschluss an das bereits bei der allgemeinen Pflichtwidrigkeitsbeurteilung begegnete Prinzip, dass es weder eine Berechtigung noch eine Verpflichtung zu einer eigenständigen Berücksichtigung von Konzerninteressen gibt, entscheidend, dass eine einheitliche Pflichtwidrigkeitsbetrachtung im Konzern ausgeschlossen ist. Das Leitungsorgan muss allen untreuerelevanten Pflichtenstellungen im Konzern gerecht werden, auch wenn sie sich inhaltlich widersprechen. Eine Rechtfertigung aus Pflichtenkollision ist ausgeschlossen.

4. Kapitel: Die Nachteile im Konzern

Im eingangs des 3. Kapitels genannten Zitat wurde bereits angedeutet, dass sich durch die Konzernzugehörigkeit der GmbH oder AG auch für die Ermittlung des Untreuenachteils neue Gesichtspunkte ergeben. Die genannten Autoren[1] schließen hieraus, dass konzernrechtliche Verflechtungen die Möglichkeit der Annahme eines Gesellschaftsnachteils erweitern können. Die „neuen Gesichtspunkte" rühren aus der Definition der Konzernuntreue[2] her. Da die Verbindung zum Fremdvermögen in Abgrenzung zur schlichten Organuntreue ein Konzernspezifikum aufweisen muss, umfasst die Konzernuntreue Verhaltensweisen eines Gesellschaftsorgans zum unmittelbaren Nachteil einer anderen als der „eigenen" Gesellschaft und rein mittelbare Schädigungen des „eigenen" Unternehmens bei unmittelbarem Nachteil einer anderen verbundenen Gesellschaft.[3] Letzteres führt in Situationen, in denen dem Geschäftsleiter gegenüber dem anderen Konzernunternehmen, das unmittelbar geschädigt wird, keine Vermögensbetreuungspflicht obliegt und ihn damit auf dieser Ebene keine Untreuestrafbarkeit trifft, zu einer Strafbarkeitsbegründung durch Erweiterung des Untreuenachteils in der untreuerelevanten Beziehung zur „eigenen" AG oder GmbH.[4] Gleichfalls kann eine Konzernuntreue gegenüber einer fremden Verbundgesellschaft definitionsgemäß vorliegen, wenn bei der „eigenen" Konzernmutter oder -tochter ein Vermögensnachteil im Sinne des § 266 StGB zwar unmittelbar eintritt, dadurch jedoch mittelbar nun ein anderes Konzernunternehmen Schaden davonträgt.[5] Auch dies setzt eine konzernbedingte Ausdehnung des Untreuenachteils voraus.

Zu klären ist, unter welchen Voraussetzungen die Annahme eines mittelbaren Nachteils im Konzern bejaht werden kann. Da nicht nur der mittelbare Nachteil, sondern auch die unmittelbare Nachteilsberechnung konzernbedingte Besonderheiten aufweisen kann, etwa durch den Einfluss eventueller konzernrechtlicher Ersatz- oder Erstattungsansprüche, soll die Klärung im Rahmen einer generellen Bestimmung des Untreuenachteils im Konzern vorgenommen werden (A.).

Ist im Rahmen der mittelbaren Nachteile im Konzern von der Erweiterung des Gesellschaftsnachteils die Rede, stellt sich darüber hinaus die Frage, ob nicht auch eine gegenläufige Tendenz im Sinne einer konzernbedingten Reduzierung der Nachteilsbestimmung existiert. Ansatzpunkte hierfür könnten Konzernsynergien und die Betrachtung des Konzerns als wirtschaftliche Einheit sein. Als Anhalt kommt nicht nur die Differenzierung zwischen Einzel- und Gesamtbetrachtung im Rahmen der Beurteilung des (Untreue-) Nachteils in Betracht, son-

---

[1] Nachweise oben 3. Kapitel Fn. 1 und 2.
[2] Oben Einleitung A. I.
[3] Zur Abgrenzung von Konzernuntreue und Organuntreue oben Einleitung A. III.
[4] Ist das Gesellschaftsorgan hingegen beiden geschädigten Gesellschaften zur Vermögensbetreuung verpflichtet, kann es bei Vorliegen aller tatbestandlichen Voraussetzungen in der jeweiligen Beziehung gegenüber beiden Unternehmen eine Untreue begehen.
[5] Siehe ebenfalls oben Einleitung. A. III.

dern auch ein Blick auf die Rechtsprechung der französischen Cour de Cassation, die in den vergangenen zwei Jahrzehnten Voraussetzungen einer konzernspezifischen Gesamtsicht entwickelt hat. Diese könnten unter Umständen auch für das deutsche Untreuestrafrecht im Sinne einer konzernspezifischen Saldierung des Nachteils fruchtbar gemacht werden (B.).

A. Bestimmung des Nachteils im Konzern

Der Begriff des Nachteils im Rahmen von § 266 StGB meint angesichts der systematischen Stellung der Untreuenorm und ihres Schutzgutes[6] einen Vermögensnachteil. Nach nahezu allgemeiner Ansicht[7] hat er dieselbe Bedeutung wie der Vermögensschaden beim Betrug. Teilweise wird darüber hinaus – auch im Hinblick auf das stärkere Schutzbedürfnis des Untreueopfers –[8] vertreten, der Begriff des Nachteils in § 266 StGB sei weitreichender als der des Schadens in § 263 StGB.[9] So umfasse der (Untreue-) Nachteil auch einen entgangenen Gewinn.[10] Dem ist bereits zutreffend entgegnet worden, dass in solchen Fällen der Schaden aus der Zerstörung einer schon vorher bestehenden Exspektanz[11] resultiert, so dass sich auch hier kein dogmatischer Unterschied in der Rechtsgutskonzeption von § 266 StGB und § 263 StGB zeigt.[12] Folge der herrschenden Auffassung ist, dass die zu § 263 StGB geführten Kontroversen um den Vermögensbegriff und um die Systematik des Vermögensschadens sich im Kern auch beim Untreuetatbestand wiederfinden.[13]

---

6 Oben 1. Kapitel A. I. Text bei Fn. 41.

7 RG III 1574/86 v. 20.9.1886, RGSt 14, 401 (404); RG III 423/87 v. 21./28.4.1887, RGSt 16, 77 (81); RG IV 2823/92 v. 8.11.1892, RGSt 23, 280 (282); RG I 4789/94 v. 18./20.2.1895, RGSt 27, 39 (40); RG II 576/05 v. 1.12.1905, RGSt 38, 266 (266); RG IV 860/18 v. 10.12.1918, RGSt 53, 173 (173) – jeweils zu § 266 Abs. 1 Nr. 1 a.F.; RG I D 6/37 v. 24.9.1937, RGSt 71, 333 (333); RG 1 D 551/39 v. 28.7.1939, RGSt 73, 283 (285); BGH 4 StR 401/60 v. 16.12.1960, BGHSt 15, 342 (343 f.); BGH (2. Kapitel Fn. 14), NJW 1975, 1234 (1235); BGH 2 StR 292/87 v. 17.7.1987, wistra 1988, 26 (27); BGH 3 StR 606/92 v. 3.2.1993, NJW 1993, 1278 (1278); BGH 2 StR 328/94 v. 21.10.1994, NJW 1995, 603 (605); LK/*Schünemann* § 266 Rn. 132; Schönke/Schröder/*Lenckner/Perron* § 266 Rn. 39; *Hefendehl* Exspektanzen, 84 ff.; Lackner/*Kühl* § 266 Rn. 17; Tröndle/*Fischer* § 266 Rn. 56; *Maurach/Schroeder/Maiwald* Besonderer Teil, TeilBand 1, § 45 Rn. 39; *Waßmer* Untreue bei Risikogeschäften, 105 ff.; *E. Schneider* Die Untreue, 103, 108 – jeweils m.w.N. Ausführlich *Munz* Haushaltsuntreue, 64 ff. Einschränkend SK/*Samson/Günther* § 266 Rn. 41 und 42 ff. Gegen die herrschende Ansicht insbesondere *Dierlamm* NStZ 1997, 534 (534 f.); *Saliger* ZStW 112 (2000), 563 (564, 573, 611 ff.).

8 So *Hillenkamp* NStZ 1981, 161 (166).

9 Müller-Gugenberger/*Schmid* § 31 Rn. 128; *Labsch* Untreue, 319 ff.

10 *Kohlmann/Löffeler* Die strafrechtliche Verantwortlichkeit, Rn. 300; Hachenburg/*Kohlmann* Vor § 82 Rn. 175; *Hellmann* wistra 1989, 214 (217); *Otto* JZ 1985, 21, 69 (74). Zum Vermögensnachteil durch pflichtwidrig unterlassene Vermögensmehrung vgl. auch BGH 1 StR 820/81 v. 28.1.1983, BGHSt 31, 232 (234 f.); BGH 3 StR 520/83 v. 20.1.1984, wistra 1984, 109 (109 f.); BGH 4 StR 622/88 v. 9.3.1989, wistra 1989, 224 (224).

11 Hierzu oben 2. Kapitel B. II. 1. b. aa. (1).

12 Umfassend *Waßmer* Untreue bei Risikogeschäften, 109 f.; LK/*Schünemann* § 266 Rn. 132; vgl. auch Tröndle/*Fischer* § 266 Rn. 60.

13 Ausführlich etwa LK/*Schünemann* § 266 Rn. 132 ff.

Für die Untersuchung der Konzernuntreue ist allerdings eine Auseinandersetzung mit den heute vertretenen Vermögenslehren – der rein wirtschaftlichen,[14] der juristisch-ökonomischen[15] und der personalen[16] Vermögenslehre – entbehrlich. Denn die Differenzen beschränken sich im Wesentlichen auf den Bereich sittenwidriger und verbotener Rechtsgeschäfte,[17] die in den hier dargestellten Konstellationen nahezu nicht auftreten.

Vor diesem Hintergrund wäre es an sich angebracht, den folgenden Ausführungen den rein wirtschaftlichen Vermögensbegriff zugrunde zu legen. Die hier vertretene negative Zivilrechtsakzessorietät des Untreuetatbestandes spricht jedoch für die Berücksichtigung eines juristisch-ökonomisch bestimmten Begriffs des untreuerelevanten Vermögens. Darf der strafrechtliche Schutz nicht über den zivilrechtlich vorgesehenen Schutz des (Gesellschafts-) Vermögens hinausgehen,[18] so dürfen auch zivilrechtlich nicht unter dem Schutz der Rechtsordnung stehende bzw. sogar missbilligte Wirtschaftsgüter nicht zum durch § 266 StGB geschützten Vermögen zählen. Demzufolge ist Vermögen im Sinne der Untreuevorschrift die Summe aller wirtschaftlichen, also geldwerten Güter einer Person, über die diese rechtliche Verfügungsmacht hat bzw. die ihr unter dem Schutz der Rechtsordnung zur Verfügung stehen.[19]

Ein Vermögensnachteil ist demnach gegeben, wenn bei wirtschaftlicher Betrachtung der aktuelle Wert des rechtlich geschützten Vermögens vor und infolge des ungetreuen Täterverhaltens nach dem Urteil eines sachkundigen Beobachters – objektiver Maßstab – gemindert erscheinen muss.[20] Hierzu sind den angegriffenen Vermögensbestandteilen und den übernommenen Verpflichtungen die als Ausgleich kausal zugeflossenen Vermögenswerte gegenüberzustel-

---

[14] Grundlegend RG II 1214/10 v. 14.12.1910, RGSt 44, 230 (233 ff.); RG I 320/30 v. 28.10.1930, RGSt 65, 3 (3); übernommen in ständiger Rechtsprechung durch BGH 1 StR 42/51 v. 19.6.1951, BGHSt 1, 262 (264); BGH 4 StR 574/51 v. 15.11.1951, BGHSt 2, 364 (365); BGH 5 StR 358/52 v. 10.7.1952, BGHSt 3, 99 (102), BGH 3 StR 234/55 v. 17.11.1955, BGHSt 8, 254 (256); BGH 1 StR 606/60 v. 18.7.1961, BGHSt 16, 220 (221); BGH (2. Kapitel Fn. 14), NJW 1975, 1234 (1235); BGH (Fn. 7), NJW 1995, 603 (605 f.) – größtenteils ergangen zu § 263 StGB.

[15] So die herrschende Lehre; vgl. unter anderem Schönke/Schröder/*Cramer* § 263 Rn. 82 ff.; *Cramer* Vermögensbegriff, 100 ff.; *Maurach/Schroeder/Maiwald* Besonderer Teil, Teil-Band 1, § 41 Rn. 99; LK/*Tiedemann* § 263 Rn. 132; vgl. auch LK/*Schünemann* § 266 Rn. 134.

[16] Vgl. *Otto* Strafrecht Band 2, § 38 I 1, § 51 III 4 a m.w.N.

[17] LK/*Lackner* (10. Aufl.) § 263 Rn. 120.

[18] Siehe oben 1. Kapitel A. I.

[19] Nachweise oben Fn. 15.

[20] BGH (Fn. 7), BGHSt 15, 342 (343); BGH (Fn. 14), BGHSt 16, 220 (221); BGH (2. Kapitel Fn. 14), NJW 1975, 1234 (1235); BGH 1 StR 622/94 v. 13.12.1994, NStZ 1995, 233 (233); BGH 2 StR 633/96 v. 29.1.1997, NStZ 1997, 542 (543); LK/*Schünemann* § 266 Rn. 136.

len.[21] Bleibt der Saldo nach dem Prüfungsergebnis hinter dem Anfangsbestand zurück, so ist die Differenz der für § 266 StGB tatbestandliche Nachteil.[22]

Im Rahmen der Konzernuntreue ist der Bestimmung des Saldos mittels Nachteilsausgleichs eine besondere Bedeutung beizumessen (I.). Daneben stellt sich die bereits angedeutete Problematik der Berücksichtigung mittelbarer Nachteile im Konzern (II.).

I. Nachteilsausgleich im Konzern

Bei der Bestimmung des Saldos spielt eine Rolle, dass nach der herrschenden Meinung[23] innerhalb von § 266 StGB allgemein ein Nachteilsausgleich mittels dem Geschädigten aus der Tat gegen den Täter erwachsenden Schadensersatz- oder Erstattungsansprüchen zulässig und angebracht ist. Dies widerspricht nicht der kongruenten Bestimmung des Untreue-Vermögensnachteils zum Betrug-Vermögensschaden. Denn die unterschiedliche Behandlung solcher Ansprüche in § 266 StGB einerseits und § 263 StGB andererseits folgt aus der Verschiedenheit des wirtschaftlichen Wertes der Ersatzansprüche: Die Ersatzforderung gegen den Betrüger ist minderwertig, da dieser sich meist als zahlungsunwillig und oft auch als zahlungsunfähig erweist.[24] Anders ist dies beim Untreuetäter, vorausgesetzt, er hält eigene ausreichende liquide Mittel im Hinblick auf einen Ausgleich des angerichteten Nachteils objektiv stets ersatzbereit und ist subjektiv ersatzwillig.[25]

Innerhalb von Konzernuntreue-Konstellationen kommen konzernspezifische Ausgleichsforderungen des zunächst benachteiligten Unternehmens mannigfaltig in Betracht, wenn das benachteiligte Unternehmen die abhängige Gesellschaft ist. Mögliche (Anspruchs-) Grundlagen bilden etwa die Verlustübernah-

---

[21] LK/*Schünemann* § 266 Rn. 136; LK/*Tiedemann* § 263 Rn. 126, 159.

[22] Bei wirtschaftlicher Gleichwertigkeit der ausgetauschten Leistungen verlangt ein individueller Maßstab, dass die wirtschaftlichen Verhältnisse des Verletzten Berücksichtigung finden; vgl. BGH (Fn. 14), BGHSt 16, 220 (222) und Schönke/Schröder/*Cramer* § 263 Rn. 121. Der hierdurch in engen Grenzen Berücksichtigung findende sog. persönliche oder individuelle Schadenseinschlag mag in Fällen einer Konzernuntreue, beispielsweise durch ein Abstellen auf den individuellen Gebrauchs- oder Nutzungswert einer für den Betrieb unentbehrlichen Maschine, eines Patents etc., durchaus seine Anwendung finden. Besonderheiten gegenüber der generellen Schadens- bzw. Nachteilsermittlung durch einen objektiv-individuellen Maßstab sind jedoch nicht ersichtlich, so dass auf weitere diesbezügliche Ausführungen verzichtet werden kann.

[23] BGH (Fn. 7), BGHSt 15, 342 (344); *Hefendehl* Exspektanzen, 282 ff.; LK/*Schünemann* § 266 Rn. 139; Lackner/*Kühl* § 266 Rn. 17; Tröndle/*Fischer* § 266 Rn. 74.

[24] LK/*Schünemann* § 266 Rn. 132.

[25] BGH (Fn. 7), BGHSt 15, 342 (344); BGH 4 StR 78/74 v. 30.4.1974, bei *Dallinger* MDR 1975, 23 (23) m.w.N.; BGH 5 StR 8/82 v. 6.4.1982, NStZ 1982, 331 (331 f.); BGH 2 StR 622/82 v. 3.11.1982, bei *Holtz* MDR 1983, 281 (281); RG (Fn. 7), RGSt 73, 283 (285); LK/*Schünemann* § 266 Rn. 132 und 139; *Kohlmann/Löffeler* Die strafrechtliche Verantwortlichkeit, Rn. 307; *Otto* Aktienstrafrecht Vor § 399 Rn. 49; Müller-Gugenberger/*Schmid* § 31 Rn. 136; *Tiedemann* GmbH-Strafrecht Vor §§ 82 ff. Rn. 24; *E. Schneider* Die Untreue, 105. Anders Schönke/Schröder/*Lenckner/Perron* § 266 Rn. 42.

mepflicht gemäß § 302 Abs. 1 AktG,[26] eine Liquiditätszusage der Konzernmutter an ihre Tochtergesellschaft,[27] eine Haftung nach den §§ 309 f. AktG oder den §§ 317 f. AktG und eine Schadensersatzverpflichtung wegen Verletzung der gesellschaftsrechtlichen Treuepflicht. Einen Sonderfall bildet die Verpflichtung zum Nachteilsausgleich nach § 311 AktG, auf dessen Berücksichtigung es für die Verneinung eines Vermögensnachteils im Rahmen des Untreuetatbestandes nicht ankommt, da aufgrund der Privilegierungsfunktion des § 311 AktG bereits ein pflichtwidriges Täterverhalten bei erfolgtem Ausgleich ausscheidet.[28] Die anderen genannten Haftungstatbestände lassen sich in zwei Gruppen einteilen.

1. Einzelausgleich

Den §§ 309 f. AktG, den §§ 317 f. AktG und der Treuepflichtverletzung ist gemein, dass sie stets eine Haftung an ein einzelnes Ereignis knüpfen, sei es an eine rechtswidrige Weisungserteilung bzw. deren Ausführung, an einen unterbliebenen Nachteilsausgleich bzw. an eine Pflichtverletzung in ihrem Zusammenhang oder an ein treuepflichtwidriges Verhalten. Mit diesem Ereignis entsteht zugleich die Pflicht zum Schadensersatz. Werden die Mittel hierfür ständig bereitgehalten und zeigt sich der Täter, also das Gesellschaftsorgan, ersatzwillig, so steht einer untreuestrafrechtlichen Anerkennung im Sinne einer Nachteilsverneinung nichts im Wege. Denn unstreitig erfolgt ein Nachteilsausgleich, wenn das ungetreue Verhalten die Vermögensminderung und deren Kompensation zugleich bzw. unmittelbar hervorbringt, sog. Einzelbetrachtung.[29]

Fraglich ist allein noch, ob die Gelder, die ersatzbereit gehalten werden (müssen), solche der Gesellschaft oder solche aus dem persönlichen Vermögen des handelnden Geschäftsleiters sein müssen.

Ohne Zweifel trifft Letzteres zu, wenn es um die Untreuestrafbarkeit des Vertreters der abhängigen Gesellschaft geht, der selbst nach § 310 AktG oder § 318 AktG haftet. Denn Gesellschaftsmittel könnten in einem solchen Fall nur Mittel des herrschenden Unternehmens sein, da der eingetretene Nachteil im Vermögen der Tochtergesellschaft nicht mit ihren eigenen Mitteln behoben werden kann. Auf das Vermögen der herrschenden Gesellschaft hat der Tochter-Geschäftsleiter jedoch keinen Zugriff der erforderlichen Art. Zwar ist in den Fällen der Haftung nach § 310 AktG oder § 318 AktG auch stets das herrschende Unternehmen selbst ersatzpflichtig. Dies folgt für den einfachen faktischen

---

[26] Bzw. § 302 Abs. 1 AktG analog für GmbH-Vertragskonzerne.
[27] Hierzu *Emmerich*/Habersack Konzernrecht, § 302 Rn. 12.
[28] Oben 3. Kapitel A. I. 1.
[29] BGH 1 StR 496/61 v. 20.2.1962, BGHSt 17, 147 (149); BGH (2. Kapitel Fn. 14), NJW 1975, 1234 (1235 f.); RG (Fn. 14), RGSt 44, 230 (237); RG I 426/31 v. 20.10.1931, RGSt 65, 422 (430); RG 1 D 158/41 v. 23.5.1941, RGSt 75, 227 (230); LK/*Schünemann* § 266 Rn. 137; Tröndle/*Fischer* § 266 Rn. 73; Müller-Gugenberger/*Schmid* § 31 Rn. 137; *Kohlmann/Löffeler* Die strafrechtliche Verantwortlichkeit, Rn. 306.

Konzern unmittelbar aus § 317 Abs. 1 Satz 1 AktG (hier in Verbindung mit § 310 Abs. 1 Satz 1 AktG). Hingegen regelt § 309 Abs. 1 und 2 AktG allein die Haftung der gesetzlichen Vertreter des herrschenden Unternehmens. Es ist jedoch anerkannt, dass das herrschende Unternehmen neben diesen ebenfalls für sorgfaltswidrige Weisungen gegenüber der abhängigen Gesellschaft ersatzpflichtig ist – entweder aus Vertrag, aus § 309 AktG analog oder aus § 309 AktG in Verbindung mit § 31 BGB.[30] Leistet das herrschende Unternehmen nun Zahlung, so kommt diese dennoch nicht dem geschäftsleitenden Organ der geschädigten Gesellschaft zugute. Denn es genügt nicht, dass ein Dritter dem Täter helfend beispringt.[31] Die herrschende Gesellschaft ist im Verhältnis zum Geschäftsleiter ihrer Tochter immer Dritter mangels einer über die gesamtschuldnerische Verbundenheit (vgl. §§ 310 Abs. 1 Satz 1 AktG und § 318 Abs. 1 Satz 1 AktG) hinausgehenden besonderen Beziehung zwischen ihnen.

Die Beurteilung der Dritt-Eigenschaft stößt demgegenüber auf Zweifel, wenn es um die Strafbarkeit des geschäftsleitenden Organs der herrschenden Gesellschaft in Bezug auf das abhängige Unternehmen geht. Der Geschäftsleiter und das herrschende Unternehmen haften der beherrschten Gesellschaft nicht nur als Gesamtschuldner aufgrund einer identischen Pflichtverletzung, sondern die Haftung entsteht gerade erst durch ein Tätigwerden der natürlichen Person für die Gesellschaft im Hinblick auf das Konzernverhältnis. Die Gesellschaft handelt durch ihr Organ. Strafrechtlich wurde hieraus bereits die Folgerung einer Überleitung der Vermögensbetreuungspflicht der juristischen Person auf ihr Organ gezogen.[32] Dann aber liegt es in der Konsequenz, dass auch bezüglich eines eventuellen Nachteilsausgleichs eine wechselseitige „Zurechnung" erfolgt. Zudem ist das geschäftsleitende Organ definitionsgemäß zur Erfüllung der gegen die Gesellschaft gerichteten Forderungen aus den genannten Grundlagen entscheidungs- und ausführungsbefugt. Dies bedeutet, dass es auf dieser Ebene letztlich ohne Belang ist, ob das geschäftsleitende Organ Mittel aus seinem Privatvermögen oder aus dem Vermögen der Gesellschaft ständig mit Zahlungswillen bereithält.

2. Globalausgleich

Die zweite Gruppe bilden die Verlustübernahmepflicht (§ 302 Abs. 1 AktG) und die Liquiditätszusage. Beide sind auf eine globale Zahlung gerichtet, die sowohl von *einzelnen* Nachteilszufügungen als auch *überhaupt* von Nachteilszufügungen unabhängig ist. Bei § 302 Abs. 1 AktG besteht die Zahlung im Ausgleich eines während der Vertragsdauer bei der abhängigen Gesellschaft entstehenden

[30] *Emmerich*/Habersack Konzernrecht, § 309 Rn. 20 f.
[31] BGH AnwSt (R) 3/60 v. 6.2.1961, BGHSt 15, 372 (376) m.w.N.; RG (Fn. 7), RGSt 73, 283 (286).
[32] Vgl. oben 2. Kapitel B. I. 4. b.

Jahresfehlbetrags; bei der Liquiditätszusage in der Ausstattung mit Mitteln, die zu einer vollständigen Befriedigung aller Gläubiger nötig sind.

Im Gegensatz zu der vorgenannten Gruppe von Anspruchsgrundlagen ist weder eine generelle Kausalität zu nachteiligen Handlungen noch eine gleichzeitige, einzeltatbezogene Entstehung der Kompensation gegeben. Unter Zugrundelegung der gesicherten dogmatischen Grundlage eines Nachteilsausgleichs – der Einzelbetrachtung –[33] muss demnach eine Nachteilskompensation ausscheiden. Wenn demgegenüber – zumindest indirekt – vertreten wird, ein Vermögensnachteil sei durch eine „ausreichende gesetzliche Vorsorge [...] (§§ 302 ff. AktG)" zu verneinen,[34] wird diese anerkannte Basis verlassen. Wenn hingegen eine „Gesamtsaldierung" von „mannigfaltigen konkreten Vorteilen" gefordert wird,[35] darunter die „gesellschaftsrechtlichen Verlustausgleichspflichten",[36] so bedarf es wenigstens einer Begründung der Zulässigkeit einer solchen Saldierung. Hierauf soll an späterer Stelle eingegangen werden.[37]

Eine ähnliche Problematik stellt sich in Fällen der Existenz eines isolierten oder verbundenen Gewinnabführungsvertrages. Hier kann nicht argumentiert werden, ein Nachteil der gewinnabführungspflichtigen Gesellschaft sei deshalb zu verneinen, weil diese letztlich nur einen geminderten Gewinn abzuführen brauche bzw. ihr ein etwaiger Verlust auszugleichen ist.[38] Denn sowohl der Umstand eines Verlustausgleichs als auch derjenige einer verminderten Gewinnabführung resultiert nicht adäquat aus dem schädigenden Ereignis, sondern beruht vielmehr auf Gesetz bzw. dem Beherrschungsvertrag.[39]

3. Zwischenergebnis

Zusammenfassend lässt sich zunächst festhalten, dass zumindest für die Gruppe der Ansprüche aus den §§ 309 f. AktG, den §§ 317 f. AktG und der Treuepflichtverletzung unter den engen Voraussetzungen der objektiven Ersatzfähigkeit und subjektiven Ersatzwilligkeit ein Nachteilsausgleich im Konzern anzunehmen ist. Bei einem vollständigen Ausgleich des angerichteten Nachteils ist dann die Verneinung eines Vermögensschadens und somit einer Untreuestrafbarkeit im Konzern die Folge.

II. Mittelbarer Nachteil im Konzern

Unter den Begriff des mittelbaren Nachteils im Konzern lassen sich zwei Konstellationen subsumieren. Betroffen ist zum einen ein Handeln oder Unterlassen

---

[33] Siehe oben A. I. 1.
[34] So LK/*Schünemann* § 266 Rn. 128.
[35] *Kohlmann/Löffeler* Die strafrechtliche Verantwortlichkeit, Rn. 361.
[36] Hachenburg/*Kohlmann* Vor § 82 Rn. 308.
[37] Siehe unten B. I.
[38] In diese Richtung aber wohl *Tiedemann* GmbH-Strafrecht Vor §§ 82 ff. Rn. 24, wenn er konstatiert, dass, falls ein Gewinn- oder Verlustabführungsvertrag bestehe, das „Tatbestandsmerkmal des Vermögensschadens" entfalle.
[39] So bereits *Hirmer* Zivil- und strafrechtliches Verbot, 150 Fn. 3.

des Geschäftsleiters einer konzernverbundenen Gesellschaft zum unmittelbaren Nachteil eines anderen Konzernunternehmens und dadurch zum (nur) mittelbaren Nachteil auch seiner „eigenen" AG oder GmbH. Beispiel hierfür ist die konzernverbundene GmbH, die mit einem Konkurrenzunternehmen Wettbewerbsabreden tätigt, wodurch die übrigen Konzernunternehmen erhebliche Umsatzeinbußen erleiden und woraus letztlich ein beträchtlicher Gesamtverlust im Rahmen des Konzernergebnisses resultiert.[40]

Umgekehrt gelagert ist der zweite Fall, in welchem durch ein ungetreues Handeln bei der „eigenen" Konzerngesellschaft ein unmittelbarer Vermögensnachteil eintritt und dadurch zugleich ein anderes Konzernunternehmen mittelbar einen Nachteil erleidet. Beide Situationen entsprechen sich von ihrer Struktur und ihrem dogmatischen Ansatz und sind allein in ihren jeweiligen Vorzeichen entgegengesetzt.

1. Herkömmlicher Ansatz mittelbarer Nachteile im Konzern

Wenn zu einem mittelbaren Nachteil im Konzern überhaupt in der bisherigen Literatur Stellung genommen wird, so werden gegen seine Gleichsetzung mit einem Vermögensnachteil im Sinne von § 266 StGB keinerlei Bedenken hervorgebracht: Das Verhalten zum nur mittelbaren Nachteil „seiner" Gesellschaft könne gleichwohl als Untreue zum Nachteil des (eigenen) Unternehmens angesehen werden.[41] Auch der nur mittelbar zum Nachteil der (eigenen) Gesellschaft und unmittelbar zum Nachteil des „Konzerns" Handelnde könne Täter der Untreue sein.[42] Ein Täter könne unmittelbar zum Nachteil des Konzerns und mittelbar zum Nachteil eines anderen oder „seines" zum Konzern gehörenden Unternehmens handeln.[43]

Als Begründung wird – wenn überhaupt –[44] angeführt, dass sich bei Zugrundelegung einer wirtschaftlichen Betrachtungsweise, ebenso wie die mit der Konzernverflechtung einhergehenden Vorteile, auch sämtliche Nachteile des Konzerns bzw. aller mit diesem verbundener Unternehmen auf die Konzerngesellschaft auswirken müssten. Dabei brauche nicht unbedingt ein bilanzmäßig ausgewiesener finanzieller Nachteil vorzuliegen, ausreichend sei vielmehr die tatsächliche Schwächung des Gesamtkonzerns.[45]

Bei Begriffen wie „Schwächung des Gesamtkonzerns" und „wirtschaftliche Betrachtungsweise" sollten die Alarmglocken schrillen. Denn mit ihrer Hilfe

---

[40] Beispiel im Anschluss an *Kohlmann/Löffeler* Die strafrechtliche Verantwortlichkeit, Rn. 361.

[41] So *Kohlmann/Löffeler* Die strafrechtliche Verantwortlichkeit, Rn. 361.

[42] *Tiedemann* GmbH-Strafrecht Vor §§ 82 ff. Rn. 23 – für die GmbH; *Otto* Aktienstrafrecht Vor § 399 Rn. 60 – für die AG.

[43] Müller-Gugenberger/*Schmid* § 31 Rn. 114 und 130.

[44] Ohne Begründung *Tiedemann* GmbH-Strafrecht Vor §§ 82 ff. Rn. 23 und Müller-Gugenberger/*Schmid* § 31 Rn. 114 und 130.

[45] *Kohlmann/Löffeler* Die strafrechtliche Verantwortlichkeit, Rn. 361.

wird eine Begründung der Bedeutung mittelbarer Nachteile im Konzern nicht geliefert, sondern geradezu verschleiert. Zum einen ist es vor dem Hintergrund der rechtlichen Selbständigkeit der Konzerngesellschaften[46] keinesfalls gesichert, dass „die mit der Konzernverflechtung gleichzeitig einhergehenden Vorteile“ und „folgerichtig auch sämtliche Nachteile“ Berücksichtigung finden müssen. Ob eine solche „Gesamtsaldierung“ unter Berufung auf den Konzern als wirtschaftliche Einheit juristisch gangbar ist, bedarf gerade einer eingehenden Untersuchung.[47]

Zum anderen liegt die Hauptproblematik mittelbarer Nachteile gar nicht in einer solchen Saldierung, sondern vielmehr in der notwendigen Kausalität des Vermögensnachteils mit der ungetreuen Handlung (vgl. § 266 Abs. 1 StGB: „und dadurch dem, [...], Nachteil zufügt“). Diesbezüglich ist es sicherlich richtig, dass der Konzerngesellschaft bei eigenem konzernschädigendem Verhalten regelmäßig auch ihrerseits als Mitträgerin und Teil des Konzerns ein (mittelbarer) „Nachteil erwächst oder zumindest erwachsen kann“[48]. So etwa, wenn die Konzernspitze oder andere von ihr instruierte Konzernunternehmen infolge der bei ihr eingetretenen unmittelbaren Nachteile nicht mehr oder nicht mehr in vollem Umfang ihren gegenüber der Konzerngesellschaft übernommenen Verpflichtungen nachkommen können – sei es, weil sie hierzu infolge des ungetreuen Vorverhaltens nicht mehr imstande sind, sei es, weil sie aufgrund des Vertrauensverlustes hierzu nicht mehr bereit sind –, beispielsweise bei konzerneinheitlicher Werbung, Forschung und Entwicklung, Absatzorganisation oder Investitionstätigkeit.[49] Soll dann aber, um das krasse Beispiel des Vertrauensverlustes aufzugreifen, eine etwaige Untreue-Strafbarkeitsbegründung[50] von einer „Laune“ einer anderen Konzerngesellschaft abhängen, die ihre eigene Schädigung unter Umständen nur als willkommenen Anlass nimmt, sich von lästig gewordenen Konzernpflichten zu trennen? Selbst *Kohlmann/Löffeler* scheinen sich ihrer selbst nicht ganz sicher zu sein, wenn sie äußerst hypothetisch argumentieren, dass „regelmäßig“ ein Nachteil „zumindest erwachsen kann“.[51] Mit dem Kriterium der „tatsächlichen Schwächung des Gesamtkonzerns“ bei „wirtschaftlicher Betrachtungsweise“ ist folglich kein den strafrechtlichen Anforderungen der Bestimmtheit genügender Anhalt gefunden.

2. Neue Kriterien zur Berücksichtigung mittelbarer Nachteile im Konzern

Ein solcher Anhalt liegt vielmehr in einer an den Kategorien der konkreten Vermögensgefährdung und der strafrechtlich geschützten Vermögensexspektanzen orientierten Bestimmung. Nur wenn die Auswirkung des unmittelbaren

[46] Vgl. hierzu Einleitung B. I.
[47] Sogleich unten B. I.
[48] So *Kohlmann/Löffeler* Die strafrechtliche Verantwortlichkeit, Rn. 361.
[49] So *Kohlmann/Löffeler* Die strafrechtliche Verantwortlichkeit, Rn. 361.
[50] Siehe oben Text vor und in Fn. 4.
[51] *Kohlmann/Löffeler* Die strafrechtliche Verantwortlichkeit, Rn. 361.

Nachteils bei der anderen Gesellschaft auf das in Betracht gezogene Konzernunternehmen derart gesichert und messbar ist, dass von einem konkreten Zusammenhang zwischen ungetreuem Verhalten und mittelbarem Nachteil die Rede sein kann, stellt der mittelbare Nachteil auch einen kausalen Vermögensnachteil im Sinne von § 266 StGB dar.

Vergleichbar zur Situation bei der strafrechtlichen Bewertung von Exspektanzen[52] muss hier – allerdings nun umgekehrt – argumentiert werden, dass bloße wage Hoffnungen auf einen „Rückschlag" des bei der anderen Gesellschaft eingetretenen unmittelbaren Nachteils auf das „eigene" Unternehmen nicht relevant sind. Die Aussicht auf einen eigenen (mittelbaren) Nachteil muss vielmehr derart konkretisiert sein, dass sich der Nachteil nach objektiven Maßstäben rechtlich adäquat darstellt. Dies wird bei einem Dazwischentreten der unmittelbar betroffenen Konzerngesellschaft mittels eigener Retorsionsentscheidungen in der Regel nicht der Fall sein. Demgegenüber ist um so eher ein relevanter mittelbarer Nachteil gegeben, je intensiver die Rechtsbeziehungen zwischen den unmittelbar und mittelbar tangierten Gesellschaften sind. Diese Beziehungen hängen von der Qualität der Konzernverbundenheit ab.

Bei einem Vertragskonzern oder bei Existenz anderer rechtsverbindlicher Weisungen in dem durch das ungetreue Verhalten verletzten Bereich kommt es aufgrund der (gegenseitigen) rechtlichen Verpflichtungen oder Bindungen weitaus häufiger zu quasi-automatischen Interdependenzen. Beredetes Beispiel hierfür ist das bereits aufgeführte[53] Urteil des OLG Koblenz.[54] Dieses verknüpft mit der direkten Schädigung der durch Gewinnabführungsvertrag verbundenen Tochterfirma auch eine Schädigung der Muttergesellschaft. Grund hierfür sei, dass der von Ersterer abzuführende Gewinn durch die ungetreuen Handlungen geschmälert worden sei, was sich „unmittelbar" bei der Konzernmutter niederschlage.[55] Zwar spricht das Gericht von einem „unmittelbaren" Nachteil, tatsächlich handelt es sich jedoch um einen klassischen Fall des hier sog. mittelbaren Nachteils. Dieser mittelbare Nachteil ist deshalb von Untreuerelevanz, weil die „Weiterleitung" des Nachteils von der anderen Gesellschaft auf die „eigene" aufgrund zwischen ihnen bestehenden Gewinnabführungsvertrages rechtlich gesichert und messbar ist.

Im (einfachen) faktischen Konzern ist eine solche wechselseitige Abhängigkeit weder rechtlich noch ökonomisch gegeben. Zwar vermag auch der faktische Konzern bei entsprechender Organisation in seinem Außenverhalten als wirtschaftliche Einheit zu operieren. Intern lässt sich aber weder der Beitrag des Einzelunternehmens am Konzernerfolg noch derjenige etwaiger Konzern-

---

[52] Hierzu oben 2. Kapitel B. II. 1. b. aa. (1).
[53] Oben Einleitung A. II. und 2. Kapitel B. II. 1. b. aa. (3).
[54] OLG Koblenz (Einleitung Fn. 26), wistra 1984, 79 (79 f.).
[55] OLG Koblenz (Einleitung Fn. 26), wistra 1984, 79 (80).

nachteile auf das Einzelunternehmen genau verifizieren und quantifizieren. Ebenso wenig wie einer dem Konzernganzen dienlichen, der eigenen Gesellschaft aber schädlichen Maßnahme kein zu erwartender Vorteil gegenübersteht, der halbwegs sicher und messbar ist,[56] resultiert aus einem dem Ganzen schädlichen Verhalten kein gesicherter und messbarer Nachteil.

3. Zwischenergebnis

Letztlich hängt die Beurteilung vom jeweiligen Einzelfall ab. Die hier dargelegten Kriterien der rechtlich gesicherten und messbaren Auswirkung des unmittelbaren Nachteils auf die in Betracht zu ziehende Konzerngesellschaft bilden hierfür eine Grundlage.

Es hat sich gezeigt, dass untreuerelevante mittelbare Nachteile im Konzern existieren und so zu einer spezifischen Erweiterung des Untreuenachteils im Konzern führen, dass der von der bislang vertretenen Ansicht vermittelte Automatismus jedoch fehlgeht.

B. Konzernspezifische Saldierung des Nachteils

Eine Saldierung von durch das ungetreue Verhalten hervorgerufenen Vor- und Nachteilen sowie von eingetretenen Nachteilen und deren späteren Ausgleich mittels Ersatz- oder Erstattungsansprüchen wurde bereits thematisiert.[57] Dogmatische Grenze war dabei bislang die sog. Einzelbetrachtung[58], nach der das pflichtwidrige Tun oder Unterlassen die Vermögenseinbuße und deren Ausgleich zugleich und unmittelbar hervorbringen muss. Hierin liegt eine zeitliche und eine gegenständliche Restriktion. Die zeitliche Begrenzung besteht darin, dass nur die im Zeitpunkt der Vornahme der Untreuehandlung vorhandenen Vor- und Nachteile entscheidend sind. Bloße Gleichzeitigkeit von Vor- und Nachteilseintritt lässt dabei allerdings noch nicht auf Unmittelbarkeit schließen, sondern kann von Zufall sein. Vielmehr ist eine Ursachenidentität maßgebend.[59] Die gegenständliche Restriktion hat zur Folge, dass nur diejenigen Vorteile und Nachteile einzubeziehen sind, die sich aus der Untreuehandlung als solcher ergeben.[60] Dies ist in Konzernsachverhalten beispielsweise gegeben, wenn der Geschäftsleiter einer abhängigen Gesellschaft zwar zum Nachteil einer anderen Konzerntochter, jedoch zum Vorteil der eigenen Gesellschaft handelt. In der Beziehung zur Konzernmutter ist dann bei Gleichwertigkeit kein (mittelbarer) Nachteil anzunehmen.[61] Der Fall, dass der Täter im Rahmen der Vermögens-

---

[56] *Ewald* Untreue, 226 f.
[57] Oben A. I. und II.
[58] Nachweise oben Fn. 29.
[59] *Waßmer* Untreue bei Risikogeschäften, 112 f. m.w.N.
[60] *Waßmer* Untreue bei Risikogeschäften, 113.
[61] Weiterer Fall bei *Otto* Aktienstrafrecht Vor § 399 Rn. 60: Vorteile, die der eigenen Gesellschaft aus dem treuwidrigen Verhalten erwachsen, sind bei der Nachteilsberechnung zu berücksichtigen, wenn sie dem Konzern zugute kommen.

verwaltung durch eine Handlung dem Vermögen Nachteil zufügt und durch eine andere Vorteile einbringt, bleibt aber Untreue, denn das Strafrecht orientiert sich grundsätzlich an der ungetreuen Einzeltat.[62]

Nun sind aber solche über die Einzeltat hinausreichenden Kompensationen in Konzernsachverhalten von besonderer Häufigkeit und Relevanz. Konzernverhältnisse sind in aller Regel auf längere Dauer angelegt. Dispositionen, zu denen das herrschende Unternehmen die abhängige Gesellschaft veranlasst, mögen zunächst als nachteilig erscheinen, im Laufe der Zeit aber reiche Frucht tragen. Beispiele für Vorteile im Konzern sind neben den bereits angesprochenen (jährlichen) Pauschalzahlungen[63] insbesondere die zahlreichen Konzernsynergien.

Konzerne bieten die Möglichkeit, in verschiedenen Funktionsbereichen wie der Beschaffung, der Produktion, der Forschung und Entwicklung, dem Absatz, dem Marketing und dem Management durch Spezialisierung, Rationalisierung, Verbesserung der Marktmacht gegenüber Wettbewerbern, Verbesserung der Konditionen bei Lieferanten, Kunden, Kapitalgebern und durch internen (Beschäftigungs-) Ausgleich etwa in Krisenzeiten Synergieeffekte zu erzielen, deshalb Kosten einzusparen und letztlich die Kapitalrendite zu steigern.[64] Am Beispiel der Produktion bedeutet dies konkret, dass zum einen die Produktion in Unternehmen mit großen Kapazitäten zum geringeren Ressourcenverzehr je Stück und damit zu geringeren Stückkosten führt,[65] und dass zum anderen sich etwa durch eine räumliche Zentralisierung oder Dezentralisierung von Produktionen auf wenige bzw. mehrere Betriebseinheiten Transportkosten reduzieren, Losgrößenvorteile besser nutzen und Störungsrisiken bei Produktionsausfällen besser verteilen lassen. Durch eine Koordination sämtlicher Produktionskapazitäten der verbundenen Unternehmen können diese gezielt einem Nachfrageanstieg oder -rückgang angepasst und so Lager-, Opportunitäts- und Fixkosten vermieden werden.[66] Es soll nicht verschwiegen werden, dass die empirische Forschung belegt, dass sich diese Synergieeffekte in ihr Gegenteil verkehren können, sobald eine optimale Verbundgröße überschritten wird. In diesem Falle erhöhen sich die Grenzkosten der Produktion zumeist deshalb wieder, weil der bürokratische Organisationsaufwand, interne Führungskämpfe oder laxeres Kostenmanagement und Controlling mit zunehmender Unternehmensgröße überproportional ansteigen.[67] Für die hiesige Untersuchung soll jedoch vom Regelfall

---

[62] LK/*Schünemann* § 266 Rn. 137.
[63] Oben A. I. 2.
[64] Ausführlich *Bous* Die Konzernleitungsmacht, 28 ff. m.w.N.; *Altmeppen* Abschied, 19 f.; *Kallfass* in: Mestmäcker/Behrens, Das Gesellschaftsrecht der Konzerne, 19 (24). Zu organisatorischen Vorteilen des Konzerns im Vergleich zum Einheitsunternehmen vgl. *Limmer* Die Haftungsverfassung, 33 m.w.N. Zu den Gründen für Konzernzusammenschlüsse vgl. auch bereits oben Einleitung B.
[65] *Kallfass* in: Mestmäcker/Behrens, Das Gesellschaftsrecht der Konzerne, 19 (24).
[66] *Bous* Die Konzernleitungsmacht, 29.
[67] *Bous* Die Konzernleitungsmacht, 31 m.w.N.

ausgegangen werden, so dass das Vorhandensein von Konzernsynergien unterstellt wird.

Die Synergieeffekte kommen zweifellos am ehesten und sichersten dem konzernbeherrschenden Unternehmensträger zugute. Kraft seiner Leitungsgewalt ist er in der Lage, die Erträge und Vorteile so zu steuern, dass ihm selbst der Hauptanteil zufällt, dass die Reserven seines eigenen Unternehmens am nachhaltigsten gestärkt werden und der Good-will des Gesamtunternehmens sich an seinen Namen knüpft.[68] Darüber hinaus kommen allerdings regelmäßig auch sämtliche anderen Konzernmitglieder in den Genuss der Kosten- und Leistungsvorteile aufgrund ihrer Spezialisierung und optimalen Strukturierung sowie der Nutzung konzerninterner gewerblicher Geheimnisse, Schutzrechte, des internen Know-hows und der internen technologischen Entwicklung.[69] Bei einem funktionsfähigen Wettbewerb sind zudem alle Konzernunternehmen gezwungen, die realen Vorteile zu realisieren, wenn sie sich im Wettbewerb behaupten wollen.[70]

Existieren damit konkrete, aber zumeist nicht oder nur schwer einzeln fassbare und quantifizierbare Vorteile aller Konzernunternehmen allein durch den Tatbestand der Konzernierung, ist fraglich, ob nicht auch diese allgemeinen Vorteile in einen Nachteilsausgleich einfließen können.

Zur Verdeutlichung soll folgendes Beispiel dienen:[71] Eine abhängige Gesellschaft gewährt ihrer Konzernmutter auf deren Weisung ein Darlehen, ohne dass zwar die Vermögenslage der abhängigen Gesellschaft gefährdet wird, jedoch zu Konditionen, die einem Drittvergleich nicht standhalten, weil etwa keine genügenden Sicherheiten gestellt werden und die Zins- und Tilgungskonditionen nicht wie gegenüber einem unabhängigen Dritten festgelegt werden, insbesondere nicht dem Kapitalmarktzinssatz entsprechen. Wollte man hier in Weisungserteilung und Darlehensgewährung eine ungetreue Handlung im Konzern erblicken, würde diese objektivierende und einzelgesellschaftliche Sichtweise sich nahezu vollständig von dem zugrunde liegenden Konzernverhältnis lösen und unter Umständen wohlverstandene „Konzerninteressen" vernachlässigen. Im Beherrschungsvertragskonzern könnte man solchen Interessen im Rahmen von § 308 Abs. 1 Satz 2 AktG Rechnung tragen und so über die Verneinung einer pflichtwidrigen Handlung letztlich zur Ablehnung einer Untreuestrafbarkeit gelangen.[72] Bei einem faktischen Konzern ist ein solches Vorgehen nicht machbar.

Hier stellt sich die Frage, ob es nicht möglich ist zu berücksichtigen, dass das zinsgünstige Darlehen etwa zum Zwecke der Sanierung der Konzernmutter gewährt wird, um letztlich eine Zerschlagung des Konzerns und damit den Verlust

---

[68] So bereits *Zöllner* Die Schranken, 84.
[69] *Bous* Die Konzernleitungsmacht, 28.
[70] Vgl. *Kallfass* in: Mestmäcker/Behrens, Das Gesellschaftsrecht der Konzerne, 19 (24).
[71] Vgl. bereits oben Einleitung D. III.
[72] Vgl. oben 3. Kapitel A. I. 3.

der zuvor genannten Synergieeffekte zu vermeiden. Als Ansatz hierfür kommt nur die Anerkennung einer Gesamtsaldierung im Konzern in Betracht. Auf welcher dogmatischen Grundlage diese beruht, bedarf der näheren Untersuchung (I.). Darüber hinaus sind Voraussetzungen und Grenzen einer konzernspezifischen Nachteilssaldierung zu klären (II.).

I. Dogmatische Grundlagen einer konzernspezifischen Nachteilssaldierung

Eine Gesamtkompensation im Bereich des Untreuenachteils ist nicht neu. Die Rechtsprechung lässt im Wirtschaftsleben eine Ausnahme von der Einzelbetrachtung dann zu, wenn ein wirtschaftlich vernünftiger Gesamtplan vorliegt, wonach der Erfolg so geplant ist, dass er nur über zunächst verlustbringende Maßnahmen erreicht werden kann, die Nachteile also Durchgangsstadium zum Erfolgsziel sind.[73] Hierzu zählen insbesondere kaufmännische und industrielle Investitionen, die Umstellung von Produktionsmethoden eines Betriebes und ähnliche Fälle eines einberechneten Vorausnachteils.[74] Der Grund für die Abweichung von der Einzelbetrachtung ist darin zu sehen, dass die Einzelbetrachtung einen einheitlichen wirtschaftlichen Vorgang unzulässig zerreißen und über den Telos des § 266 StGB hinaus jede kostenwirksame Investition oder ähnliche Maßnahme der Gefahr einer Strafverfolgung aussetzen würde.[75]

Sicherlich liegt in den hier betrachteten Fällen der Konzernuntreue nur selten ein nach dieser Rechtsprechung erforderliches, auf einen einheitlichen Erfolg angelegtes Handlungsbündel vor. Zwar sind die Ansätze mannigfaltig, etwa durch die Umstrukturierung des Konzerns, die Vornahme von Investitionen im Hinblick auf Rationalisierung und Konzentrierung der Produktion oder durch die Durchführung sonstiger Maßnahmen des Struktur- und Finanzmanagements. Der Unterschied zu den anerkannten Situationen einer Gesamtkompensation besteht aber darin, dass dort Vorausnachteil und angestrebter Erfolg notwendiger-

---

[73] RG (Fn. 29), RGSt 65, 422 (430); RG (Fn. 29), RGSt 75, 227 (230); RG I 598/28 v. 10.7.1928, Recht 1928, Nr. 2617; RG 3 D 726/34 v. 27.8.1934, JW 1934, 2923 (2923); RG 1 D 40/35 v. 8.3.1935, JW 1935, 2638 (2638 f.); RG 4 D 729/35 v. 19.10.1935, JW 1936, 882 (882); BGH 1 StR 409/54 v. 11.2.1955, bei *Herlan* GA 1955, 363 (363); BGH (2. Kapitel Fn. 14), NJW 1975, 1234 (1235); LK/*Schünemann* § 266 Rn. 137; Schönke/Schröder/*Lenckner/Perron* § 266 Rn. 41; *Kohlmann/Löffeler* Die strafrechtliche Verantwortlichkeit, Rn. 306; *Otto* Aktienstrafrecht Vor § 399 Rn. 50; Müller-Gugenberger/*Schmid* § 31 Rn. 137; *Bringewat* JZ 1977, 667 (671). Abweichend *Schreiber/Beulke* JuS 1977, 656 (659), die eine Gesamtbetrachtung generell als Durchbrechung des im Strafrecht verbindlichen Grundsatzes der Einzelbetrachtung für unzulässig halten. Die Rechtsprechung betreibe vielmehr allgemeine Gerechtigkeitserwägungen und spalte letztlich den Schadensbegriff, da beim Betrug keine Gesamtbetrachtung durchgeführt werde; ebenfalls ablehend nun *G. Wolf* Die Strafbarkeit, 65 ff. unter formaler Argumentation, dass, solle ein Vermögensnachteil durch einen Vorteil kompensiert werden, eine Vermögensminderung vorliegen müsse, da andernfalls es nichts gäbe, was kompensiert werden könne; zu recht kritisch hiergegen *Munz* Haushaltsuntreue, 93 f.

[74] Nachweise wie Fn. 73.

[75] *Hirmer* Zivil- und strafrechtliches Verbot, 68; *Waßmer* Untreue bei Risikogeschäften, 113 f..

weise auf denselben Vermögensträger gerichtet sind. Im Konzern erfolgen die genannten Maßnahmen jedoch in der Regel nicht ausschließlich und allein mit Bezug auf das (zunächst) nachteilig betroffene Konzernunternehmen, sondern primär zum Wohle des Konzernganzen, in dessen Dienst sich die einzelne Gesellschaft zu stellen hat und von dessen Steigerung sie letztlich nur mittelbar profitiert.

Somit sind zwar einzelne Nachteile notwendiges Zwischenstadium zum erstrebten wirtschaftlichen Erfolg, jedoch unter gleichzeitigem Perspektivenwechsel. Der Zuwachs bei einem mit dem geschädigten Vermögen wirtschaftlich verflochtenen Dritten genügt anerkanntermaßen nicht.[76] Die Besonderheit besteht im Konzern allerdings wiederum darin, dass auch ein Vorteil bei der betroffenen Gesellschaft selbst eintritt oder zumindest eintreten kann.

Es stellt sich damit die Frage, ob nicht in dem hier betrachteten Zwischenbereich zumindest der Grundgedanke der Gesamtsaldierung für eine konzernspezifische Saldierung von Nachteilen fruchtbar gemacht werden kann. Dies bedeutet nicht, eine weitreichendere Handhabung der Gesamtbetrachtung zu fordern, für die sich insbesondere *Nelles* ausspricht. Ihr zufolge müssen aufgrund der anders gearteten Beziehung des Untreuetäters zum Untreueopfer beim Untreuenachteil im Gegensatz zum Betrugsschaden die wirtschaftliche Gesamtsituation des Unternehmens, ihre Entwicklung und die sonstigen Rahmenbedingungen des Geschäftes berücksichtigt werden.[77] Vielmehr handelt es sich um eine auf den Konzern beschränkte systemimmanente Fortentwicklung der bisherigen gesellschaftsrechtlichen und strafrechtlichen Ansätze.

1. Gesellschaftsrechtliche Grundlagen einer konzernspezifischen Nachteilssaldierung

Für eine konzernspezifische Nachteilskompensation spricht aus gesellschaftsrechtlicher Sicht die von *Lutter*[78] entwickelte Lehre von der ordnungsgemäßen Konzernleitung. Hiernach ist gegen eine Konzernleitung solange nichts einzuwenden, wie sie sich als eine „ordnungsgemäße“ darstellt. Dabei müsse derjenige, der die abhängige Gesellschaft ordnungsgemäß leitet, nicht ausnahmslos auf ihre Belange Rücksicht nehmen. Denn zur ordnungsgemäßen Konzernleitung gehöre auch die Notwendigkeit und rechtliche Möglichkeit nachteiliger Einzelentscheidungen, weil sich eine wirtschaftliche Zusammenarbeit nicht stets zum Vorteil aller Partner entwickeln kann. Grenze sei eine unangemessene Zurückstellung der Belange des abhängigen Unternehmens. Angemessenheit liege vor,

---

[76] Schönke/Schröder/*Lenckner/Perron* § 266 Rn. 41.
[77] *Nelles* Untreue, 575.
[78] *Lutter* ZGR 1982, 244 (266 f.); *ders.* ZIP 1985, 1425 (1429); *ders.* JZ 1993, 580 (580 f.). Ihm folgend *Drygala* GmbHR 1993, 317 (319, 324 f.); *Krieger* ZGR 1994, 375 (380); ähnlich Münchener Handbuch/*Decher* Band 3, § 70 Rn. 26; *Kowalski* GmbHR 1993, 253 (255 ff.); *Limmer* DStR 1993, 765 (766).

falls sich mindestens mittelfristig Vorteile und Nachteile, Chancen und Risiken bei der abhängigen Gesellschaft ausgleichen.

Da ausdrücklich betont wird, dass das Schädigungsverbot dennoch uneingeschränkt Anwendung findet[79] und so der herrschende Gesellschafter für jede schuldhafte Nachteilszufügung Schadensersatz leisten muss, der nur seinerseits im Rahmen ordnungsgemäßer Konzernleitung durch angemessene Gegenleistungen abgegolten wird, ist das Tatbestandsmerkmal des Vermögensnachteils und nicht das der Pflichtwidrigkeit der richtige Ort, diese Konzernbesonderheiten zu berücksichtigen.[80]

In dieselbe Richtung – wenn auch restriktiver – weist eine auf die Überlassung eines Darlehens im Konzern bezogene Darstellung, nach der anstelle der Entrichtung von Zinsen ohne weiteres auch eine wirtschaftlich vergleichbare Kompensation in Betracht kommen könne. Voraussetzung sei, dass die Mutter zum einen die Darlehensvaluta absichere und zum anderen die Kompensation nicht in ihr Belieben stelle, sondern der Tochter einen rechtlich durchsetzbaren Anspruch auf Teilhabe an der von ihr finanzierten konzerninternen Maßnahme wie einem Vertriebssystem, einem Rechenzentrum oder einem Forschungsprojekt einräume.[81]

Weiterhin ist es gesellschaftsrechtlich anerkannt, die wirtschaftlichen Interdependenzen zwischen dem Konzerngefüge und der beherrschten Gesellschaft zu berücksichtigen, namentlich wenn die Gesellschaft nach ihrem satzungsgemäßen Zweck dem Konzern zu dienen bestimmt ist, von vornherein also eine untergeordnete, dienende Rolle einnimmt.[82] Mit steigender betrieblicher Konzerneinbindung verändert sich daher der gesellschaftsrechtliche Bezugshorizont, beispielsweise im Rahmen der Beurteilung der Nachteilhaftigkeit einer Weisung. Dem muss entsprechend dem Grundsatz negativer Zivilrechtsakzessorietät des Untreuetatbestandes auch strafrechtlich Rechnung getragen werden.

Ein weiteres Argument lässt sich – trotz der Notwendigkeit von Vorsicht aufgrund der rechtlichen Selbständigkeit der Konzernmitglieder – aus der viel beschworenen wirtschaftlichen Einheit des Konzerns[83] ableiten, aus der zunehmend rechtliche Konsequenzen gezogen werden, etwa vermittels der Vorschrif-

---

[79] *Drygala* GmbHR 1993, 317 (322).

[80] Anders – wenn auch nicht im vorliegenden Zusammenhang – *Weimann* Die Strafbarkeit, 99 f., nach der auch solche Entscheidungen im Rahmen der vom Vermögensinhaber vorgegebenen Zwecksetzung pflichtgemäß sein können, die zunächst das betreute Vermögen vermindern, auf längere Sicht jedoch einen Vorteil bedeuten.

[81] So *Bayer* FS Lutter, 1011 (1018).

[82] *Fleck* ZHR 149 (1985), 387 (417); *Hommelhoff* ZGR 1994, 395 (403 ff.); *Drygala* GmbHR 1993, 317 (324); *Limmer* Die Haftungsverfassung, 37, 112 f.; *Lutter* ZIP 1985, 1425 (1433); *ders.* DB 1994, 129 (130); *Wilhelm* Rechtsform und Haftung, 236.

[83] So auch aus rechtlicher Perspektive *Geßler* ZHR 140 (1976), 433 (437) – für den Vertragskonzern. Zum Zusammenhang zwischen der wirtschaftlichen Einheit des Konzerns und dem strafrechtlichen Durchgriff im Konzern vgl. die Nachweise in der Einleitung Fn. 14. Allgemein zum Begriff der wirtschaftlichen Einheit beim Konzern KK/*Koppensteiner* § 18 Rn. 14 ff. und *Sonnenschein* Organschaft, 47 ff.

ten über die Konzernrechnungslegung[84] oder über die sog. konzerndimensionale Betrachtung des Arbeitsverhältnisses im Arbeitsrecht.[85]

2. Untreuestrafrechtliche Folgerungen

Auch aus strafrechtlichem Blickwinkel ist eine konzernspezifische Gesamtkompensation bereits angedacht, auch wenn dies nicht immer explizit geschieht. Lediglich *Kohlmann/Löffeler* sprechen von einer „Gesamtsaldierung" mannigfaltiger konkreter Vorteile im Konzern.[86] Andere weisen darauf hin, dass zu beachten sei, dass der Unternehmung auch Vorteile durch die Konzernverbundenheit zufließen können, die „bewertet und mit den Nachteilen saldiert werden" müssen.[87] Neuerdings spricht sich *Anders*[88] für eine konzernspezifische Gesamtbetrachtung auf der Grundlage der Rechtsprechung der französischen Cour de Cassation aus. Vorteil wäre, dass komplizierte konkrete Schadensberechnungen bezogen auf die einzelne isolierbare schädigende Handlung vermieden bzw. vereinfacht würden. Außerdem trüge so das (Untreue-) Strafrecht der „Wirklichkeit des Lebens, den wirtschaftlichen Bedürfnissen und der Macht der Tatsachen" Rechnung und käme der wirtschaftlichen Realität und den positiven Konzernierungseffekten am nächsten. Eine dogmatische Begründung seiner Auffassung liefert aber auch er nicht, abgesehen von den Praktikabilitäts- und Realitätsbekundungen. *Anders* räumt sogar ausdrücklich ein, dass eine solche „langfristige Kompensation" „auf den ersten Blick im Konflikt zu der gegenwärtigen Anerkennung eines Schadensausgleichs im deutschen Recht" steht.[89]

Die erforderliche dogmatische Absicherung der konzernspezifischen Gesamtsaldierung ist – unter Berücksichtigung des Grundsatzes negativer Zivilrechtsakzessorietät –[90] mit dem Hinweis auf die Annäherung der Konzernsituationen an die rechtlich anerkannte Gesamtkompensation im Wirtschaftsleben, mit der Heranziehung ihres Grundgedankens des einheitlichen wirtschaftlichen Vorgangs im Hinblick auf den Telos von § 266 StGB und dem Nachweis der Anerkennung der wirtschaftlichen Interdependenzen und der wirtschaftlichen Einheit des Konzerns mittels gesellschaftsrechtlicher Konsequenzen vollzogen.

[84] Zu deren Bedeutung umfassend *Baumann* Konsolidierung, 32 ff.
[85] Hierzu *Wiedemann* Die Unternehmensgruppe, 91 ff. und *Emmerich/Sonnenschein/Habersack* Konzernrecht, 61, jeweils m.w.N. auf arbeitsrechtliche Literatur; vgl. bereits oben Einleitung C. I. 2.; dort auch zur betriebswirtschaftlichen Einheitstheorie.
[86] *Kohlmann/Löffeler* Die strafrechtliche Verantwortlichkeit, Rn. 361; vgl. bereits oben Text bei Fn. 35.
[87] *Richter* GmbHR 1984, 113, 137 (145); im Zusammenhang mit dem Beispiel von *Richter*, der Gewährung von Darlehen an finanzschwache Gesellschaften oder gegen ungünstige Sicherheit oder zu ungünstigem Zinssatz, kann es sich nur um einen Fall einer Gesamtkompensation handeln, da die durch die Konzernverbundenheit zufließenden Vorteile nicht unmittelbar und zugleich aus der Darlehensgewährung resultieren.
[88] *Anders* ZStW 114 (2002), 467 (503).
[89] *Anders* ZStW 114 (2002), 467 (503).
[90] Hierzu oben 1. Kapitel A. I.

Damit ist aber nur ein erster Schritt vollbracht. Denn wie gesehen existieren aus gesellschaftsrechtlicher Sicht durchaus Grenzen der Anerkennung eines Ausgleiches von Vorteilen und Nachteilen. Dem muss das Strafrecht zur Vermeidung von Strafbarkeitslücken und zur Sicherstellung eines effektiven Strafrechtsschutzes Rechnung tragen. Im Hinblick auf den Schutzzweck des § 266 StGB geht es nicht an, jegliche pflichtwidrige Schädigung im Konzern letztlich dadurch zu verneinen, dass man eine Berufung auf irgendwelche gleichwertigen Vorteile im Laufe einer Konzernbindung zulässt.

Dies bedeutet, dass in einem zweiten Schritt die Voraussetzungen und Grenzen einer Gesamtsaldierung im Konzern abgesteckt werden müssen. Ansatzpunkte können die zuvor genannte gesellschaftsrechtliche Angemessenheit und die rechtliche Absicherung der Konzernvorteile sein. Den Gedanken von *Anders* aufgreifend lohnt aber insbesondere auch ein Blick auf unseren Nachbarn Frankreich und die dortige konzernspezifische Rechtsprechung im Rahmen des Tatbestandes des „abus de biens sociaux".[91] Hiermit soll einerseits dem Vorbildcharakter[92] des französischen Gesellschaftsstrafrechts und vor allem des „abus de biens sociaux" für das deutsche Untreuestrafrecht Rechnung getragen und andererseits dem Missstand abgeholfen werden, dass die nationalen Gerichte bei ihrer vielfältigen und reichen nationalen Rechtsprechung zu Rechtsfragen des Konzerns nicht über die nationalen Rechtsgrenzen hinweg blicken.[93]

II. Voraussetzungen und Grenzen einer konzernspezifischen Nachteilssaldierung – insbesondere: Die „Rozenblum"-Doktrin der französischen Cour de Cassation

Im französischen Recht existiert eine durch die Strafgerichte begründete und schließlich im Gesellschaftsrecht übernommene[94] Rechtsprechung zur hier interessierenden Problematik, ob und inwieweit Benachteiligungen der beherrschten Konzerngesellschaft, die an ihrem „intérêt social" zu messen sind, durch Konzernierungsvorteile ausgeglichen werden können. Meilenstein ist die Entscheidung der Cour de Cassation im Fall „Rozenblum"[95], die die Vorarbeiten in der Literatur[96] und die Rechtsprechung der Instanzgerichte[97] höchstrichterlich bestätigte und bis heute unverändert fortgilt[98].

---

[91] Hierzu bereits oben 2. Kapitel Fn. 193 und 3. Kapitel B. II. 1. b. bb.

[92] Vgl. *Tiedemann* FS Würtenberger, 241 (252); *ders.* GmbH-Strafrecht Vor §§ 82 ff. Rn. 23.

[93] So kritisch Forum Europaeum Konzernrecht ZGR 1998, 672 (683).

[94] Zunächst durch C. cass. soc., 3.4.1990, Rev. Soc. 1990, 625; hierzu ausgiebig *Falcke* Konzernrecht, 38.

[95] C. cass. crim., 4.2.1985, Recueil Dalloz 1985, jur., 479 „Rozenblum".

[96] *Léauté* JCP (G) 1973, I, n° 2551; *Trochu/Jeantin/Langé* Recueil Dalloz 1975, chron., 7 (15 ff.); *Béjot* La protection, 163.

[97] Trib. corr. Paris, 16.5.1974, Recueil Dalloz 1975, jur., 37 „Willot"; Trib. corr. Mulhouse, 25.3.1983, Recueil Dalloz 1984, jur., 285 „Schlumpf"; bereits zuvor in ähnlicher Tendenz Trib. corr. Seine, 11.5.1955, Recueil Dalloz 1956, jur., 274; Trib. corr. Seine, 13.7.1963, Gaz.

Der Angeklagte Marc Rozenblum war Kopf, Gesellschafter und faktischer Betreiber einer Holding, die ihrerseits Allein- oder Mehrheitsgesellschafterin verschiedenster Produktions-, Handels- und Dienstleistungsunternehmen aus den unterschiedlichsten Branchen war, wie zum Beispiel der Gastronomie, dem Schuhhandel und der Reisevermittlung. Als einzelne Teile der Gruppe in finanzielle Schwierigkeiten gerieten, wurden auf Veranlassung von Rozenblum Finanzmittel und Sicherheiten zwischen den Gesellschaften hin und her verschoben, so auch einseitig von einer Immobilien- zu einer Reisegesellschaft. Nach der Insolvenz nahezu aller Gesellschaften des Konglomerats wurde Rozenblum neben anderen Leitungspersonen wegen „abus de biens sociaux" zum Nachteil unter anderem einer Immobiliengesellschaft angeklagt und erstinstanzlich[99] wie in der Berufungsinstanz[100] verurteilt. Rozenblum verteidigte sich mit Hinweis auf die wirtschaftliche und finanzielle enge Verflochtenheit seiner Gruppe, die folglich als Einheit zu begreifen sei, was letztlich einen „abus de biens sociaux" zum Nachteil einer der verbundenen Gesellschaften ausschließen würde.

In den Grundzügen akzeptierte die Cour de Cassation diese Argumentation, stellte allerdings markant drei Voraussetzungen auf, deren erst kumulatives Zusammenspiel eine Strafbarkeit des Geschäftsleiters wegen einseitiger Vermögenszuwendungen im Konzern nach dem Tatbestand des „abus de biens sociaux" entfallen lässt:[101]

> « Pour échapper aux prévisions des Art. 425-4° et 437-3° de la loi du 24 juillet 1966, le concours financier apporté par les dirigeants de fait ou de droit d'une société, à une autre entreprise d'un même groupe, dans laquelle ils sont intéressés directement ou indirectement, doit être dicté par un intérêt économique, social ou financier commun, apprécié au regard d'une politique élaborée pour l'ensemble de ce groupe, et ne doit ni être démuni de contrepartie ou rompre l'équilibre entre les engagements respectifs des diverses sociétés concernées, ni excéder les possibilités financières de celle qui en supporte la charge ».[102]

Pal. 1963.2, jur., 325; C. app. Paris, 15.1.1964, Gaz. Pal. 1964.1, jur., 293; Trib. corr. Seine, 26.11.1968, Rev. trim. com. 1968, 1080.

[98] Vgl. Trib. corr. Paris, 15.11.1985, Gaz. Pal. 1986.2, jur., 365 „Lévy"; C. app. Paris, 29.5.1986, Gaz. Pal. 1986.2, jur., 479 „Willot II"; C. cass. crim., 20.10.1986, Bull. rap. dr. aff. 1986, n° 23/11; C. cass. crim., 13.2.1989, Bull. Crim. 1989, n° 69/187 „Duval"; C. app. Paris, 17.10.1990, Gaz. Pal. 1991.1, jur., 359; C. cass. crim., 23.4.1991, Bull. Crim. 1991, n° 193/499; C. cass. crim., 9.12.1991, Bull. Crim. 1991, n° 467/1194; C. cass. crim., 4.9.1996, Bull. Crim. 1996, n° 314/947.

[99] Trib. corr. Paris, 29.4.1983, Gaz. Pal. 1983.2, jur., 425 mit detaillierter Darstellung des Tatsachenmaterials.

[100] C. app. Paris, 14.2.1984.

[101] Im Falle Rozenblum mangelte es bereits an dem ersten Kriterium.

[102] Frei übersetzt: „Um den Strafdrohungen der Art. 425-4° und 437-3° des Gesetzes über die Handelsgesellschaften vom 24.7.1966 zu entgehen, muss die Vermögenszuwendung, die seitens der faktischen oder rechtlichen Geschäftsleiter einer Gesellschaft an eine andere Gesellschaft derselben Gruppe [desselben Konzerns] gewährt wird, an der diese ein direktes oder

Die Cour de Cassation vollzog hiermit einen Perspektivenwechsel vom Interesse der einzelnen Gesellschaft („intérêt social") hin zum Interesse der Gruppe bzw. hin zum Konzerninteresse, dem „intérêt commun".[103] Die grundlegende Bedeutung der Entscheidung liegt in der Erkenntnis, dass in Anbetracht der wirtschaftlichen Verflechtungen zwischen verbundenen Gesellschaften im Einzelfall einseitige Vermögensopfer einer Konzerngesellschaft wirtschaftlich sinnvoll sein können und im größeren Kontext der Konzernpolitik nicht immer einer sofort zu gewährenden Gegenleistung bedürfen.[104] Folge ist eine strafrechtliche Entkriminalisierung der gruppenspezifischen Binnenbeziehungen, jedoch unter strengen Bedingungen. Dogmatisch handelt es sich bei der „Rozenblum"-Doktrin um einen Rechtfertigungsgrund („fait justificatif"), gewonnen aus dem Begriff des Konzerns.[105]

Dadurch ist jedoch nicht ausgeschlossen, dass für das deutsche Konzernuntreuerecht die Kriterien auf der Ebene des objektiven Tatbestandes im Rahmen des Ausschlusses eines Vermögensnachteils kraft konzernspezifischer Gesamtsaldierung herangezogen werden können. Während nämlich die „faits justificatifs" in der französischen Straftatlehre teilweise einem vierten (Rechtswidrigkeits-) Element („élément injuste") zugeordnet werden, negieren sie nach überwiegender Auffassung das „élément légal" und schließen damit bereits die Anwendbarkeit des Strafgesetzes aus.[106] Außerdem geht es nicht um eine eins-zu-eins Übertragung von „Rozenblum" in das deutsche Recht. Die dogmatische Grundlage einer konzernspezifischen Gesamtkompensation ist bereits gefunden.[107] Die „Rozenblum"-Lehre dient vielmehr der Funktion einer Bestätigung der deutschen gesellschaftsrechtlichen Bedingungen einer globalen Nachteils-

---

indirektes Interesse haben, von einem wirtschaftlichen, gesellschaftlichen oder finanziell gemeinsamen Interesse geleitet sein, welches mit Blick auf eine für die Gesamtheit dieser Gruppe abgestimmte [Konzern-] Politik zu beurteilen ist, und darf weder ohne Ausgleich bleiben, noch das Gleichgewicht zwischen den gegenseitigen Verpflichtungen der verschiedenen betroffenen Gesellschaften stören, noch die finanziellen Möglichkeiten derjenigen Gesellschaft übersteigen, die die Zuwendung trägt."

[103] Für eine solche Gleichsetzung von „intérêt du groupe" und „intérêt commun" im Sinne eines Konzerninteresses *Lutter* FS Kellermann, 257 (260); ihm folgend *Hommelhoff* ZGR 1992, 121 (137); ähnlich *Anders* ZStW 114 (2002), 467 (496 f.); *Falcke* Konzernrecht, 39. Anders hingegen *Ebenroth/Reiner* BB 1992 Beilage 13, 1 (16), denen zufolge der bewusste Gegensatz von „intérêt commun" zu „intérêt du groupe" darauf hindeutet, dass letztlich nach wie vor das „intérêt social" der konzernierten Gesellschaft alleiniger Maßstab der Betrachtung bleibt. Dies kann nach der Konzeption der Cour de Cassation insofern schon nicht richtig sein, da es ansonsten der Einschränkung der Dominanz des Konzerninteresses mittels des dritten „Rozenblum"-Kriteriums nicht bedurft hätte.

[104] Vgl. bereits *Ebenroth/Reiner* BB 1992 Beilage 13, 1 (16).

[105] Vgl. *Delmas-Marty* Droit pénal, 290; *Renucci/Cardix* L'abus de biens sociaux, 13. Ausgiebig *Anders* ZStW 114 (2002), 467 (498) m.w.N. auf die französische Literatur.

[106] *Merle/Vitu* Droit criminel, n° 431.

[107] Oben B. I.

saldierung[108] und ihrer Heranziehung für den strafrechtlichen Gesamtnachteilsausgleich.

Hierfür ist der Ansatz beim Konzerninteresse und bei einer gesicherten Konzernpolitik fruchtbar. Beide sind aber nur dann von strafrechtlicher Relevanz und führen so zu einem Strafbarkeitsausschluss, falls sie real sind. Hierzu bedarf es der Existenz einer Gruppe (1.), der Motivation der Vermögenszuwendung durch ein gemeinsames Interesse (2.) sowie letztlich des angemessenen Ausgleichs der Nachteile (3.).

1. Gruppe („groupe de sociétés") bzw. Konzern

Die Umschreibung dessen, was in Deutschland mit „Konzern" oder „verbundenen Unternehmen" bezeichnet wird, wird in Frankreich in ähnlicher Weise durch den Begriff der „groupe de sociétés" geleistet. Während zumindest außerhalb Deutschlands die Bezeichnung „Konzern" stark besetzt ist von den Vorstellungen über ein (strenges) deutsches „Konzernrecht" und von den einstigen Vorschlägen der Europäischen Kommission für eine Neunte Richtlinie, ist die Gruppendefinition hiervon losgelöst.[109]

Mittlerweile überholt ist die Aussage von *Lutter*[110], jeder Kenner der Materie wisse, dass „groupe de sociétés" gerade nicht „Konzern" bedeutet, weil die Besonderheit des Konzerns, die einheitliche Leitung mehrerer Unternehmen, nach französischer Rechtsvorstellung der Pflicht zu autonomer Führung jeder juristischen Person klar widerspreche. Der klassische Ausgangspunkt des französischen Gesellschaftsrechts, die Verselbständigung der Gesellschaft als autonome Wirtschaftseinheit, in deren Zentrum das Gesellschaftsinteresse als absolute Leitlinie für das Verhalten der einzelnen Gesellschaftsorgane steht und damit Vorrang vor den Interessen einheitlicher Leitung hat, so dass im Konfliktfall das Interesse der Gruppenspitze vor dem Interesse der abhängigen Gesellschaft zurückweichen muss,[111] ist mit der Übertragung der „Rozenblum"-Doktrin der Strafgerichte auf das Gesellschaftsrecht[112] aufgegeben. Damit ist das einstmalige umfassende gesellschaftsrechtliche Verbot der wirtschaftlichen Benachteiligung einer Konzerngesellschaft zugunsten anderer Unternehmen der Gruppe[113] hinfällig. Der Strafrechtsprechung kam so eine bedeutende Ausstrahlungswirkung auf das Zivilrecht zu.[114]

---

[108] Vgl. oben B. I. 1.
[109] Vgl. Forum Europaeum Konzernrecht ZGR 1998, 672 (691).
[110] *Lutter* ZGR 1982, 244 (244 f.).
[111] Vgl. nur *Trochu/Jeantin/Langé* Recueil Dalloz 1975, chron., 7 (17); *Béjot* in: Mestmäcker/Behrens, Das Gesellschaftsrecht der Konzerne, 169 (170); *Falcke* Konzernrecht, 35 f.
[112] Vgl. Nachweise oben Fn. 94 und *Lutter* in: Lutter, Ein Konzernrecht für Europa, 15 (20); die Tendenz ankündigend *Lutter* FS Kellermann, 257 (264); *M. Wolf* Konzernhaftung, 5 f., 61; *Falcke* Konzernrecht, 37 f.; *Ebenroth/Reiner* BB 1992 Beilage 13, 1 (16) – jeweils m.w.N.
[113] Hierzu *Falcke* Konzernrecht, 36.
[114] *Falcke* Konzernrecht, 37.

Gleichzeitig wird den „Rozenblum"-Kriterien ein Vorbildcharakter für eine in Europa einheitliche Beurteilung ordnungsgemäßer Konzerngeschäftsführung zugesprochen, insbesondere, da zur Beurteilung der Ordnungsgemäßheit Merkmale verwendet würden, welche alle positiven Konzernierungseffekte berücksichtigten und damit als Ausgangspunkt konzernrechtlicher Regelungen die Gruppe als Ganzes unter Aufrechterhaltung der Funktionsfähigkeit der einzelnen Gruppengesellschaften gesehen wird.[115]

Gesellschaftsgruppen sind in Frankreich ebenso verbreitet und mächtig wie in anderen Industrieländern. Sie sind jedoch nicht Gegenstand einer speziellen und in sich geschlossenen Gesetzgebung.[116] Der Gruppenbegriff ist nur bruchstückhaft geregelt und im jeweiligen Kontext des betroffenen Rechtsgebiets zu verstehen, etwa dem Arbeits-, Sozial-, Steuer-, Insolvenz- und Bilanzrecht.[117] Eine systematische Abstimmung lassen die jeweiligen einzelgesetzlichen Regelungen nicht erkennen.[118] Daher ist der Begriff der Gruppe selbst noch nicht wirklich geklärt.[119] Einigkeit besteht lediglich im Ausgangspunkt: Die Gruppe ist – wie der deutsche Konzern – eine Gesamtheit von rechtlich selbständigen Gesellschaften, die tatsächlich einheitlichen wirtschaftlichen Entscheidungen unterworfen sind.[120]

Der strafrechtliche Begriff des Konzerns, den die Chambre criminelle der Cour de Cassation ihrer Rechtsprechung zugrundelegt, verlangt im Anschluss an die Ausführungen des erstinstanzlichen Urteils im Fall „Rozenblum" die Existenz einer „stark strukturierten wirtschaftlichen und finanziellen Einheit, die nicht auf einer künstlichen Grundlage steht".[121] Mit letzterem Hinweis sollen zunächst Missbrauchsfälle in Form von Scheingesellschaften („sociétés fictives") und Vermischungstatbestände („confusion de patrimoines") ausgegliedert werden.[122]

Die „finanzielle Einheit" ist im Sinne von „liens financiers" als Anspielung auf die durch Kapitalanteile vermittelten, in aller Regel zur Beherrschung der abhängigen Gesellschaft führenden Bindungen zwischen den Konzerngliedern

---

[115] Vgl. Forum Europaeum Konzernrecht ZGR 1998, 672 (704 ff.).

[116] *Gyon* ZGR 1991, 218 (218).

[117] Nähere Hinweise bei *Gyon* ZGR 1991, 218 (219 Fn. 2.); *Béjot* in: Mestmäcker/Behrens, Das Gesellschaftsrecht der Konzerne, 169 (169 ff.).

[118] Vgl. *Lutter* FS Kellermann, 257 (258 f.).

[119] Ausführlich zum französischen Gruppenbegriff in der deutschen Literatur *Falcke* Konzernrecht, 24 ff.; *Kuckertz* Haftungsdurchgriff, 29 ff.

[120] *Gyon* ZGR 1991, 218 (219).

[121] Trib. corr. Paris (Fn. 99), Gaz. Pal. 1983.2, jur., 425: „une unité économique et financière fortement structurée et reposant sur des bases non artificielles"; ähnlich Trib. corr. Paris (Fn. 97), Recueil Dalloz 1975, jur., 37 „Willot": „un groupement économique fortement structuré reposant sur des bases non artificielles". Vgl. *Renucci/Cardix* L'abus de biens sociaux, 14.

[122] *Renucci/Cardix* L'abus de biens sociaux, 16; *Anders* ZStW 114 (2002), 467 (495); *Ebenroth/Reiner* BB 1992 Beilage 13, 1 (15).

zu verstehen und nicht etwa als Erfordernis einer gemeinsamen Kasse.[123] Das Merkmal der „stark strukturierten wirtschaftlichen Einheit“ verweist auf die Notwendigkeit einer einheitlichen Leitung.[124] Die Parallele zum – der vorliegenden Untersuchung zugrunde gelegten –[125] Konzernbegriff des § 18 Abs. 1 AktG ist damit unverkennbar.

Für die überwiegende französische Literaturauffassung unabdingbar ist es des Weiteren, dass die Gruppe einen gemeinsamen Geschäftszweck verfolgt und homogen strukturiert ist.[126] Dem muss für das deutsche Konzernuntreuerecht insoweit gefolgt werden, als sich die dogmatische Grundlage einer konzernspezifischen Gesamtsaldierung auf die wirtschaftliche Einheit des Konzerns stützt und somit – in Verbindung mit der Erfordernis einer einheitlichen Konzernpolitik – ein nach einem integrierten Gesamtkonzept geleiteter Konzern im betriebswirtschaftlichen Sinne zu fordern ist. Daraus folgt allerdings nicht, dass eine Branchenvielfalt der abhängigen Unternehmen stets das vorliegende Konzept der Gesamtsaldierung ausschließen würde. Notwendig ist an dieser Stelle jedoch eine einheitliche Leitung entsprechend dem sog. engen Konzernbegriff[127]. Beschränkt sich die einheitliche Leitung seitens der Konzernspitze aufgrund der Branchenfremdheit gerade nur auf einen zentralen Unternehmensbereich oder den finanziellen Bereich (vgl. den sog. weiten Konzernbegriff[128]), ist diese Voraussetzung nicht erfüllt.[129]

Offen ist, ob es für die Struktur der Gruppe allein auf die Beteiligungsverhältnisse zwischen Mutter- und Tochtergesellschaft ankommt oder ob auch die Beziehungen zwischen den Schwestergesellschaften zu berücksichtigen sind.[130] Diese Frage braucht für den vorliegenden Zusammenhang der Heranziehung des französischen Gesellschaftskonzernstrafrechts zur Beurteilung der Voraussetzungen und Schranken einer Gesamtsaldierung im deutschen Konzernuntreuestrafrecht nicht geklärt zu werden. Wesentlich hierfür ist die eindeutige Parallele des französischen strafrechtlichen Gruppenbegriffs zum deutschen Konzernbegriff.

[123] *Ebenroth/Reiner* BB 1992 Beilage 13, 1 (15).
[124] *Renucci/Cardix* L'abus de biens sociaux, 17; *Lutter* FS Kellermann, 257 (262); *Ebenroth/Reiner* BB 1992 Beilage 13, 1 (15). Weitergehend *Falcke* Konzernrecht, 41 ff., der jedoch das Erfordernis der Existenz einer Gruppe mit dem einer Konzernpolitik weitgehend gleichsetzt.
[125] Vgl. oben Einleitung B. II.
[126] So *Renucci/Cardix* L'abus de biens sociaux, 14 ff. m.w.N. Demgegenüber bezeichnen es *Ducouloux-Favard* Recueil Dalloz 1984, jur., 287 (288) und *Falcke* Konzernrecht, 42 als noch nicht eindeutig geklärt, wie weit multiple Geschäftszwecke voneinander abweichen dürfen, insbesondere ob ein konglomerater Konzern von vornherein die Voraussetzung struktureller Verfestigung und damit einheitlicher Leitung nicht erfüllen kann.
[127] Oben Einleitung B. II.
[128] Oben Einleitung B. II.
[129] Vgl. zur einheitlichen Leitung bei Branchenfremdheit *Lutter* Holding-Handbuch, Rn. A 45.
[130] So *Gyon* in: Lutter, Ein Konzernrecht für Europa, 27 (27).

2. Gemeinsames Gruppen- bzw. Konzerninteresse

Motivation für den eine verbundene Gesellschaft benachteiligenden Vorgang muss ein gemeinsames Gruppen- bzw. Konzerninteresse sein, das Teil einer den gesamten Konzern umfassenden Unternehmensstrategie ist. Hierdurch wird eine Einschränkung des Autonomieverständnisses der einzelnen Gruppengesellschaften vorgenommen. Es erfolgt eine Unterordnung der Autonomie im Sinne des „intérêt social" unter das Interesse des Gesamten.

Eine Definition des vielschichtigen Konzerninteresses liefert allerdings auch die französische Rechtsordnung nicht.[131] Denkbar ist auch hier, das Konzerninteresse mit dem Interesse der Muttergesellschaft oder mit dem aller verbundenen Gesellschaften oder schließlich mit dem Interesse der Mehrheitsgesellschafter der Konzernspitze gleichzusetzen.[132] Ein Anhalt ist aber insofern gegeben, als das Konzerninteresse von „wirtschaftlicher, gesellschaftlicher oder finanzieller" Art sein kann und an einer kohärenten Konzernpolitik[133] zu messen ist. Diese Merkmale sind greifbar. Die wirtschaftlichen Aktivitäten der einzelnen Gesellschaften müssen ihnen zufolge koordiniert und fortentwickelt werden im Sinne einer dauerhaften und auf Ausgleich innerhalb der Gruppe gerichteten Konzernstrategie.[134] Diese gemeinsame Strategie muss ausdrücklich festgelegt werden.[135] Teilweise wird gefordert, die einzelnen Gruppengesellschaften am Prozess der Gruppenplanung zu beteiligen. Die Tochtergesellschaften sollten nicht nur vor vollendete Tatsachen gestellt werden, sondern ein eigenes Zustimmungsrecht besitzen.[136]

Für die strafrechtliche Wertung wird diese Forderung zu weit reichen, zumal sowieso eine Konzernpolitik, die sich an den persönlichen Interessen des Allein- oder Mehrheitsgesellschafters orientiert, ungenügend ist.[137] Die Beteiligung der abhängigen Gesellschaften dient jedoch der Transparenz und Kontrollierbarkeit einer Konzernpolitik und ist daher in der Praxis ratsam. Ein typisches Beispiel einer solchen Konzernstrategie findet sich neben dem sog. Stammhauskonzern in der sog. Führungsholding.[138] Bei ihr sind der Konzernspitze alle, aber auch „nur" die konzernleitenden „strategischen" Entscheidungen vorbehalten. Diese umfassen typischerweise die Festlegung einer langfristigen Unternehmenspolitik

---

[131] Zur Diskussion über ein Konzerninteresse im deutschen Recht vgl. oben 3. Kapitel B. II. 2.

[132] Vgl. die Frage von *Gyon* in: Lutter, Ein Konzernrecht für Europa, 27 (28).

[133] Ausführlich hierzu *Falcke* Konzernrecht, 43 ff.

[134] Vgl. C. cass. crim. (Fn. 98), Bull. Crim. 1991, n° 193/499; C. cass. crim. (Fn. 98), Bull. Crim. 1991, n° 467/1194.

[135] C. cass. crim. (Fn. 98), Bull. Crim. 1991, n° 467/1194: Durch den Verwaltungsrat oder die Hauptversammlung der Konzernspitze; interessant ist ferner das Urteil der C. app. Paris (Fn. 98), Gaz. Pal. 1986.2, jur., 479 „Willot II", nach dem es als abgestimmte Konzernpolitik zu werten ist, wenn dem „commissaire aux comptes" (Wirtschaftsprüfer) bei deren Entwicklung eine Kontrollfunktion eingeräumt wird.

[136] *Hecquard* Gaz. Pal. 1986, jur., 483 (485).

[137] *S. Maul* NZG 1998, 965 (966) m.w.N.; ihr folgend *Anders* ZStW 114 (2002), 467 (496).

[138] Hierzu *Lutter* Holding-Handbuch, Rn. A. 16 ff.

für alle Konzernunternehmen, eine der „wirtschaftlichen Einheit“ des Konzerns entsprechende Organisation und Zuständigkeitsregelung, eine einheitliche Leitungs- und Weisungsausübung, eine Tätigkeitsabstimmung und Zielkontrolle, ein einheitliches Berichtssystem und vor allem die zentrale Finanzhoheit zur Steuerung der Kapitalflüsse durch die Obergesellschaft.[139]

Die rechtliche Verankerung der Konzernstrategie nähert sich weitgehend der im deutschen Gesellschaftsrecht im Hinblick auf einen Nachteilsausgleich geforderten rechtlichen Absicherung der Teilhabe der beherrschten Gesellschaft an den vorteilhaften konzerninternen Maßnahmen an.[140] Wie sogleich das dritte „Rozenblum“-Kriterium zeigen wird, bedeutet die Prävalenz des Konzerninteresses keinesfalls eine vollständige Aufgabe der einzelgesellschaftlichen Eigengesetzlichkeit im Sinne eines Blankoschecks zur strafrechtlich sanktionslosen Ausbeutung bzw. Aushöhlung der Verbundgesellschaft. Die strafrechtliche Berücksichtigung eines realen Konzerninteresses führt lediglich unter engen Bedingungen zur Annahme einer Strafbarkeitseinschränkung.

3. Angemessener Nachteilsausgleich

Dem dritten Kriterium des angemessenen Nachteilsausgleichs kommt nicht nur nach der Rechtsprechung der Cour de Cassation, sondern auch und insbesondere für die Zwecke dieser Untersuchung die größte Bedeutung zu. Mit ihm sollen sowohl die Grenzen der Konzernpolitik als auch die Schranken ihrer richterlichen Überprüfung[141] konkretisiert werden.[142] Die Zuwendung aus dem Vermögen der beherrschten Gesellschaft darf weder ohne Ausgleich bleiben, noch das Gleichgewicht zwischen den gegenseitigen Verpflichtungen der verschiedenen betroffenen Gesellschaften stören, noch die finanziellen Möglichkeiten der beherrschten Gesellschaft übersteigen.

Die Konzernierung darf jedenfalls nicht zu einer stets einseitigen Aufopferung der benachteiligten Gesellschaft zugunsten der anderen Konzerngesellschaften und schon gar nicht zu ihrem Ausbluten, ihrer Aushöhlung oder ihrer Existenzgefährdung führen.[143] Das Eigeninteresse der abhängigen Gesellschaft ist somit im Grundsatz auch im Konzern zu respektieren. Es wird lediglich insofern durch ein prävalierendes Konzerninteresse modifiziert, als nun nicht mehr auf einen Einzelausgleich, sondern auf eine globale Kompensation der Konzernvorteile und -nachteile abzustellen ist, die zumindest mittelfristig zu einem konzerninter-

---

[139] *Lutter* Holding-Handbuch, Rn. A. 17.
[140] Vgl. oben B. I. 1.
[141] Kritische Anmerkungen zur gerichtlichen Überprüfungsfähigkeit, insbesondere in Verbindung mit der „business judgement rule“ bei *Teichmann* in: Lutter, Ein Konzernrecht für Europa, 31 (35).
[142] *Ebenroth/Reiner* BB 1992 Beilage 13, 1 (16).
[143] *Ebenroth/Reiner* BB 1992 Beilage 13, 1 (16).

nen Gleichgewicht führt und die Existenz jeder Konzerngesellschaft sicherstellt.[144]

Das Erfordernis der Existenzwahrung[145] ist bereits Gegenstand in der Diskussion um ein Eigeninteresse als Grenze der Einverständnis-Dispositionsbefugnis der herrschenden Gesellschaft im deutschen Konzernuntreuerecht gewesen. Dort wurde es letztlich verneint.[146] Dem widerspricht nicht, entsprechend der französischen Rechtsprechung im Rahmen einer Gesamtsaldierung im Konzern die Bestandssicherung der abhängigen Gesellschaft nun als Schranke anzuerkennen. Denn zum einen ist eine solche Gesamtkompensation nur noch in den Fällen von Relevanz, in denen nicht bereits die Untreue-Pflichtwidrigkeit aufgrund eines wirksamen Einverständnisses ausgeschlossen ist. Und zum anderen handelt es sich bei der Gesamtsaldierung um eine anders gelagerte Figur, die als Ausnahme von der strafrechtlichen Einzelbetrachtung nur unter engen Bedingungen anzunehmen ist. Die Existenzsicherung der abhängigen, benachteiligten Gesellschaft ist darüber hinaus sowieso nur eine absolute Obergrenze.[147] Entscheidend ist vielmehr, dass die einzelnen Konzerngesellschaften weder unangemessen belastet noch willkürlich auf Kosten anderer Verbundunternehmen begünstigt werden.[148] Wesentliches Merkmal ist damit die Angemessenheit des Nachteilsausgleichs. Auch dieses Kriterium ist aus dem deutschen Recht der gesellschaftsrechtlichen Nachteilssaldierung geläufig.[149]

Die Angemessenheit ist im Hinblick auf die rechtlich verankerte Konzernstrategie zu beurteilen. Der Nachteilsausgleich muss ebenso wie die Nachteilszufügung Gegenstand vorheriger Planung im Rahmen der Konzernpolitik sein.[150] Dies ist zur Sicherstellung einer effektiven strafrechtlichen Bewertung des Geschehens erforderlich, denn ein jahrelanges Abwarten der Strafverfolgung mit dem Hinweis auf einen möglicherweise langfristig erfolgenden Nachteilsausgleich ist ebenso wenig praktikabel und bestimmt wie die Verteidigung mit eben diesem Argument. Hieraus folgt zugleich, dass der Nachteilsausgleich nicht nur strategiemäßig beabsichtigt sein muss, sondern dass der benachteiligten Gesellschaft ein rechtlich durchsetzbarer und wirtschaftlich wertbehafteter Anspruch auf konzerninterne Vorteile eingeräumt werden muss. Nur muss dies eben nicht im Einzelfall, also bei jeder nachteiligen Maßnahme geschehen, sondern es ge-

---

[144] Vgl. auch *Anders* ZStW 114 (2002), 467 (498); *Ebenroth/Reiner* BB 1992 Beilage 13, 1 (16).

[145] Im Zusammenhang mit „Rozenblum" hierzu *Lutter* FS Kellermann, 257 (263).

[146] Oben 3. Kapitel B. II. 1. b. bb.

[147] Die Formulierung der Cour de Cassation in der Rechtssache „Rozenblum" ist nicht alternativ, sondern kumulativ zu verstehen: Die Existenz der abhängigen Gesellschaft darf nicht gefährdet *und* das Gleichgewicht zwischen den Verbundgesellschaften darf nicht gestört *und* der Vermögensnachteil muss ausgeglichen werden; vgl. *Renucci/Cardix* L'abus de biens sociaux, 21 f.

[148] C. cass. crim. (Fn. 98), Bull. Crim. 1991, n° 467/1194.

[149] Oben B. I. 1.

[150] Tendenziell ebenso *Ebenroth/Reiner* BB 1992 Beilage 13, 1 (16).

nügt eine pauschale Absicherung der Nachteilszufügung und der späteren Vorteilsgewährung. Beispiele aus der französischen Rechtsprechung zeigen, dass das Kriterium des angemessenen Ausgleichs bei rechtlicher Absicherung etwa zu verneinen ist bei der Gewährung exorbitant hoher Kredite ohne Gegenleistungen an andere Gesellschaften des Konzerns[151] oder bei der simplen Verschiebung von Geldern zwischen den Konzerngesellschaften[152]. Eine Untreuestrafbarkeit im Konzern entfällt hingegen, wenn die Tochtergesellschaft im Rahmen eines Cash-Managements der Muttergesellschaft ein Darlehen unterhalb des bankküblichen Zinses gewährt und eine Rückzahlung der Valuta sichergestellt ist.[153] Dies ergibt sich aus der rechtlichen Verankerung des Cash-Management-Systems mit dem Ziel, die finanziellen Ressourcen des Gesamtkonzerns unter möglichst geringer Fremdfinanzierung und möglichst hohem Zinsertrag zum Vorteil aller Gesellschaften zu nutzen.[154]

Letztlich muss es trotz Zweifeln in der französischen Literatur[155] genügen, dass der Ausgleich von einer anderen Gesellschaft der Gruppe geleistet wird als derjenigen, der der ursprüngliche Vorteil auf Kosten der benachteiligten Gesellschaft zugute gekommen ist, sowie, dass der Vorteil sich aus Synergieeffekten ergibt. In ersterer Situation ist jedoch wiederum das respektive Gleichgewicht der Verbundgesellschaften zu beachten, so dass der Nachteil der ausgleichenden Gesellschaft letztlich wieder in irgend einer Form kompensiert werden muss, soll eine Untreuestrafbarkeit ihr gegenüber verneint werden.
Die Synergievorteile müssen wirtschaftlich spürbar wie quantifizierbar und gleichzeitig rechtlich durchsetzbar sein. Demnach ist keinesfalls der abstrakte Vorteil der Konzernzugehörigkeit als solcher ausreichend,[156] sondern es bedarf stets eines konkreten Anspruchs auf Nutzung des konzerninternen Vertriebssystems, eines konzerninternen Patentes, des Konzern-EDV-Supports etc.[157]

---

[151] C. cass. crim. (Fn. 98), Bull. Crim. 1996, n° 314/947.
[152] C. cass. crim. (Fn. 98), Bull. Crim. 1991, n° 467/1194.
[153] C. app. Paris (Fn. 98), Gaz. Pal. 1986.2, jur., 479 „Willot II“; ähnlich zuvor Trib. corr. Paris (Fn. 98), Gaz. Pal. 1986.2, jur., 365 „Lévy“. Ausführlich hierzu *Ebenroth/Reiner* BB 1992 Beilage 13, 1 (17). Zum Cash-Management in der französischen Gruppe auch *Gyon* ZGR 1991, 218 (224).
[154] Zum Cash-Management bereits oben Einleitung D. III.
[155] *Gyon* in: Lutter, Ein Konzernrecht für Europa, 27 (28).
[156] So auch *Renucci/Cardix* L'abus de biens sociaux, 20.
[157] Weitergehend für das französische Recht *Trochu/Jeantin/Langé* Recueil Dalloz 1975, chron., 7 (18). Vgl. auch Trib. corr. Lyon, 20.6.1985, Gaz. Pal. 1986.2, 782, das ausdrücklich anerkennt, dass bei der Bewertung der Vorteile auch die zentralen Dienste zu berücksichtigen sind, die die Konzernspitze den Tochtergesellschaften zur Verfügung stellt, wie etwa das Geschäftsführungs-Know-how, informationelle Dienste sowie die Inanspruchnahme der zentralen Rechtsabteilung. Der einzige Unterschied zu den hiesigen Forderungen für das deutsche Konzernuntreuerecht liegt allein darin begründet, dass die französische Rechtsprechung jedenfalls nicht explizit die Einräumung eines rechtlichen Anspruchs auf Nutzung der Synergien verlangt.

III. Zusammenfassung

Die „Rozenblum"-Kriterien stimmen mit den Forderungen der Voraussetzungen einer Gesamtkompensation im deutschen gesellschaftsrechtlichen Schrifttum überein und bieten einen verlässlichen, praktikablen und bestimmten Ansatz für die Zulässigkeit einer konzernspezifischen Saldierung von Untreue-Nachteilen im Konzern.

Wesentlich ist, dass es sich zwar um eine Gesamtsaldierung handelt, diese aber weder mit einer ausgeglichenen „Konzerngesamtbilanz"[158] noch mit einem pauschalen, nicht auf quantifizierbare Einzelmaßnahmen bezogenen Ausgleich gleichgesetzt werden kann, wie er noch unter der Geltung des deutschen Aktiengesetzes 1937 im Schrifttum vielfach vertreten worden war.[159] Erforderlich ist vielmehr stets eine Bestimmbarkeit und rechtliche Durchsetzbarkeit der ausgleichenden Vorteile. Die Besonderheit besteht (lediglich) darin, dass diese Vorteile nicht einzelfallbezogen und etwa zeitgleich mit dem Nachteilseintritt eingeräumt und durchgeführt werden müssen, sondern dass hierzu ein rechtlich verbindliches, wirtschaftlich abgesichertes und mittelfristig ausgeglichenes Gesamtkonzept genügt.

Weiterhin müssen die Vorteile entsprechend eines unumstößlichen Grundsatzes einer jeden Nachteilskompensation stets zu den zugefügten Vermögensnachteilen gleichwertig sein, da ansonsten von einem Ausgleich schon aus ökonomischem Blickwinkel nicht gesprochen werden kann. Dies ist von besonderer Relevanz für die (jährlichen) Pauschalzahlungen der Verlustübernahmepflicht (§ 302 Abs. 1 AktG) und einer Liquiditätszusage.[160] Denn diese sind von ihrer Intention gerade nicht darauf gerichtet, jegliche zugefügten Nachteile auszugleichen, sondern sollen nur einen nicht anders durch eigenes Vermögen der geschädigten Gesellschaft auszugleichenden Jahresfehlbetrag kompensieren bzw. die Mittelausstattung sicherstellen, die zu einer vollständigen Befriedigung aller Gläubiger benötigt werden. Aufgrund der gesetzlichen bzw. vertraglichen Absicherung dieser Ansprüche kommen zwar sowohl die Verlustübernahmepflicht wie auch die Liquiditätszusage grundsätzlich für eine konzernspezifische Gesamtsaldierung in Betracht, jedoch nur, wenn der Ausgleich tatsächlich wertmäßig dem Betrag entspricht, um den das Vermögen der abhängigen Gesellschaft zuvor geschädigt wurde. Nur insoweit kann der These von *Kohlmann/Löffeler* [161] in Bezug auf die „Gesamtsaldierung" vermittels der „gesellschaftsrechtlichen Verlustausgleichspflichten" zugestimmt werden.

Die vorstehenden Grundsätze gelten für das deutsche Untreuestrafrecht unabhängig von der jeweiligen Form der Konzernierung. Im Gegensatz zu der Beur-

[158] Vgl. hierzu *M. Wolf* Konzernhaftung, 63; *Kuckertz* Haftungsdurchgriff, 57.
[159] Vgl. *Mestmäcker* Verwaltung, 278 ff. m.w.N.; *Sonnenschein* Organschaft, 152 f.
[160] Vgl. hierzu oben A. I. 2.
[161] Siehe oben Text vor und Nachweise in den Fn. 35 und 36.

teilung der Vermögensbetreuungspflichten und der Pflichtwidrigkeiten im Konzern bedarf es auf dieser Ebene somit keiner Differenzierung zwischen Vertragskonzern und faktischem Konzern, AG- und GmbH-Konzern.

Eine solche Unterscheidung wird auch nicht bedingt durch das deutsche Konzernrecht, das lediglich im Vertrags- und Eingliederungskonzern das Konzerninteresse über die Tochtereigeninteressen stellt (vgl. §§ 291 Abs. 3, 308 Abs. 1, 313 AktG), im faktischen Konzern hingegen – außerhalb der engen Privilegierung im Rahmen faktischer AG-Konzerne über § 311 AktG – das Eigeninteresse der abhängigen Gesellschaft verabsolutiert. Denn die Relevanz dieser Beziehung zwischen Konzern- und Eigeninteresse beschränkt sich strafrechtlich auf den Bereich der Pflichtwidrigkeitsbeurteilung.[162] Für einen Nachteilsausgleich kommt es hingegen ausschließlich auf den Zufluss gleichwertiger Vorteile in das betroffene Vermögen an.

Zuzugeben ist jedoch, dass die Konzernierungsform für die Frage der rechtlichen Absicherung zukünftiger Vermögensvorteile durchaus Bedeutung haben kann, nicht aber notwendigerweise haben muss. So werden die engen rechtlichen Beziehungen zwischen herrschender und abhängiger Gesellschaft im Vertragskonzern sowie die Möglichkeit, in den Vertragstext bereits eine umfassende Konzernstrategie aufzunehmen, auf eine Rechtsverbindlichkeit von internen Ausgleichsmaßnahmen hindeuten. Dies schließt jedoch weder eine gegenteilige Annahme für den Vertragskonzern, noch den isolierten Abschluss derartiger Vereinbarungen im faktischen Konzern aus.

C. Zusammenfassung

In Bezug auf die Bestimmung der Nachteile im Konzern richtet sich die Aufmerksamkeit auf drei Spezifika – den konzerninternen Nachteilsausgleich, den mittelbaren Nachteil im Konzern und die konzernspezifischen Nachteilssaldierung.

Während die beiden letzten Punkte weitgehend dogmatisches Neuland betreten, knüpft der konzerninterne Nachteilsausgleich an die anerkannte Vor- und Nachteilsverrechnung im Rahmen der sog. Einzelbetrachtung an. Die Besonderheit besteht hierbei in dem Umstand, dass innerhalb von Konzernkonstellationen konzernspezifische Ausgleichsforderungen in vielfältiger Ausgestaltung gegeben sein können, falls das benachteiligte Unternehmen die abhängige Gesellschaft ist. Relevant sind allerdings allein Ansprüche, die die Haftung an ein einzelnes schädigendes Verhalten knüpfen. Im Vergleich zur nicht konzernverbundenen Gesellschaft ergibt sich aus dem gesteigerten Nachteilsausgleich ein verstärkter Wegfall der Untreuestrafbarkeit mangels Untreuenachteils.

Eine entgegengesetzte Wirkung – in Richtung einer Strafbarkeitserweiterung – erzielt die Anerkennung mittelbarer Nachteile im Konzern. Bereits aus

---

[162] Vgl. oben 3. Kapitel.

der Erweiterungsfunktion ergeben sich im Hinblick auf Art. 103 Abs. 2 GG, § 1 StGB Bedenken gegen eine allzu weite Annahme solcher Nachteile. Der in den bisherigen Stellungnahmen vertretene Automatismus im Sinne der Gleichstellung von mittelbaren mit unmittelbaren Nachteilen ist deshalb abzulehnen. Maßgebend ist vielmehr, dass die (mittelbare) Auswirkung des bei einem anderen Vermögensträger entstehenden unmittelbaren Nachteils bei der ins Visier genommenen Konzerngesellschaft derart gesichert und messbar ist, dass der Nachteil sich nach objektiven Maßstäben als rechtlich adäquat darstellt. Diesbezüglich kann auf die Kategorien der konkreten Vermögensgefährdung und der strafrechtlich geschützten Exspektanzen zurückgegriffen werden.

Letztlich wurde eine Grundlage für eine konzernspezifische Gesamtsaldierung gefunden. Im Vergleich zur Einzelbetrachtung besteht hierbei der Unterschied, dass die aus der Konzerneinbindung resultierenden gleichwertigen Vorteile nicht einzelbezogen und etwa zeitgleich mit der Nachteilszufügung zugestanden werden müssen, sondern dass hierzu ein rechtlich verbindliches, wirtschaftlich abgesichertes und mittelfristig ausgeglichenes Gesamtkonzept ausreicht. Während sich die dogmatische Absicherung der Gesamtkompensation auf die untreuestrafrechtliche Würdigung einheitlicher wirtschaftlicher Vorgänge und die konzernrechtliche Fundierung einer Globalbetrachtung stützt, sind ihre materiellen Voraussetzungen an die von der Rechtsprechung der französischen Cour de Cassation entwickelte „Rozenblum"-Doktrin angenähert. Damit bestätigt sich der Vorbildcharakter des Tatbestandes des „abus de biens sociaux" für das deutsche Untreuestrafrecht.

Schlussbemerkungen

Vornehmliches Ziel der vorliegenden Arbeit war es, einen Beitrag zur Konturierung des weiten Tatbestandes der Untreue speziell in Bezug auf Konzernsachverhalte zu leisten. Zwar wird die Suche nach einer detaillierten Grenzziehung zwischen strafbaren und straflosen Konzernuntreue-Konstellationen sicherlich auch nach den hier durchgeführten Untersuchungen fortgesetzt werden. Denn die Komplexität der zu beurteilenden wirtschaftlichen Sachverhalte erlaubt es nicht, abschließend im Vorhinein eine eindeutige Trennlinie hin zur Strafbarkeit zu ziehen. Entscheidend sind jedoch die grundsätzlichen Leitlinien, an denen sich eine weitergehende Analyse orientieren kann. Diese wurden von einem doppelten methodischen Ansatz her entwickelt.

Es konnte zunächst aufgezeigt werden, dass sich der Untreuetatbestand generell zum Zivilrecht inklusive Gesellschafts- und Konzernrecht negativ akzessorisch verhält. Für den Bereich der Konzernuntreue bedeutet dies, dass der untreuestrafrechtliche Schutz nicht so weit gehen muss wie die konzernrechtliche Regelung, auf keinen Fall jedoch über den zivilrechtlich vorgesehenen Schutz des Gesellschaftsvermögens hinausreichen darf. Ausgehend von diesem Grundsatz lassen sich – entgegen teilweise anderer Behauptungen und trotz etwaiger erheblicher Schäden, beispielsweise als Folge einer zulässigen Konzernierung – alle gesellschaftsrechtskonformen Verhaltensweisen im Konzern aus dem Tatbestand des § 266 StGB ausscheiden.

Als weiterer Ansatz konnte auf gesicherte Erkenntnisse des Untreuetatbestandes zurückgegriffen werden, insbesondere auf solche im Zusammenhang mit der Untreuestrafbarkeit in der unverbundenen GmbH bzw. AG, die sich aufgrund langjähriger Auseinandersetzungen in Rechtsprechung und Literatur und aufgrund eindeutiger gesellschaftsrechtlicher Vorgaben unter dem Stichwort (schlichte) „Organuntreue“ als weitgehend geklärt erweist.

So wurden unter Berücksichtigung der anerkannten Vermögensbetreuungspflichten von Geschäftsführer, Vorstand und Aufsichtsrat im Hinblick auf die „eigene“ Gesellschaft und ausgehend von den allgemeinen Kriterien der Vermögensbetreuungspflichten Kriterien und Konstellationen von Vermögensbetreuungspflichten im Konzern in Abhängigkeit von der jeweiligen Konzernperspektive und der jeweiligen Konzernierungsform getroffen. Gleichzeitig wurde mit der Weiterentwicklung der klassischen Kriterien von Vermögensbetreuungspflichten – unabhängig von der Konzernuntreue – der Versuch unternommen, dem Manko der bisher verwendeten Pauschalbegriffe entgegenzuwirken, außerhalb der typischen Untreuesachverhalte zu versagen.

Als Ergebnis stellte sich heraus, dass Vermögensbetreuungspflichten im Konzern – im Anschluss an die Notwendigkeit einer eingeräumten rechtlichen oder faktischen Zugriffsmöglichkeit auf das fremde Vermögen bei Abwesenheit von

Kontrolle durch den Vermögensinhaber unter gleichzeitiger zeitlich-qualifizierter Einschränkung dessen Handlungsmöglichkeiten in Bezug auf sein Vermögen – aus der Konzernstruktur fließen, aus der je nach Art der Konzernierung eine hinreichend qualifizierte Vermögensherrschaftsposition der Ober- bzw. Untergesellschaft im Hinblick auf das Gesellschafts-Fremdvermögen resultiert. Vermögensbetreuungspflichten im Konzern bestehen demzufolge umfassend in der Perspektive der Konzernmutter gegenüber ihrer Tochtergesellschaft, mit Ausnahme des einfachen faktischen AG-Konzerns. Innerhalb der umgekehrten Beziehung der Tochter gegenüber der Konzernspitze existieren hingegen keinerlei Vermögensbetreuungspflichten. Die Möglichkeit der Zuweisung von Vermögensbetreuungspflichten an die abhängige Gesellschaft reduziert sich auf das Verhältnis zu ihrer Schwestergesellschaft bei Vorliegen eines (strafrechtlich) qualifizierten faktischen Gleichordnungskonzerns zwischen beiden.

Bestehende Vermögensbetreuungspflichten der Ober- bzw. Untergesellschaft werden auf deren jeweiliges geschäftsleitendes Organ übergeleitet, treten neben eventuell in eigener Person begründeten Vermögensbetreuungspflichten hinsichtlich anderer Konzerngesellschaften und begründen so eine persönliche Strafbarkeit der natürlichen Person.

Die Beurteilung der Pflichtwidrigkeiten im Konzern setzte ebenfalls an dem vertrauten allgemeinen Pflichtenmaßstab der Geschäftsleitungsorgane von Kapitalgesellschaften an. Durch den Einfluss spezifisch konzernrechtlicher Grundsätze und Normen ließen sich allerdings sowohl auf der Ebene des geschäftsleitenden Organs der herrschenden Gesellschaft als auch auf der der Leitung des abhängigen Unternehmens – hier mit der Beschränkung auf den sog. durch Weisungen ausgefüllten Bereich – Veränderungen der Pflichtenposition im Vergleich zu derjenigen bei einer unverbundenen Gesellschaft ausmachen. Diese Veränderungen bestehen einerseits in einer Pflichtenausweitung durch Begründung neuer Pflichten gegenüber der „eigenen" und gegebenenfalls einer anderen Konzerngesellschaft, andererseits in einer Pflichtenreduktion durch konzernrechtliche Legitimierungen entsprechend dem Grundsatz negativer Zivilrechtsakzessorietät.

Sodann stellte sich heraus, dass gerade das sog. tatbestandsausschließende Einverständnis im Konzern zu einer beträchtlichen Strafbarkeitsverneinung im Rahmen der Konzernuntreue führt. Grund hierfür ist die besondere Situation, dass die Konzernspitze als Gesellschafterin der abhängigen Gesellschaft dieser zurechenbar eine wirksame Einverständnisentscheidung treffen und erklären kann und dass sogar das geschäftsleitende Organ der Obergesellschaft für sein eigenes Verhalten gegenüber dem Tochterunternehmen einen Tatbestandsausschluss herbeiführen kann.

Unter diesem Gesichtspunkt bleiben im Grundsatz allein die Konzernuntreue-Konstellationen der Schädigung der Muttergesellschaft durch ihre Tochter bzw.

deren Organe strafbarkeitsrelevant. Zumal sich gezeigt hat, dass die im Anschluss an die Schranken eines Einverständnisses bei der schlichten Organuntreue heranzuziehenden materiellen Dispositionsgrenzen des tatbestandsausschließenden Einverständnisses im Konzern aufgrund der gesetzgeberischen Wertungen des § 5 Abs. 1 GmbHG und § 7 AktG auf die gesetzliche Mindestkapitalziffer beschränkt sind bzw. im Falle des Eingliederungskonzerns sogar vollständig fehlen. Darüber hinaus gehende Dispositionsgrenzen, wie die bislang von der herrschenden Meinung zur Organuntreue vertretene statutarische Stamm- bzw. Grundkapitalziffer oder ein etwaiges Verbot der Existenzgefährdung, sind weder im Rahmen der Organuntreue, noch für die Konzernuntreue maßgebend.

Liegt kein Einverständnis im Konzern vor und obliegen der natürlichen Person mehrere Vermögensbetreuungspflichten gegenüber verschiedenen Konzerngesellschaften, so hat sie allen Pflichtenstellungen gerecht zu werden, auch wenn diese sich inhaltlich konterkarieren. Man spricht insoweit von der sog. gespaltenen Pflichtwidrigkeitsbeurteilung im Konzern.

Weitere Besonderheiten der Konzernuntreue bestehen letztlich bei der Bestimmung und Berechnung der Nachteile im Konzern. Innerhalb von Konzernkonstellationen können konzernspezifische Ausgleichsforderungen in vielfältiger Ausgestaltung gegeben sein, vor allem, falls das benachteiligte Unternehmen die abhängige Gesellschaft ist. Dies führt auf der anerkannten Basis der sog. Einzelbetrachtung zu einer im Vergleich zur unverbundenen AG oder GmbH vermehrten Einzelverrechnung von Vorteilen und Nachteilen und somit letztlich zu einem verstärkten Wegfall der Untreuestrafbarkeit mangels Untreuenachteils.

Demgegenüber ist eine Strafbarkeitsausweitung mit der Anerkennung mittelbarer Nachteile im Konzern verbunden. Der bislang vertretene Automatismus im Sinne der Gleichstellung von mittelbaren mit unmittelbaren Nachteilen ist allerdings abzulehnen. Vielmehr ist erforderlich, dass die (mittelbare) Auswirkung des bei einem anderen Vermögensträger entstehenden unmittelbaren Nachteils bei der ins Visier genommenen Konzerngesellschaft derart gesichert und messbar ist, dass der Nachteil sich nach objektiven Maßstäben als rechtlich adäquat darstellt.

Letztlich wurde auf der Grundlage der gesicherten untreuestrafrechtlichen Beachtung einheitlicher wirtschaftlicher Vorgänge, der konzernrechtlichen Fundierung einer Globalbetrachtung sowie der „Rozenblum"-Doktrin der französischen Cour de Cassation eine konzernspezifische Gesamtsaldierung entwickelt. Hiernach ist ein Untreuenachteil spezifisch im Konzern zu verneinen, wenn die aus der Konzerneinbindung resultierenden gleichwertigen Vorteile in einem rechtlich verbindlichen, wirtschaftlich abgesicherten und mittelfristig ausgeglichenen Gesamtkonzept aufgehen.

Mit diesen Grundsätzen sind Vorgaben gefunden, das beabsichtigte Mehr an Rechtssicherheit bei der Konzernuntreue umzusetzen. Es liegt in der Verantwortung der Strafjustiz, die aufgezeigten Chancen zu wahren, aber auch den unabweislichen Gefahren im Konzern Einhalt zu gebieten. Aufgrund der aufgezeigten vielfältigen Schnittstellen und Möglichkeiten eines Tatbestands- und folglich Strafbarkeitsausschlusses hat sich die in der Einleitung A. II. zitierte Aussage *Buchers*, „die kleinen und großen Wirtschaftsführer [gelten, *D.B.*] ausnahmslos als in höchstem Maße tatverdächtig“ für die Konzernuntreue nicht bestätigt. Die Strafverfolgungsorgane mögen sich im Hinblick hierauf ihrer wirtschaftspolitischen Verantwortung bewusst werden. Die Auswirkungen des Damoklesschwerts der Strafbarkeit bzw. Strafverfolgung auf die Entscheidungen der Führungskräfte in den Konzernen sollte nicht unterschätzt werden. Andererseits sollten Letztere die strafrechtlichen Dimensionen mancher ihrer Entscheidungen tiefgreifender in ihr Bewusstsein rücken. Der Anwendungsbereich der Konzernuntreue mag mit den hier gefundenen Ergebnissen nicht gewaltig sein, aber er existiert.

Literaturverzeichnis[1]

Achenbach, Hans: Aus der 1996/97 veröffentlichten Rechtsprechung zum Wirtschaftsstrafrecht, NStZ 1997, 536.

Achenbach, Hans: Schwerpunkte der BGH-Rechtsprechung zum Wirtschaftsstrafrecht, 50 Jahre Bundesgerichtshof, Festgabe aus der Wissenschaft, Band IV. Strafrecht, Strafprozessrecht, 2000, 593.

Adams, Michael: Der Markt für Unternehmenskontrolle und sein Missbrauch, Die AG 1989, 333.

Adams, Michael: Die Usurpation von Aktionärsbefugnissen mittels Ringverflechtung in der „Deutschland AG", Die AG 1994, 148.

Aktiengesetz Großkommentar, hrsg. von Carl Hans Barz ..., Band 1.1 – §§ 1–75, 3. Aufl., 1973 und Band 4 – §§ 291–410, 3. Aufl., 1975 (zit. AktG-GK/*Bearbeiter*).

Altmeppen, Holger: **Abschied** vom „qualifiziert faktischen" Konzern, 1991.

Altmeppen, Holger: Ausfall- und Verhaltenshaftung des Mitgesellschafters in der GmbH, ZIP 2002, 961.

Altmeppen, Holger: **Die Haftung** des Managers im Konzern, 1998.

Altmeppen, Holger: Die systematische Einordnung der Rechtsprechung zum qualifiziert faktischen Konzern nach „TBB", DB 1994, 1912.

Altmeppen, Holger: Gesellschafterhaftung und „Konzernhaftung" bei der GmbH, NJW 2002, 321.

Altmeppen, Holger: Grenzenlose Vermutungen im Recht der GmbH, DB 1991, 2225.

Altmeppen, Holger: Grundlegend Neues zum „qualifiziert faktischen" Konzern und zum Gläubigerschutz in der Einmann-GmbH, ZIP 2001, 1837.

Anders, Ralf Peter: Das französische Recht der Untreue zum Nachteil von Kapitalgesellschaften insbesondere im Konzern, ZStW 114 (2002), 467.

Arloth, Frank: Zur Abgrenzung von Untreue und Bankrott bei der GmbH, NStZ 1990, 570.

Arzt, Gunther: Zur Untreue durch befugtes Handeln, Festschrift für Bruns, 1978, 365.

Assmann, Heinz-Dieter: Der faktische GmbH-Konzern, Festschrift 100 Jahre GmbHG, 1992, 657.

Assmann, Heinz-Dieter: Gläubigerschutz im faktischen GmbH-Konzern durch richterliche Rechtsfortbildung, JZ 1986, 881 (I) und 928 (II).

Auer, Martin: **Gläubigerschutz durch § 266 StGB** bei der einverständlichen Schädigung einer Gesellschaft mit beschränkter Haftung, 1991.

Ayasse, Horst: **Untreue im Bankenbereich** bei der Kreditvergabe, 1990.

Baumann, Kirsten Friedericke: **Konsolidierung** mehrstufiger Konzerne, 2000.

Baumbach, Adolf; *Hueck*, Götz: GmbH-Gesetz, Kommentar, 17. Aufl., 2000 (zit. Baumbach/Hueck/*Bearbeiter*).

Bayer, Walter: Zentrale Konzernfinanzierung, Cash Management und Kapitalerhaltung, Festschrift für Marcus Lutter, 2000, 1011.

Beckemper, Katharina: Anmerkung zu BGH 1 StR 215/01 v. 6.12.2001, NStZ 2002, 324.

Béjot, Michel: **La protection** des actionnaires externes dans les groupes des sociétés de France et en Allemagne, 1976.

Beuthien, Volker: Art und Grenzen der aktienrechtlichen Haftung herrschender Unternehmen für Leitungsmissbrauch, DB 1969, 1781.

Biletzki, Gregor C.: Strafrechtlicher Gläubigerschutz bei fehlerhafter Buchführung durch den GmbH-Geschäftsführer, NStZ 1999, 537.

Binding, Karl: **Grundriss** des deutschen Strafrechts, Allgemeiner Teil, 8. Aufl., 1913.

---

[1] Der **fettgedruckte** Text bei Monographien, Dissertationen, Kommentaren und ähnlichen entspricht der jeweiligen Zitierung im Hauptteil.
Festschriften bzw. Festgaben werden im Hauptteil mit FS bzw. FG sowie dem Namen des Jubilars zitiert.

Birkholz, Matthias: **Untreuestrafbarkeit** als strafrechtlicher „Preis" der beschränkten Haftung, 1998.
Bitter, Georg: Das „TBB"-Urteil und das immer noch vergessene GmbH-Vertragskonzernrecht, ZIP 2001, 265.
Bitter, Georg: Der Anfang vom Ende des „qualifiziert faktischen GmbH-Konzerns" – Ansätze einer allgemeinen Missbrauchshaftung in der Rechtsprechung des BGH, WM 2001, 2133.
Bittmann, Folker; *Terstegen*, Ralf: Auswirkungen der Rechtsprechung der Zivilgerichte zur Haftung im qualifizierten faktischen GmbH-Konzern auf das Strafrecht, wistra 1995, 249.
Blauth, Peter: **„Handeln für einen anderen"** nach geltendem und kommendem Strafrecht, 1968.
Bork, Reinhard: Zurechnung im Konzern, ZGR 1994, 237.
Bous, Ulrich: **Die Konzernleitungsmacht** im Insolvenzverfahren konzernverbundener Kapitalgesellschaften, 2001.
Brammsen, Joerg: Strafbare Untreue des Geschäftsführers bei einverständlicher Schmälerung des GmbH-Vermögens?, DB 1989, 1609.
Brandes, Helmut: Grundsätze der Kapitalerhaltung im Vertragskonzern, Festschrift für Alfred Kellermann zum 70. Geburtstag am 29. November 1990, 1991, 25.
Bringewat, Peter: Finanzmanipulation im Ligafußball – ein Risikogeschäft?, JZ 1977, 667.
Bringewat, Peter: Scheckkartenmissbrauch und nullum crimen sine lege, GA 1973, 353.
Bruns, Hans-Jürgen: Grundprobleme der strafrechtlichen Organ- und Vertreterhaftung, GA 1982, 1.
Bucher, Eugen: Für eine strafrechtliche Durchgriffslehre bei Delikten der Verwaltung zum Nachteil juristischer Personen, Festgabe zum 65. Geburtstag von Hans Schultz, 1977, 165.
Burgard, Ulrich: Aufgabe der Rechtsprechung zum qualifiziert faktischen GmbH-Konzern – Bestandsschutz der Einpersonen-GmbH durch Verbot der Existenzgefährdung, WuB II C. § 13 GmbHG 1.02.
Burgard, Ulrich: Die Förder- und Treupflicht des Alleingesellschafters einer GmbH – Überlegungen zu einer gläubigerschützenden Corporate Governance bei der GmbH, ZIP 2002, 827.

Cadus, Joachim-M.: **Die faktische Betrachtungsweise** – Ein Beitrag zur Auslegung im Strafrecht, 1984.
Cahn, Andreas: **Kapitalerhaltung** im Konzern, 1998.
Cahn, Andreas: Verlustübernahme und Einzelausgleich im qualifizierten faktischen Konzern, ZIP 2001, 2159.
Cramer, Peter: **Vermögensbegriff** und Vermögensschaden im Strafrecht, 1968.

Dannecker, Gerhard: Die strafrechtsautonome Bestimmung der Untreue als Schutzgesetz iRd § 823 II BGB, NZG 2000, 243.
Decher, Christian E.: Konzernhaftung im Lichte von Bremer Vulkan, ZInsO 2002, 113.
Decher, Christian E.: Neues zum qualifizierten faktischen GmbH-Konzern, DB 1989, 965.
Deilmann, Barbara: **Die Entstehung** des qualifizierten faktischen Konzerns, 1990.
Dekeuwer, Alain: Les intérêts protégés en cas d'abus de biens sociaux, JCP (E) 1995, I, n° 500/421.
Delmas-Marty, Mireille: **Droit pénal** des affaires (II), 3. Aufl., 1990.
Dierlamm, Alfred: Der faktische Geschäftsführer im Strafrecht – ein Phantom?, NStZ 1996, 153.
Dierlamm, Alfred: Untreue – ein Auffangtatbestand?, NStZ 1997, 534.
Donle, Christian: Der faktische GmbH-Konzern: Resümee aus der bisherigen Rechtsprechung und Lösungsansatz für noch nicht geklärte Probleme, DStR 1995, 1918.
Dreger, Karl-Martin: **Der Konzernabschluss**, 1969.
Dreher, Meinrad: Die gesellschaftsrechtliche Treuepflicht bei der GmbH, DStR 1993, 1632.
Drexl, Josef: Wissenszurechnung im Konzern, ZHR 161 (1997), 491.
Drygala, Tim: **Der Gläubigerschutz** bei der typischen Betriebsaufspaltung, 1991.

Drygala, Tim: Verhaltenshaftung im faktischen GmbH-Konzern, GmbHR 1993, 317.
Ducouloux-Favard, Claude: Les actes de gestion conformes au droit des groupes de sociétés, Note sous Trib. corr. de Mulhouse, 25.3.1983, Recueil Dalloz 1984, jur., 287.
Dunkel, Wolfgang: Erfordernis und Ausgestaltung des Merkmals **„Vermögensbetreuungspflicht"** im Rahmen des Missbrauchstatbestandes der Untreue (§ 266 I 1. Alternative StGB), 1976.

Ebenroth, Carsten Thomas; *Reiner*, Günter: Der Schutz der abhängigen Kapitalgesellschaft vor nachteiligen Vermögensverlagerungen in Frankreich, BB 1992 Beilage 13, 1.
Eichele, Hans: **Die Reichweite des Kapitalerhaltungsgrundsatzes** aus § 30 Abs. 1 GmbHG, die Finanzierungsverantwortung des Gesellschafters und das Eigenkapitalersatzrecht in der GmbH, 1999.
Eisele, Jörg: Untreue in Vereinen mit ideeller Zielsetzung, GA 2001, 377.
Emmerich, Volker; *Habersack*, Mathias: Aktien- und GmbH-**Konzernrecht**, Kommentar, 3. Aufl., 2003.
Emmerich, Volker; *Sonnenschein*, Jürgen; *Habersack*, Mathias: **Konzernrecht**, 7. Aufl., 2001.
Engisch, Karl: **Die Einheit** der Rechtsordnung, 1935.
Engisch, Karl: **Einführung** in das juristische Denken, 8. Aufl., 1983 bzw. 1989 (unveränderte Auflage).
Ensthaler, Jürgen; *Kreher*, Markus: Verlustausgleichspflicht im qualifizierten faktischen GmbH-Konzern, BB 1995, 1422.
Erbs, Georg; *Kohlhaas*, Max: Strafrechtliche Nebengesetze, Band 2, Ergänzungslieferung (zit. Erbs/Kohlhaas/*Bearbeiter*).
Ewald, Rolf: **Untreue** zwischen „verbundenen Unternehmen", 1980.

Falcke, Günther: **Konzernrecht** in Frankreich, 1996.
Fleck, Hans-Joachim: Der Grundsatz der Kapitalerhaltung – seine Ausweitung und seine Grenzen, Festschrift 100 Jahre GmbH-Gesetz, 1992, 391.
Fleck, Hans-Joachim: Die Drittanstellung des GmbH-Geschäftsführers, ZHR 149 (1985), 387.
Fleck, Hans-Joachim: Kurzkommentar zu BGH 3 StR 232/87 v. 24.8.1988, EWiR § 29 GmbHG 2/89, 367.
Fleck, Hans-Joachim: Kurzkommentar zu BGH 3 StR 242/86 v. 29.5.1987, EWiR § 29 GmbHG 2/87, 987.
Fleck, Hans-Joachim: Mißbrauch der Vertretungsmacht oder Treubruch des mit Einverständnis aller Gesellschafter handelnden GmbH-Geschäftsführers aus zivilrechtlicher Sicht, ZGR 1990, 31.
Flum, Joachim: **Der strafrechtliche Schutz** der GmbH gegen Schädigungen mit Zustimmung der Gesellschafter, 1990.
Flume, Werner: Der Gesellschafter und das Vermögen der Kapitalgesellschaft und die Problematik der verdeckten Gewinnausschüttung, ZHR 144 (1980), 18.
Flume, Werner: **Die juristische Person**, 1983.
Forum Europaeum Konzernrecht: Konzernrecht für Europa, ZGR 1998, 672.

Geerds, Detlev: Anmerkung zu BGH 3 StR 50/96 v. 10.7.1996, JR 1997, 340.
Geerds, Detlev: Die Rückzahlung kapitalersetzender Darlehen durch den Allein-Gesellschaftergeschäftsführer, Festschrift für Friedrich Geerds zum 70. Geburtstag, 1995, 689.
Geerds, Friedrich: **Einwilligung und Einverständnis** des Verletzten im Strafrecht, 1953.
Geerds, Friedrich: Einwilligung und Einverständnis des Verletzten im Strafrecht, GA 1954, 262.
Geerds, Friedrich: Einwilligung und Einverständnis des Verletzten im Strafgesetzentwurf, ZStW 72 (1960), 42.
Gehrlein, Markus: Einverständliche verdeckte Gewinnentnahmen der Gesellschafter als Untreue (§ 266 StGB) zu Lasten der GmbH, NJW 2000, 1289.

Gehrlein, Markus: Strafbarkeit von Vorständen wegen leichtfertiger Vergabe von Unternehmensspenden, NZG 2002, 463.
Geilen, Gerd: **Aktienstrafrecht**, Sonderausgabe aus Kölner Kommentar zum Aktiengesetz, 1984.
Geßler, Ernst: Bestandsschutz der beherrschten Gesellschaft im Vertragskonzern?, ZHR 140 (1976), 433.
Geßler, Ernst: Leitungsmacht und Verantwortlichkeit im faktischen Konzern, Festschrift für Harry Westermann zum 65. Geburtstag, 1974, 145.
Geßler, Ernst; *Hefermehl*, Wolfgang; *Eckardt*, Ulrich; *Kropff*, Bruno: Aktiengesetz, Kommentar, 1973 ff. (zit. Geßler/Hefermehl/*Bearbeiter*).
Goette, Wulf: AG/GmbH: „Qualifiziert faktische Konzernhaftung" – Zulässigkeit und Grenzen des cash managements – Anmerkung zu BGH II ZR 178/99 v. 17.9.2001, DStR 2001, 1857.
Goette, Wulf: **Die GmbH**, 2. Aufl., 2002.
Goette, Wulf: Haftung im qualifiziert faktischen Konzern – Anmerkung zu BGH II ZR 322/98 v. 20.3.2000, DStR 2000, 1066.
Goltz, Christian; *Klose*, Bernhard: Strafrechtliche Folgen des gezielten Ankaufs von Anteilen insolventer GmbH, NZI 2000, 108.
Görling, Helmut: Die Verbreitung zwei- und mehrgliedriger Unternehmensverbindungen, Die AG 1993, 538.
Götz, Heinrich: Leitungssorgfalt und Leitungskontrolle der Aktiengesellschaft hinsichtlich abhängiger Unternehmen, ZGR 1998, 524.
Gribbohm, Günter: Strafrechtliche Untreue zum Nachteil der GmbH durch den GmbH-Geschäftsführer und die zivilrechtlichen Folgen, DStR 1991, 248.
Gribbohm, Günter: Untreue zum Nachteil der GmbH – Zur Harmonisierung zivil- und strafrechtlicher Pflichten des GmbH-Geschäftsführers und -Gesellschafters, ZGR 1990, 1.
Gübel, Nils: **Die Auswirkungen** der faktischen Betrachtungsweise auf die strafrechtliche Haftung faktischer GmbH-Geschäftsführer, 1994.
Gyon, Yves: Das Recht der Gesellschaftsgruppe in Frankreich, ZGR 1991, 218.

Haas, Günter: **Die Untreue**, 1997.
Hachenburg, Max: Kommentar zum Gesetz betreffend die Gesellschaften mit beschränkter Haftung, 8. Aufl., 1992 ff. (zit. Hachenburg/*Bearbeiter*).
Hartung, Wolfgang: Kapitalersetzende Darlehen – eine Chance für Wirtschaftskriminelle?, NJW 1996, 229.
Hecquard, Jean: Réquisitions orales de l'avocat général – affaire C. app. Paris, 29.5.1986, Gaz. Pal. 1986, jur., 483.
Hefendehl, Roland: Vermögensgefährdung und **Exspektanzen**, 1994.
Hellmann, Uwe: Verdeckte Gewinnausschüttungen und Untreue des GmbH-Geschäftsführers, wistra 1989, 214.
Henze, Hartwin: Entwicklungen der Rechtsprechung des BGH im GmbH-Recht – Freud und Leid der Kommentatoren, GmbHR 2000, 1069.
Hey, Andreas; *Regel*, Gerd: Firmenbestatter – Strafrechtliche Würdigung eines neuen Phänomens, GmbHR 2000, 115.
Heyder, Stefan: Der qualifizierte faktische **Aktienkonzern**, 1997.
Hillenkamp, Thomas: Risikogeschäft und Untreue, NStZ 1981, 161.
Hirmer, Hans-Peter: **Zivil- und strafrechtliches Verbot** pflichtwidriger Schädigungen für Vorstandsmitglieder von unabhängigen und durch Beherrschungsvertrag gebundenen Aktiengesellschaften, 1984.
Hirte, Heribert: **Der qualifizierte faktische Konzern**, 1992, FortsetzungsBand 1993.
Hoffmann, Jochen: Das GmbH-Konzernrecht nach dem „Bremer Vulkan"-Urteil, NZG 2002, 68.
Hommelhoff, Peter: **Die Konzernleitungspflicht**, 1982 bzw. 1988 (unveränderte Auflage).
Hommelhoff, Peter: Die qualifizierte faktische Unternehmensverbindung: ihre Tatbestandsmerkmale nach dem TBB-Urteil und deren rechtsdogmatisches Fundament, ZGR 1994, 395.

Hommelhoff, Peter: Eigenkapital-Ersatz im Konzern und in Beteiligungsverhältnissen, WM 1984, 1105.
Hommelhoff, Peter: Konzernrecht für den Europäischen Binnenmarkt, ZGR 1992, 121.
Hommelhoff, Peter; *Stimpel*, Walter; *Ulmer*, Peter (Hrsg.): **Heidelberger Konzernrechtstage**: Der qualifizierte faktische GmbH-Konzern, Analyse der Rechtsprechung – Folgerungen für die Praxis, 1992 (zit. *Autor* in: Hommelhoff/Stimpel/Ulmer).
Hüffer, Uwe: Aktiengesetz, Kommentar, 5. Aufl., 2002.
Hüffer, Uwe: Zur gesellschaftsrechtlichen Treuepflicht als richterrechtlicher Generalklausel, Festschrift für Ernst Steindorff zum 70. Geburtstag am 13. März 1990, 1990, 59.

Immenga, Ulrich: Bindung von Rechtsmacht durch Treuepflichten, Festschrift 100 Jahre GmbHG, 1992, 189.

Jaschinski, Susanne: **Haftung** von Schwestergesellschaften im GmbH-Unterordnungskonzern, 1997.
Jescheck, Heinz-Heinrich; *Weigend*, Thomas: **Lehrbuch des Strafrechts**, Allgemeiner Teil, 5. Aufl., 1996.
Joost, Detlev: Kapitalbegriff und Reichweite der Bindung des aufgebrachten Vermögens in der GmbH, GmbHR 1983, 285.

Kaufmann, Arthur: Subsidiaritätsprinzip und Strafrecht, Festschrift für Heinrich Henkel zum 70. Geburtstag am 12. September 1973, 1974, 89.
Kaufmann, Jochem: **Organuntreue** zum Nachteil von Kapitalgesellschaften, 1999.
Kern, Hans-Günther: **Die Unbestimmtheit** des selbständigen Konzernhaftungstatbestandes, 1997.
Keßler, Jürgen: Kapitalerhaltung und normativer Gläubigerschutz in der Einpersonen-GmbH – zum „beiläufigen“ Ende des „qualifizierten faktischen“ GmbH-Konzerns, GmbHR 2001, 1095.
Keuffel-Hospach, Anne-Marie: **Die Grenzen der Strafbarkeit** wegen Untreue (§ 266 StGB) aufgrund eines tatsächlichen Treueverhältnisses, 1997.
Kleindiek, Detlef: Haftung, freie Beweiswürdigung und Beweiserleichterung im qualifizierten faktischen GmbH-Konzern, GmbHR 1992, 574.
Kleindiek, Detlef: Kurskorrektur im GmbH-Konzernrecht, DZWir 1993, 177.
Kleindiek, Detlef: Strukturkonzepte für den qualifizierten faktischen GmbH-Konzern, Anmerkungen zum „Video“-Urteil des BGH vom 23.9.1991, ZIP 1991, 1330.
Köhler, Michael: **Strafrecht AT**, 1997.
Kohlmann, Günter: Untreue zum Nachteil des Vermögens einer GmbH trotz Zustimmung sämtlicher Gesellschafter?, Festschrift für Winfried Werner zum 65. Geburtstag am 17. Oktober 1984, 1984, 387.
Kohlmann, Günter: Wider die Furcht vor § 266 StGB – Hinweise zur Bearbeitung des Untreue-Tatbestandes, JA 1980, 228.
Kohlmann, Günter; *Löffeler*, Peter: **Die strafrechtliche Verantwortlichkeit** des GmbH-Geschäftsführers, 1990.
Kölner Kommentar zum Aktiengesetz, hrsg. von Wolfgang Zöllner, 1. Aufl., 1970 ff. und 2. Aufl., 1986 ff. (zit. KK/*Bearbeiter*) – soweit nicht anders vermerkt beziehen sich die Verweise auf die 2. Aufl.
Kort, Michael: Rechtsfortbildung im GmbH-Konzernrecht, ZIP 1989, 1309.
Kowalski, André: „TBB“ – Rückkehr zu „Autokran“?, GmbHR 1993, 253.
Kratzsch, Dietrich: Das „faktische Organ“ im Gesellschaftsstrafrecht – Grund und Grenzen einer strafrechtlichen Garantenstellung, ZGR 1985, 506.
Krebs, Peter: **Geschäftsführungshaftung** bei der GmbH & Co.KG und das Prinzip der Haftung für sorgfaltswidrige Leitung, 1991.
Krekeler, Wilhelm; *Tiedemann*, Klaus; *Ulsenheimer*, Klaus; *Weinmann*, Günther (Hrsg.): Handwörterbuch des Wirtschafts- und Steuerstrafrechts mit Ordnungswidrigkeiten und Verfahrensrecht, 1988 (zit. Krekeler/*Bearbeiter*).
Krieger, Gerd: Kann die Praxis mit TBB leben?, ZGR 1994, 375.

Kropff, Bruno: **Aktiengesetz**. Textausgabe des Aktiengesetzes vom 6.9.1965 mit Begründung des Regierungsentwurfes und Bericht des Rechtsausschusses des Deutschen Bundestages, 1965.
Kropff, Bruno: Das TBB-Urteil und das Aktienkonzernrecht, Die AG 1993, 485.
Kropff, Bruno: Der „faktische Konzern" als Rechtsverhältnis, DB 1967, 2147 (I) und 2204 (II).
Kübler, Friedrich: **Gesellschaftsrecht**, 5. Aufl., 1998.
Kuckertz, Wera: **Haftungsdurchgriff** auf ausländische Unternehmen und Geschäftsleiter nach französischem Recht, 2001.
Kust, Egon: Zur Sorgfaltspflicht und Verantwortlichkeit eines ordentlichen und gewissenhaften Geschäftsleiters, WM 1980, 758.
Küting, Karlheinz; *Weber*, Claus-Peter (Hrsg.): Handbuch der **Konzernrechnungslegung**, 2. Aufl., 1998 (zit. *Bearbeiter* in: Küting/Weber).

Labsch, Karl: Die Strafbarkeit des GmbH-Geschäftsführers im Konkurs der GmbH, wistra 1985, 1 (I) und 59 (II).
Labsch, Karl: Einverständliche Schädigung des Gesellschaftsvermögens und Strafbarkeit des GmbH-Geschäftsführers, JuS 1985, 602.
Labsch, Karl: **Untreue** – Grenzen und Möglichkeiten einer neuen Deutung, 1983.
Labsch, Karl-Heinz: Grundprobleme des Missbrauchstatbestandes der Untreue, Jura 1987, 343 (I) und 411 (II).
Lackner, Karl; *Kühl*, Kristian: Strafgesetzbuch, Kommentar, 24. Aufl., 2001 (zit. Lackner/*Kühl*).
Lampe, Ernst-Joachim: Unternehmensaushöhlung als Straftat, GA 1987, 241.
Lampert, Stephen: Anmerkung zu BGH II ZR 178/99 v. 17.9.2001, JA 2002, 355.
Langkeit, Jochen: BGH – Untreue gegenüber Treuhand-GmbH – Anmerkung zu BGH 3 StR 50/96 v. 10.7.1996, WiB 1996, 1131.
Larenz, Karl: **Methodenlehre** der Rechtswissenschaft, 4. Aufl., 2000.
Laskos, Thomas: Die Strafbarkeit wegen **Untreue bei der Kreditvergabe**, 2001.
Léauté, Jacques: La reconnaissance de la notion de groupe en droit pénal des affaires, JCP (G) 1973, I, n° 2551.
Leipziger Kommentar, Strafgesetzbuch, Großkommentar, 10. Aufl., 1977 ff., hrsg. von Hans-Heinrich Jescheck ..., 11. Aufl., 1998 ff., hrsg. von Burkhard Jähnke ... (zit. LK/*Bearbeiter*) – soweit nicht anders vermerkt beziehen sich die Verweise auf die 11. Aufl.
Limmer, Peter: Der qualifizierte faktische GmbH-Konzern nach „TBB" – Analyse und Folgerungen für die Praxis, DStR 1993, 765.
Limmer, Peter: **Die Haftungsverfassung** des faktischen GmbH-Konzerns, 1992.
Lipps, Wolfgang: Nochmals – Verdeckte Gewinnausschüttung bei der GmbH als strafrechtliche Untreue?, NJW 1989, 502.
Löffeler, Peter: Strafrechtliche Konsequenzen faktischer Geschäftsführung, wistra 1989, 121.
Lutter, Marcus (Hrsg.): **Ein Konzernrecht für Europa**, 1999 (zit. *Autor* in: Lutter).
Lutter, Marcus (Hrsg.): **Holding-Handbuch**, 3. Aufl., 1998.
Lutter, Marcus: 100 Bände BGHZ-Konzernrecht, ZHR 151 (1987), 444.
Lutter, Marcus: Anmerkung zu BGH II ZR 265/91 v. 29.3.1993, JZ 1993, 580.
Lutter, Marcus: Die Haftung des herrschenden Unternehmens im GmbH-Konzern, ZIP 1985, 1425.
Lutter, Marcus: Die zivilrechtliche Haftung in der Unternehmensgruppe, ZGR 1982, 244.
Lutter, Marcus: Gefahren persönlicher Haftung für Gesellschafter und Geschäftsführer einer GmbH, DB 1994, 129.
Lutter, Marcus: Organzuständigkeiten im Konzern, Festschrift für Walter Stimpel zum 68. Geburtstag am 29. November 1985, 1985, 825.
Lutter, Marcus: Stand und Entwicklung des Konzernrechts in Europa, ZGR 1987, 324.
Lutter, Marcus: Zur Binnenstruktur des Konzerns, Festschrift für Harry Westermann zum 65. Geburtstag, 1974, 347.

Lutter, Marcus: Zur Privilegierung einheitlicher Leitung im französischen (Konzern-) Recht, Festschrift für Alfred Kellermann zum 70. Geburtstag am 29. November 1990, 1991, 257.
Lutter, Marcus; *Hommelhoff*, Peter: GmbH-Gesetz, Kommentar, 15. Aufl., 2000.
Lutter, Marcus; *Hommelhoff*, Peter: Nachrangiges Haftkapital und Unterkapitalisierung in der GmbH, ZGR 1979, 31.
Luttermann, Claus: Unternehmensfinanzierung, Geschäftsleiterpflicht und Haftkapital bei Kapitalgesellschaften, BB 2001, 2433.

Maiwald, Manfred: „Zum fragmentarischen Charakter des Strafrechts", Festschrift für Reinhart Maurach zum 70. Geburtstag, 1972, 9.
Maul, Karl-Heinz: Geschäfts- und Konzernlagetäuschungen als Bilanzdelikte, DB 1989, 185.
Maul, Silja: Haftungsprobleme im Rahmen von deutsch-französischen Unternehmensverbindungen, NZG 1998, 965.
Maurach, Reinhart; *Schroeder*, Friedrich-Christian; *Maiwald*, Manfred: Strafrecht **Besonderer Teil, TeilBand 1**, 9. Aufl., 2003.
Maurach, Reinhart; *Zipf*, Heinz: Strafrecht **Allgemeiner Teil, TeilBand 1**, 8. Aufl., 1992.
Mayer, Hellmuth: **Materialien zur Strafrechtsreform, 1. Band**, Gutachten der Strafrechtslehrer – Die Untreue, 1954.
Meilicke, Heinz: Verdeckte Gewinnausschüttung: Strafrechtliche Untreue bei der GmbH?, BB 1988, 1261.
Merle, Roger; *Vitu*, André: Traité de **droit criminel** – Droit pénal spécial (I), 7. Aufl., 1997.
Mertens, Hans Joachim: Gutachten zu den folgenden Fragen: „Sind zusätzliche Vorschriften zur Verhinderung unseriöser Verwaltungstätigkeit im Rahmen von Kapitalgesellschaften erforderlich? ...",Tagungsberichte der **Sachverständigenkommission** zur Bekämpfung der Wirtschaftskriminalität – Reform des Wirtschaftsstrafrechts, **Band XIV, Anlage 2**, 1978.
Mertens, Hans-Joachim; *Cahn*, Andreas: Wettbewerbsverbot und verdeckte Gewinnausschüttung im GmbH-Vertragskonzern, Festschrift für Theodor Heinsius zum 65. Geburtstag am 25. September 1991, 1991, 545.
Mestmäcker, Ernst-Joachim: **Verwaltung**, Konzerngewalt und Rechte der Aktionäre, 1958.
Mestmäcker, Ernst-Joachim; *Behrens*, Peter (Hrsg.): **Das Gesellschaftsrecht der Konzerne** im internationalen Vergleich, 1991 (zit. *Autor* in: Mestmäcker/Behrens).
Michalski, Lutz; *Zeidler*, Finn: Die Ausgleichshaftung im qualifiziert faktischen Konzern – eine Analyse für die Praxis, NJW 1996, 224.
Mihm, Asmus: **Strafrechtliche Konsequenzen** verdeckter Gewinnausschüttungen, 1998.
Mödl, Robert: Pflichten des einzigen Gesellschafters gegenüber „seiner" GmbH – BGHZ 149, 10, JuS 2003, 14.
Möhring, Ludwig: **Schutz der Gläubiger** einer konzernabhängigen GmbH, 1992.
Möhring, Philipp: **Das neue Konzernrecht** und seine Auswirkungen auf andere Rechtsgebiete, Rechts- und Staatswissenschaftliche Vereinigung, Frankfurt/Main, Juristische Gesellschaft Heft Nr. 2, 14.12.1966.
Möhring, Philipp: Die gesetzliche Regelung der Unternehmensverbindungen im neuen Aktiengesetz, NJW 1967, 1.
Montag, Hans Dieter: **Die Anwendung der Strafvorschriften** des GmbH-Rechts auf faktische Geschäftsführer, 1994.
Muhler, Manfred: Darlehen von GmbH-Gesellschaftern im Strafrecht, wistra 1994, 283.
Mülbert, Peter O.: Abschied von der „TBB"-Haftungsregel für den qualifiziert faktischen GmbH-Konzern, DStR 2001, 1937.
Müller-Erzbach, Rudolf: Deutsches **Handelsrecht**, 2./3. Aufl., 1928.
Müller-Gugenberger, Christian; *Bieneck*, Klaus (Hrsg.): Wirtschaftsstrafrecht, 3. Aufl., 2000 (zit. Müller-Gugenberger/*Bearbeiter*).
Münchener Handbuch des Gesellschaftsrechts, Band 3 – Gesellschaft mit beschränkter Haftung, hrsg. von Hans-Joachim Priester ..., 2. Aufl., 2003 und Band 4 – Aktiengesellschaft, hrsg. von Michael Hoffmann-Becking, 2. Aufl., 1999 (zit. Münchener Handbuch/*Bearbeiter* Band).

Münchener Kommentar zum Aktiengesetz, Großkommentar, hrsg. von Bruno Kropff ..., 2. Aufl., 2000 ff. (zit. MüKo/*Bearbeiter* § AktG).
Münchener Kommentar zum Strafgesetzbuch, Großkommentar, hrsg. von Wolfgang Joecks und Klaus Miebach, 2003 f. (zit. MüKo/*Bearbeiter* § StGB).
Münstermann, Hans: Konsolidierte Bilanzen deutscher Konzerne, ZfhF 1957, 435.
Munz, Eva-Maria: **Haushaltsuntreue** – Die zweckwidrige Verwendung öffentlicher Mittel als strafbare Untreue, 2001.

Nelles, Ursula: **Untreue** zum Nachteil von Gesellschaften, 1991.
Noack, Ulrich: Kapitalersatz bei verbundenen Unternehmen, GmbHR 1996, 153.

Ogiermann, Eva Maria: Die Strafbarkeit des systematischen Aufkaufs konkursreifer Unternehmen, wistra 2000, 250.
Orth, Bernhard: Haftung des herrschenden Gesellschafters im einfachen faktischen GmbH-Konzern, DStR 1994, 250.
Otto, Harro: **Aktienstrafrecht** – Erläuterungen zu den §§ 399 – 410 AktG, Sonderausgabe aus Aktiengesetz: Großkommentar, 4. Aufl., 1997.
Otto, Harro: Anmerkung zu BGH 1 StR 736/83 v. 17.4.1984, StV 1984, 462.
Otto, Harro: Die neuere Rechtsprechung zu den Vermögensdelikten, JZ 1985, 21 (I) und 69 (II).
Otto, Harro: Grundkurs **Strafrecht Band 2** – Die einzelnen Delikte, 6. Aufl., 2002.
Otto, Harro: Treuepflicht gegenüber Drittbegünstigtem, JK 1997, StGB § 266/14.
Otto, Harro: Untreue des Vorstands einer AG durch „Sponsoring“ und Spenden, JK 11/02, StGB § 266/22.
Otto, Harro: Untreue im faktischen GmbH-Konzern, JK 1997, StGB § 266/13.

Peltzer, Martin: Rechtliche Problematik der Finanzierung des Unternehmenskaufs beim MBO, DB 1987, 973.
Peltzer, Martin: Vorstand und Geschäftsführung als Leitungs- und gesetzliches Vertretungsorgan der Gesellschaft, JuS 2003, 348.
Priester, Hans-Joachim: Die eigene GmbH als fremder Dritter – Eigensphäre der Gesellschaft und Verhaltenspflichten ihrer Gesellschafter, ZGR 1993, 512.
Priester, Hans-Joachim: Liquiditätsausstattung der abhängigen Gesellschaft und unterjährige Verlustdeckung bei Unternehmensverträgen, ZIP 1989, 1301.
Priester, Hans-Joachim: Unbeschränkte Konzernhaftung des GmbH-Gesellschafters, ZIP 1986, 137.

Radtke, Henning: Einwilligung und Einverständnis der Gesellschafter bei der sog. GmbH-rechtlichen Untreue, GmbHR 1998, 311 (I) und 361 (II).
Raiser, Ludwig: Die Konzernbildung als Gegenstand rechts- und wirtschaftswissenschaftlicher Untersuchung, in: Raiser/Sauermann/Schneider **Das Verhältnis** der Wirtschaftswissenschaft zur Rechtswissenschaft, 1964.
Raiser, Thomas: Recht der **Kapitalgesellschaften**, 3. Aufl., 2001.
Ransiek, Andreas: Strafrecht im Unternehmen und Konzern, ZGR 1999, 613.
Ransiek, Andreas: **Unternehmensstrafrecht**, 1996.
Ransiek, Andreas: Untreue im GmbH-Konzern, Festschrift für Günter Kohlmann zum 70. Geburtstag, 2003, 207.
Rehbinder, Eckard: Minderheiten- und Gläubigerschutz im faktischen GmbH-Konzern, Die AG 1986, 85.
Rehbinder, Eckard: Treupflichten im GmbH-Konzern – Besprechung der Entscheidung BGHZ 65, 15, ZGR 1976, 386.
Reiß, Wolfram: Das Steuerrecht als Erkenntnisquelle des Gesellschaftsrechts und des Untreuestrafrechts am Beispiel der verdeckten Gewinnausschüttung?, StuW 1992, 233.
Reiß, Wolfram: Verdeckte Gewinnausschüttungen und verdeckte Entnahmen als strafbare Untreue des Geschäftsführers?, wistra 1989, 81.
Renucci, Jean-Francois; *Cardix*, Michel: **L'abus de biens sociaux**, 1998.

Richter, Hans: Der Konkurs der GmbH aus der Sicht der Strafrechtspraxis, GmbHR 1984, 113 (I) und 137 (II).
Röhricht, Volker: Die GmbH im Spannungsfeld zwischen wirtschaftlicher Dispositionsfreiheit ihrer Gesellschafter und Gläubigerschutz, Festschrift aus Anlaß des fünfzigjährigen Bestehens von Bundesgerichtshof, Bundesanwaltschaft und Rechtsanwaltschaft beim Bundesgerichtshof – 50 Jahre Bundesgerichtshof, 2000, 83.
Röhricht, Volker: Von Rechtswissenschaft und Rechtsprechung, ZGR 1999, 445.
Römermann, Volker; *Schröder*, Henning: Aufgabe des qualifiziert faktischen GmbH-Konzerns, GmbHR 2001, 1015.
Roth, Günter H.; *Altmeppen*, Holger: Gesetz betreffend die Gesellschaften mit beschränkter Haftung, 4. Aufl., 2003.
Rowedder, Heinz; *Schmidt-Leithoff*, Christian: Gesetz betreffend die Gesellschaften mit beschränkter Haftung (GmbHG), Kommentar, 4. Aufl., 2002 (zit. Rowedder/*Bearbeiter*).
Roxin, Claus: **Allgemeiner Teil** Band 1, 3. Aufl., 1997.
Rütsch, Claus-Jörg: **Strafrechtlicher Durchgriff** bei verbundenen Unternehmen? – Rechtsvergleichende Untersuchung zum Konzept der wirtschaftlichen Einheit als Sanktionsansatz bei verbundenen Unternehmen unter besonderer Berücksichtigung des Kartellordnungswidrigkeitenrechts, 1987.

Saliger, Frank: Wider die Ausweitung des Untreuetatbestandes – Eine kritische Analyse der neueren Rechtsprechung zum Begriff des Vermögensnachteils in § 266 StGB, ZStW 112 (2000), 563.
Sandrock, Otto: **Die Einheit der Wirtschaftsordnung**, 1971.
Sax, Walter: Überlegungen zum Treubruchstatbestand des § 266 StGB, JZ 1977, 663 (I) und 702 (II).
Schäfer, Carsten: Untreue zum Nachteil von GmbH, GmbHR 1992, 509.
Schäfer, Carsten: Zur strafrechtlichen Verantwortlichkeit des GmbH-Geschäftsführers, GmbHR 1993, 717 (I) und 780 (II).
Schanze, Erich: Durchgriff, Normanwendung oder Organhaftung?, Die AG 1982, 42.
Schanze, Erich: Zur Durchgriffshaftung des beherrschenden Unternehmensgesellschafters beim qualifizierten faktischen Konzern, Die AG 1993, 376.
Schauß, Wolfgang: **Das Weisungsrecht** des herrschenden Unternehmens bei Bestehen eines Beherrschungsvertrags (§ 308 AktG), 1973.
Schmidt, Karsten: Anmerkung zu BGH II ZR 89/93 v. 13.12.1993, NJW 1994, 447.
Schmidt, Karsten: Gesellschafterhaftung und „Konzernhaftung" bei der GmbH, NJW 2001, 3577.
Schmidt, Karsten: **Gesellschaftsrecht**, 4. Aufl., 2002.
Schmidt, Karsten: Konkursverschleppungshaftung und Konkursverursachungshaftung, ZIP 1988, 1497.
Schmidt, Karsten: Konzernhaftung oder mitgliedschaftliche Haftung des privaten GmbH-Gesellschafters?, ZIP 1986, 146.
Schmidt, Karsten: Konzernunternehmen, Unternehmensgruppe und Konzern-Rechtsverhältnis, Festschrift für Marcus Lutter zum 70. Geburtstag, 2000, 1167.
Schmidt, Karsten: Zum Haftungsdurchgriff wegen Sphärenvermischung und zur Haftungsverfassung im GmbH-Konzern, BB 1985, 2074.
Schmidt, Karsten: Zum Stand des Konzernhaftungsrechts bei der GmbH, ZIP 1991, 1325.
Schnauder, Franz; *Müller-Christmann*, Bernd: Durchblick: Der zivilrechtliche und strafrechtliche Schutz des GmbH-Vermögens vor dem Zugriff der Gesellschafter, JuS 1998, 980 (I) und 1080 (II).
Schneider, Eberhard: **Die Untreue** nach dem neuen Aktienrecht, 1972.
Schneider, H.: Anmerkung zu BGH 3 StR 934/52 v. 18.3.1954, GmbHR 1954, 75.
Schneider, Uwe Hans: Die Personengesellschaft als herrschendes Unternehmen im Konzern, ZHR 143 (1979), 485.
Schneider, Uwe Hans: Konzernleitung als Rechtsproblem – Überlegungen zu einem Konzernverfassungsrecht, BB 1981, 249.

Scholz, Franz: Kommentar zum GmbH-Gesetz, Band 1 – §§ 1–44 mit Anhang Konzernrecht, 9. Aufl., 2000 (zit. Scholz/*Bearbeiter*).
Schönke, Adolf; *Schröder*, Horst: Strafgesetzbuch, Kommentar, 26. Aufl., 2000 (zit. Schönke/Schröder/*Bearbeiter*).
Schreiber, Hans-Ludwig; *Beulke*, Werner: Untreue durch Verwendung von Vereinsgeldern zu Bestechungszwecken – BGH, NJW 1975, 1234, JuS 1977, 656.
Schröder, Horst: Anmerkung zu BGH 5 StR 337/59 v. 10.11.1959, JR 1960, 105.
Schroth, Hans-Jürgen: EG-Geldbußen gegen existenzbedrohte Unternehmen, wistra 1984, 164.
Schulze-Osterloh, Joachim: Gläubiger- und Minderheitenschutz bei der steuerlichen Betriebsaufspaltung, ZGR 1983, 123.
Schulze-Osterloh, Joachim: Vermeidung der Konzernhaftung nach dem TBB-Urteil durch ordnungsmäßige Buchführung, ZIP 1993, 1838.
Schünemann, Bernd: Anmerkung zu BGH II ZR 178/99 v. 17.9.2001, LM AktG 1965 § 309 Nr. 1 (5/2002).
Schünemann, Bernd: **Unternehmenskriminalität und Strafrecht** – Eine Untersuchung der Verantwortlichkeit der Unternehmen und ihrer Führungskräfte nach geltendem und geplantem Straf- und Ordnungswidrigkeitenrecht, 1979.
Seher, Inge: **Die aktienrechtliche Untreue** in rechtsvergleichender Darstellung, 1965.
Siegmann, Matthias; *Vogel*, Joachim: Die Verantwortlichkeit des Strohmanngeschäftsführers einer GmbH, ZIP 1994, 1821.
Sonnenschein, Jürgen: **Organschaft** und Konzerngesellschaftsrecht, 1976.
Stapelfeld, Ait: **Die Haftung** des GmbH-Geschäftsführers für Fehlverhalten in der Gesellschaftskrise, 1990.
Stapelfeld, Ait: Zum Schutzgesetzcharakter der §§ 266, 266a StGB in bezug auf Untreuedelikte der GmbH-Geschäftsführer, BB 1991, 1501.
Stein, Ursula: **Das faktische Organ**, 1984.
Stimpel, Walter: Die Rechtsprechung des Bundesgerichtshofs zur Innenhaftung des herrschenden Unternehmens im GmbH-Konzern, Die AG 1986, 117.
Stimpel, Walter: Durchgriffshaftung bei der GmbH: Tatbestände, Verlustausgleich, Ausfallhaftung, Festschrift zum 65. Geburtstag von Dr. Dr. h.c. Reinhard Goerdeler – Bilanz- und Konzernrecht, 1987, 601.
Stimpel, Walter: Haftung im qualifizierten faktischen GmbH-Konzern, ZGR 1991, 144.
Stimpel, Walter: Zum Auszahlungsverbot des § 30 Abs. 1 GmbHG – Die Befreiung vom handelbilanziellen Denken und die Unzulässigkeit von Vermögenszuwendungen an Gesellschafter gegen hinausgeschobene schuldrechtliche Ausgleichsverpflichtungen, Festschrift 100 Jahre GmbHG, 1992, 335.
Stodolkowitz, Heinzdieter: Die Haftung im qualifizierten faktischen GmbH-Konzern nach der Rechtsprechung des Bundesgerichtshofs, ZIP 1992, 1517.
Systematischer Kommentar zum Strafgesetzbuch, hrsg. von Hans Joachim Rudolphi, Eckhard Horn, Erich Samson und Hans-Ludwig Günther, Band 1 – Allgemeiner Teil, Band 2 – Besonderer Teil, 7., teilweise 8. Aufl., 2002, Ergänzungslieferung (zit. SK/*Bearbeiter*).

Taschke, Jürgen: Straftaten im Interesse von Unternehmen – auch strafbar wegen Untreue?, Festschrift für Klaus Lüderssen zum 70. Geburtstag am 2. Mai 2002, 2002, 663.
Tiedemann, Klaus (Hrsg.): **Multinationale Unternehmen** und Strafrecht, 1979 (zit. *Autor* in: Tiedemann).
Tiedemann, Klaus: Die strafrechtliche Vertreter- und Unternehmenshaftung, NJW 1986, 1842.
Tiedemann, Klaus: Gründungs- und Sanierungsschwindel durch verschleierte Sacheinlagen, Festschrift für Karl Lackner zum 70. Geburtstag am 18. Februar 1987, 1987, 737.
Tiedemann, Klaus: Handelsgesellschaften und Strafrecht – Eine vergleichende Bestandsaufnahme, Festschrift für Thomas Würtenberger zum 70. Geburtstag am 7. 10. 1977 – Kultur, Kriminalitaet, Strafrecht, 1977, 241.

Tiedemann, Klaus: Handhabung und Kritik des neuen Wirtschaftsstrafrechts – Versuch einer Zwischenbilanz, Festschrift für Hanns Dünnebier zum 75. Geburtstag am 12. Juni 1982, 1982, 519.
Tiedemann, Klaus: **GmbH-Strafrecht**, Kommentar, §§ 82–85 GmbHG und ergänzende Vorschriften, Sonderausgabe aus Scholz, Kommentar zum GmbH-Gesetz, 4. Aufl., 2002.
Tiedemann, Klaus: Strafrecht in der Marktwirtschaft, Festschrift für Walter Stree und Johannes Wessels zum 70. Geburtstag, 1993, 530.
Tiedemann, Klaus: Untreue bei Interessenkonflikten – Am Beispiel der Tätigkeit von Aufsichtsratsmitgliedern, Festschrift für Herbert Tröndle zum 70. Geburtstag am 24. August 1989, 1989, 319.
Tiedemann, Klaus: Wirtschaftsstrafrecht – Einführung und Übersicht, JuS 1989, 689.
Tiedemann, Klaus: **Wirtschaftsstrafrecht** und Wirtschaftskriminalität, **Band 1** – AT, 1976.
Timm, Wolfram: Grundfälle zum Konzernrecht, JuS 1999, 553 (I), 656 (II), 760 (III), 867 (IV) und 966 (V).
Timm, Wolfram: Hauptversammlungskompetenzen und Aktionärsrechte in der Konzernspitze, Die AG 1980, 172.
Trochu, Michel; *Jeantin*, Michel; *Langé*, Daniel: De quelques applications particulières du droit pénal des sociétés au phénomène économique des groupes de sociétés, Recueil Dalloz 1975, chron., 7.
Tröndle, Herbert; *Fischer*, Thomas: Strafgesetzbuch und Nebengesetze, Kommentar, 51. Aufl., 2003 (zit. Tröndle/*Fischer*).

Ulmer, Peter (Hrsg.): Probleme des Konzernrechts, ZHR Beiheft Nr. 62, 1989, 1 (zit. *Autor* in: Ulmer).
Ulmer, Peter: Der Gläubigerschutz im faktischen GmbH-Konzern beim Fehlen von Minderheitsgesellschaftern, ZHR 148 (1984), 391.
Ulmer, Peter: Gesellschafterpflicht zur Erhaltung des satzungsmäßigen Haftungsfonds der GmbH?, ZGR 1985, 598.
Ulmer, Peter: Gläubigerschutz im „qualifizierten" faktischen GmbH-Konzern, NJW 1986, 1579.
Ulmer, Peter: Schutz der GmbH gegen Schädigungen zugunsten ihrer Gesellschafter? – Zur Relevanz der Rechtsprechung zu § 266 StGB für das Gesellschaftsrecht, Festschrift für Gerd Pfeiffer zum Abschied aus d. Amt als Präsident d. Bundesgerichtshofes – Strafrecht, Unternehmensrecht, Anwaltsrecht, 1988, 853.
Ulmer, Peter: Verlustübernahmepflicht des herrschenden Unternehmens als konzernspezifischer Kapitalerhaltungsschutz, Die AG 1986, 123.
Ulmer, Peter: Von „TBB" zu Bremer Vulkan" – Revolution oder Evolution?, ZIP 2001, 2021.

Versteegen, Peter: Das TBB-Urteil als Wegbereiter einer allgemeinen Intransparenzhaftung in der GmbH?, DB 1993, 1225.
Versteegen, Peter: **Konzernverantwortlichkeit** und Haftungsprüfung, 1993.
Vogel, Alexander: **Die Haftung der Muttergesellschaft** als materielles, faktisches und kundgegebenes Organ der Tochtergesellschaft – mit einer rechtsvergleichenden Übersicht über andere Konzernhaftungsansätze, 1997.
Vogel, Joachim: Elemente der Straftat: Bemerkungen zur französischen Straftatlehre und zur Straftatlehre des common law, GA 1998, 127.
Volhard, Rüdiger: Die Untreuemode, Festschrift für Klaus Lüderssen zum 70. Geburtstag am 2. Mai 2002, 2002, 675.
Vonnemann, Wolfgang: Die Haftung im qualifizierten faktischen GmbH-Konzern, BB 1990, 217.
Vonnemann, Wolfgang: Strafbarkeit von GmbH-Geschäftsführern wegen Untreue zu Lasten der GmbH bei Zustimmung der Gesellschafter?, GmbHR 1988, 329.

Waßmer, Martin Paul: **Untreue bei Risikogeschäften**, 1997.
Wehleit, Burkhard: **Die Abgrenzung** von Bankrott und Untreue – Zugleich ein Beitrag zur strafrechtlichen Vertreterhaftung, 1985.

Weigl, Gerald: **Die Haftung** im (qualifizierten) faktischen Konzern, 1996.
Weimann, Thomas: **Die Strafbarkeit** der Bildung sog. schwarzer Kassen gem. § 266 (Untreue), 1996.
Weimar, Robert: Grundprobleme und offene Fragen um den faktischen GmbH-Geschäftsführer, GmbHR 1997, 473 (I) und 538 (II).
Wellensiek, Jobst: Erfahrungsbericht zum Vulkan-Konkurs, ZGR 1999, 234.
Wellkamp, Ludger: Organuntreue zum Nachteil von GmbH-Konzernen und Aktiengesellschaften, NStZ 2001, 113.
Welzel, Hans: **Das deutsche Strafrecht**: eine systematische Darstellung, 11. Aufl., 1969.
Wessels, Johannes; *Beulke*, Werner: Strafrecht **Allgemeiner Teil**, 33. Aufl., 2003.
Wessels, Johannes; *Hillenkamp*, Thomas: Strafrecht **Besonderer Teil/2**, 26. Aufl., 2003.
Weyand, Raimund: **Insolvenzdelikte**, 6. Aufl., 2003.
Wiedemann, Herbert: **Die Unternehmensgruppe** im Privatrecht, 1988.
Wiedemann, Herbert; *Frey*, Kaspar: **Gesellschaftsrecht**, 6. Aufl., 2002.
Wiedemann, Herbert: **Gesellschaftsrecht Band I**, Grundlagen, 1980.
Wiedemann, Herbert; *Hirte*, Heribert: Konzernrecht, BGH, 50 Jahre Bundesgerichtshof, Festgabe aus der Wissenschaft, Band II. Handels- und Wirtschaftsrecht, Europäisches und Internationales Recht, 2000, 337.
Wilhelm, Jan: Die Vermögensbindung bei Aktiengesellschaft und der GmbH und das Problem der Unterkapitalisierung, Festschrift für Flume, Band 2, 1978, 337.
Wilhelm, Jan: Konzernrecht und allgemeines Haftungsrecht, DB 1986, 2113.
Wilhelm, Jan: **Rechtsform und Haftung** bei der juristischen Person, 1981.
Wilhelm, Jan: Zurück zur Durchgriffshaftung – das „KBV"-Urteil des II. Zivilsenats des BGH vom 24.6.2002, NJW 2003, 175.
Wilken, Oliver: Cash-Management und qualifiziert faktische Konzernierung, DB 2001, 2383.
Winkelbauer, Wolfgang: Strafrechtlicher Gläubigerschutz im Konkurs der KG und der GmbH & Co.KG, wistra 1986, 17.
Winter, Martin: Eigeninteresse und Treupflicht bei der Einmann-GmbH in der neueren BGH-Rechtsprechung, ZGR 1994, 570.
Winter, Martin: **Mitgliedschaftliche Treubindungen** im GmbH-Recht, 1988.
Winter, Martin: Verdeckte Gewinnausschüttungen im GmbH-Recht, ZHR 148 (1984), 579.
Wittowski, Lutz: Haftung und Haftungsvermeidung beim Management Buy-Out einer GmbH, GmbHR 1990, 544.
Wodicka, Josef: Die **Untreue zum Nachteil** der GmbH bei vorheriger Zustimmung aller Gesellschafter, 1993.
Wolf, Gerhard: **Die Strafbarkeit** der rechtswidrigen Verwendung öffentlicher Mittel, 1997.
Wolf, Martin: **Konzernhaftung** in Frankreich und England, 1995.
Worch, Karl-Heinz: **Treuepflichten** von Kapitalgesellschaftern untereinander und gegenüber der Gesellschaft, 1983.
Würdinger, Hans: Zur Vermögensverfügung bei der Eingliederung und beim Beherrschungsvertrag, DB 1972, 1565.

Zeidler, Finn: Anmerkung zu BGH 1 StR 668/98 v. 20.7.1999, NZG 2000, 309.
Ziegler, Klaus: Verlustausgleich und Haftungsdurchgriff beim qualifiziert faktischen GmbH-Konzern, WM 1989, 1041 (I) und 1077 (II).
Zielinski, Diethart: Zur Verletzteneigenschaft des einzelnen Aktionärs im Klageerzwingungsverfahren bei Straftaten zum Nachteil der Aktiengesellschaft, wistra 1993, 6.
Ziemons, Hildegard: **Die Haftung** der Gesellschafter für Einflussnahmen auf die Geschäftsführung der GmbH, 1996.
Zimmerling, Marc: **Kapitalerhaltung** und Konzernfinanzierung, 1997.
Zöllner, Wolfgang: **Die Schranken** mitgliedschaftlicher Stimmrechtsmacht bei privatrechtlichen Personenverbänden, 1963.

Sachregister

SCHRIFTEN ZUM STRAFRECHT UND STRAFPROZESSRECHT

Herausgegeben von Manfred Maiwald

Band 1 Christian-Peter Frees: Die steuerrechtliche Selbstanzeige. Zur kriminalpolitischen Zweckmäßigkeit des § 371 AO. 1991.

Band 2 Norbert Joachim: Der Hörensagenbeweis im Strafverfahren. 1991.

Band 3 Alfred A. Göbel: Die Einwilligung im Strafrecht als Ausprägung des Selbstbestimmungsrechts. 1991.

Band 4 Karl-Heinz Vehling: Die Abgrenzung von Vorbereitung und Versuch. 1991.

Band 5 Heiko Hartmut Lesch: Das Problem der sukzessiven Beihilfe. 1992.

Band 6 Dirk Schwerdtfeger: Besondere persönliche Unrechtsmerkmale. 1992.

Band 7 Stefan Göhring: Polizeiliche Kontrollstellen und Datenverarbeitung. § 163 d StPO und novellierte Polizeigesetze der Länder zwischen Strafverfolgung, Gefahrenabwehr und vorbeugender Straftatenbekämpfung. 1992.

Band 8 Werner Kemper: Horizontale Teilrechtskraft des Schuldspruchs und Bindungswirkung im tatrichterlichen Verfahren nach der Zurückverweisung. §§ 353, 354 Abs. 2 StPO. 1993.

Band 9 Ovvadias Namias: Die Zurechnung von Folgeschäden im Strafrecht. 1993.

Band 10 Jan Zopfs: Unfallflucht bei eindeutiger Haftungslage? Unverzüglichkeitsgebot und Wahlmöglichkeit in § 142 Abs. 2 und 3 StGB. 1993.

Band 11 Stefan Hiebl: Ausgewählte Probleme des Akteneinsichtsrechts nach § 147 StPO. 1994.

Band 12 Ralf Krack: List als Straftatbestandsmerkmal. Zugleich ein Beitrag zu Täuschung und Irrtum beim Betrug. 1994.

Band 13 Henning Radtke: Zur Systematik des Strafklageverbrauchs verfahrenserledigender Entscheidungen im Strafprozeß. 1994.

Band 14 Bernd J. A. Müssig: Schutz abstrakter Rechtsgüter und abstrakter Rechtsgüterschutz. Zu den materiellen Konstitutionskriterien sog. Universalrechtsgüter und deren normentheoretischem Fundament – am Beispiel der Rechtsgutsbestimmung für die §§ 129, 129a und 324 StGB. 1994.

Band 15 Heinz Koriath: Über Beweisverbote im Strafprozeß. 1994.

Band 16 Burkhard Niepoth: Der untaugliche Versuch beim unechten Unterlassungsdelikt. 1994.

Band 17 Karsten Altenhain: Die Strafbarkeit des Teilnehmers beim Exzeß. 1994.

Band 18 Ina Walbaum: Schuldspruch in der Revisionsinstanz nach freisprechendem Urteil des Tatgerichts. 1996.

Band 19 Birgit Dalbkermeyer: Der Schutz des Beschuldigten vor identifizierenden und tendenziösen Pressemitteilungen der Ermittlungsbehörden. 1994.

Band 20 Thomas Hackner: Der befangene Staatsanwalt im deutschen Strafverfahrensrecht. 1995.

Band 21 Hartmut Loritz: Kritische Betrachtungen zum Wert des strafprozessualen Zwischenverfahrens. 1996.

Band 22 Heinz-Hermann Berghof: Therapie und Strafe im Betäubungsmittelrecht. Recht und Wirklichkeit der Behandlung Drogenabhängiger unter besonderer Berücksichtigung der §§ 35 ff BtMG. 1995.

Band 23 Oliver Mertens: Strafprozessuale Grundrechtseingriffe und Bindung an den Wortsinn der ermächtigenden Norm. 1996.

Band 24 Sönke Bahnsen: Das Akteneinsichtsrecht der Verteidigung im Strafverfahren. Dogmatische Grundlagen und Einzelprobleme im Lichte einer rechtsstaatlichen Verfahrensgestaltung. 1996.

Band 25 Dirk Schwieger: Der Vorteilsbegriff in den Bestechungsdelikten des StGB. 1996.

Band 26 Stephanie Meinecke: Die Auswirkungen von Verfahrensfehlern auf die Strafbarkeit nach den Aussagedelikten. 1996.

Band 27 Ute Lambrecht: Strafrecht und Disziplinarrecht. Abhängigkeiten und Überschneidungen. 1997.

Band 28 Carsten Momsen: Verfahrensfehler und Rügeberechtigung im Strafprozeß. Die Strukturen der Revisionsberechtigung unter besonderer Berücksichtigung des Begriffs "Rechtsnormen, die lediglich zugunsten des Angeklagten gegeben sind" in § 339 StPO. 1997.

Band 29 Ursula Epp: Die Abgeordnetenbestechung – § 108 e StGB. 1997.

Band 30 Bernd Scheiff: Wann beginnt der Strafrechtsschutz gegen kriminelle Vereinigungen (§ 129 StGB)? 1997.

Band 31 Ulrike Fontaine: Max Grünhut (1893-1964). Leben und wissenschaftliches Wirken eines deutschen Strafrechtlers jüdischer Herkunft. 1998.

Band 32 Claudia Keiser: Das Kindeswohl im Strafverfahren. Zur Notwendigkeit eines am Kindeswohl orientierten Umgangs mit minderjährigen Opfern und Zeugen, den Möglichkeiten de lege lata und den Erfordernissen de lege ferenda. 1998.

Band 33 Wiebke Schürer-Mohr: Erlaubte Risiken. Grundfragen des "erlaubten Risikos" im Bereich der Fahrlässigkeitsdogmatik. 1998.

Band 34 Stephan Voigtel: Zum Freibeweis bei Entscheidungen der Strafvollstreckungskammer. Eine Untersuchung zu ausgewählten Fragen des Beweisrechts im gerichtlichen Verfahren in Strafvollstreckungs- und Strafvollzugssachen. 1998.

Band 35 Volkmar Wißgott: Das Beweisantragsrecht im Strafverfahren als Kompensation der richterlichen Inquisitionsmaxime. Die Judikatur des Reichsgerichts zum strafprozessualen Beweisrecht. 1998.

Band 36 Susanne Merz: Strafrechtlicher Ehrenschutz und Meinungsfreiheit. 1998.

Band 37 Uwe Schlömer: Der elektronisch überwachte Hausarrest. Eine Untersuchung der ausländischen Erfahrungen und der Anwendbarkeit in der Bundesrepublik Deutschland. 1998.

Band 38 Michael Liedke: Die Vermögensstrafe gemäß § 43a StGB in ihrer kriminalpolitischen Bedeutung. 1999.

Band 39 Danja Domeier: Gesundheitsschutz und Lebensmittelstrafrecht. Zur Konkretisierung der Verkehrspflichten und ihrer Strafbewehrung, insbesondere mit Blick auf §§ 8 ff. LMBG. 1999.

Band 40 Ritva Westendorf: Die Pflicht zur Verhinderung geplanter Straftaten durch Anzeige. Eine kritische Betrachtung der §§ 138, 139 StGB im Kontext der Unterlassungsdelikte. 1999.

Band 41 Hans Theile: Tatkonkretisierung und Gehilfenvorsatz. 1999.

Band 42 Nicole Lange: Vorermittlungen. Die Behandlung des staatsanwaltschaftlichen Vorermittlungsverfahrens unter besonderer Berücksichtigung von Abgeordneten, Politikern und Prominenten. 1999.

Band 43 Tanja Gunder: Der Umgang mit Kindern im Strafverfahren. Eine empirische Untersuchung zur Strafverfolgung bei Sexualdelinquenz. 1999.

Band 44 Sven-Markus Thiel: Die Konkurrenz von Rechtfertigungsgründen. 2000.

Band 45 Jan Schlüter: Die Strafbarkeit von Unternehmen in einer prozessualen Betrachtung nach dem geltenden Strafprozeßrecht. 2000.

Band 46 Detlef Heise: Der Insiderhandel an der Börse und dessen strafrechtliche Bedeutung. Eine Untersuchung des neuen deutschen Insiderrechts speziell unter Bezugnahme auf die strafrechtstheoretischen und strafrechtsdogmatischen Grundlagen. 2000.

Band 47 Hermann Wichmann: Das Berufsgeheimnis als Grenze des Zeugenbeweises. Ein Beitrag zur Lehre von den Beweisverboten. 2000.

Band 48 Rainer T. Cherkeh: Betrug (§ 263 StGB), verübt durch Doping im Sport. 2000.

Band 49 Kristian Hohn: Die Zulässigkeit materieller Beweiserleichterungen im Strafrecht. Eine Untersuchung über Erscheinungsformen und Grenzen der Lösung beweisrechtlicher Probleme im materiellen Strafrecht. 2000.

Band 50 Malte Rabe von Kühlewein: Der Richtervorbehalt im Polizei- und Strafprozeßrecht. 2001.

Band 51 Donata Meinecke: Die Gesetzgebungssystematik der Versuchsstrafbarkeit von Verbrechen und Vergehen im StGB. 2001.

Band 52 Joachim Bock: Begriff, Inhalt und Zulässigkeit der Beweislastumkehr im materiellen Strafrecht. 2001.

Band 53 Gabriele Rose: Grenzen der journalistischen Recherche im Strafrecht und Strafverfahrensrecht. 2001.

Band 54 Wiebke Reitemeier: Täuschungen vor Abschluß von Arbeitsverträgen. Zum Verhältnis zwischen dem Straftatbestand des Betrugs und dem Anfechtungsrecht wegen arglistiger Täuschung (§§ 263 Abs. 1 StGB, 123 Abs. 1 Alt. 1 BGB). 2001.

Band 55 Peter Rackow: Das DNA-Identitätsfeststellungsgesetz und seine Probleme. 2001.

Band 56 Frank Zschieschack: Geiselnahme und erpresserischer Menschenraub (§§ 239a, 239b StGB) im Zwei-Personen-Verhältnis. 2001.

Band 57 Natascha Sëyfi: Das Sicherungsverfahren (§§ 413 - 416 StPO). 2002.

Band 58 Dirk Seiler: Die *Sperrwirkung* im Strafrecht. 2002.

Band 59 Dorothee Sydow: Die actio libera in causa nach dem Rechtsprechungswandel des Bundesgerichtshofs. 2002.

Band 60 Inga Metrikat: Die Unterbringung in einer Entziehungsanstalt nach § 64 StGB – Eine Maßregel im Wandel? Eine vergleichende, empirische Untersuchung zur Entscheidung des Bundesverfassungsgerichts vom 16.03.1994, BVerfGE 91, 1 ff. 2002.

Band 61 Sabine Caroline Bechtoldt: Die Erledigungserklärung im Maßregelvollzug des § 63 StGB. Eine empirische Untersuchung der Erledigungserklärung und zugleich rechtsdogmatische Erörterung ihrer Rechtskraftproblematik. 2002.

Band 62 Sandra Schulte-Nover: Strafrichter in Deutschland und England. Ein systematischer Rechtsvergleich im Hinblick auf die richterlichen Kompetenzen im Strafverfahren. 2003.

Band 63 Tim Schurig: Belehrung und Beratung des Beschuldigten über sein Aussageverhalten. Eine gemeinsame Aufgabe von Gericht und Verteidigung? 2003.

Band 64 Markus Laski: Die strafrechtlichen Bezüge des Bundes-Bodenschutzgesetzes. 2003.

Band 65 Gunnar Lüer: Die Versäumung im Berufungsverfahren. Das strafprozessuale Anwesenheitsprinzip im Spannungsfeld von autonomer Subjektstellung und öffentlichen Interessen am Beispiel des § 329 Abs. 1,2 StPO. 2003.

Band 66 Thomas Grützner: Die Sanktionierung von Submissionsabsprachen. Eine Untersuchung der bestehenden Möglichkeiten einer Bekämpfung von Submissionsabsprachen unter besonderer Berücksichtigung des § 298 StGB. 2003.

Band 67 Bettina Noltenius: Kriterien der Abgrenzung von Anstiftung und mittelbarer Täterschaft. Ein Beitrag auf der Grundlage einer personalen Handlungslehre. 2003.

Band 68 Bettina Kraft: Tendenzen in der Entwicklung des Jugendstrafrechts seit der Jugendgerichtsbewegung. 2004.

Band 69 Jessica Däbritz: Die Bestimmung strafbaren fahrlässigen Verhaltens in der Forschung am Beispiel ärztlicher Humanerprobungen. Ein Beitrag zur methodischen Ermittlung und inhaltlichen Bestimmung von Sorgfaltspflichten in der Humanforschung. 2004.

Band 70 Maike Steenbock: Über die Unfallflucht als Straftat. Eine kritische Untersuchung zum Zusammenhang der Strafbarkeit der Unfallflucht mit den Besonderheiten des Straßenverkehrs. 2004.

Band 71 Holger Mann: Beschleunigungspotential im Jugendstrafverfahren. 2004.

Band 72 Dorothee Krutisch: Strafbarkeit des unberechtigten Zugangs zu Computerdaten und -systemen. 2004.

Band 73 Heinz-Helmut Fuhrmann: Das Begehen der Straftat gem. § 25 Abs. 1 StGB. Unter besonderer Berücksichtigung der sogenannten "eigenhändigen" Delikte. 2004.

Band 74 Gerwin M. Moldenhauer: Eine Verfahrensordnung für Absprachen im Strafverfahren durch den Bundesgerichtshof? 2004.

Band 75 Dirk Busch: Konzernuntreue. Eine Untersuchung spezifischer Untreuestrafbarkeit innerhalb von Konzernverbindungen mit Aktiengesellschaften und Gesellschaften mit beschränkter Haftung. 2004.

www.peterlang.de

Peter Lang · Europäischer Verlag der Wissenschaften

Anette Kaufmann

Möglichkeiten der sanktionsrechtlichen Erfassung von (Sonder-)Pflichtverletzungen im Unternehmen

Unter besonderer Berücksichtigung des Zusammenspiels von § 14 StGB, (§ 9 OWiG), § 130 OWiG und § 30 OWiG

Frankfurt am Main, Berlin, Bern, Bruxelles, New York, Oxford, Wien, 2003.
XVI, 215 S.
Würzburger Schriften zur Kriminalwissenschaft.
Herausgegeben von Klaus Laubenthal. Bd. 10
ISBN 3-631-50169-2 · br. € 42.50*

Meldungen über Skandale in der Wirtschaftswelt sind an der Tagesordnung. Was sind die Gründe? Bei der Produktion wird nicht sorgfältig gearbeitet; die interne Organisation im Betrieb ist nicht klar strukturiert oder auf die ordnungsgemäße Durchführung und Aufrechterhaltung der Betriebsordnung wird nicht „richtig" geachtet. Die Folge: Konsumenten werden geschädigt und Güter von allgemeinem Interesse werden verletzt. Wo sitzen nun die Verantwortlichen? Welche Möglichkeiten eröffnet das geltende Sanktionenrecht zur Eindämmung von Unternehmensdelinquenzen und wo sind Grenzen gesetzt? Bedarf das geltende Sanktionenrecht gar einer umfassenden Reform oder sind die zur Verfügung stehenden Instrumentarien für eine effektive Bekämpfung von Unternehmenskriminalität ausreichend? Diese zentralen Schwerpunkte werden in vorliegender Abhandlung erörtert.

Aus dem Inhalt: Bedeutung des Begriffs der „Pflichtverletzung" für das geltende Strafrecht · Aufgabenkreise im Unternehmen · Täter im Unternehmen – die Führungskräfte · Unternehmen als „Täter"

FSC
www.fsc.org
MIX
Papier | Fördert gute Waldnutzung
FSC® C083411

Kolibri 360 GmbH
Ferdinand-Jühlke-Straße 7
99095 Erfurt, Deutschland
produktsicherheit@kolibri360.de

Druck:
CPI Druckdienstleistungen GmbH
im Auftrag der
Kolibri 360 GmbH
Ferdinand-Jühlke-Str. 7
99095 Erfurt